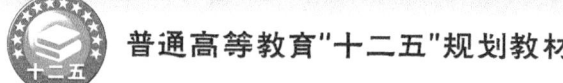

普通高等教育"十二五"规划教材

CAIWU GUANLI JINGPIN XILIE

财务管理精品系列

施工企业财务管理

（第三版）

俞文青　编著

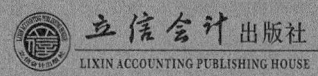

立信会计出版社

LIXIN ACCOUNTING PUBLISHING HOUSE

图书在版编目(CIP)数据

施工企业财务管理/俞文青主编.—3 版.—上海：立信会计出版社,2013.2(2024.1重印)
普通高等教育"十二五"规划教材.财务管理精品系列
ISBN 978-7-5429-2272-4

Ⅰ.①施… Ⅱ.①俞… Ⅲ.①施工企业—财务管理—高等学校—教材 Ⅳ.①F407.967.2

中国版本图书馆 CIP 数据核字(2013)第 029404 号

责任编辑　赵志梅
封面设计　周崇文

施工企业财务管理（第三版）
SHIGONG QIYE CAIWU GUANLI

出版发行	立信会计出版社			
地　　址	上海市中山西路 2230 号	邮政编码	200235
电　　话	(021)64411389	传　真	(021)64411325
网　　址	www.lixinaph.com	电子邮箱	lixinaph2019@126.com
网上书店	http://lixin.jd.com		http://lxkjcbs.tmall.com
经　　销	各地新华书店			
印　　刷	江苏凤凰数码印务有限公司			
开　　本	850 毫米×1168 毫米　1/32			
印　　张	15.875			
字　　数	390 千字			
版　　次	2009 年 5 月第 3 版			
印　　次	2024 年 1 月第 13 次			
书　　号	ISBN 978-7-5429-2272-4/F			
定　　价	33.00 元			

如有印订差错,请与本社联系调换

第三版说明

  本书第二版发行以后,财政部在 2006 年 12 月公布了修订后的《企业财务通则》,国务院国有资产监督管理委员会于 2007 年 6 月施行了《中央企业财务预算管理暂行办法》。上述通则、办法的执行,对于防范企业财务风险,促使国民经济协调发展,有着积极的意义,现根据上述通则、办法的基本精神,结合施工企业施工生产经营管理的特点,对本书再作修订,并增加财务预算一章,将企业财务预算、企业现金预算和投资项目财务预算的编制分别加以叙述,以供读者对本书续加批评指正。

俞文青

2009 年 4 月

第一版说明

　　本书是在上海人民出版社1987年版的《施工企业财务》的基础上重写的。该书出版以来,随着经济管理体制的改革,特别是企业转换经营机制条例、公司法和企业财务通则的发布,施工企业不论在经营管理体制方面,还是在财务管理方面,都有了较大的变化,财务方面也根据企业财务通则制订了施工企业财务制度。为了满足教学和业务单位的需要,我对1987年版的《施工企业财务》进行了重写,并增加了固定资产投资管理、企业资产评估、财务分析等内容。

　　本书在重写时,力求联系实际,体现现行施工企业财务制度的基本精神,并对当前施工企业财务管理中存在的一些问题进行讨论。在各章后面,附有复习题和习题,可作为施工企业财会人员的业务学习用书和财经院校有关专业施工企业财务管理课程的教材。

　　本书在重写过程中,曾得到上海建工(集团)总公司及其所属建筑公司及方芳同志的协助,附志于此,表示衷心的感谢。限于水平,本书在内容和编写方法上不妥之处,恳请广大同行和读者批评指正,以便续加修订。

俞文青

1995年6月

目 录

第一章 总 论 ………………………………………… 1
  第一节 施工企业财务管理的对象 ……………………… 1
  第二节 施工企业财务管理的目标 ……………………… 9
  第三节 施工企业财务管理的环境 ……………………… 17
  第四节 施工企业财务管理的观念 ……………………… 26
  复习题 ……………………………………………………… 39
  习 题 ……………………………………………………… 40

第二章 企业资金的筹集和管理 ……………………… 42
  第一节 企业筹集资金的目的和原则 …………………… 42
  第二节 资本金的筹集 …………………………………… 47
  第三节 债务资金的筹集 ………………………………… 60
  第四节 资金成本的计算 ………………………………… 74
  第五节 筹资风险及其回避 ……………………………… 82
  第六节 资金结构及其调整 ……………………………… 89
  复习题 ……………………………………………………… 95
  习 题 ……………………………………………………… 96

第三章 流动资产的管理 ……………………………… 98
  第一节 流动资产和营运资金的概念 …………………… 98
  第二节 现金的管理 ……………………………………… 101
  第三节 应收账款的管理 ………………………………… 108

第四节　材料的管理 ·· 113
　第五节　在建工程的管理 ·· 123
　复习题 ·· 136
　习　题 ·· 136

第四章　固定资产和无形资产的管理 ···················· 138
　第一节　固定资产及其管理的要点 ··························· 138
　第二节　固定资产需要量的查定 ······························· 141
　第三节　固定资产的日常管理 ··································· 148
　第四节　固定资产折旧和折旧政策 ··························· 154
　第五节　无形资产的管理 ·· 169
　复习题 ·· 178
　习　题 ·· 178

第五章　固定资产投资的管理 ································ 180
　第一节　固定资产投资建设的程序 ··························· 180
　第二节　固定资产投资项目投入、产出的估算 ········· 186
　第三节　新建项目投资财务效益的评价 ···················· 207
　第四节　固定资产投资项目不确定性分析 ················ 222
　第五节　改造项目投资财务效益的评价 ···················· 232
　第六节　机械设备更新方案的优选 ··························· 242
　复习题 ·· 253
　习　题 ·· 254

第六章　证券投资的管理 ·· 258
　第一节　证券投资概述 ··· 258
　第二节　债券投资的管理 ·· 260
　第三节　股票投资的管理 ·· 268

第四节　其他证券投资的管理·································· 277
   复习题··· 285
   习　题··· 285

第七章　企业资产的评估·· 287
   第一节　企业资产评估的意义和方法··························· 287
   第二节　流动资产的评估·· 299
   第三节　固定资产的评估·· 305
   第四节　无形资产的评估·· 319
   第五节　对外投资和在建专项工程的评估····················· 330
   第六节　企业资产的综合评估····································· 336
   复习题··· 341
   习　题··· 342

第八章　利润及其分配的管理·· 345
   第一节　企业利润的作用和构成·································· 345
   第二节　工程结算利润的预测····································· 351
   第三节　利润的分配·· 363
   第四节　股份制企业利润的分配·································· 372
   复习题··· 383
   习　题··· 383

第九章　财务预算的管理·· 386
   第一节　财务预算的作用和组成·································· 386
   第二节　企业财务预算··· 390
   第三节　企业现金预算··· 398
   第四节　财务控制··· 404
   复习题··· 410

第十章　财务分析 ············ 411
第一节　财务分析的内容和方法 ············ 411
第二节　营运能力的分析 ············ 418
第三节　盈利能力的分析 ············ 427
第四节　偿债能力的分析 ············ 435
第五节　成长能力和对社会贡献能力的分析 ············ 443
第六节　财务综合分析 ············ 446
复习题 ············ 452
习　题 ············ 452

第十一章　企业合并、分立、债务重组和清算的管理 ············ 455
第一节　企业合并的财务管理 ············ 455
第二节　企业分立的财务管理 ············ 465
第三节　企业债务重组的财务管理 ············ 468
第四节　企业解散、破产清算的财务管理 ············ 473
复习题 ············ 480
习　题 ············ 480

附表一　复本利系数表 ············ 484
附表二　折现系数表 ············ 486
附表三　年金终值系数表 ············ 488
附表四　资金年存系数表 ············ 490
附表五　资金回收系数表 ············ 492
附表六　年金现值系数表 ············ 494

第一章 总 论

第一节 施工企业财务管理的对象

财务管理是一门在近一个世纪逐渐发展起来的学科。因为在商品经济初期，理财活动虽是企业一项基本的管理活动，但由于财权的重要性和早期财务活动的单纯性，理财活动往往由企业业主亲自进行，财务管理并没有形成一项独立的管理工作。到了19世纪末期，随着股份公司和托拉斯的大量出现，企业规模不断扩大，企业所需资金急剧增加，财务关系逐渐复杂，企业业主已难以亲自从事财务管理活动，才开始建立财务管理部门，并逐步形成财务管理的理论和学科。但在20世纪初期，财务管理仍以筹集资金为主。随着科学技术的迅速发展和市场竞争的加剧，财务管理的重点才由筹集资金转向财务监督，又转向以事前控制为主形成企业财务管理的控制系统。财务管理理论也由传统的筹资财务管理理论发展成为以资产管理为中心的内部控制财务管理理论，进而又发展成为现代的投资财务管理理论。

新中国成立以后，各企业虽都成立了财务管理部门，但由于在当时的经济体制下，企业生产建设所需的资金，由国家财政拨款，企业利润基本上都上交国家财政，企业财务中的资金筹集、资金使用、盈利分配等许多职能，都被国家财政所代替。企业财务完全从属于国家财政，并没有得到应有的重视，也不可能发挥它应有的作用。直到中国共产党第十一届三中全会以后，随着经济体制的改革和社会主义市场经济的发展，企业成为自主经营、自负盈亏、自我发展的经济实体以后,才有了一定的独立财权,并有丰富的财务活动和广泛的财务关系,也使财务管理的理论和学科有了较快的发展。

一、施工企业的资金运动

施工企业的财务,就是施工企业再生产过程中的资金运动,它体现着企业同各方面的财务关系。要认识施工企业财务管理的对象,就必须研究和揭示施工企业财务存在的客观基础,特有的经济内容和本质。

施工企业是从事建筑安装工程施工活动的营利性经济组织。施工企业要从事施工活动,必须具有生产资料和劳动力。生产资料由于在施工过程中发挥的作用不同,分为劳动资料和劳动对象。施工企业的施工活动,就是劳动者借助于劳动资料对劳动对象的加工,完成建筑安装工程。与此相适应,施工企业必须购买生产资料,做好施工准备,以及点交工程,收回货币资金。以施工生产活动为中心的供应、施工和工程点交三个主要施工经营过程,构成施工企业基本的经济活动。

在社会主义市场经济条件下,价值规律发生重要的作用,建筑安装工程仍然是使用价值和价值的统一体。施工企业的再生产过程,既是使用价值的生产和交换过程,又是价值的形成和实现过程。在这个过程中,劳动者将施工中消耗掉的生产资料的价值转移到新的工程上去,并且创造新的价值。为了保证施工企业顺利地进行施工,企业除了一定数量的资本金外,还要通过各种渠道,筹集施工生产所需的资金。企业拥有施工生产所需足够的资金,是进行施工生产经营活动的必要条件。

施工企业的资金,在实际运用过程中,经常发生形态上的变化。它们分布在企业施工生产经营过程的各个阶段上,大部分经常处于物质形态,小部分处于货币形态。随着企业再生产的进行,企业资金处于不断运动的状态中。施工企业的这种资金运动,构成施工企业经济活动的一个独立方面,这就是施工企业的财务活动。因此,要了解施工企业的财务活动,必须对施工企业的资金运动进行全面的考察。

施工企业从各种渠道筹集资金,是企业资金运动的起点。施工企业在设立时,首先必须向投资者筹集法定的资本金,然后根据施工生产经营的需要,向银行借款,或向社会发行企业债券来筹集资金。此外,还可向建设单位预收一定数额的工程款。施工企业从这些方面筹集来的资金,一开始大都处于货币资金形态。

施工企业筹集的货币资金,要用于购买各种生产资料,为施工生产建立必要的物质条件。一方面要用以购置施工机械、运输设备等施工生产所必需的劳动资料;另一方面要用以购买施工生产所需要的材料、结构件等劳动对象。这样,企业的资金就从货币形态转化为施工所需的机械设备、材料等各种物质形态。

在施工生产过程中,工人使用劳动资料和劳动对象从事建筑安装工程。工人除将已耗费的劳动对象和劳动资料的价值转移到工程上去以外,还创造出新的价值。工人所创造的价值,一部分由企业通过工资形式支付给工人,另一部分则形成企业的积累。因此,在施工生产过程中,企业资金一方面发生形态的变化,即从施工用的机械设备、材料等物质形态经过未完工程转化为已完工程形态;另一方面引起价值量的增加。所以,施工企业的施工过程,既是企业资金形态转化的过程,又是资金耗费和资金积累的过程。

施工企业在工程完工以后,要将已完工程点交给发包建设单位,并按合同造价(或工程标价)进行工程价款的结算,取得工程结算收入。在这一过程中,企业资金从已完工程形态转化为货币形态。由于从发包建设单位取得的工程结算收入,表现为工程的全部价值,它不仅补偿劳动资料、劳动对象的耗费和工资的支出,而且包括企业的积累。这样,企业就完成了从货币形态垫支又回复到货币形态的循环过程，同时，通过循环过程还增加了资金的数额。

施工企业对于取得的工程结算收入，要加以分配。其中大部分用以弥补生产耗费，一部分以税金形式上交国家财政和以利息形式支付给债权人，其余部分为企业净利润。企业净利润要按照规定在投资者和企业之间进行分配，其中一部分作为企业留用利润形成盈余公积金，大部分以利润或股利形式分配给投资者，作为投资的回报。用以弥补生产耗费的资金，又从货币资金形态开始，继续参加施工生产周转，重新购买劳动对象，更新劳动资料，支付职工工资等，实现简单再生产。企业留用利润中用于生产发展的部分，根据需要再投入生产周转，实现自我发展。上交国家财政的税金、支付给债权人的利息和分配给投资者的利润，就从企业资金运动过程中退出。因此，工程结算收入的分配，实质上是利用货币形式来分配企业点交的已完工程。

随着证券市场的开放，施工企业不仅存在上述物资(也叫实物商品)运动，有的还存在金融商品运动。狭义的金融商品是指各种能在金融市场买卖并有市场价格的有价证券，如股票、债券等。金融商品运动经历买与卖两个阶段。购买金融商品的过程，同时也是货币资金向金融商品资金转化的过程，而出售金融商品的过程，同时也是金融商品资金向货币资金转化的过程。所以，在金融商品的运动过程中，伴随着金融商品的运动也产生了资金运动。它表现为货币资金向金融商品资金的转化，以及金融商品资金向货币资金的转化，并以货币资金的支出为出发点，以货币资金的收回为终点，以收回的货币资金大于付出的货币资金形成资金的良性循环。

施工企业在物资运动和金融商品运动中伴随着产生的资金运动，就是财务管理的对象。当然，对施工企业来说，财务管理的对象，主要是指物资运动中伴随产生的资金运动。

二、施工企业资金运动的规律

从上述施工企业的资金运动还可以看出,企业资金运动表现为资金形态的变化,各种形态的资金在不同周转阶段上要同时并存和相继转化。企业资金要不断地投入再生产过程,并不断地从再生产过程中收回。为了保证再生产的顺利进行,资金的收支必须在数量上和时间上保持平衡。我们要搞好施工企业财务管理,就必须充分认识资金运动的规律。

(一)各种资金形态在空间上同时并存、在时间上相继转化的规律

马克思在分析资本循环时指出:"资本作为整体是同时地、在空间上并列地处在它的各个不同阶段上。但是,每一个部分都不断地依次由一个阶级过渡到另一阶段,由一种职能形式过渡到另一种职能形式,从而依次在一切阶段和一切职能形式中执行职能。因此,这些形式是流动的形式,它们的同时并列,是由于它们的相继进行而引起的。"[①]施工企业的资金也是这样,不仅要在空间上同时并存于货币资金、生产储备资金、未完施工资金、结算资金等资金形态上,而且在时间上要求各种资金形态相继循序转化,通过各自的循环。每一种资金形态在同一时间里不能一身二任。正在执行储备职能的资金,不能在同一时间去执行生产职能。只有把企业的资金按一定的比例分割为若干部分,使它们分别处于不同周转阶段的资金形态,资金运动才能连续地、不间断地进行。如果企业全部资金都处在货币资金和结算资金上,施工生产过程就会中断。资金的任何一部分在循环的某一阶段发生停顿,都会使整个企业资金循环发生障碍。保证各种资金形态的合理配置和资金周转的畅通无阻,是施工生产经营活动得以顺利进行的必要条件。

企业资金各种形态的同时并存和相继转化,是辩证统一的关

---

① 《资本论》第2卷。《马克思恩格斯全集》第24卷,人民出版社版,第121页。

系。一方面资金各种形态的相继转化,以资金在各个周转阶段同时并存为前提。没有资金在各个周转阶段的合理配置,没有资金同时处于不同形态,就谈不上各个周转阶段资金形态的相继转化。另一方面各种资金形态在各个周转阶段同时并存本身又是相继转化的结果,相继转化一旦停滞,同时并存就会遭到破坏。因此,在财务管理工作中,一方面要求保证各个周转阶段必需的资金;另一方面又要求为各个周转阶段资金形态的相继转化创造条件。只有使各个周转阶段的资金形态相继循序转化,完成各自的循环,企业的资金运动才能顺利进行,施工企业的再生产才能得以保证。

(二)资金收支在数量上和时间上保持平衡的规律

施工企业取得工程结算等收入,意味着一次资金循环的终结,而企业发生施工生产等支出,则意味着另一次资金循环的开始。所以,资金的收支是企业资金周转的纽带。要保证资金周转的顺利进行,就要求资金收支在数量上和时间上协调平衡。企业收不抵支,固然会导致资金周转的中断或停滞,但如全年、全月收支总额可以平衡,而支出大都在年初或月初,收入大都在年末或月末,也必然会妨碍资金的顺利周转。资金收支在每一时点上保持平衡,是资金循环过程得以周而复始进行的必要条件。

我们知道,资金是企业再生产过程中物资价值的货币表现。企业资金运动是经常伴随着物资运动而发生的。企业物资运动状况的好坏,决定着资金运动状况的好坏。只有供应、施工生产和工程点交活动正常地进行,才能保证资金运动顺利进行。所以要保持资金收支的平衡,首先要保持企业供应、施工生产和工程点交活动的协调平衡。但是在现实生活中,资金运动和物资运动往往存在既相一致又相背离的辩证关系。资金运动同物资运动的背离,表现在这两种形态的变动,在时间和数量上有时是不一致的。如由于发包建设单位的建设资金没有到位,往往在工程点交以后,不能及时收回工程价款,这就形成两者在时间上的背离。又如,在施工生产过程中,由于出了工程质量事故,进行了返工,多花费了材料、人工,就会使工程价值量少于实物消耗量,使两者在数量上发生背离。企业在财务管理工作中,应正视企业再生产过程的价值和实物方面的背离,合理组织供应、施工生产和工程点交活动,使资金在收支的数量上和时间上保持协调平衡。为此,在供应过程采购生产资料时,应从实际情况出发,使生产资料和劳动力与工程任务相适应,使各种生产资料之间成龙配套,防止盲目采购,造成资金支出超过施工生产需要和财力的可能。在施工生产过程,要不断采用新施工工艺,搞好施工组织,节约物资消耗,提高工程质量,力求用较少的劳动消耗完成较多的工程,使工程价值量的增加超过劳动消耗量,实现增产节支。在工程点交过程,要严格执行工程承包合同,及时收回工程价款。同时根据工程施工周期较长的特点,采用向发包建设单位预收工程款的办法,防止工程拖欠款的发生。只有使供应、施工生产和工程点交三个环节互相衔接,保持平衡,施工企业资金收支才能在数量和时间上协调平衡,资金周转才能畅通无阻,企业才能取得应有的经济效益。

三、施工企业资金运动形成的财务关系

施工企业的资金运动,是在国家宏观调控下,企业与有关各方的经济往来中进行的。企业资金的筹集、使用、耗费、收入和分配,与各个方面有着广泛的联系。施工企业资金运动体现的经济关系,就是财务关系。施工企业的财务关系,概括起来,主要有以下几个方面。

(一)企业同投资者之间的财务关系

这主要是企业同投资者(即企业所有者)之间关于资本金的收交和投资利润的分配关系。施工企业的资本金和留存收益,属于投资者所有。凭借资本金所有权,投资者可以对企业重大财务活动(如筹资、投资、利润分配等)作出决策。企业自主经营、独立核

算,在规定的经营范围内,有权使用资金,保证资金的完整无缺和合理使用,并不断增值。对积累资金,在交纳所得税按公司法规定为企业留存一部分扩大再生产所需的资金后,再为投资者提供利润。企业同投资者之间的财务关系,是所有权和经营权在经济上的具体表现。

(二)企业同国家之间的财务关系

这主要是企业向国家财政交纳营业税、所得税等税金的关系。依法经营、照章纳税,是每个企业的义务。国家作为社会管理组织者,要行使它的行政权:一方面要保护企业的合法权益,另一方面有权向企业征收税金。因此,企业与国家之间的财务关系,是国家对企业行使行政权力在经济上的具体表现。如果是国有施工企业,则国家兼有投资者的身份,既要向企业投入资本金,又要分享企业利润,行使它的所有权,存在所有者同经营者的财务关系。

(三)企业同银行等金融机构之间的财务关系

这主要是企业同银行等金融机构之间的存款、借款、还款和结算关系。企业为了满足施工生产经营活动的资金需要,在国家信贷政策的许可范围内,可向银行等金融机构借到基本建设投资、更新改造和流动资金方面的资金,按照规定还本付息,并接受银行等金融机构的监督。企业资金在周转中暂时闲置的货币资金,要存入银行,在使用时随时提取并定期取得存款利息。企业对外的一切货币资金收支,除小额使用现金以外,都应通过银行办理转账结算。企业同银行等金融机构之间的财务关系,在性质上属于资金分配关系和资金融通关系,体现着国家宏观调控和企业自主经营的关系。

(四)企业同其他企业单位之间的财务关系

这主要是企业同发包建设单位之间关于取得预收工程款和结算工程款的结算关系,以及企业同供应单位之间关于取得材料、劳务时发生的结算关系。企业为了进行施工生产经营活动,必须同其他企业单位相互提供工程、产品和劳务。这样,就要按照等价交换原则,以货币资金相互支付价款,如果一方因资金短缺发生拖欠,就发生了债权、债务关系。为了发展横向经济联系,企业还可能向其他企业单位投资或与其他企业单位联合经营。这种在企业之间发生的资金结算关系、资金融通关系和对外投资关系,主要体现企业同其他企业单位之间的社会主义分工协作关系。

(五)企业内部各单位之间的财务关系

这主要包括企业同所属各施工生产经营单位之间的结算关系,企业供应部门、施工单位、辅助生产单位、附属工业企业相互之间的结算关系。企业在实行分级管理、分级核算的管理体制时,企业供应部门、施工单位、辅助生产单位、附属工业企业相互之间提供产品和劳务,也要进行计价结算。这种在企业内部形成的资金结算关系,体现着企业各部门和各级单位在公司统一领导下的分工协作关系。

(六)企业同职工之间的财务关系

这主要指企业在支付职工工资、津贴、奖金时所发生的结算关系,也是企业根据职工提供的劳动数量和质量来分配消费品的一种形式。它体现着社会主义的按劳分配关系。

施工企业的资金运动,从表面上看是钱与物、钱与钱的增减变动。其实,钱与物、钱与钱的增减变动只是资金运动的现象,而它所体现的是人与人之间的关系,这种关系的实质是经济利益关系。

施工企业要有效地进行施工生产经营,就必须根据企业资金运动的规律,合理组织企业各方面的财务活动,正确处理企业同各方面的财务关系,做好财务管理工作。

第二节 施工企业财务管理的目标

财务管理目标又叫理财目标。它是指企业进行财务活动所要达到的目的,是评价企业财务活动是否有效、合理的标准。财务管理目标可分为总体目标和具体目标。

一、财务管理总体目标

财务管理总体目标是企业全部财务活动需要实现的最终目标。它是施工企业开展一切财务活动的出发点和归宿。根据现代企业财务管理的理论和实践,对企业财务管理总体目标有以下几种提法。

(一)净利润最大化

净利润也叫税后利润。它是企业在一定期间内全部收入和全部成本、费用、税金的差额,而且是按照收入与成本、费用、税金配比原则加以计算的,在一定程度上体现了企业经济效益的高低。净利润是资本报酬的来源,也是企业积累的源泉。净利润越多,表明企业积累和资本增值越多,也意味着剩余产品和社会财富越多。

在社会主义市场条件下,企业施工的建筑安装工程是按照商品的社会必要劳动时间即价值进行交换的。由于价值规律的作用,施工相同的建筑安装工程,有的施工企业因它的劳动耗费低于社会必要劳动耗费而获得平均利润或超额利润,有的施工企业因它的劳动耗费高于社会必要劳动耗费而得不到平均利润甚至亏损。激烈的市场竞争,使得不到平均利润的施工企业被市场逐渐淘汰。所以,在市场经济中,企业获得净利润的多少,表明企业竞争能力的大小,决定了企业的生存和发展。正因为净利润对企业是如此重要,人们常将净利润最大化作为企业财务管理总体目标。

但是,用净利润最大化来表达企业财务管理总体目标,存在以下问题:(1)净利润最大化只是净利润绝对额的最大化,没有说明所得净利润额与资本额之间的投入产出关系,不能科学地说明企业经济效益水平的高低,不利于不同资本规模企业之间的比较。(2)净利润最大化的净利润是一定期间内实现的净利润,它没有说明企业净利润发生期间,没有考虑资金的时间价值。(3)净利润最大化也没有考虑企业施工经营的风险。一般情况下,净利润越高的工程项目,风险越大,追求净利润最大化,也可能会增加企业风险,以致使企业不顾风险大小而片面追求净利润额的增加,最终导致企业经济效益滑坡。

(二)资本利润率最大化

资本利润率又称净资产收益率。它是企业净利润与资本(即净资产或所有者权益)的比率,用于反映企业运用资本获得利润的能力,说明企业所得利润与资本额之间投入产出关系,可用于在不同资本规模企业之间进行比较,评价它们的盈利水平和发展前景。因此,与净利润最大化相比较,资本利润率最大化更适宜作为企业财务管理的总体目标。

但是,资本利润率最大化指标仍存在以下弊端:(1)资本利润率没有考虑风险因素。对企业来说,要提高资本利润率,最简便的方法是利用负债经营提高资产负债率,降低资本在总资产中的比重,而这样做的结果是财务风险加大,特别在建筑市场不景气、企业经济效益不佳的情况下,很可能导致企业利润滑坡。(2)资本利润率最大化也没有考虑资金的时间价值和投入资本获得利润的期间,它只说明企业当年的盈利水平,不能说明企业潜在的获利能力。

(三)企业价值最大化

企业价值又称企业市场价值。它是指企业在持续经营期间所能获得净利润的现值。企业价值最大化是指通过企业的合理经营,采用最优的财务手段,对经营期内净利润,在考虑风险和资金时间价值后加以计量,不断提高经济效益,使企业价值达到最大。企业价值一般可用下列公式进行计算:

$$企业价值 = \sum_{t=1}^{n} t\,年净利润 \times t\,年折现系数$$

式中　n 为获得净利润的持续年数

企业章程中规定有经营年限的,按经营年限计算;没有规定年限的,一般可按 20 年左右计算。因为按现值法计算,20 年以后的净利润,折算为现值,为数甚微,对企业价值的评价,不会发生多大影响。各年净利润,不仅要考虑当年的盈利水平,而且要考虑企业的潜在或预期的获利能力。折现系数中的折现率,一般可按行业平均资本利润率计算。

以企业价值最大化作为财务管理总体目标有如下优点:(1)考虑了获得净利润的时间因素,并用资金时间价值的原理进行了科学的计量。(2)能克服企业在追求利润上的短期行为。因为不仅当年的利润会影响企业的价值,而且预期未来年度利润的多少对企业价值的影响更大。(3)科学地考虑了利润与风险之间的关系,能有效地克服企业财务管理人员不顾风险的大小,去片面追求当年利润的错误倾向。(4)有利于社会财富的增加。

在股份制企业,企业价值可以用股票市场价值来计量,企业价值最大化也可表述为股东财富最大化。不过用企业股票市场价值来计量企业价值,只有在理性的股票市场才能接近实际。像我国目前股票市场投机炒作之风盛行、股票市场价值背离企业价值的情况下,尚不宜采用。

必须指出,按上述方法计量企业价值,由于建筑市场变化莫测,企业以后年度的净利润又难以预估,因此在应用时还有一定的难度。人们往往仍将资本利润率最大化作为财务管理总体目标。

二、财务管理具体目标

财务管理具体目标是指企业各项财务活动中在贯彻财务管理总体目标要求下的目标,它取决于企业财务活动的内容。以下从筹资、投资和分配三个方面的财务活动加以说明。

(一) 筹资管理目标

企业筹资管理目标是在满足企业施工生产经营所需资金的前提下,不断降低资金成本和筹资风险。企业筹资的资金成本是指取得和使用资金所发生的资金筹集费用和资金占用费。其中,资金筹资费用主要指股票、债券印刷费、委托金融机构代理发行股票、债券手续费和注册费等。资金占用费主要包括资金时间价值和投资者要考虑的投资风险价值。一般说来,长期占用和投资风险较大的资金,其占用费率较高,如长期借款利率高于短期借款利率。又因借款和债券资金的利息计入当年财务费用,在企业盈利的情况下,可以少交一部分所得税,因而资本金或股本的成本,要高于银行借款和债券资金成本。除了考虑资金成本外,企业在筹资时,还要考虑筹资风险,即由于筹资的原因给企业造成盈利水平下降和债券不能及时偿还的风险。因此,企业在筹资活动中,必须权衡资金成本和筹资风险,以较低的资金成本和较小的筹资风险,来获得施工生产经营所需的资金(见本书第二章第四、第五节)。

(二) 投资管理目标

投资就是企业资金的投放和使用,包括对企业自身和对外两个方面。企业不论对企业自身还是对外投资,都是为了获取利润。企业进行投资,并不只是得到收益,也会产生风险。将资金投入施工项目既可能成功,获得利润,也可能失败收不回投入的资金带来亏损。投资收益与投资风险共存。

要在投资活动中贯彻财务管理总体目标的要求,必须在工程施工和固定资产投资项目中,以较少的资金投入获得较多的利润或收益。这就要求在工程施工过程中,一方面尽可能预收一部分工程款,另一方面要降低工程成本。根据有的建设单位长期拖欠工程款的现状,施工企业在参加工程投标以前,要对发包建设单位做好信用情况的调查,了解工程项目是否有投资缺口,防止在工程交工以后长期拖欠工程款,发生坏账风险。对企业自身投资项目,也要在开工以前做好可行性研究,在选择高收益项目的同时,必须是低风险。归纳以上两点,企业价值最大化在投资活动中的具体体现就是:以较低的投资风险与投资投放和使用,获得较多的利润或收益(见本书第五章)。

至于在进行金融商品如证券投资的场合,其收入采取了两种形式:一是投资所分配的报酬,如利息、股利;二是证券售价大于买入价的差额。所以投资收益既包括投资所分配的利息、股利,也包括证券出售收入与购入成本的差额。企业在证券投资活动中,也要以较低的投资风险与投资支出获得较多的投资收益。

(三)分配管理目标

企业分配管理目标是在利润分配时,正确处理企业相互利益主体之间的经济利益,合理确定利润留存比例及分配方式,提高企业的潜在收益能力。企业在施工生产经营过程中获得的利润,要进行分配。利润的分配,既涉及企业现金流出量,影响流动资金周转和偿债能力,又涉及企业的净资产,影响企业价值。一般说来,把大部分利润以付现方式分配给投资者,会提高企业的即期市场评价,但会减少企业现金存量,影响流动资金周转,提高即期付现风险,或必须扩大筹资规模,增加企业负债,影响企业未来的收益能力和未来的市场价值。因此,要在企业分配利润时贯彻财务管理总体目标的要求,必须根据实际现金存量及今后现金净流量,正确处理企业与各利益主体的经济利益,确定留存比例和选择分配方式,要既能提高企业的即期市场评价,又能不影响流动资金周转和偿债能力,提高企业未来的盈利能力(见本书第八章)。

三、不同利益主体在财务管理目标上的矛盾与协调

在企业价值最大化这个财务管理总体目标上,财务活动所涉及的不同利益主体是否会达成一致,如果不一致,如何进行协调,

是论述财务管理目标时必须解决的一个问题。

（一）投资者与经营者的矛盾与协调

企业价值最大化直接反映了企业投资者的利益,因为企业是投资者的企业,企业价值最终归投资者所有,它与企业经营者没有直接的利益关系。因为企业经营者取得的利益,正是投资者所要放弃的利益,企业经营者的报酬越高,企业投资者得到的利润越少。但要企业价值最大化,光有投资者投入资本和正确的重大投资、经营决策是不够的,还必须有一支稳定的经营队伍,要他们富有成效的施工生产经营,为企业价值最大化而奋斗。为了解决投资者与经营者之间在实现财务管理目标上的矛盾,就应建立经营者的报酬与企业经济利益相联系的激励机制,使经营者在取得企业价值最大化的同时,也能体现自身的价值,获得更多的报酬。

激励主要可通过以下几种方式：在非股份制企业,一般可采取年终奖励的方式,即在年终全面完成各项经营、财务指标时,按经营者的业绩大小,从税后利润中拿出一定比例的利润作为奖金,发给经营者,使经营者的报酬与其绩效挂钩,能自觉地采取满足企业价值最大化的措施。

在股份制企业,可采取"股票选择权"和"绩效股"等方式。所谓"股票选择权"方式,就是允许经营者以固定的价格购买一定数量企业的股票。国外一些经营效益较好股份公司的经营者,大都持有本公司的股票,公司高级管理人员持股比例多一些,一般员工少一些,但都高于他们的工资收入。因此,他们对公司的未来都抱有美好的期待,与公司的凝聚力也强得多。因为经营者为了获得股票涨价的好处,就必须采取能够提高公司经营业绩和股价的实际行动。所谓"绩效股"方式,是指公司运用每股利润、资本利润率等指标,来评估经营者的业绩,视其经营业绩的大小给予经营者数量不等的股票作为报酬。如果公司的经营业绩未能达到预期的目标或者离开公司时,经营者将部分甚至全部丧失其原先持有的绩效股。这种方式使经营者不仅为了多得绩效股而不断采取提高公司经营业绩的行动,还可把经营者与企业发展的长远利益结合起来,稳定经营者队伍。

(二)投资者与债权人的矛盾和协调

企业在实现企业价值最大化财务管理总体目标时,还可能在投资者与债权人之间发生矛盾。如投资者要使企业价值最大化,在承包工程和投资时,往往优选高效益、高风险的项目。因为高风险项目一旦完成,债权人只能获得合同规定利率的利息,而投资者可获得全部超额利润;如果业绩不佳或投资失败,债权人与投资者共同负担由此而造成的损失,这对债权人来说,其风险与收益是不对称的。又如投资者未征得现有债权人的同意,要求经营者发行新的债券或向银行举借新债,企业新债的增加,必然相应增加偿债风险,使旧债的价值下降,此时若企业经营不善或财务发生困难导致破产时,旧债权人必须与新债权人共同分配企业破产后的资产,在资产价值不足以清偿全部债务时,必使旧债权人蒙受损失。

债权人与投资者之间发生上述矛盾的协调,通常可采用以下方法解决:一是实行担保借债。企业在举债时,要将产权属己的财产设置抵押、并将抵押财产进行保险,或由符合法定条件具有偿还能力的第三方提供担保证。二是在举债合同中规定举债单位的最高负债率。因为负债率提高,偿债风险增加,易使债权人蒙受损失。三是在举债合同上明确债款的用途及其投资利益,对债款的用途及其投资利益加以限制。

四、财务管理目标与社会责任

企业财务管理目标除了要协调投资者与经营者、债权人之间的矛盾外,还要从社会是否受益出发考虑社会责任的履行问题。

在一般情况下,企业财务管理目标的实现与社会责任的履行是基本一致的。因为:(1)为了使企业价值最大化,企业必须保证工程、产品质量,这就在满足建设单位和用户需要的同时,也实现了企业工程、产品的价值。(2)为了使企业价值最大化,企业必须扩大施工、生产规模,这就自然会增加职工人数,解决社会就业问题。(3)为了实现企业价值最大化,企业必须尽可能实现利润最大化,这就必然为社会提供更多的税收。所以在实现企业价值最大化的过程中,内在地也实现了企业的社会责任。但是企业财务管理目标的实现,并不总是与社会责任的履行保持一致。有时承担了社会责任,如保证工程、产品的优良品率、防止环境污染,就要增加企业支出。所以,企业财务管理目标与社会责任之间,总是存在一定矛盾的。况且,每个企业究竟应承担多少社会责任,也没有一个明确的标准和界限,社会责任就很难公平合理地在企业间进行界定。因而企业财务管理目标完全以社会责任为前提也是困难的。在这种情况下,怎样才能使企业财务管理目标与社会责任一致呢?综观各国经验,对于企业必须履行的社会责任应通过国家制定一定的法律和法规,如环境保护法、保护消费者权益法、工程质量管理条例等,来强制企业履行。

根据国务院国资委发布关于中央企业履行社会责任的指导意见,企业履行社会责任要重点把握好以下几个方面:一是坚持依法经营诚实守信;二是不断提高持续盈利能力;三是切实提高产品质量和服务水平;四是加强资源节约和环境保护;五是保障生产安全;六是维护职工合法权益;七是参与社会公益事业。

第三节 施工企业财务管理的环境

人类社会的实践活动,总是在一定的环境下进行的,财务管理也不例外。如果把财务管理看作一个系统,那么,财务管理以外的对财务管理系统有影响作用的一切系统的总和,就构成财务管理系统的环境。财务管理环境是一个多层次、多方位的复杂系统,诸如经济体制、市场、金融、财政税收、法律环境等,都纵横交错、相互制约,对企业财务管理有着重大的影响。财务管理人员必须对环境进行认真的调查和分析,预测财务环境的发展变化趋势,并根据环境的发展变化,采取相应的对策措施,不断提高对环境的适应能力和应变能力。

一、经济体制环境

经济体制是一个国家的基本经济制度,它说明一个国家的经济以什么为基础和主体来进行运作。经济体制又分为宏观经济体制和微观经济体制。宏观经济体制是指整个国家的基本经济制度。从世界各国和我国的历史来看,当今宏观经济体制基本分为计划经济体制和市场经济体制两种:计划经济体制是以国家计划为基础的主体进行经济的运作;市场经济体制是以市场为基础的主体进行经济的运作。在这两种不同的经济体制下,财务管理存在着根本的差别。首先,财务管理的立足点不同:计划经济体制要求企业根据国家计划进行一切财务活动;市场经济体制要求企业面向市场需求进行一切财务活动。其次,财务管理的目标不同:计划经济体制要求企业以实现国家计划为目标;市场经济体制要求企业以实现企业价值最大化或股东财富最大化为主要目标。第三,财务管理的主体不同:计划经济体制下,财务管理的主体是国家,企业的资金由国家拨款,投资、施工项目由国家决策,利润上交国家,企业只不过是国家批准的财务计划的执行者,没有成为财务管理的主体;市场经济体制下,企业是财务管理的主体,企业的资金从市场筹措,投资、施工项目由企业自行决策,税后利润的分配由企业决定,国家不直接管理企业的财务活动,只是从宏观角度通过市场调节企业的财务行为。第四,财务管理的手段不同:计划经济体制下,财务管理的基本手段是财务计划,企业以国家下达的计划为基础,编制自身计划,组织计划实施,并以计划为依据,考核计划的完成;市场经济体制下,财务管理的基本手段是市场预测和决策,企业根据市场信息,预测市场变化,根据自身情况,作出财务决策,并组织实施。第五,财务管理与施工经营管理的关系不同:计划经济体制下,财务管理从属于施工经营管理、处于服务的地位,财务的根本任务就是为完成施工经营目标提供资金、分配资金;市场经济体制下,财务活动是企业一项相对独立的业务活动,企业财务部门可从企业价值最大化这个管理目标出发,完成筹资、投资、分配的财务活动。

财务管理的经济体制环境除了宏观经济体制环境外,还有微观经济体制环境。微观经济体制环境也叫企业体制环境。企业体制涉及企业与国家、企业与投资者的关系。在市场经济体制下,政资分开、政企分开、两权分离,是企业体制的基本特征。企业是一个自主经营、自负盈亏、权责利相结合的经济实体。在财务管理上,企业在筹资、投资、分配上有自主权利,相应企业也必须对企业的盈亏承担经济责任,投资者对破产承担风险。此外,企业两权分离,也表现在财务管理权在投资者与经营者之间划分的问题。股份制企业投资者与经营者的两权分离,使企业的财务管理也相应分离,企业财务主权被分属于投资者和经营者。基于防止稀释投资者权益的需要,企业投资者要对企业筹资作出决策;基于保护投资者财产的需要,投资者需要对企业的会计资料和财务状况进行财务监督;基于保护投资者权益不受损失,投资者需要对企业巨额投资进行干预;基于保护投资者的财产利益,投资者对涉及资本变动的企业合并、分立、破产、解散和清算的财产问题作出决策;基于资本增值的需要,投资者要对企业利润的分配作出决策。企业投资者对诸如上述有关涉及所有者权益变动的决策权,就使股份制企业财务管理客观地被分为所有权主体和经营权主体来进行。这些,都对企业管理产生重大的影响。

我国目前还处于从计划经济体制向市场经济体制转轨的阶段,不论在宏观经济还是微观经济,都还存在计划经济的烙印,需要根据我国国情深化改革和完善。经济体制的变革,必然对企业财务管理产生影响,企业财务管理部门和人员,必须密切注意经济体制的变革,开展财务管理的活动。

根据现行《企业财务通则》的规定,企业实行权属清晰、财务关系明确,符合法人治理结构要求的财务管理体制。企业应当建立财务决策和决策回避制度,明确决策规则、程序、权限和责任,对投资者、经营者个人与企业利益有冲突的财务决策事项,相关投资者、经营者应当回避。企业应当建立财务风险管理制度,明确经营者、投资者及其他相关人员的管理权限和责任,按照风险与收益均衡、不相容职务分离等原则,控制财务风险。

企业投资者的财务管理职责,主要包括:(1)审议批准企业内部管理制度、企业财务规划和财务预算。(2)决定企业的筹资、投资、担保、捐赠、重组、经营者报酬、利润分配等重大财务事项。(3)决定企业聘请或解聘会计师事务所、资产评估机构等中介机构事项。(4)对经营者实施财务监督和财务考核。(5)按照规定向全资或者控股企业委派或者推荐财务总监。投资者应通过股东会、董事会或者其他形式的内部机构履行财务管理职责,可以通过企业章程、内部制度、合同约定等方式将部分财务管理职责授予经营者。

企业经营者的财务管理职责,主要包括:(1)拟订企业财务管理制度,编制财务预算。(2)组织实施企业筹资、投资、担保、捐赠、重组和利润分配等财务方案,诚信履行企业偿债义务。(3)执行国家有关职工劳动报酬和劳动保护的规定,依法交纳社会保险费、住房公积金。(4)组织财务预测和财务分析,实施财务控制。(5)编制并提供企业财务会计报告,如实反映财务信息和有关情况。(6)配合有关机构依法进行审计、评估、财务监督等工作。

二、市场环境

在社会主义市场经济中,施工企业财务管理不仅置身于一定的经济体制中,而且是处在一定的市场环境中。施工企业的财务管理,深受建筑市场、生产资料市场等环境的影响。

(一)建筑市场环境

建筑市场环境对施工企业财务的影响来说,主要指建筑市场的竞争程度或景气度。在市场经济条件下,施工企业的工程任务,不再由建筑主管部门用行政手段分配,而是通过建筑市场的工程投标方式取得。企业在工程投标竞争中能否取胜,除了企业本身的施工技术、施工质量等因素外,还要有工程标价的优势。建筑安装工程的标价,很大程度上取决于建筑市场的竞争程度,即地区建筑市场中发包工程数量和承包施工力量的对比。一般说来,当地区发包工程数量小于施工力量时,市场竞争必然加剧,各施工企业为了获得施工任务,往往压低工程标价进行竞争;反之,如地区发包工程数量多于施工力量,由于参加投标施工企业较少,竞争必然趋缓,工程标价就会较高。因此工程标价的高低,是建筑市场竞争及其激烈程度的具体体现,它直接影响施工企业的盈利水平和财务状况。

所以施工企业在工程投标时,必须重视建筑市场的供求情况,了解地区建筑市场各个时期在新建、扩建、更新改造、房地产投资项目中的建筑安装工程数量,了解所在地区其他施工企业的施工力量,特别是相同资质等级竞争对手的施工力量和它们现有的在建工程任务,然后考虑企业的工程成本水平,制订投标策略。

(二)生产资料市场环境

对施工企业财务活动的影响来说,生产资料市场环境主要是指建筑材料采购环境。建筑材料采购环境,按建筑材料来源是否稳定,可分为稳定的采购环境和波动的采购环境。前者对企业所需建筑材料有比较稳定的来源;后者则不稳定,有时能采购到,有时采购不到。企业如果处于稳定的采购环境中,可少储备库存,减少建筑材料占用资金;如果处于波动的采购环境,则必须增加建筑材料的保险储备,以防止供应不及时而影响施工生产,这就要求财务人员把较多的资金投于建筑材料的保险储备上。

建筑材料采购环境按价格变动情况,可分为价格上涨的采购环境和价格下跌的采购环境。在物价上涨的环境中,企业应尽量提前进料,以防价格进一步上涨而增加采购成本,这就要求在建筑材料储备上投入较多的资金;反之,在物价下降的环境中,应尽量采用随使用随采购,以便从价格下降中买到价格较低的建筑材料,并可在材料储备上少占用资金。

三、金融环境

金融环境又叫金融市场环境。金融市场是指资金供应者和资金需求者双方通过某种形式融通资金的领域。金融市场由金融市场主体、金融工具和交易场所三个要素组成。金融工具是资金供应者将资金转移给资金需求者的凭证和证明,如各种票据、证券等。不同金融工具用于不同的资金供求场合,具有不同的法律效力和流通功能,企业为此而承担的风险和要付出的成本也不同。企业必须选择适合自身情况的金融工具作为资金交易的工具,以便相对降低风险和成本。

金融市场包括资金市场、外汇市场、黄金市场。按照金融工具所约定的期限,资金市场可分为货币市场和资本市场。货币市场也叫短期资金市场,它是经营一年以内融通资金的货币市场,包括商业票据承兑及贴现市场、资金拆借市场、短期证券市场等。资本市场也叫长期资金市场,它是经营一年以上资金借贷和证券业务的资金市场,包括长期存贷款市场、长期证券市场等。

在金融市场,通过市场主体运用金融工具在各种交易场所进行的资金交易,最终会形成金融市场的各种参数,包括市场利率、汇率、证券价格等。它们与企业财务活动直接相关,是进行财务决策的前提。在企业财务管理中,金融环境有着直接的影响和决定的作用。

在企业筹资活动中,当市场利率下降、汇率上升、证券价格上涨,或者政府扩大货币发行、降低银行存款准备金率和再贴现率时,如果它们已经成为一种现实的影响,会使企业筹资变得容易,筹资成本降低;如果它们是一种未来的预期,财务部门应采取措施,采用浮动利率的长期筹资等。当市场利率上升、汇率下降、证券价格下跌,或者政府控制货币发行、提高存款准备金率和再贴现率时,如果它们已经成为一种现实的影响,会使企业筹资变得困难,筹资成本提高,风险加大;如果它们是一种未来的预期,财务部门应提前采取措施,规避未来筹资成本上升和风险,采用固定利率的长期筹资等。

在企业用多余资金对外投资活动中,当政府控制货币发行、提高存款准备金率和再贴现率时,会使市场利率上升,企业可将资金存入银行或委托贷款,以获取较高的利息收入。因在市场利率上升、其他条件不变时,证券价格将趋于下降,企业不应投资于证券而投资于其他方向。当政府扩大货币发行、降低存款准备金率和再贴现率时,会使市场利率下降,证券价格在其他条件不变时会趋于上升,企业可将存款和委托贷款转向证券投资。

在分配活动中,如何确定税后利润的存分比例和股利形式,也与金融市场参数和政府货币政策密切相关。当市场利率上升,或政府采取紧缩的货币政策、证券市场价格下跌时,企业筹资困难、筹资成本提高,如果企业有较多工程项目或对外投资机会需要资金时,应该扩大税后利润留存比例,或采用股票股利形式;反之,在市场利率下降,或政府采取宽松的货币政策时,可以相对减少税后利润的留存比例,采用现金股利形式。当市场利率上升,企业股票价格低迷时,为了稳住企业股票价格,股份制企业也可采用扩大税后利润的分配比例,使企业股票价格维持在较高位。

金融环境除了直接影响企业财务决策外,还会从施工工程成本、造价等方面影响企业的财务成果。就工程成本来说,如市场利率上升,会增加企业借款利息负担,提高财务费用,减少企业利润;如市场利率下降,会减轻企业借款利息负担,降低财务费用,增加企业利润。

四、财税环境

财税环境是指财政、税收政策的变动对企业财务管理的影响和制约关系。国家财政一方面以税收形式将企业利润的相当份额予以征收;另一方面又以财政支出的形式,包括公共支出、投资支出、补贴支出等形式将财政收入加以分配。当国家采取紧缩的财政政策时,一方面国家会增加税目、提高税率、减少补贴支出,以增加财政收入;另一方面会减少公共支出和国家投资支出。当国家采取扩张的财政政策时,一方面会减少税目、降低税率、增加补贴支出;另一方面会增加公共支出和国家投资支出。对建筑业和施工企业的影响来说,当国家采取紧缩财政政策时,随着公共支出、国家投资支出和补贴支出的减少,会减少社会建筑安装工程投资额,促使建筑市场竞争加剧,降低工程标价,减少施工企业利润。当国家采取扩张的财政政策时,随着公共支出、国家投资支出和补贴支出的增加,会增加社会建筑安装工程投资支出,有利于提高建筑市场工程标价,增加企业利润。

对建筑构件的税收政策,也会影响施工企业的盈利水平。施工企业所需的钢筋混凝土等构件,可在施工现场制作,也可在企业所属建筑制品厂生产。一般说来,建筑构件在所属建筑制品厂工厂化生产,比在施工现场制作能降低一些成本。但如税法规定在所属建筑制品厂生产要征收流转税,则反而会提高工程成本,减少企业利润。

因此,企业财务管理应适应这种政策导向,合理组织企业施工生产和财务活动。

五、法律环境

市场经济是法治经济。它是以法律规范来维系市场运转的经济。在市场经济条件下,企业总是在一定的法律环境下从事各项业务活动的。一方面,法律提出了企业从事各项业务活动必须遵守的规范,从而对企业的行为进行约束;另一方面,法律也为企业守法从事各项业务活动提供了保护。在市场经济中,通常要建立一个完整的法律体系来维护市场秩序。从企业的角度看,这个法律体系涉及企业设立、企业运转、企业合并、分立和解散破产清算。其中企业运转又分为企业从事施工生产经营活动的法律、法规,以及企业从事财务活动的法律、法规。一般来说,企业设立、合并、分立和企业解散破产清算是通过公司法等进行约束的。企业施工生产经营活动主要是通过经济合同法、建筑安装工程招标投标法、建筑安装工程承包合同条例、工程质量监督条例等进行约束。这些法律、法规,不仅对企业施工生产经营过程该履行的手续和应达到的标准进行了规定,而且,为了保护与企业施工生产经营活动相关的利害关系人的利益,以及社会整体利益和整个市场体系的稳定性,也制定了相应的法律、法规。此外,企业财务活动是通过税法、证券交易法、票据法、结算法、银行法、会计法、会计准则、财务通则和企业会计制度等进行约束的。这些法律、法规不仅对企业筹资、投资、分配等财务活动过程的手续和应达到的目标进行了规定,而且为了保护与企业财务活动相关的利益关系人,以及社会总资金的平衡运转,也规定了相关的法律、法规。值得指出的是,在企业设立、合并、分立、解散、破产清算有关法律、法规中,其主要的内容都直接与财务活动相联系,将这些内容与对财务活动运行过程进行规定的法律、法规联结起来,就形成一个完整的有关财务活动的法律体系。它对企业财务管理产生的影响和制约都是直接和强制的。

施工企业财务管理环境,除了上述五个方面外,我们还可站在企业财务管理的角度,把企业的施工生产经营及其管理作为环境。因为在施工企业里,相对于财务管理来说,施工生产经营管理还是主导的,只有工程、生产上去了,劳动生产率提高了,工程产品成本降低了,才能使工程、产品的价值得以顺利实现,资金运动保持良性循环;反之,财务管理工作必将步履维艰,企业必将陷入财务困境。

第四节 施工企业财务管理的观念

在市场经济条件下,财务活动要实现企业价值最大化,不仅要有一支稳定的经营者队伍,而且要求经营者必须具有适应市场经济的一些财务管理观念,审时度势,把它贯彻到施工经营活动中去。

一、资金时间价值观念

资金时间价值是资金在周转使用中由于时间因素而形成的新增价值。因为任何资金在它投入施工生产经营以后,劳动者借以完成工程或生产新的产品,创造新价值,都会实现增值。资金周转使用的时间越长,实现的增值额越大。所以资金时间价值的实质,是资金周转使用后的增值额。如果资金是从资金所有者那里借来的,那么资金所有者要分享一部分资金的增值额。

资金的时间价值的大小通常以利息率(简称利率)表示,其实质是社会资金利润率。各种形式的利息率,如存贷款利率、股息率、债券利率等的水平,都是根据社会资金利润率确定的。但是,一般的利息率除了包括资金时间价值因素以外,还要包括风险价值和通货膨胀因素。马克思曾明确指出:"必须把平均利润率看成是利息的有最后决定作用的最高界限。"[1]所以,作为资金时间价值的表现形态的利率应以社会平均资金利润率为基础,而又不应高于这种资金利润率。

资金时间价值是企业财务管理中的一个重要概念,也是资金使用中必须认真考虑的一个标准。如果银行借款的年利率为10%,而企业某项施工生产经营活动的年资金利润率低于10%,那么这项活动将被认为是不合算的。在这里,银行的利息率就成为企业资金利润率的最低界限。

资金时间价值产生的前提,是商品经济的高度发展和借贷关系的普遍存在。因为随着借贷关系的产生和发展,资本所有权同经营权发生了分离,资本分化为借贷资本和经营资本。这时,资金的时间价值才以利息形式在经济生活中广泛地发生作用。在资本主义社会中,一定量的货币投入雇佣劳动的生产过程,可以使自己增值。因此,货币具有带来剩余价值的使用价值的功能。资本的所有者把货币的这种使用价值让渡给经营者,经营者用以进行生产经营活动而获得利润,就需要从利润中分出一部分给资本所有者作为报酬。一定时间内利息量同借贷资本量的比率,就是利息率。当利息这种关系普遍化以后,不仅借入资本的经营者要计算利息,就是使用自有资本的经营者,也要把利润的一部分扣除下来,作为对自有资本的报酬,而只把利润的剩余部分看做是真正的经营收益。于是,资金的时间价值就作为普遍适用的观念广泛应用于经济生活中。

从上可知,资金的时间价值是货币资金在价值运动中形成的

---

[1] 《资本论》第 3 卷。《马克思恩格斯全集》第 25 卷,人民出版社版,第 403 页。

一种客观属性。在社会主义市场经济中,由于到处存在借贷关系,资金运动中也必然客观地存在着这种时间价值。

那么资金在运动中是如何增值的呢?按照马克思的劳动价值学说,价值的增值只能是施工生产过程中工人劳动的结果,只能来源于生产资料同劳动力的结合。资金是生产资料价值的货币表现,资金所代表的生产资料同劳动力相结合,才能创造出新的价值。所以,资金的时间价值,作为一种价值的增值,本质上是劳动者劳动所创造的剩余产品,是作为生产资料的资金同劳动力相结合的结果。任何的货币,如果不投入生产经营过程,不与劳动力相结合,是不可能实现价值增值的,因而也不可能有时间价值。

根据上面所述,我们可以看到:(1)资金投入施工生产经营过程中的时间越长,意味着资金所代表的生产资料同劳动力结合的时间越长,则资金的时间价值就越大;(2)资金用于投资,投入施工生产的时间越早,意味着资金所代表的生产资料同劳动力结合的时间越早,则资金的时间价值越大;(3)资金在施工生产经营过程中周转一次的时间越短,即资金在一定时间(如一年)内周转的次数越多,则资金的时间价值也越大。

二、资金时间价值的计算

常用的资金时间价值的计算方法,从其基本形式来看,可归纳为两种:单利法和复利法。

单利法的计算出发点是:资金在投入生产后的全部生产时间内,每年按一定利率为社会提供一定的经济效益,而这部分新创造的经济效益,不再投入生产中去。

复利法的计算出发点是:资金在投入生产后的当年所得到的经济效益,将作为生产资金重新投入生产领域,第二年它和原来的资金一样,又按利率为社会提供一定的经济效益。以后,又将这部分经济效益作为生产资金投入生产领域……如此不断反复地进行下去。

因此,资金 P 在 n 年内按利率 i 所获得的收益:

按单利法计算为:

$$Pin$$

按复利法计算为:

$$P[(1+i)^n]-P$$

资金 P 折算到 n 年后的资金量(即终值):

按单利法计算为:

$$P(1+in)$$

按复利法计算为:

$$P(1+i)^n$$

在年数不长、利率不高的情况下,采用单利法和复利法计算结果差额不大。可是在年数较长、利率较高的情况下,两种方法计算结果的差额就较悬殊,以采用复利法计算为宜。在经营决策和投资决策中,复利法对资金占用的数量和时间有较大的约束力,更符合经济发展的客观规律,被世界各国普遍作为资金时间价值的计算方法。由于按复利法计算能使资金随着时间的运动而增值,所以也叫做"动态计算"。

(一)名义利率和实际利率

在实际工作中,资金的计息期并不一定为一年,也可能是以半年、3个月或1个月为计息期。由于计息期长短的不同,同一笔资金在占用的总时间相等的情况下,所付的利息会有明显的差别。在经营决策和投资决策中,如按复利法计算利息,而各个方案在一年中计算利息的次数不同,就难以比较各个方案经济效益的优劣,这就需要将各个方案计息的"名义利率"全部换算成"实际利率",然后进行比较。

所谓"名义利率",就是通常所说的年利率。"实际利率"就是

资金在计息期计息用的利率。如年利率为12%,一年为计息期,1元资金的年利息为:

$$1元\times(1+0.12)-1元=0.12元$$

如规定半年为计息期,则半年的实际利率为6%,到第一年末1元资金的年利息为:

$$1元\times(1+0.06)\times(1+0.06)-1元=0.1236元$$

即实际年利率是12.36%,大于名义利率12%。

如规定1个月为计息期,则月实际利率为1%,到第一年末1元资金的年利息为:

$$1元\times(1+0.01)^{12}-1元=0.1268元$$

即实际年利率为12.68%。

从上可知,一年中计算复利的次数越频繁,计息期越短,实际年利率越高。在经营决策和投资决策各个方案经济效益评价中,有关资金占用的利息,都应按照实际利率计算。如果各个方案资金的计息期不同,都要将名义利率换算成实际利率。

名义利率与实际利率的关系式为:

$$i=\left(1+\frac{r}{c}\right)^{c}-1$$

式中　i 为实际利率

　　　r 为名义利率

　　　c 为每年计息次数

（二）动态计算资金时间价值的基本公式

为了合理地使用资金,企业在施工生产、建设过程中对资金的投入和回收,借款和偿还的要求是多种多样的:有的要求一次投入资金,有的要求分期投入资金,有的按期定量逐步借入,一次偿还,有的一次借入资金而等量分期偿还;此外,还有其他种种投入方式和偿还方式。因此,随着资金投入、借入、偿还方式的不同,计算时间价值的具体方法也是多种多样的。在动态计算资金时间价值时,常用的基本公式有如下几个。

1. 复利终值公式

复利终值也叫本利和与到期值。它是指资金在规定期限内按一定利率计算的到期值,是根据资金现值和复本利系数计算的。复利终值的计算公式为:

$$F=P(1+i)^n$$

式中　F 为资金终值

　　　P 为资金现值(也叫期初值)

　　　i 为利率

　　　n 为期限(一般为年)

　　　$(1+i)^n$ 为复本利系数

如某施工企业从银行借款 100 万元,借款期为 5 年、年利率为 12%,5 年后偿还时的复利终值即本利和,就可按照复利终值公式计算:

100 万元×$(1+12\%)^5$＝100 万元×1.7623＝176.23 万元

2. 复利现值公式

复利现值是指未来某一特定资金的现在价值,计算现值的意义恰好与计算终值的意义相反,它是根据资金终值和折现系数计算的。复利现值的计算公式为:

$$P=F\times\frac{1}{(1+i)^n}$$

式中　$\frac{1}{(1+i)^n}$ 为折现系数

把未来值折算为现值的过程,叫做折现或贴现。现值是通过折现率(也叫贴现率)计算而得的。1 元资金在不同时期的现值,叫做折现系数。

如某施工企业到3年后,一次可偿还借款本利和1 331万元,借款年利率为10%,现在可从银行借多少资金,就可按照复利现值公式计算:

$$1\,331\text{万元} \times \frac{1}{(1+10\%)^3} = 1\,331\text{万元} \times 0.7513 = 1\,000\text{万元}$$

3. 年金终值公式

年金是指一定时期内,间隔相等时间支付或收入固定的金额(通常叫分次款)。年金终值是指各期分次款及由这些分次款复利累积的总和,它是根据年金和年金终值系数计算的。年金终值的计算公式为:

$$F = A \times \frac{(1+i)^n - 1}{i}$$

式中　A 为年金

$\frac{(1+i)^n - 1}{i}$ 为年金终值系数

如某施工企业拟新建一个机修厂,估计总投资需1 500万元,每年借款500万元,年利率为10%。第三年末累计本息为多少,就可按照年金终值公式为:

$$500\text{万元} \times \frac{(1+10\%)^3 - 1}{10\%} = 500\text{万元} \times 3.31 = 1\,655\text{万元}$$

4. 资金存储值公式

资金存储值也叫偿债基金。它是指为了偿还一笔规定在若干年后归还的债务,或者指在若干年后需要的一笔投资,每年必须提存的资金,也就是求已知年金终值的分次提存款。资金存储值根据资金终值和资金年存系数计算,它的计算公式为:

$$A = F \times \frac{i}{(1+i)^n - 1}$$

式中　$\frac{i}{(1+i)^n - 1}$ 为资金年存系数

如某施工企业计划在 5 年后扩建一个混凝土构件厂,共需投资 300 万元,年利率为 10%,问该企业每年末从利润提存多少税后利润,才能满足扩建混凝土构件厂的资金需要时,就可按照资金存储值公式计算:

$$300 \text{ 万元} \times \frac{10\%}{(1+10\%)^5-1} = 300 \text{ 万元} \times 0.1638 = 49.14 \text{ 万元}$$

5. 年金现值公式

年金现值是指今后一定时期内,每年都有一定等额资金的现值,也就是各年分次款的现值之和。它是根据年金和年金现值系数计算的。年金现值的计算公式为:

$$P = A \times \frac{(1+i)^n - 1}{i(1+i)^n}$$

式中 $\frac{(1+i)^n - 1}{i(1+i)^n}$ 为年金现值系数

如某施工企业拟向银行借款新建一个门窗加工厂,年利率为 10%,建成交付使用后,每年能获得利润 50 万元,预计使用年限为 10 年,问该厂建造时的总投资应控制在多少时,就可按照年金现值公式计算:

$$50 \text{ 万元} \times \frac{(1+10\%)^{10}-1}{10\% \times (1+10\%)^{10}} = 50 \text{ 万元} \times 6.1446 = 307.23 \text{ 万元}$$

6. 资金回收值公式

资金回收值也叫投资回收值。它是指一定期限内,分期偿还一笔利率固定的债务,每年必须偿还固定的金额,其中一部分偿还本金,一部分偿还利息,而本金和利息的比例是逐年变化的,也就是已知年金现值求分次偿还款。资金回收值根据资金现值和资金回收系数计算。它的计算公式为:

$$A = P \times \frac{i(1+i)^n}{(1+i)^n - 1}$$

式中 $\dfrac{i(1+i)^n}{(1+i)^n-1}$ 为资金回收系数

如某施工企业借款250万元建设一个木材加工厂,年利率为10%,规定分4年还清。问每年偿还本息额多少时,就可按照资金回收值公式计算:

$$250 \text{万元} \times \frac{10\% \times (1+10\%)^4}{(1+10\%)^4 - 1} = 250 \text{万元} \times 0.3155 = 788\,750 \text{元}$$

为了方便计算,可用功能符号来表示各种复利系数的用途和转换价值的函数关系,如用 $\left(\dfrac{F}{P}, i\%, n\right)$ 表示复本利系数。在这里,F 代表资金终值即将来值,P 代表现值,$\dfrac{F}{P}$ 表明1元现值转换成将来值的系数,在已知现值 P 的情况下,用这个系数求将来值 F。

上述各种复利系数的名称、符号及时间价值的换算关系如图表1-1所示。

图表1-1

复利系数名称	符号	已知值	所求值
复本利系数	$\left(\dfrac{F}{P}, i\%, n\right)$	现值 P	将来值 F
折现系数	$\left(\dfrac{P}{F}, i\%, n\right)$	将来值 F	现值 P
年金终值系数	$\left(\dfrac{F}{A}, i\%, n\right)$	年金 A	将来值 F
资金年存系数	$\left(\dfrac{A}{F}, i\%, n\right)$	将来值 F	年金 A
年金现值系数	$\left(\dfrac{P}{A}, i\%, n\right)$	年金 A	现值 P
资金回收系数	$\left(\dfrac{A}{P}, i\%, n\right)$	现值 P	年金 A

三、资金风险价值观念

（一）资金风险价值的含义和分类

财务管理中的风险，一般是指某一项目或事件在一定条件下和一定时间内可能发生的收益或损失的变动程度。例如，参加某一工程投标、预计工程项目利润时，对工程标价、工程成本估计在事前不可能十分准确，如果工程成本超支、工程标价低估时，都可能使企业达不到预期利润，甚至发生亏损。

风险是在"一定条件下"的风险。我们在参加工程项目投标时，选择什么地区、哪一类工程项目，其风险是不一样的。但一旦中标以后，风险大小就无法加以改变。所以特定工程项目的风险是客观的。但你是否要冒风险及冒多大风险，是可以选择的，是主观决定的。

风险的大小随时间延续而变化，是"一定时间内"的风险。我们对一个工程项目的施工成本，事前的估算可能不很准确，越接近完工，越容易估算。随着时间的延续，工程成本的不确定性在缩小。因此，风险总是"一定时间内"的风险。

根据西方财务管理理论，衡量项目或事件的收益或损失可能性程度时，主张使用风险与不确定性两个相关的概念。从程度上看，风险是对事件可能结果的描述，即决策者一般能预测项目或事件的各种可能结果，但不能确定到底会发生哪种结果，因此是一个概率分布的问题。而不确定性是决策者在没有任何可供依据的资料和历史数据情况下来对项目或事件可能发生结果所作的预测，因此不可能对未来最终结果作出准确判断。可见这两者之间的差别主要在于程度不同，不确定性比风险更难以预测。在实际工作中，往往视为同义语。

企业财务管理中的风险，主要指资金风险，即资金筹集和使用过程中的风险。企业如果冒着风险筹集和使用资金，就必须要求获得超过资金成本和资金时间价值以外的收益。这种由于冒着风险筹集资金和使用资金而取得的额外收益，就是资金的风险价值，或叫风险收益、风险报酬。

施工企业财务管理中的资金风险价值，可将它分为以下两种类型。

1. 筹资风险价值

筹资风险价值是指由于冒着风险筹集资金而取得的超过资金成本以外的收益或损失。这里所说的资金筹集中的风险，主要指长期资金的筹资风险。因为在短期资金筹集中，各种情况一般比较明朗，即使一旦发现决策失误，也比较容易纠正。而在长期资金筹集中，由于较长时间内的经营状况存在着较多的不确定性，一旦决策失误，就难以纠正，会使企业在长时期内蒙受损失。因此，长期资金筹集比短期资金筹集具有更大的风险。长期资金筹集风险主要包括：利率变动风险、汇率变动风险、无力偿债风险、再筹资风险、长期资金用于短期使用风险等等。不同的筹资方式会产生不同的筹资风险，而且筹资额越多，其风险也越大。

2. 投资风险价值

投资风险价值是指由于冒着风险进行投资（包括使用资金从事建筑安装工程施工、购建固定资产和购买有价证券等）而获得的超过资金时间价值以外的收益或损失。这种超过资金时间价值以外的收益，是投资收益的重要组成部分。投资收益由两部分组成：一部分是资金时间价值，又叫无风险投资收益；另一部分是投资风险价值，即风险补偿收益。投资收益额、资金时间价值和投资风险价值与投资额的比率，分别叫做投资收益率、无风险投资收益率和投资风险收益率，它们之间的关系是：

$$投资收益率 = 无风险投资收益率 + 投资风险收益率$$

$$= \frac{资金时间价值}{投资额} \times 100\% + \frac{投资风险价值}{投资额} \times 100\%$$

(二)资金风险价值产生的客观基础

资金风险价值是商品经济条件下客观存在的经济范畴。在商品经济条件下,市场不仅是商品交易的领域,而且在社会资源配置中起着基础作用。企业进行施工生产经营活动必须以市场为出发点,而市场又处于不断变化和发展之中。因此,企业在进行资金筹集、资金投放等经济活动中,客观上存在着许多不确定因素,这许多不确定因素使得企业经营者对于自己从事某一项经济活动的后果难以准确地把握。事实上,在商品经济条件下,没有任何风险的经济活动是不存在的,风险与收益共存。任何一个企业都不希望投资收益和投资收益率永远停留在一个较低的水平上,而是力求扩大和提高它。这就要求企业决策者冒着风险去筹资、去投资、去获取超过资金成本和资金时间价值以外的资金风险价值。

在过去的计划经济体制下,我国国有企业的一切活动都由国家指定性计划来安排,对那些因经营管理不善而造成亏损的企业,国家照样给予补贴,以维持其生存和发展。因此,企业不承担什么风险,也不必具备什么资金风险价值观念。随着传统的计划经济体制向社会主义市场经济体制转变,企业成为自主经营、自负盈亏的经济实体,企业在财务管理中,必须研究资金风险,计量资金风险价值并控制资金风险,以求企业价值最大化。

(三)资金风险价值的计算和运用

1. 资金风险价值的计算

由于风险和概率有着直接的联系,所以资金风险程度可以用概率的方法来计算。如以 P_i 表示概率,任何概率都要符合 $0 \leqslant P_i \leqslant 1$ 和 $\sum_{i=1}^{n} P_i = 1$ 两个原则。也就是说,每一个随机变量的概率最小为 0,最大为 1,不可能小于 0,也不可能大于 1;全部概率之和必须等于 1,即 100%。n 表示可能出现的所有情况。

运用概率方法计算资金风险价值,一般是依次通过计算资金收益率或收益额、期望资金收益率或收益额、标准离差、标准离差率、资金风险收益率来求得。

(1) 根据预测的相关数据先分析各种可能情况的概率和可能获得的资金收益率或收益额,计算出资金收益率或收益额的期望值。资金收益率或收益额期望值指按可能资金收益率或收益额的概率分布计算的资金收益率或收益额的平均值,它表示在各种风险条件下,期望可能获得的平均资金收益率或收益额。其计算公式为:

$$\text{期望资金收益率或期望收益值} = \sum_{i=1}^{n}\left(\text{可能获得的资金收益率或收益额} \times \text{概率}\right)$$

(2) 计算标准离差。标准离差指可能获得资金收益率或收益额对期望资金收益率或期望收益值之间的偏离程度。其偏离程度,主要是由各种可能获得的资金收益率或收益额(随机变量)与期望资金收益率或期望收益值之间的差距所决定的。它们之间差距越大,说明各种可能获得的资金收益率或收益额与期望资金收益率或期望收益值的偏离程度越大,意味着风险越大;反之,它们之间的差距越小,意味着风险越小。因此,标准离差的大小,是资金风险程度大小的具体标志,标准离差与风险程度大小成正比例。标准离差的计算公式为:

$$\text{标准离差} = \sqrt{\sum_{i=1}^{n}\left(\text{可能获得的资金收益率或收益额} - \text{期望资金收益率或期望收益值}\right)^2 \times \text{概率}}$$

(3) 计算标准离差率。标准离差率是指标准离差与期望资金收益率或期望收益值的相对数。标准离差率越高,表示风险程度越大;反之,则越小。标准离差率的计算公式为:

$$\text{标准离差率} = \frac{\text{标准离差}}{\text{期望资金收益率或期望收益值}} \times 100\%$$

(4) 计算资金风险收益率。标准离差率虽能正确评价资金风险程度的大小,但它不是资金风险收益率,要计算资金风险收益率,还必须借助资金风险收益系数。资金风险收益率和标准离差率、资金风险收益系数之间的关系如下:

$$资金风险收益率=标准离差率×资金风险收益系数$$

其中,资金风险收益系数为将标准离差率转化为资金风险收益的一种系数或倍数,一般可参照以往同类投资项目的历史资料,运用下列公式计算:

$$资金风险收益系数=\frac{资金收益率-无风险收益率}{标准离差率}$$

(5) 求得资金风险价值。在算出资金风险收益率后,就可将它乘以投资额,求得资金风险收益即资金风险价值:

$$资金风险价值=投资额×资金风险收益率$$

2. 资金风险价值的运用

资金风险价值观念贯穿在企业财务活动中,要求在财务活动中必须考虑资金收益与资金风险价值对称。也就是要依财务活动所面临的不同资金风险,选择不同的资金收益。具体地讲,企业在筹资时,如果自身高风险,则必须低成本支付;自身低风险,则可以高成本支付。在投资时,如果自身面临高风险,则必须高收益;自身面临低风险,则可以是低收益。如果这些方面做不到的话,在筹资的场合,企业若面临高风险又必须支付高的筹资成本,就不应选择这种筹资方式;或者企业只愿承担较低的风险而又不肯多付筹资成本,就可能筹集不到所需的资金。在投资的场合,企业如面临高风险,而收益并未相应增加,就不应进行这种投资。

复 习 题

1. 施工企业的资金运动主要包括哪些方面的内容? 存在哪

些规律?

2. 在施工企业财务管理工作中,经常发生哪些方面的财务关系?怎样正确处理这些财务关系?

3. 施工企业财务管理的总体目标有哪几种提法?你同意哪种提法?为什么?筹资管理、投资管理、分配管理等的具体目标是什么?

4. 在市场经济条件下,施工企业财务活动会受到哪些方面环境的影响?应采取哪些对策措施?

5. 什么叫做资金时间价值?它是怎样产生的?在财务管理中,为什么必须考虑资金时间价值?资金时间价值是怎样加以计算的?动态计算资金时间价值的基本公式有哪些?这些公式各有哪些用途?

6. 什么叫做资金风险价值?在财务管理中,为什么必须具有资金风险价值观念?

习 题

习 题 一

一、目的 练习动态计算资金时间价值的方法。

二、资料 某施工企业于2008年初向某汽车厂购买一辆自卸汽车,根据该汽车厂的付款方式,有如下两种:

1. 购买时一次付清,价款为80 000元;

2. 购买时先付30 000元,其余于2009、2010年末各付30 000元。当时金融市场年利率为8%。

三、要求 根据上列资料,为该施工企业:

1. 计算分期付款的复利现值;

2. 作出购买决策。

习 题 二

一、目的 练习动态计算资金时间价值的方法。

二、资料

1. 某施工企业拟购买一台价值 55 000 元的新机械,估计能使用 6 年,各年能为企业带来的经济效益分别为:

第 1 年	20 000 元
第 2 年	20 000 元
第 3 年	15 000 元
第 4 年	10 000 元
第 5 年	5 000 元
第 6 年	4 000 元

2. 金融市场年利率为 8%。

三、要求 根据上列资料,为该施工企业:

1. 计算各年经济效益的现值;
2. 计算购买这台新机械能给企业带来多少经济利益?

第二章 企业资金的筹集和管理

第一节 企业筹集资金的目的和原则

筹集资金是指企业根据其施工生产经营、投资及调整资金结构的需要,通过筹资渠道和资金市场,运用筹资方式,获得所需资金的一种行为。它是施工企业财务管理的重要内容,也是组建施工企业并保证企业持续发展的前提。

一、企业筹集资金的目的

(一)筹集资本金,设立企业

按照我国《企业法人登记管理条例》的规定,企业申请开业,必须要有法定的资本金。所谓法定资本金,是指国家规定开办企业必须筹集的最低资本金数额,即企业设立时必须要有最低限额的本钱。为此,要想设立企业,必须采用吸收投资、发行股票等方式筹集一定数量的资金,以便形成企业的资本金。

(二)满足施工生产经营和投资的需要

任何一个现代化施工企业,不可能单靠投资者投入的资本金来从事施工生产经营,还必须从银行从社会等不同渠道来筹集所需的资金。因为施工经营不但需要的资金多,而且资金占用时间长。随着施工规模的不断扩大,需要不断对机械设备、构件加工厂等进行投资,增加对资金的需求量。同时为了降低施工成本,谋求相关企业如建筑材料生产企业等配合企业的施工生产,也需要筹集资金对其他企业投资控股,以参与其生产经营决策。

（三）满足资金结构调整的需要

资金结构又称资本结构。资金结构的调整是企业为了降低资金成本、回避筹资风险而对资本金与债务资金之间比例关系的调整。资金结构调整属于企业重大的财务决策事项，同时也是企业筹资管理的内容。资金结构调整的方式很多，如：为增加企业资本金比例而增资、为提高资本利润率和降低资金成本而增加债务资金、为优化债务期限结构而进行长短期债务搭配等等，这些行为都属于为优化资金结构而进行的筹资活动，属于企业筹集资金活动的另一目的。

二、筹集资金的渠道和方式

筹集资金的渠道是指企业资金的来源。筹集资金的方式是指企业取得资金的具体形式。资金从哪里来和如何取得资金，既有区别又有联系。一定的筹资方式，可能只适用于某一特定的筹资渠道，但同一渠道的资金，往往可采用不同方式取得，而同一筹资方式又往往可适用于不同的资金渠道。

目前我国施工企业筹集资金的渠道，主要有：(1)财政资金；(2)银行信贷资金；(3)非银行金融机构信贷资金；(4)其他企业单位资金；(5)居民个人资金；(6)企业留存收益；(7)外商资金。各种筹资渠道在体现资金供应量的大小时，存在着较大的差异。有些渠道的资金供应量大，如银行信贷资金，而有些渠道的资金供应量相对较小。这种资金供应量的大小，在一定程度上取决于财务环境的变化，特别是货币政策、财政政策等。

目前我国施工企业筹集资金的方式，主要有：(1)吸收直接投资；(2)发行股票；(3)银行借款；(4)发行企业债券；(5)融资租赁；(6)商业信用。如果说，筹集资金的渠道属于客观存在，那么筹集资金的方式则属于企业的主观能动行为。企业筹资管理的重要内容是如何针对客观存在的筹资渠道，选择合理的筹资方式来筹集资金。认识筹集资金方式的种类及各种筹集资金方式的属性,有利于企业选择合理的筹资方式并有效地进行筹资组合,从而降低资金成本,最大限度地回避筹资风险。

三、筹集资金的分类

(一)按所筹集资金的性质分类

施工企业按其所筹集资金的性质不同,分为自有资金和债务资金。

1. 自有资金

自有资金又称主权资本。它是企业依法筹集的资本金和积累的资金,能长期拥有、自主支配,包括:资本金、资本公积金、盈余公积金和未分配利润。自有资金具有以下特点:

(1)自有资金的所有权属于所有者,所有者据此参与企业的投资经营重大决策,取得收益,并对企业的经营承担有限责任。

(2)自有资金属于企业长期占用的资金,形成法人财产权,在企业存续期内,投资者除依法转让外,不得抽回资金,企业依法拥有完整、独立的财产支配权。

(3)自有资金没有还本付息压力,没有筹资风险。

(4)自有资金主要通过财政资金、其他企业单位资金、居民个人资金、外商资金等渠道,采用吸收直接投资、发行股票、留存收益等方式筹集。

2. 债务资金

债务资金又称"负债资金"或"借入资金"。它是企业依法筹集并依约使用、按期偿还的资金。与自有资金比较,债务资金具有如下特征:

(1)它体现企业与债权人的债权债务关系,属于企业债务。

(2)企业对债务资金在约定期限内享有使用权,并承担按期还本付息的责任,偿债压力和筹资风险较大。

(3) 债权人有权按期索取利息和到期要求还本,但无权参与企业经营决策,对企业的经营不承担责任。

(4) 企业的债务资金主要通过银行、非银行金融机构、其他企业、居民个人等渠道,采用银行借款、发行企业债券、融资租赁、商业信用等方式筹集。

必须指出,在特定的条件下,有些债务资金如可转换企业债券能转换为自有资金,在企业财务困难不能偿还债务时,经过债务重组,也可以将债务转为股权,成为企业自有资金。但自有资金不能转换为债务资金。

(二) 按筹资活动是否通过金融机构分类

施工企业筹资活动按是否通过金融机构,分为直接筹资和间接筹资。

1. 直接筹资

直接筹资是指企业不经过银行等金融机构,而直接以资金供应者投入、借入或发行股票、债券等方式进行的筹资。在直接筹资过程中,供求双方借助融资手段直接实现资金的转移,不必通过银行等金融中介机构。直接筹资的筹资渠道和筹资方式多,但须依赖于金融市场机制,筹资成本依资金供求情况而定,当金融市场突变时,容易导致筹资失败,筹资风险较大。

2. 间接筹资

间接筹资是指企业借助于银行等金融机构进行的筹资。其主要形式为银行借款、非银行金融机构借款、融资租赁等。它具有筹资手续简便、筹资效率高等优点。但筹资范围相对较窄,筹资渠道和筹资方式相对单一。

四、筹集资金的原则

施工企业在筹集资金过程中,必须遵循下列原则,对影响筹资活动的各项因素,如资金成本、筹资风险、资金结构、投资项目的经济效益、筹资难易程度等进行综合分析。

(一) 根据资金需要,合理确定筹资规模

企业在筹资过程中,不论通过何种渠道、采用什么方式筹集资金,都应事前确定资金的需要量。筹集资金固然要广开财路,但必须有一定合理的界限。资金不足,当然会影响企业施工经营;资金过多,也会影响资金使用的效益。因此,企业在筹资之前,必须做好各个施工、投资项目资金需要量的估算,编制分月现金预算,预测各月资金流量,合理安排资金的投放和回收。

(二) 研究资金投向,讲求资金使用效益

资金的投向,既决定资金需要量的多少,又决定资金的使用效益。企业扩大施工项目和对所属构件加工厂进行新建、扩建,对机械设备进行更新改造,都必须进行可行性研究,认真分析项目的投资效益。筹资是为了投资,在一般情况下,我们总是先确定了有利的投资的施工项目,有了明确的资金用途,然后才选择筹资渠道和方式,要防止那种把资金筹集同资金投放割裂开来的做法。

(三) 选择资金渠道,力求降低资金成本

企业不论从什么渠道、用何种方式筹集资金,都要付出一定的代价。筹资的代价即资金成本,包括资金占用费和资金筹集费。不同渠道的资金成本各不相同,而且取得资金的难易程度也不一样。为此,就要选择最经济、最方便的资金来源。因为各种渠道资金往往各有优缺点:有的资金可以长期使用,有的资金必须按期偿还;有的资金供应比较稳定,有的资金取得比较方便,有的资金成本较低;有的筹集巨额资金比较有利,有的筹集少量资金比较有利等。所以,必须综合研究各种筹资渠道和筹资方式,合理考虑各种资金来源的构成,力求降低综合资金成本。

(四) 适度负债经营,防范筹资风险

企业依靠债务资金开展施工经营活动,叫做负债经营。进行负债经营,是现代企业不断发展壮大的一种经营手段,因为向银行等金融机构和向社会发行企业债券筹集资金,不但可以缓解自有资金不足的矛盾,而且由于借款利息和债券利息可以计入财务费用,在税前利润列支,少交一部分所得税,使企业由此获得部分节税收益,从而降低资金成本,提高资金利润率。当然,如果负债过多,不但会削弱企业自负盈亏的能力,而且会发生筹资风险,甚至丧失偿债能力、面临破产。因此,企业在筹资时,必须使自有资金和债务资金保持合理的比例关系,既要利用负债经营的积极作用,又要防止负债过多而增加筹资风险。

第二节 资本金的筹集

一、建立资本金制度的意义

资本金是企业在工商行政管理部门登记的注册资本,也就是开办企业的本钱。

资本金制度是国家围绕资本金的筹集、管理以及所有者的责、权、利等方面所作的法律规范。建立资本金制度,对于保障所有者权益和实现企业自负盈亏都有着重要的意义。

首先,有利于保障企业所有者权益,正确反映企业资产负债状况。建立资本金制度,明确了产权关系,体现了资本保全原则,使所有者权益从制度上得到了保障。只有这样,才能保障企业的生存和发展,才能吸引更多的资金用于生产建设。

其次,有利于企业建立自主经营、自负盈亏、自我发展和自我约束的经营机制。企业的建立和发展,必须要有资金。资金可以是投入的,也可以是借入的,但总要有一定的本钱。企业借入资金时,债权人先要考虑企业拥有的资本金,要研究企业偿债能力和发放贷款的安全程度。如果没有一定的本钱,是很难取得借款的。同时,企业在市场中经营、发展,总是有风险的,有了一定数额的资本金,才能以本负亏。现代企业一般采取有限责任公司或股份有限公司的形式,资本金是企业实行自我约束和最终承担经营风险的最大限额。从这个意义上讲,资本金是企业真正实现自负盈亏的前提条件。建立资本金制度,将有利于企业建立健全自主经营、自负盈亏、自我发展和自我约束的经营机制。

二、资本金的构成和管理

施工企业筹集的资本金,按投资主体分为国家资本金、法人资本金、个人资本金和外商资本金等。

国家资本金为有权代表国家投资机构以国有资本投入企业形成的资本金。

法人资本金为其他法人单位以其依法可以支配的资产投入企业形成的资本金。

个人资本金为社会个人或者企业内部职工以个人合法财产投入企业形成的资本金。

外商资本金为国外投资者以及我国台湾等地区投资者投入企业形成的资本金。

企业筹集资本金的方式可以多种多样,既可以吸收货币资金的投资,也可以吸收实物、无形资产等形式的投资,企业还可以发行股票筹集资本金。但企业无论采取什么方式筹集资本金,必须符合国家法律、法规的规定。

资本金可以一次或者分次筹集。企业筹集资本金是一次筹集还是分期筹集,应根据国家有关法律、法规以及合同、章程的规定来确定。

企业吸收无形资产投资,这是现代企业的通常做法。只要对企业提高工程产品质量、降低消耗、提高经济效益有利的,国家应从政策上予以支持。但是,如果企业在全部投资中无形资产投资所占的比例过高,货币资金和实物投资过少,也不利于企业施工生产经营和发展,因此,一般都加以一定的限制。

投资者已设立有担保物权及租赁的资产,企业不得吸收作为投资者的出资。

企业筹集的资本金,必须聘请中国注册会计师验资并出具验资报告,由企业据以发给投资者出资证明书。

为了保证企业能够及时、足额筹集资本金,企业对筹集资本金的方式、投资者出资期限等,都应在投资合同、协议中约定,并在企业章程中作出规定。如果投资者未按合同、协议和企业章程的约定,按时足额出资,即为投资者违约,企业和其他投资者可以依法追究其违约责任,国家有关部门还应按照国家有关规定对企业和违约者进行处罚。如有限责任公司股东未按规定交纳出资的,公司有权向股东追交;如追交后仍不履行交纳义务的,则可根据诉讼程序请求人民法院追究股东的违约责任。合营各方未按规定交纳出资的,视为合资、合营企业解散,吊销营业执照;如交纳了第一期出资而不按规定继续履行出资义务的,工商行政管理部门督促其限期交清出资,否则吊销营业执照。也就是说,如是投资一方违约,企业和其他投资者可以按照合同、协议和章程的规定,依据法律程序要求违约方支付延迟出资的利息,赔偿经济损失;如果投资各方违约或外资企业不按规定出资的,则由工商行政管理部门进行处罚。

为了加强对企业筹集资本金的管理,施工企业财务制度明确了资本金保全以及投资者对其出资所享有的权利和承担的义务。

从资本金保全的要求看,企业筹集到资本金后,在企业施工生产经营期间内,投资者除依法转让外,一般不得抽回投资。依法转让也有相应的条件和程序,这是国际上的通行做法。但有一种情况例外,就是中外合作经营企业,如果在合作企业合同中约定合作期满时其全部固定资产归中国合作者所有的,可以在合同中约定外国合作者在合同期限内先行收回投资的办法,但须按照法律规定和合同约定承担债务责任。如果外方合作者在交纳所得税前收回投资的，必须报经有关部门批准。

从投资者对其出资所拥有的权利和承担的责任来看，几乎所有的法规规定都是一致的，即投资者按照出资比例或者合同、章程的规定，分享企业的利润和分担风险及亏损，也就是我们通常所说的以本求利，以本负亏。企业盈利了，投资者可以获取相应的回报，分得利润；企业亏损了，投资者要分担相应的风险，分摊亏损。现代企业的组织形式一般为有限责任公司，投资者分担风险和亏损一般以注册资本为限，承担有限责任。

三、股份有限公司资本金的筹集

股份有限公司的资本金，是通过认购股票筹集的。股票是股份有限公司为筹集资本金而发行的有价证券，是持股人拥有公司股份的入股凭证。它代表股份有限公司的所有权。股票持有者为企业的股东，股东按照公司章程，参加或监督企业的经营管理，分享红利，并依法承担以购股额为限的公司经营亏损的责任。

股份有限公司可以采取发起方式或募集方式设立。发起设立是指由发起人认购公司应发行的全部股份而设立公司。应当有两人以上两百人以下为发起人，其中须有半数以上的发起人在中国境内有住所。其注册资本为在公司登记机关登记的全体发起人认购的股本总额。公司全体发起人的首次出资额不得低于注册资本的 20%，其余部分由发起人自公司成立之日起两年内交足。在交足前，不得向他人募集股份。股份有限公司注册资本的最低限额为人民币五百万元。发起设立公司的发起人，应当书面认足公司章程规定其认购的股份，一次交纳的，应即交纳全部出资；分次交纳的，应即交纳首期出资。

募集设立是指由发起人认购公司应发行股份的一部分，其余股份向社会公开募集或者向指定对象募集而设立公司，但发起人认购的股份不得少于公司股份总额的35％。发起人向社会公开募集股份时,必须向国务院证券监督管理部门递交募股申请,并报送下列主要文件：(1)批准设立公司的文件；(2)公司章程；(3)经营估算书；(4)发起人姓名或者名称,发起人认购的股份数、出资种类及验资证明；(5)招股说明书；(6)代收股款银行的名称及地址；(7)承销机构名称及有关的协议。未经国务院证券管理部门批准,发起人不得向社会公开募集股份。发起人向社会公开募集股份必须公告招股说明书,并制作认股书。招股说明书应当附有发起人制作的公司章程,并载明：发起人认购的股份数,每股的票面金额和发行价格；无记名股票的发行总数；认股人的权利、义务；本次募股的起止期限及逾期未募足时认股人可撤回所认股份的说明。认股书应当载明上述所列事项,由认股人填写所认股数、金额、住所,并签名盖章。认股人应按照所认股数交纳股款。发起人向社会公开募集股份,应当由依法设立的证券经营机构承销,签订承销协议,并应同银行签订代收股款协议。代收股款的银行应当按照协议代收和保存股款,向交纳股款的认股人出具收款单据,并负有向有关部门出具收款证明的义务。发行股份的股款交足后,必须经法定的验资机构验资并出具证明。发行的股份超过招股说明书规定的截止期限尚未募足的,或者发行股份的股款交足后,发起人在三十日内未召开创立大会的,认股人可以按照所交股款并加算银行同期存款利息,要求发起人返还。

股份有限公司的注册资本为在公司登记机关登记的实收股本总额。股份有限公司注册资本的最低限额为人民币五百万元。

股份有限公司发行的股票,按股东权利的不同,分为普通股和优先股。普通股是所有股份有限公司都必须发行的一种基本股票。普通股的股东有权选举公司董事,并在股东大会上对需由业主决定的重要事项进行表决,在董事会宣布发付普通股股利时,有权分享公司盈利；在公司增加股本时，有权按持有股份的比例，优先认购新股；当公司结束清理时，在债权人和优先股股东的要求满足后，有权参加公司资产的分配等。优先股是在公司中比普通股享有优先分配股利权利的一种股票。优先股的股利须按约定的股利率支付，当年可供分配股利的利润不足以按约定的股利率支付时，由以后年度可供分配的利润补足。公司结束清算时，优先股股东先于普通股股东取得公司剩余财产。但优先股股东一般无权选举公司董事和参加管理。

  股份有限公司发行的股票。按其记名与否，分为记名股票和无记名股票，公司向发起人、国家授权投资的机构、法人发行的股票，应当为记名股票，并应当记载该发起人、机构或者法人的名称，不得另立户名或者以代表人姓名记名。对社会公众发行的股票，可以为记名股票，也可以为无记名股票。公司发行记名股票的，应当设置股东名册，记载股东的姓名或者名称及住所、各股东所持股份数、各股东所持股票的编号、各股东取得其股份的日期。发行无记名股票的公司，应当记载其股票数量、编号及发行日期。

  股票发行的价格，既要有利于股票的顺利发行，为公司筹集施工、投资所需的资金，又要有利于投资者认购股票和长期投资获得收益，以增强投资者的信心，在具体确定股票发行价格时，应考虑：

  (1) 每股收益。每股收益即每股净利润，每股收益高，说明公司盈利水平高，其发行价格可以定得高些。

  (2) 同行业公司股票平均市盈率。股票发行价格一般按市盈率来计算。市盈率是股票每股市价为每股收益的倍数。同行业公司股票平均市盈率，反映该行业公司股票的平均价格水平。股票发行的市盈率一般低于同行业公司股票平均市盈率。

  (3) 公司在行业中所处的地位。公司的信誉好、施工经营管理水平高，有成长性，市盈率可高于同行业公司平均市盈率。

  股份有限公司股票经国务院授权证券管理部门批准，可以在证券交易所上市交易。股票进入证券交易所上市交易,需要符合一定的条件:(1)股票经国务院证券监督管理部门批准已向社会公开发行;(2)公司股本总额不少于人民币三千万元;(3)公开发行的股份达到公司股份总额20%以上;公司股本总额超过人民币四亿元的,公开发行股份的比例为10%以上;(4)公司最近三年无重大违法行为,财务报告无虚假记载。经批准上市交易的股票发行公司,应在每个会计年度的中间,向证券监督管理部门报送中期财务报告。在每个会计期末,向证券监督管理部门报送经会计师事务所及其注册会计师签证的年度财务报告,并向公众公布。

四、有限责任公司资本金的筹集

有限责任公司是指由五十个以下股东共同出资,每个股东以其出资额为限对公司承担责任,公司以其全部财产对公司的债务承担责任的企业法人。

有限责任公司与股份有限公司的区别,主要有:有限责任公司的全部资产不分为等额股份,公司向股东签发出资证明书而不发行股票;有限责任公司的注册资本为在公司登记机关登记的全体股东实交的出资额,以施工生产经营为主的施工企业的注册资本不得少于人民币三万元,而股份有限公司的注册资本不得少于人民币五百万元。有限责任公司股东向股东以外的人转让其出资,必须经全体股东半数的同意,不同意转让的股东应当购买该转让的出资。经股东同意转让的出资,在同等条件下,其他股东对该出资有优先购买权;而股份有限公司股东持有的股票可以在依法设立的证券交易所自由转让。

股东应当足额交纳公司章程中规定的各自所认交的出资额。股东以货币出资的,应当将货币出资足额存入准备设立的有限责任公司在银行开设的临时账户;以实物、工业产权、非专利技术或者土地使用权出资的,应当依法办理其财产权的转移手续。但在公司成立后,如发现作为出资的实物、工业产权、非专利技术、土地使用权的实际价额显著低于公司章程所定价额的,应当由交付该出资的股东补交其差额,公司设立时的其他股东对其承担连带责任。

有限责任公司成立后,应当向股东签发出资证明书。出资证明书应当载明:公司名称、公司登记日期;公司注册资本;股东的姓名或者名称;交纳的出资额和日期;出资证明书的编号和核发日期;并由公司盖章。

五、一人有限责任公司和国有独资公司资本金的筹集

按照我国《公司法》的规定,将公司分为有限责任公司和股份有限公司。另在有限责任公司一章中,分设一人有限责任公司和国有独资公司两节,对这两种公司作了一些特别规定。

一人有限责任公司是指只有自然人股东或者一个法人股东的有限责任公司。一人有限责任公司的注册资本最低限额为人民币十万元。股东应当一次足额交纳公司章程规定的出资额。一个自然人只能投资设立一个一人有限责任公司,该一人有限责任公司不能再投资设立新的一人有限责任公司。一人有限责任公司的股东不能证明公司财产独立于股东自己的财产的,应当对债务承担连带责任。一人有限责任公司成立时,股东如用实物、土地使用权等作价出资的,应在经过评估核实后,作为资本金入账。

国有独资公司是指国家单独出资、由国务院或者地方人民政府授权本级人民政府国有资产监督管理机构履行出资人职责的有限责任公司。

国有独资公司作为投资者投入施工生产经营用的货币、实物、工业产权、非专利技术和土地使用权,应经过评估核实后,作为资本金入账。

一人有限责任公司和国有独资公司所有者投入的资金,与股份有限公司、有限责任公司所有者投入的资金并不完全相同。一人有限责任公司和国有独资公司所有者投入的资金,全部属于资本金;而股份有限公司和有限责任公司股东投入企业的资金,不一定全部都能作为资本金。如股份有限公司股票采用超过面值溢价发行,在发行股票收入中超过面值的股票溢价净收入,应作为资本公积金,而不能作为资本金。有限责任公司在增加注册资本时新股东交纳的出资额,超出其按约定比例计算的其在注册资本中所占的份额部分,也不能作为资本金而应作为资本公积金。

六、资本金的增加和减少

《企业法人登记管理条例》中规定,除国家另有规定外,企业的注册资本应与实有资金一致。该条例还规定,企业法人实有资金比原注册资本数额增加或者减少超过20%时,应持资金证明或者验资证明,向原登记机关申请变更登记。如要增减变动,必须具备一定条件。由于企业组织形式不同,资本金增减变动所应具备的条件也不相同。现将不同组织形式的施工企业资本金增减变动应具备的条件分述如下。

(一)股份有限公司资本金增减变动应具备的条件

1. 发行新股增加资本金的条件

施工企业发行新股增加资本金,一股应具备下列条件:(1)前一次发行的股份已募足,并间隔规定的期间;(2)新股发行募集资金的用途符合国家产业政策的规定;(3)新股发行募集资金的数额不超过公司股东大会批准投资项目的资金需要数额;(4)公司最近三个会计年度财务状况良好;(5)公司在最近三年内无重大违法违规行为,财务会计文件无虚假记录、误导性陈述或重大遗漏;(6)公司最近三年曾分红派息。新股发行价格应根据公司连续盈利情况和财产增值情况确定。股东大会作出发行新股的决议后,董事会必须向国务院授权的部门或省级人民政府申请批准。

属于向社会公开募集的,须经国务院证券管理部门批准。公司经批准向社会公开发行新股时,必须公告新股招股说明书和会计报表及附属明细表,并制作认股书。公司发行新股募足股款后,必须向公司登记机关办理变更登记并公告。

2. 向股东配股增加资本金的条件

施工企业因扩大施工生产经营规模,需要增加资本金时,除通过发行新股募集外,还可通过向股东配股的办法募集。上市公司向股东配股一般应符合以下几个条件:(1)距前一次发行股票的时间间隔不少于规定期间;(2)前一次发行股票所募集的资金用途与当时该公司的"招股说明书"、"配股说明书"或股东大会的有关决议相符;(3)公司最近三个会计年度财务状况良好并分红派息;(4)近三年无重大违法违规行为,财务会计文件无虚假记录、误导性陈述或重大遗漏;(5)本次配股募集资金的用途符合国家产业政策规定;(6)配售的股票限于普通股,配售的对象为根据股东大会决议而规定的日期持有该公司股票的全体普通股股东;(7)本次配售的股份总数,除公司控股股东全额配股外,原则上不超过原有资本金的30%;(8)配售发行价格不低于本次配股前最新公布的公司财务报告中每股净资产值。上市公司向股东配股时,必须按规定披露有关信息。

公司向股东配股所得收入,在按面值配股的情况下,应将它全部作为资本金;在按超过面值溢价配股的情况下,应将相当配股面值部分收入作为资本金,超过配股面值的溢价收入减去委托证券经营机构代理配股费用后的溢价净收入,作为资本公积金。

3. 将公积金转为资本金的条件

根据《公司法》的规定,股份有限公司经股东大会决议,可以将公积金转为资本金。在将公积金转为资本金时,可按股东原有股份比例派送新股或者增加每股面值。但将法定盈余公积金转为资本金时,所留存的该项公积金不得少于注册资本的25%。又上市公司向股东派送新股时,应符合以下几个条件:(1)已按规定弥补亏损、提取法定盈余公积金;(2)动用公积金送股后留存的法定盈余公积金和资本公积金不少于资本金的50％;(3)发送的股票限于普通股,发送的对象为根据股东大会决议而规定的日期持有公司股票的全体普通股股东;(4)因送股增加的资本金与同一财务年度内配股增加的资本金两者之和不超过上一财务年度截止日期的资本金。

4. 资本金的减少

股份有限公司因施工生产任务不足,资本金过剩,或由于连年发生亏损,短期无法弥补等原因,需要减少资本金时,必须:(1)经股东大会决议后,编制资产负债表及财产清单;(2)自作出减少注册资本决定之日起十日内通知债权人,并于三十日内在报纸上至少公告三次,对各项债务进行清偿或提供清偿保证;(3)公司减少资本金后的注册资本不得低于法定的最低限额;(4)公司减少注册资本后,须修改公司章程,向公司登记机关办理变更登记手续,并予以公告。

公司因资本金过剩而减少资本金时,一般采取收购本公司股票的方式。公司在采取收购本公司股票办法减少资本金时,由于资本金是按股票面值计算的,收购时亦应按面值注销资本金。超过股票面值付出的收购款,应区别情况加以处理:收购的股票属于溢价发行的,首先冲销溢价净收入;再有超过部分,凡提有盈余公积金的,则冲销盈余公积金;如盈余公积金仍不足以支付收购款的,则冲销未分配利润。对属按面值发行的股票,则冲销盈余公积金和未分配利润。

公司因连年亏损而减少资本金时,一般采用消除股份或注销每股部分面值的方式。这实际上是用资本金来弥补亏损。从理论上讲,资本金和未弥补亏损同属股东权益。用资本金弥补亏损,并不影响股东权益总额。但考虑到:(1)在公司连年亏损的情况下,短期内很难用利润弥补亏损;(2)公司如有未弥补亏损,不能发放股利。在这种情况下,公司如不进行减少资本金,就是以后年度有了利润,也不能发放股利。一个公司如长期不能发放股利,势必会动摇投资者的信念,影响公司信誉,所以不如用减少资本金的方式来弥补亏损,使公司放下亏损包袱,转为正常经营。

(二)有限责任公司、一人有限责任公司和国有独资公司资本金的增减

1. 有限责任公司增加资本金

有限责任公司增加资本金,必须经股东会议的决议。股东认交新增资本的出资,按照设立有限责任公司交纳出资的规定进行。对作为增资的实物或土地使用权,必须进行评估作价。股东的增资只能将其约定投资比例计算的部分,作为其资本金,实际交付超出其资本金的增资额,属于资本溢价,作为资本公积金。

2. 有限责任公司减少资本金

有限责任公司股东在公司登记后,不得抽回出资。如因工程任务长期不足等原因需要减少注册资本时,须经股东会议决议后,编制资产负债表及财产清单,并自作出减少注册资本决议之日起十日内通知债权人,于三十日内在报纸上至少公告三次,清偿各项债务或为债务提供清偿保证。公司减少资本金后的注册资本不得低于法定的最低限额。

有限责任公司减少资本金一般采用发还出资的方式。如发还股款,应按约定投资比例的部分,作为投入资本金的发还。实际发还数超出资本金的数额,凡投入时有资本溢价的,首先冲销资本溢价减少资本公积金,而后依次冲销盈余公积金和未分配利润。

3. 一人有限责任公司和国有独资公司增减资本金

一人有限责任公司和国有独资公司的投资者为单一所有者,

投资者增减的资金均作为资本金的增加或减少额。但减少资本金后的注册资本不得低于法定的最低限额。

七、资本公积金

施工企业投资者投入的资金,一般应作为资本金。但由于资本金有其特定的含义,投资者投入企业的有些资金,如实际交付的出资额超出其资本金的差额,股份有限公司发行股票的溢价,以及诸如接受捐赠的资产价值等,虽属企业所有者所有,但不能作为资本金,只能作为资本公积金,其中有的可按照法定程序转为资本金。按照现行财务制度的规定,属于这种准资本金的主要来源,包括以下几种。

(一)投资者实际交付的出资额超出其资本金的差额,包括资本溢价和股票溢价

资本溢价是指投资人交付的出资额大于注册资本而产生的差额。有限责任公司等在重组、有新的投资者加入时,由于企业已经历了筹建、施工经营的微利阶段,承担了投资风险,有的并已提取了为投资者所有的盈余公积金。为了维护原有投资者的权益,新加入的投资者必须付出大于原有投资者的出资额,才能取得与原有投资者相同的投资比例。这种大于原有投资者的出资额,就形成资本公积金的资本溢价。

股票溢价是指股票高出票面价值溢价发行时溢价收入扣除发行费用后的净额。

(二)接受捐赠的资产

捐赠人捐赠资产,也是一种对企业的投入资金的行为。但捐赠人的投资并不谋求对企业资产提出要求的权力,也不会由于其捐赠资产行为对企业承担责任,所以捐赠人不是企业所有者,这种投资也不形成资本金。但其毕竟是对企业的一种投资,这种投资也形成了企业权益的增加,所以将它作为准资本金的资本公积金处理。

(三) 外币资本折算差额

外币资本折算差额是指企业接受外币投资因所采用的汇率不同而产生的资本折算差额。企业在筹集资本金的过程中,收到投资者的出资额,如为外币,则需折合为记账本位币人民币金额。按照规定,企业收到的出资额,其资产账户应按当日外汇牌价或当月(或季、年)1日的外汇牌价折算,而资本金账户所采用的折算汇率,虽然也是外汇牌价,但是采用哪一天的外汇牌价,往往与资产账户不一致。如果投资合同、协议有约定的,应当按照合同、协议约定的外汇牌价折算。这样,就会产生资本汇率折算差额。为了体现资本金不变的原则,其差额就不得调整资本金账户,而应将它作为资本公积金处理。

此外,还有如在债务重组时因债权人豁免债务而获得的债务重组收益等。

第三节 债务资金的筹集

施工企业除了筹集资本金外,还要根据施工生产经营和投资等需要,进行债务资金的筹集。债务资金的筹集也叫负债筹资。它是现代企业发展壮大自己的一种重要手段。负债筹资主要包括:发行企业债券、银行借款、融资租赁、以商业信用形式暂时占用其他企业单位的资金、债务资金的优化组合等。

一、发行企业债券

企业债券又称公司债券。它是企业为筹集资金而发行的有价证券,是持券人拥有企业债权的债权证书。它代表持券人同企业之间债权债务关系,持券人可按期或到期取得规定利率的利息,到期收回本金。但它与股票持有人的股票不同,无权参与企业施工生产经营管理决策,不能参加企业分红,持券人对企业的经营亏损也不承担责任。

(一)企业债券的类型

企业债券按其有无财产担保,分为抵押债券和信用债券。

抵押债券是指发行企业有特定的财产作为担保品的债券。它按担保品不同,又可分为不动产抵押债券、动产抵押债券和信托抵押债券。其中信托抵押是以企业持有的有价证券为担保而发行的债券。设定作为抵押担保的财产,企业没有处置权,如债券到期不能偿还,持券人可行使其抵押权,拍卖抵押品作为补偿。

信用债券是指发行企业没有设定担保品,仅凭其信用而发行的债券,通常由信用较好、盈利水平较高的企业发行。

企业债券按其记名与否,分为记名债券和无记名债券。

记名债券是在券面上记有持券人的姓名或名称的债券。企业发行此类债券时,只对记名人付息、还本。记名债券的转让,由债券持有人以背书等方式进行,并由发行企业将受让人的姓名或名称记载于企业债券存根簿。

无记名债券是指在券面上不记有持券人姓名或名称的债券。付息还本以债券为凭,一般采用剪票付息方式,流动比较方便。

企业债券按其偿还方式的不同,分为定期偿还债券和随时偿还债券。

定期偿还债券包括期满偿还和分期偿还两种:前者指到期全额偿还本息的债券;后者指按规定时间分批偿还部分本息的债券。

随时偿还债券包括抽签偿还和买入偿还两种:前者指按抽签确定的债券号码偿还本息的债券;后者指由发行企业根据资金余缺情况通知持券人还本付息的债券。

企业债券按筹资期长短,分为短期债券和长期债券。

短期债券是指筹资期在一年或一年以内的债券。它主要用于满足临时性的资金周转需要。

长期债券是指筹资期在一年以上的债券。它主要用于满足企业长期、稳定的资产占用需要。

企业债券按其能否转换为公司股票,分为可转换债券和不可转换债券。

可转换债券是指根据发行契约允许持券人按预定的条件、时间和转换率将持有的债券转换为公司普通股股票的债券。按照公司法的规定,上市公司经股东大会决议和国务院证券监督管理部门的批准,可发行可转换为股票的公司债券。发行可转换债券的企业,除具备发行企业债券的条件外,还应符合发行股票的条件。

不可转换债券指不能转换为公司股票的债券。

(二)企业债券筹资的条件和程序

为了加强企业债券的管理,引导资金的合理流向,有效地利用社会闲散资金,保护各方合法权益,在证券法中对股份有限公司、有限责任公司发行企业债券作了规范化的规定,明确国务院证券监督管理部门是企业债券的主管机关。

企业发行债券,必须符合以下条件:(1)股份有限公司的净资产不低于人民币三千万元,有限责任公司的净资产不低于人民币六千万元;(2)累计债券总额不超过企业净资产额的40%;(3)最近三年平均可分配利润足以支付企业债券一年的利息;(4)筹集的资金投向符合国家产业政策;(5)债券的利率不得超过国务院限定的利率水平等。发行企业债券筹集的资金,必须用于审批机关批准的用途,不得用于弥补亏损和非生产性支出。对有下列情况之一的企业,不得再发行企业债券:(1)前一次发行的企业债券尚未募足的;(2)对已发行的企业债券或其债务有违约或者延迟支付本身的事实,且仍处于继续状态的。

股份有限公司、有限责任公司发行企业债券,应由董事会制订方案,由股东会议作出决议。

(三)企业债券发行价格的确定

企业债券的发行价格,主要取决于以下四个因素:(1)债券面值。它是确定债券价格的基本因素。债券面值越大,发行价格越高。(2)票面利率又称息票率。票面利率越高,投资价值越大,其发行价格也越高;反之,其发行价格越低。(3)市场利率又称贴现率。在债券面值与票面利率一定的情况下,市场利率越高,其发行价格越低;反之,其发行价格越高。(4)债券期限。一般期限越长,其投资风险越大,要求的投资收益率越高,债券发行价格可能越低;反之,债券发行价格可能越高。

从理论上来讲,债券发行价格由债券到期还本面值按市场利率折现的现值与债券各期利息的现值两个部分组成。对到期一次还本付息的债券发行价格,可按下列公式计算:

$$债券发行价格 = \frac{债券面值 \times (1+票面利率 \times 债券期限)}{(1+市场利率)^{债券期限}}$$

对分次付息到期还本的债券发行价格,可按下列公式计算:

$$债券发行价格 = \sum_{t=1}^{n} \frac{债券面值 \times 票面利率}{(1+市场利率)^t} + \frac{债券面值}{(1+市场利率)^n}$$

式中 t 为付息期数

n 为债券期限

上列公式表明:在债券面值与市场利率一定的情况下,债券发行价格取决于票面利率,即票面利率越高,债券发行价格越高;反之,债券发行价格越低。

如某施工企业发行债券的面值为1 000元,市场年利率为8%,债券期限为3年,每年末付息一次,则在票面利率为10%、8%、6%时的发行价格分别如图表2-1所示。

图表 2-1

单位：元

各年利息及还本现值	票面利率 10%	票面利率 8%	票面利率 6%
第 1 年末利息现值	92.592	74.074	55.556
第 2 年末利息现值	85.734	68.587	51.440
第 3 年末利息现值	79.384	63.507	47.630
第 3 年末还本现值	793.840	793.840	793.840
债券发行价格	1 051.550	1 000.008	948.466

从图表 2-1 可知：由于债券票面利率与市场利率的差异，债券发行价格可能出现三种情况，即溢价、等价和折价。当票面利率高于市场利率时，债券高于其面值溢价发行；当票面利率等于市场利率时，债券等于其面值等价发行（设例有计算误差 0.008 元）；当票面利率低于市场利率时，债券低于其面值折价发行。

必须指出，上述债券发行价格的计算，没有考虑投资风险因素和通货膨胀影响等。如期限较长，要承担较大投资风险；如存在通货膨胀情况，会使今后还本付息贬值，这些都应通过贴现率的调整加以考虑。

二、银行借款

施工企业在施工生产经营过程中，如要扩大施工生产经营规模，进行基本建设、更新改造工程和补充流动资金，在自有资金不足的情况下，可向银行或其他金融机构借款。银行借款按其用途，分为基本建设投资借款、技措借款和流动资金借款；按照借款期限的长短，分为长期借款和短期借款。凡借入的期限在一年以下的各种借款，叫做短期借款，属于流动负债。凡借入的期限在一年以上的各种借款，叫做长期借款，属于长期负债。

（一）基本建设投资借款

基本建设投资借款是施工企业借入用于新建、扩建等建设项目（如建筑构件加工厂等）的投资借款。企业要向银行或其他金融

机构申请基本建设投资借款,必须有批准的项目可行性研究报告和初步设计,同时还须符合以下条件:

1. 产品有销路,工艺已过关;

2. 建设条件已经具备,包括建设用地、拆迁、设备、材料等已作安排;

3. 投产后的生产条件已经落实,包括生产所需资源、原材料、燃料动力、水源、运输等已作安排,"三废"治理已有可靠方案;

4. 具有偿还借款本息并按期归还的能力。

此外,还须具备:

1. 借款项目必须经过有资格的咨询公司评估,经济效益好;

2. 借款项目总投资中,各项建设资金来源必须落实,要有不少于总投资30%的自筹资金或其他资金;

3. 借款企业有较高的管理水平和资信度。

施工企业向经办银行提出借款申请书并经审查同意后,即可与贷款银行签订借款合同。借款合同要规定借款项目的名称、用途、借款金额、借款利率、借款期限及分年用款计划、还款期限与分年还款计划、还款资金来源与还款方式、保证条件及违约责任,以及双方商定的其他条款。通过签订借款合同,明确双方的经济责任。

借款合同签订后,借款企业在核定的贷款指标范围内,按银行对贷款的管理方法,根据用款计划支用借入资金。贷款银行如对基本建设投资借款采用分次转存支付的办法,则在按照合同分次取得借款时,先存入企业存款户,再从存款户中支付使用。贷款银行如对基本建设投资借款采用指标管理的办法,借款企业应按规定用途,支一笔借一笔。在这种情况下,借款企业支用基本建设投资借款时,应根据银行核定的年度借款指标,按照订货合同、工程进度、工程建设支出的需要,向经办行支用借款。为了便于经办行对支用借款进行监督,借款企业应将设备订货合同副本、工程进度计划等送经办行。

基本建设投资借款由于数额较大、建设工期较长，借款期限都在一年以上，因此属于长期借款。

(二) 技措借款

技措借款也叫更新改造借款，是施工企业在施工生产经营过程中为了固定资产更新改造的需要而向银行和其他金融机构借入的款项。施工企业的技措借款，主要用于：(1) 原有固定资产的更新，包括陈旧的施工机械、运输设备、生产设备、计量测试手段等机械设备的更新和房屋建筑物的改造；(2) 在原有固定资产的基础上进行的技术改造工程；(3) 节约能源和降低原材料消耗的措施；(4) 治理"三废"污染和综合利用原材料的措施；(5) 劳动保护和安全生产措施；(6) 试制新产品和科研成果推广的措施。其目的在于提高企业施工生产能力，降低工程和产品成本，改善劳动条件和环境保护等。

技措借款进行的技措工程如果规模较大、工期较长，要在一年以上还本付息的，属于长期借款。如果借款进行的是小型技措工程，能在短期内完工，并在一年以内归还本息的，属于短期借款。

(三) 流动资金借款

施工企业的流动资金借款，可分为如下两个部分：一部分是用以补充正常施工生产经营所需流动资金的不足；一部分是用以补充季节性储备所需超定额流动资金的不足。前一部分流动资金借款，起着企业正常施工生产经营所需铺底资金的作用，只要企业继续经营，就得占用这笔资金，在企业没有其他资金来源时，就需继续借用，因此，属于长期借款。后一部分季节性储备超定额流动资金借款，是用以补充季度工作量扩大超定额储备和季节性材料超定额储备所需的流动资金，是临时性的，一般在六个月内就能归还，因此，属于短期借款。因为施工生产，大都在露天进行，要受气候的影响,在有些季节,施工生产比较集中,所需材料储备就要增加。又某些建筑材料,在生产、供应和运输等方面也存在季节性因素,需要提前采购储备,如河捞卵石只能在雨季或汛期前供应;北方水运原木要在封冻期前储备等等。这样,施工企业在某一时期实际需要的流动资金,就会超出定额流动资金,如果企业没有多余流动资金,就得向银行或其他金融机构举借季节性储备贷款。

无论何种借款,都应坚持有借有还的原则。借款到期,借款企业应按照合同规定按期偿还借款本息或续签合同。如不能归还,经办行可按合同规定,从借款企业的存款中扣回借款本息及罚息。借款企业如因资金调度困难需要延期归还借款时,应向经办行提出延期还款计划,经审查同意后,按照计划归还借款。逾期期间一般按逾期借款计收利息。

三、融资租赁

施工企业需要大型机械设备,在没有资金来源时,可采用融资租赁办法获得所需的机械设备。所谓融资租赁,就是由租赁公司按承租单位要求融通资金购买机械设备,在较长的契约或合同期内提供承租单位使用的租赁业务。它是以融通资金为主要目的的租赁,是融资与融物相结合的、带有商品销售性质的借贷活动,是现代企业筹集资金的一种新形式。

(一)融资租赁业务的特征

融资租赁业务与传统的经营租赁业务比较,具有如下特征。

1. 兼有融资、融物两种职能。它既为企业融资,又为企业购买所需设备,并将所购设备租给企业使用。

2. 涉及三方当事人的关系,至少订立两个合同:一个是出租方与承租方之间订立的一个租赁合同;另一个是出租方与供货方之间订立的一个购货合同。这两个合同是相互联系、同时订立的。在两个合同的条款中,都需明确规定相互间的关系、权利和义务,如在租赁合同中,要规定承租方负责验收设备,出租方不负责所购设备质量、数量不符的责任,但出租方授权承租方负责向供货方交涉索赔。在购货合同中,则规定所购设备系出租给承租方使用,授权承租方验收设备和索赔。租赁合同一经订立,任何一方不得撤销。为了保护各方利益,承租方不能因为市场利率降低而在租期未到前提前终止合同,也不能因为有了新型高效率设备而撤销合同,退还设备。同样,出租方也不能因为市场利率提高或设备涨价而要求提高租赁费。

3. 承租方对设备和供货商有选择的权利。在融资租赁中,设备是由出租方根据承租方的设备清单和选定的厂商购买,承租方参加谈判,设备按承租方所指定的地点由供货方直接运交承租方,并由承租方对设备的质量、规格、技术性能、数量等方面进行验收。出租方凭承租方的验收合格通知书向供货方支付货款。

4. 租赁期满,承租的设备按合同规定归承租方留购、续租或退回出租方。在国外,承租方要将租赁设备留归自己所有,必须以议定价格或名义价格购买。所谓名义价格,就是以一元或若干元的价格,实质上是为了完成法律手续,将出租方对设备的所有权转让给承租方。我国财务制度曾规定,只要租赁期满,就可将融资租赁设备按合同规定转归承租方所有,不必办理所有权转让法律手续。

(二)融资租赁设备租赁款的计算

融资租赁设备的租赁款,除租赁设备的购置成本、利息和有关费用外,还包括一定的利润。计算融资设备的租赁款,首先要确定租赁利率。租赁利率也叫内含利率,即包括手续费和一定利润在内的利率。租赁利率的确定,要考虑多方面因素,其中主要是租赁合同签订时出租方在金融市场上所能筹措到的资金成本,即金融市场利率加有关筹措费用如担保费、法律费用等。利率有固定和浮动两种,以固定利率计算的租赁款在整个租赁期间不变,以浮动利率计算的租赁款,每期的租赁款按每期期初利率的变化而变化。一般来讲,融资租赁大都采用固定利率。因为就承租方来说,固定租赁费有利于较正确地预计施工生产成本,而且无利率变动的风险,特别是在通货膨胀期间。租赁利率中除了考虑资金的筹措成本外,还要考虑出租方的手续费和一定的利润。出租方为谋求较大的利润,往往采用较高的租赁利率,但租赁利率的高低,如同其他价格一样,要受市场或者说价值规律的支配。因为承租方为求得有利的租赁条件,减少租赁款的支付,必然要进行选择。在存在竞争的租赁市场中,由于承租方在融资租赁时对租赁条件的选择,必然使租赁利率限制在一定范围之内。

融资租赁设备的租赁款的计算,一般可根据设备成本(包括买价、运输费、途中保险费及安装调试费等)和租赁利率、租赁期限、租赁款支付次数,按照下列公式进行:

$$每次支付租赁款=租赁设备成本 \times \frac{i(1+i)^n}{(1+i)^n-1}$$

式中 i 为租赁利率

n 为租赁款支付次数,即租赁年限乘每年支付次数

$\frac{i(1+i)^n}{(1+i)^n-1}$ 为资金回收系数,可通过资金回收系数表查得

如某施工企业向机械设备租赁公司融资租赁大型起重机一台,该台起重机购置成本为 400 000 元,租赁利率为年利率 10%,每年年底支付一次,租赁期为 5 年,则:

$$每次支付租赁款=400\ 000\ 元 \times \frac{0.1 \times (1+0.1)^5}{(1+0.1)^5-1}$$
$$=400\ 000\ 元 \times 0.2638 = 105\ 520\ 元$$

假如融资租赁固定资产的安装调试费由承租方用自有资金支付,则在计算租赁款时的融资租赁固定资产成本,不应包括安装调试费。

又如租赁款不是按年支付,而是按月支付,则要将年利率换算

成月利率,并将租赁款支付次数按 60 次(12 次×5)计,然后按照上列公式计算每次支付租赁款。

为了说明各次租赁款偿还租赁大型起重机成本及利息(包括手续费和一定的利润在内)的情况,现将它列表如下(见图表2-2)。

图表 2-2

单位:元

年 份	每次支付租赁款	支付利息	偿还租赁固定资产价款	租赁固定资产价款余额
0				400 000
1	105 520	40 000	65 520	334 480
2	105 520	33 448	72 072	262 408
3	105 520	26 241	79 279	183 129
4	105 520	18 313	87 207	95 922
5	105 520	9 598 *	95 922	0
合 计	527 600	127 600	400 000	

* 调整计算误差 5.8 元。

(三)融资租入固定资产的优点

根据上面所述,可知施工企业采用融资租赁方式租入机械设备,有如下优点:

1. 在企业资金短缺的情况下,可以引进先进机械设备,加速技术改造的步伐。施工企业在资金短缺的情况下,要购买国内外先进的机械设备,可以通过融资租赁渠道办到,它可以先不付或先付很少的钱,却能得到所需的机械设备。机械设备投产后,企业可以用施工生产工程、产品获得的盈利在几年内分期偿付租赁款。这样,企业可以早引进、早投产、早得益。它是借鸡生蛋、以蛋偿还鸡款,最终又可得鸡的好办法。因为当今世界,技术日新月异,有先进技术、先进机械设备的企业才能承担大型建筑安装工程,才能创造优质、低成本的工程。如果单纯依靠企业自身积累资金购买机械设备,就会错失良机、失去市场。如要购买 80 万元的先进施工机械，企业每年只有 20 万元生产发展资金的情况下，要积累 4 年才能购得，到第 5 年投产后才能产生利润。如通过融资租赁方式，则当年就可获得这项先进施工机械，在投产后获得利润。

2. 金融与贸易相结合，可以加速技术设备的引进。企业购买国内外机械设备，一般至少需要两个环节，首先是筹措资金环节，向银行申请贷款，经审查批准需要相当长时间；第二个环节是向生产厂商采购国内机械设备或委托外贸公司采购国外机械设备。环节增多，手续、费用也就增加。利用融资租赁方式，融资与引进机械设备，都由机械设备租赁公司承担，一身兼任双重职能，使企业能迅速获得所需机械设备。时间就是金钱，早投产，就能早得益，环节减少，又可节约费用开支。并且采用融资租赁方式，承租企业与生产厂商直接见面，直接参加洽谈，择优选购，可以获得较满意的机械设备。

3. 可以促使企业重视经济效益。企业采用融资租赁方式租入机械设备，要按期支付租赁款并承担支付不出租赁款的风险，这就促使企业在租赁机械设备以前，要从经济上、财务上很好地分析计算投产后的经济效益和还款能力。机械设备引进后，为了支付租赁款，企业势必要提高机械设备的完好率和利用率，加强管理。

四、以商业信用形成暂时占用其他企业单位的资金

商业信用是企业在商品购销活动过程中因预收货款或延期付款而形成的借贷关系。它是由商品交易中因货与钱在时间上的分离而形成的企业间的直接信用行为。因此，在西方国家又称之为自然筹资方式。由于商业信用是企业间相互提供的，因此在大多数情况下，商业信用筹资属于免费资金。

（一）预收工程款

预收工程款是因建筑安装工程建设周期长、造价高，施工企业

难以垫支施工期间所需流动资金情况下,向发包建设单位预收的工程款。

施工企业在与发包建设单位签订工程合同时,可约定预收一定数额的预收工程款,按照现行办法的规定,除了不包料的承包工程外,其他工程都可按工程合同金额的10%～30%的额度内向发包单位预收工程款,对于重大工程项目,可按年度工程计划逐年预收,预收工程款应按合同规定在结算工程款中扣除。

预收工程款是企业之间的直接信用行为。它不但可以缓和施工企业经营收支不平衡的矛盾,而且可以防止发包建设单位在投资留有缺口、或因通货膨胀导致投资不足时拖欠工程款,给施工企业流动资金周转带来困难。

(二) 应付账款

应付账款是赊购商品或延期支付劳务款时的应付欠款,是一种典型的商业信用形式。施工企业向销货单位购买设备、材料,如在收到货物后一定时期内付款,在这段时期内,等于施工企业向销货单位借了款。这种方式可以弥补企业暂时的资金短缺。对于销货单位来说,也易于推销商品。应付账款不同于应付票据,它采用"欠账"方式,买方不提供正式借据,完全依据企业之间的信用来维系。一旦买方资金紧张,就会造成长期拖欠,甚至形成连环拖欠(即通常所说"三角债")。所以这种方式,一般只在卖方掌握买方财务信誉的情况下采用。

(三) 应付票据

应付票据是买方根据购销合同,向卖方开出或承兑的商业票据。应付票据的付款期限,最长不超过九个月,如属分期付款,应一次签发若干张不同期限的票据。应付票据分为带息和不带息两种,带息票据要加计利息,不属免费资金;而不带息票据,则不计利息,与应付账款一样,属于免费资金。我国目前大多数票据属于不带息票据。

应付票据筹资,其基本属性和应付账款相似,所不同的,只是其期限比应付账款长些。从西方企业结算业务看,一般是企业在无力按期支付应付账款时,才由买方开出带息票据。因此,它是在应付账款逾期未付时,以票据方式重新建立信用的一种做法,与我国商业票据的做法不完全相同。

五、债务资金的优化组合

施工企业在筹集债务资金时,要注意债务资金的优化组合,优选债务种类、优化债务期限及利率结构。

在各种债务资金中,预收工程款、应付账款、应付票据等商业信用的成本最低,一般不存在资金成本,但用款数额较少,期限较短。银行借款手续比较简便,利率低于债券资金。债券资金用款期限较长,受债权人干涉较小,但发行债券手续较繁,资金成本较高。由于银行借款、债券资金和商业信用占用资金各有利弊,企业必须根据资金市场情况,依据自身条件,优选债务种类。

债务种类的优选涉及债务功能结构的优化问题。债权人为事先避免举债单位不能及时偿还的风险,常对举债单位债务资金的使用加以约束。这种约束一般分为直接约束和间接约束两种形式。直接约束是指债权人对债务资金的用途有明确的限制,如基本建设投资借款、季节性储备借款等都有很强的专用性。间接约束是指举债单位必须对债务提供担保。约束的存在制约了企业资金的灵活调度及担保物资的高效使用。与受约束债务相对应的是无用途限制债务及无担保债务。通常,受约束债务资金的成本较低,而不受约束债务资金的成本较高。优化债务功能约束结构即指举债单位要在债务资金成本与债务约束之间寻求最佳组合,以求少约束、多功能而又低成本地利用债务资金。

一般来说,债务资金偿还期限越长越好,因为债务偿还期限越长,举债单位使用债权人资金的时间越长,越有利于合理使用资金并加以偿还。但债务资金使用期越长,资金成本也就越高。债务资金使用期短的资金成本虽低,但不能按时还本付息的风险较大。因此,企业对不同期限的债务资金应合理搭配,以保持每年还款额的相对均衡,避免还款期限的过于集中。合理的债务还款期限,应以中长期债务为主,短期债务为辅,债务偿还期限要适当铺开,并从整体上形成较长的使用期限,以防由于债务资金偿还期限结构的不合理造成无力偿还的局面。

企业债务资金利率结构的优化,是指债务资金的利息支付结构和利息习性结构的合理搭配。利息的支付结构由单利法和复利法组成,在其他条件相同的情况下,企业应尽可能选择到期按单利法付款的方式。利率的习性结构由固定利率和浮动利率组成,在通货膨胀持续、预期利率会上升的情况下,企业应选择固定利率以减少筹资成本。

必须指出,债务资金和资本金不同,它们体现不同的经济关系,资本金是所有者的投资,体现所有权关系。它可长期使用,同企业利润分配有密切的联系,企业利润多就多分红利,没有利润就不分,企业亏损则要以原投资金垫补。投资者既享有权利,又承担有限责任。债务资金是债权人的资金,体现债权关系,它是企业的债务,要按期偿还,一般要按固定利率付息,利息多少同企业利润分配没有联系,债务资金的利息计入财务费用,不从利润中扣除。企业在筹集资金时,应权衡这两类资金的经济性质和相应的经济利益问题,有选择地加以利用。

第四节 资金成本的计算

施工企业筹集资金,必须在考虑资金时间价值的基础上研究资金成本问题。只有当企业的资金利润率或项目投资收益率高于资金成本时,才能使筹集和使用的资金取得较好的经济利益。

一、资金成本的含义和作用

资金成本是在商品经济条件下由于资金所有权和资金使用权分离而形成的一个经济概念。它是资金使用者向资金所有者和中介人支付的占用费和筹资费。在商品经济条件下,企业作为资金使用者是通过各种方式从资金所有者那里筹集资金的。资金作为一种特殊商品也有其使用价值,即能保证施工生产经营活动和建设活动的顺利进行,能与其他生产要素相结合而使自己增值。企业筹集资金以后,暂时取得了这些资金的使用价值,就要为资金所有者暂时丧失其使用价值而付出代价,因而要承担资金成本。

施工企业筹集资金的资金成本就是企业为取得和使用资金而支付的各种费用。它包括资金占用费用和资金筹集费用。资金筹集费用是指向银行借款支付的手续费、股票债券印刷费、委托金融机构代理发行股票、债券的手续费和注册费等。资金占用费主要包括资金时间价值和投资者要考虑的投资风险。投资风险大的资金,其占用费率也较高,如长期借款利率高于短期借款利率,债券利率高于银行借款利率,股利率高于债券利率等。资金占用费同筹集资金额、资金占用期有直接联系,可看作资金成本的变动费用。筹资费用同筹集资金额、资金占用期一般没有直接的联系,可看作资金成本的固定费用。在研究资金成本时,对两者应区别对待。

资金成本同资金时间价值既有联系,又有区别。资金成本的基础是资金的时间价值,但两者在数量上是不一致的。资金成本既包括资金的时间价值,又包括投资风险价值,即冒着风险进行投资而获得超过资金时间价值以外的利润。

在不同条件下筹集资金的成本并不相同。为了便于分析比较,资金成本通常以相对数表示。施工企业使用资金所负担的费用同筹集资金净额的比率,叫做资金成本率(通常也叫资金成本)。资金成本率和筹集资金总额、筹资费用、占用费的关系,可用下列公式表示:

$$资金成本率 = \frac{资金占用费}{筹集资金总额 - 资金筹集费用} \times 100\%$$

或

$$= \frac{资金占用费}{筹集资金总额 \times (1 - 筹资费率)} \times 100\%$$

式中：

$$筹资费率 = \frac{资金筹集费用}{筹集资金总额} \times 100\%$$

当然，在筹集资金时估算的资金成本率只是一个预测的估计值。因为据以测定资金成本的各项因素，都不是实际发生的数字，而是根据现在和未来的情况来确定的，今后都可能发生变动。

资金成本具有一般产品成本的基本属性，又有不同于一般产品成本的某些特征。产品成本既是资金耗费，又是补偿价值。资金成本是企业的耗费，企业要为此付出代价、支出费用的，而这代价最终也要作为收益的扣除项来获得补偿，并且只能由企业自身进行补偿。但是资金成本又不同于一般产品成本，它不是都能计入工程、产品成本的财务费用的，如股利是作为利润的分配额而不是直接表现为费用开支的。

资金成本是企业财务管理中必须研究的重要概念，它可以在多方面加以应用，但主要用于筹资决策和投资决策。

资金成本是企业选择资金来源、拟定筹资方案的依据。企业筹资可以通过银行借款、发行股票、债券等方式进行。不同来源取得的资金，其成本是不同的。企业资金构成发生变动，综合的资金成本率也会变动。为了以最少的代价、最方便地取得企业所需的资金，就必须分析各种资金来源、资金成本的高低，并合理地加以配置。当然，资金成本并不是选择筹资方式所要考虑的唯一因素。在各种筹资方式中资金使用期的长短、资金取得的难易、资金偿还的条件等也是应加综合考虑的因素。但资金成本作为一项经济因素，直接关系到筹资的经济效益，是一个不容回避的问题。

资金成本也是评价企业固定资产投资项目可行性的主要经济

标准。西方把资金成本定义为"一个投资项目必须挣得的最低收益率,以证明分配给这个项目的资金是合理的"。任何投资项目,如果它预期的投资收益率不能达到资金成本率,企业的收益在支付资金成本后将发生亏损,则这个项目在经济上是不可行的。只有它预期的投资收益率超过资金成本率,这个项目在经济上才是可行的。

二、各种资金来源、资金成本的计算

施工企业资金来源的种类很多,各种资金来源、资金成本的计算方法也不一样。现将几种主要资金来源的资金成本的计算方法说明如下。

(一)借款成本率

施工企业向国内银行借款,一般只要支付按规定利率计算的利息,不要支付其他手续费。由于借款利息可以计入财务费用,在税前利润列支,因此,在企业盈利的情况下,就可少交一部分所得税。这样,企业实际负担的借款利息就应扣除少交所得税部分。国内借款成本率的计算公式为:

$$\text{国内借款成本率} = \frac{\text{国内借款总额} \times \text{年利率} \times (1 - \text{所得税税率})}{\text{国内借款总额}} \times 100\%$$

如某施工企业向某国内银行借款500万元,年利率为10%,所得税税率为25%,则:

$$\text{国内借款成本率} = \frac{500 \text{万元} \times 10\% \times (1 - 25\%)}{500 \text{万元}} = 7.50\%$$

企业如向国外银行借款,除了支付利息外,还要支付诸如手续费、代理费、杂费、担保费、承诺费等费用。手续费是借款人按贷款额一定比例支付给贷款银行属于银行在业务经营中的成本开支,包括房租、水电、人员工资、各种税金等。代理费是由银团贷款中的牵头银行向借款人收取的电报、电传、办公、联系等费用开支。

杂费是由银团贷款中的牵头银行向借款人收取的为在借贷双方谈判至签订贷款协议期间而支付的差旅费、律师费等。担保费是按借款金额的一定比例支付给担保人的费用。承诺费是借款人在借贷双方签订协议后没有按期使用贷款,造成贷款银行资金闲置而由借款人给予补偿的一种费用。上列各项费用,不一定在每项借款时都会发生,要根据贷款银行或银团的有关规定估算,一般可估算一个筹资费率。由于国外借款利息可以计入财务费用,在税前利润列支,在企业盈利的情况下少交一部分所得税,因此,国外借款成本率的计算公式为:

$$\text{国外借款成本率} = \frac{\text{国外借款总额} \times \text{年利率} \times (1-\text{所得税税率})}{\text{国外借款总额} \times (1-\text{筹资费率})} \times 100\%$$

如某施工企业因进口国外建筑机械向某国外银行借款 100 万美元,手续费率按借款总额 2% 估算,年利率为 8%,所得税税率为 25%,则:

$$\text{国外借款成本率} = \frac{100 \text{ 万美元} \times 8\% \times (1-25\%)}{100 \text{ 万美元} \times (1-2\%)} \times 100\%$$

$$= 6.12\%$$

(二) 债券资金成本率

企业发行债券通常都在事前规定年利息率,不过一般要高于银行存款利率。因为购买企业债券,不同于在银行存款。不但要承担风险,而且不能随时提取。所以一般都高于银行同期储蓄定期存款利率。企业支付的债券利息,同银行借款利息一样,可以计入财务费用,在税前利润列支,因此,在企业盈利的情况下也可少交一部分所得税,企业实际负担的债券利息,也应扣除少交所得税部分。

又企业发行债券,要发生债券印刷费、代理发行费等筹资费。筹资费的发生使企业实际取得的资金要少于债券的发行额。因此,企业债券资金成本率的计算公式为:

$$\text{债券资金成本率} = \frac{\text{债券总额} \times \text{年利率} \times (1-\text{所得税税率})}{\text{债券总额} \times (1-\text{筹资费率})} \times 100\%$$

如某施工企业因扩大施工生产经营规模的需要,经有关部门批准,按票面价值向社会发行债券500万元,债券年利率为12%。债券筹资费率为1%。企业所得税税率为25%。则:

$$\text{债券资金成本率} = \frac{500 \text{万元} \times 12\% \times (1-25\%)}{500 \text{万元} \times (1-1\%)} \times 100\%$$
$$= 9.09\%$$

（三）优先股股金成本率

企业如为股份有限公司,并发行有优先股的,要按约定的股利率支付股利。由于在企业资不抵债时,优先股股票持有人的索赔权,次于债券持有人,优先股股票持有人的投资风险比债券持有人大,所以优先股股利率要高于债券利率。

又优先股股利,要在交纳所得税之后的利润中支付,它不能减少企业应交的所得税,而优先股股金的筹资费,如注册费、印刷费、代理发行费等,一般要高于债券筹资费。所以,优先股股金成本率明显地高于债券资金成本率。优先股股金成本率的计算公式为:

$$\text{优先股股金成本率} = \frac{\text{优先股股金总额} \times \text{年股利率}}{\text{优先股股金总额} \times (1-\text{筹资费率})} \times 100\%$$

如某施工企业向社会发行优先股股金总额400万元,年股利率为14%,筹资费率为2%,则:

$$\text{优先股股金成本率} = \frac{400 \text{万元} \times 14\%}{400 \text{万元} \times (1-2\%)} \times 100\% = 14.29\%$$

（四）普通股股金成本率

普通股股金成本率的计算方法,基本上与优先股相同。但是在企业资不抵债时,普通股股票持有人的索赔权不仅在债券持有人之后,而且次于优先股股票持有人,其投资风险最大,因而其股利率应比债券利息率和优先股股利率更高。又普通股的股利是不固定的,通常随着经营状况的改善而逐年增长。如果每年以固定比率 G 增长,第 1 年的股利为 D_c,则第 2 年为 $D_c(1+G)$,第 3 年为 $D_c(1+G)^2$,第 n 年为 $D_c(1+G)^{n-1}$。因此,普通股股金成本率的计算公式可简化为下式:

$$普通股股金成本率 = \frac{D_c}{P_c(1-F)} + G$$

式中　D_c 为下一年发放普通股股金总额的股利

　　　P_c 为普通股股金总额

　　　F 为筹资费率

　　　G 为普通股股利预计每年增长率

如某施工企业发行普通股股金总额为 1 000 万元,筹资费率为 2%,下一年发放的股利率为 15%,以后每年增长 2%,则:

$$普通股股金成本率 = \frac{1\,000 \text{ 万元} \times 15\%}{1\,000 \text{ 万元} \times (1-2\%)} + 2\% = 17.31\%$$

在发行股票时,如按超出股票面值溢价发行时,应按实际发行价格计算。

(五)留存收益成本率

企业的税后利润,除用以支付股息外,总要留存一部分用以发展生产,追加投资。这部分不作分配的留用利润,叫做留存收益。它是企业内部形成的资金来源,实际上是普通股股金的增加额。普通股股东虽没有以股息形式取得这部分收益,但可以从股票价值(因每股净资产额增加)的提高中得以补偿,等于股东对企业追加了投资。对普通股股东,这一部分追加投资也要给予相同比率的报酬。留存收益成本率的计算方法,基本上与普通股股金相同。由于留存收益用于扩大企业投资不需要支付筹资费,所以它的成本率要略低于普通股股金成本率。留存收益成本率的计算公式为:

$$留存收益成本率 = \frac{D_c}{P_c} + G$$

式中　D_c 为留存收益的年报酬

　　　P_c 为留存收益总额

如上述某施工企业的留存收益共 100 万元，其他条件与上述普通股股金相同，则：

$$留存收益成本率 = \frac{100 \text{ 万元} \times 15\%}{100 \text{ 万元}} + 2\% = 17\%$$

普通股股金和留存收益都属于企业所有者权益。普通股股金和留存收益的成本，通常统称为权益的成本。与其他投资者相比，企业所有者承担的风险最大，要求的报酬也最高。因此，在各种资金来源中，权益的成本也最高。

以上介绍的几种主要资金来源的资金成本率计算方法，是用来说明影响有关资金来源的资金成本的基本因素，以及计算时应考虑的一些问题。但在实践中，资金成本的计算，要远较上述方法复杂。因为：(1) 资金来源不限于以上几种；(2) 每一种资金来源的资金成本的计算方法又可能多种多样；(3) 对未来时期的资金占用费如股利、利息的计算，还应考虑资金时间价值的因素，即把未来支出的终值换算成现值；(4) 在有通货膨胀时，还要考虑通货膨胀和汇率变动等因素。这些都还需要在实践中加以进一步研究。

（六）综合资金成本率

施工企业从不同来源取得的资金，其成本是各不相同的。由于种种条件的制约，企业往往不可能只从某种资金成本较低的来源筹集资金，有时从多种来源取得资金以形成各种筹资方式的组合可能更为有利。这样，为了进行筹资决策和投资决策，就需要计算各种资金来源的综合资金成本率，即加权平均资金成本率。综合资金成本率的计算公式为：

$$综合资金成本率 = \sum W_i K_i$$

式中　W_i 为第 i 种资金来源占全部资金的比重

　　　K_i 为第 i 种资金来源的资金成本率

某施工企业的各种资金来源及其资金成本率如图表 2-3 所示。

图表 2-3

资金来源	资金额(万元)	资金成本率(%)
普通股股金	1 000	17.31
留存收益	100	17.00
优先股股金	400	14.29
债券资金	500	9.27
国内借款	500	7.50

则各种资金来源占全部资金的比重和综合资金成本率可计算如图表 2-4 所示。

图表 2-4

资金来源	占全部资金比重	资金成本率(%)	综合资金成本率(%)
普通股股金	0.40	17.31	6.92
留存收益	0.04	17.00	0.68
优先股股金	0.16	14.29	2.29
债券资金	0.20	9.27	1.85
国内借款	0.20	7.50	1.50
合　　计			13.24

第五节　筹资风险及其回避

筹资风险又称"财务风险"。它是指由于负债筹资而引起的债务到期不能偿还的可能性。不同的筹资方式,表现为偿债压力的大小并不相同。自有资金属于企业长期占用的资金,不存在还本付息的压力,因而其风险也不存在。债务资金则需要还本付息,而且不同期限、不同金额、不同资金使用效益的资金,其偿债压力也不相同。因此,必须确定不同负债筹资方式下债务资金的风险,并据以进行风险的回避和管理。由于筹资风险是针对债务资金偿付而言的,因而从风险产生的原因上,可将它分为现金性筹资风险和收支性筹资风险两类。

一、现金性筹资风险

现金性筹资风险又称资金性筹资风险。它是指企业在特定时点上,现金流出量超出现金流入量而产生的到期不能偿付债务本息的风险。这种风险具有以下特征:(1)它是一种个别风险,表现为某项债务不能即时偿还,或者是某一时点的债务不能即时偿还。它对企业以后各期的筹资影响不大。(2)它是一种支付风险,与企业收支是否盈余没有直接关系。(3)它是由于理财不当引起的,表现为现金收支预算与实际不符而出现支付危机,或者是由于债务资金期限结构安排不当而引起的。如在资金利润率较低时安排了资金成本较高的债务,以及在债务的期限安排上不合理而引起某一时点的偿债高峰等。这种风险一般只要通过合理安排现金流量即能回避,对企业盈利和所有者的收益影响不大。

二、收支性筹资风险

收支性筹资风险是指企业在收不抵支情况下出现的不能偿还到期债务本息的风险。按照"资产=负债+所有者权益"公式,如果企业收不抵支发生亏损,将减少企业净资产,从而减少作为偿债保障的资产总量。在负债不变的情况下,亏损越多,以企业资产偿还债务的能力也就越低,最终的收支性筹资风险表现为企业破产、解散清算时的剩余财产不足以支付债务。因而这种风险具有以下特征:(1)它是一种整体风险,它对全部债务的偿还都产生不利的影响。(2)它不仅仅是一种支付风险,而且意味着企业施工经营的失败。它不仅源于理财不当,而且主要源于施工经营不当。(3)它是一种终极风险,一旦出现收不抵支,不仅债权人的权益难以保障,而且作为所有者承担的风险更大。(4)一旦出现这种风险,如果企业不加强管理,企业今后的再筹资将面临更大的风险。

三、财务杠杆损益

财务杠杆损益是利用负债筹资而给企业带来的额外经济效益或损失。它包括以下两种基本形态:一是在现有资金结构不变的情况下,由于息税前利润的变动而对所有者权益的影响;二是在息税前利润不变的情况下,改变不同的负债与资本的比例而对所有者权益的影响。

(一)资金结构不变情况下息税前利润变动的财务杠杆损益

在企业资金结构一定的情况下,企业从息税前利润中支付的债务资金利息是固定的。当息税前利润增加时,每一元息税前利润所负担的债务资金利息就会相应降低,扣减所得税后可分配给所有者的净利润就会增加,从而给企业所有者带来额外的经济效益;反之,当息税前利润减少时,每一元息税前利润所负担的债务资金利息就会相应增加,从而给企业所有者带来额外的损失。

如某施工企业,它的资本总额、负债总额、年利息率、所得税税率为 600 万元、400 万元、10%、25%,当它的息税前利润分别为 200 万元、360 万元、120 万元时,它的净利润和资本利润率如图表 2-5 所示。

图表2-5

项　　目	息税前利润 200万元	息税前利润增加到 360万元	息税前利润减少到 120万元
资本总额	600万元	600万元	600万元
负债总额	400万元	400万元	400万元
息税前利润增减率		+80%	-40%
利息支出(年利率10%)	40万元	40万元	40万元
税前利润	160万元	320万元	80万元
所得税(税率25%)	40万元	80万元	20万元
净利润	120万元	240万元	60万元
资本利润率	20%	40%	10%
资本利润率增减		+100%	-50%

从图表2-5可知：当企业息税前利润增长80%到360万元时，企业资本利润率增长100%；当企业息税前利润减少40%到120万元时，企业资本利润率减少50%。这种资本利润率增减大于息税前利润增减率的现象，叫做财务杠杆。财务杠杆对资本利润率的作用，是由于固定债务利息支出存在的结果。因此，只要在企业筹资方式中有固定利息支出，就存在财务杠杆的作用。但不同企业的财务杠杆的作用程度是不完全相同的。为此需要对财务杠杆进行计量。对财务杠杆进行计量的常用指标是财务杠杆系数。所谓财务杠杆系数就是资本利润率增减相当于息税前利润增减率的倍数。用公式表示为：

$$财务杠杆系数 = \frac{资本利润率增减}{息税前利润增减率}$$

设例中，财务杠杆系数为：$\frac{100\%}{80\%}=1.25$，$\frac{-50\%}{-40\%}=1.25$。也就是说，当企业的负债与资本的比例为4:6时，财务杠杆系数为1.25。利用财务杠杆系数，就可根据息税前利润增减率，计算资本利润率：

资本利润率＝息税前利润增减率×财务杠杆系数

如上述某施工企业计划年度的息税前利润为 320 万元,即增长率为 60%时,则其资本利润率为:

$$60\% \times 1.25 = 75\%$$

由于存在财务杠杆作用,当企业的息税前利润增长较快时,适当地利用负债经营,可使企业净利润更快增长,提高资本利润率,增加所有者权益。相反,当企业的息税前利润负增长时,负债经营可使资本利润率更快降低,为企业带来筹资风险。

(二)息税前利润不变情况下负债比重变动的财务杠杆损益

在息税前利润不变的情况下,如总资产息税前利润率大于债务资金利息率,则提高负债比重,可将高于债务资金利息率的部分税前利润作为资本的收益,使资本利润率提高;反之,如总资产息税前利润率小于债务资金利息率,则提高负债比重,会因支付高于总资产息税前利润率的债务资金利息而减少税前利润,导致资金利润率的降低。如某施工企业,它的资产总额、息税前利润、年利息率、所得税税率为 1 000 万元、200 万元、10%、25%,当它的负债比重为 40%、60%、20%时,它的净利润和资本利润率如图表 2-6 所示。

图表 2-6

项目	负债比重 40%	负债比重增加到 60%	负债比重减少到 20%
资产总额	1 000 万元	1 000 万元	1 000 万元
负债总额	400 万元	600 万元	200 万元
资本总额	600 万元	400 万元	800 万元
息税前利润	200 万元	200 万元	200 万元
总资产息税前利润率	20%	20%	20%
利息支出(年利率 10%)	40 万元	60 万元	20 万元
税前利润	160 万元	140 万元	180 万元
所得税(税率 25%)	40 万元	35 万元	45 万元
净利润	120 万元	105 万元	135 万元
资本利润率	20%	26.25%	16.88%

从图表 2-6 可知：当企业的负债比重为 40% 时，它的资本利润率为 20%；负债比重为 60% 时，它的资本利润率为 26.25%；负债比重为 20% 时，它的资本利润率为 16.88%。负债比重与资本利润率的这种关系，可用下列公式加以表示：

$$资本利润率=\left[总资产息税前利润率+\frac{负债}{资本}\times\left(总资产息税前利润率-债务资金利息率\right)\right]\times\left(1-\frac{所得税}{税率}\right)$$

如上述其施工企业负债比重为 40% 时的资本利润率就可按上列公式加以计算：

$$\left[20\%+\frac{400\ 万元}{600\ 万元}\times(20\%-10\%)\right]\times(1-25\%)=20\%$$

上述企业负债比重提高对资本利润率增长的作用，是以总资产息税前利润率大于债务资金利息率为前提。这种负债比重变动引起资本利润率变动的现象，也是财务杠杆作用的一种表现形态。因此，利用财务杠杆作用，在总资产息税前利润率大于债务资金利息率时，提高企业负债的比重，可以促使资本利润率的增长，实现财务杠杆效益。相反，如总资产息税前利润率小于债务资金利息率时，进行负债经营，就会降低资本利润率，给企业带来更大的筹资风险。

四、筹资风险的回避

施工企业筹资风险的回避，应根据不同风险类型采用不同的方法。

（一）现金性筹资风险的回避

现金性筹资风险是指在特定时点现金流出量超出现金流入量而产生的到期不能偿付债务本息的风险。为了回避企业因负债筹资而产生的到期不能支付债务的风险，并提高资本利润率，企业在筹资时,对施工经营所需的资金,其债款期限的安排,应与施工周期相匹配。如对不收预收款并在竣工后一次结算的施工项目的施工周期为两年,在负债筹资时,对第一年所需的资金用两年期的长期债务来提供,第二年所需的资金,用一年期短期债务来提供。当然,如果企业信用度好,也可用短期资金在期限上的合理搭配,即一面举债、一面还款来满足长期在建工程占用资金的需要,以降低债务资金成本。

同时,企业要按季分月编制现金收支预算,根据月度现金收支预算,组织日常现金收支的调度和平衡,既做到增收节支,保证现金收支在数额上的平衡,又采取措施,保证现金收支数额在时间上的相互协调,确保债务资金的及时偿还。

(二)收支性筹资风险的回避

1. 根据企业总资产息税前利润率是否高于债务资金利息率,调整负债比重,从总体上减少收支性风险

收支性筹资风险,很大程度上是由于负债比重安排不当形成的。当企业的盈利水平不高,总资产息税前利润率低于债务资金利息率时,如果采用负债筹资,就会降低资本利润率,可能出现收不抵支,不能偿还债务本息的现象。在这种情况下,一方面要从静态上优化资金结构,增加企业自有资金的比重,降低总体上的债务风险;另一方面要从动态上根据资金需要与负债的可能,自动调节其债务结构,加强财务杠杆对企业筹资的自我约束。同时,要预测今后几年利率变动趋势,在利率趋于上升时期,筹集固定利率债款,在利息趋于下降时期,采用浮动利率举债,以减轻付息压力。

2. 加强施工经营管理,提高企业经济效益

增加企业的盈利能力,是降低收支性筹资风险的根本方法。因为只要提高企业的盈利水平,就不会存在收支性筹资风险。这就要求企业在承包工程项目以前,必须进行可行性研究,对项目施工经济效益加以分析,同时要加强施工过程的成本管理,并做好工

程价款的结算工作。

3. 在企业财务发生困难时，及时实施债务重组

当企业施工经营不善、出现财务困难时，应主动与债权人协商，进行债务重组（详见第十章第四节），争取债权人作出让步，同意现在或将来以低于重组债务账面价值的金额偿还债务，如银行免除企业积欠的利息，只收回本金；用部分设备抵偿债务；将债务转成债权人股权等，使企业度过财务困境。

第六节 资金结构及其调整

资金结构也叫资本结构，是指企业各种资金的构成及其比例关系，它有广义与狭义之分。广义的资金结构是指全部资金的来源构成。狭义的资金结构是指自有资金即资本与长期债务资金的构成及其比例关系。考虑到多数施工企业的长期债务不多，在研究资金结构时，不能撇开短期债务资金，所以应采用广义的概念。

一、资金结构中的几个比例关系

（一）自有资金在全部资金中所占的比例

要研究企业资金结构，首先要研究自有资金在全部资金中所占的比例。企业自有资金不但是设立企业的前提，也是负债经营的前提条件。因为自有资金是否充足，与债权人的安全密切相关。对债权人来说，如果自有资金在企业资金中所占比例过小，债权人的债权就不安全。所以西方国家的银行都把借款人的资本充足率作为贷款首要的衡量标准。英美银行规定，不论借款人背景如何，其本身所有的资金，一般应占全部资金的30%～40%，只有这样，才能给予贷款。若达不到这个标准，银行一般不予贷款。这是因为根据他们的研究论证，当资本充足率低于这个标准时，借款人若

遇到经营不佳,放弃从业走破产道路的可能性和欲望就会增加,当其本身所出资本很少,大部分为银行借款时,这些有限责任公司的破产只会给其本身带来比例很小的资本损失,而银行的贷款将遭受重大的损失。从我国施工企业向银行借款的条件来看,大都要求投资项目先有30%的自身资金,这说明施工企业的自有资金在全部资金中的比例,应在30%以上。至于它应占多大的比例,与建筑市场的景气度和能否向承包建设单位收到预收工程款等有关。在建筑市场繁荣时期,施工规模较大,工程盈利水平较高,企业根据财务杠杆原理可以借用较多资金,同时一般还能预收较多的工程款,自有资金所占比例可以相对较小。在建筑市场萧条时期,施工规模较少,工程盈利水平较低,企业根据财务杠杆原理不宜向银行举债,为了获得工程任务,有时还要承诺垫支施工,自有资金所占比例必然较大。

(二) 债务资金中长期债务资金所占的比例

施工企业债务资金中长期债务资金所占的比例,取决于企业长期资产特别是固定资产投资支出的多少。如所需的固定资产投资支出较多,长期债务资金在债务资金中所占的比例必然相应增加。如固定资产投资支出不多,长期债务资金在债务资金中所占的比例相对小些,有的甚至没有。

(三) 短期债务资金中有息短期债务资金所占的比例

施工企业的短期债务资金中,除银行短期借款和带息应付票据外,其他短期债务资金都是无息的。有息短期债务资金的多少,不仅取决于施工生产所需资金的多少,而且取决于施工项目的预期收益。如果施工项目的预期收益高于债务资金成本,多借用资金,可在财务杠杆作用下提高企业的资本利润率,其借用资金的比例可以高些。如施工项目的预期收益不高,低于债务资金成本,则借用资金就会导致收支性筹资风险,使企业陷入财务困境。同时在这种情况下,也不一定能够向银行借到资金。

对无息短期债务资金,虽是免费使用的,但由于各项应付款经常到期,也要随时安排好资金的调度,防范现金性筹资风险。

二、最佳资金结构决策

所谓最佳资金结构是指企业在一定时间内,使综合资金成本率最低、企业资本利润率最高、企业价值最大时的资金结构。其判断标准有:(1)综合资金成本率最低;(2)有利于提高企业资本利润率,促使企业价值最大化;(3)资金结构具有弹性,能够及时加以调整,减少筹资风险。

从资金成本和筹资风险的分析可知,债务资金具有节税、降低资金成本率和提高资本利润率等财务杠杆的作用,因此,负债筹资是企业采用的主要筹资方式。但是,随着债务资金比例的上升,筹资风险也不断加大。这就要求在筹资过程中,找出最佳的负债点(即最佳资金结构),既能充分发挥负债筹资的优点,又能回避筹资风险。这个最佳负债点的选择,在财务管理中称为最佳资金结构决策。

资金结构的决策方法,一般可采用比较综合资金成本率法和税后资本利润率平衡点分析法。

(一)比较综合资金成本率法

比较综合资金成本率法是通过资金结构的综合资金成本率,并以此为标准,选择其中综合资金成本率最低的资金结构。它的决策过程包括:(1)确定各个方案的资金结构;(2)计算各个方案的综合资金成本率;(3)选择综合资金成本率最低方案的结构为最佳资金结构。

如某施工企业将筹资规模定为1 000万元(不考虑无息债务资金),有三个资金结构的备选方案。方案1:自有资金400万元,长期借款100万元、短期借款500万元;方案2:自有资金500万元、长期借款100万元、短期借款400万元;方案3:自有资金550

万元、短期借款450万元。相对应的各种资金的资金成本率如图表2-7所示。

图表2-7

金额单位：万元

筹资方式	方案1		方案2		方案3	
	筹资额	资金成本率	筹资额	资金成本率	筹资额	资金成本率
自有资金	400	10%	500	10%	550	10%
长期借款	100	6%	100	6%		
短期借款	500	5%	400	5%	450	5%
合　　计	1 000		1 000		1 000	

根据图表2-7数据，就可计算各个方案的综合资金成本率：

方案1：$\frac{400}{1\,000} \times 10\% + \frac{100}{1\,000} \times 6\% + \frac{500}{1\,000} \times 5\% = 7.1\%$

方案2：$\frac{500}{1\,000} \times 10\% + \frac{100}{1\,000} \times 6\% + \frac{400}{1\,000} \times 5\% = 7.6\%$

方案3：$\frac{550}{1\,000} \times 10\% + \frac{450}{1\,000} \times 5\% = 7.75\%$

计算结果表明，方案1的综合资金成本率最低，它的资金结构应选为最佳资金结构。

（二）税后资本利润率平衡点分析法

税后资本利润率平衡点又称无差异点。它是指各种资金结构在税后资本利润率相等时的息税前利润点。根据税后资本利润率平衡点，可分析判断在筹资时，应选择何种方式筹集资金，并优化资金结构。

如某施工企业目前的资金总额为1 000万元，其资金结构为自有资金500万元，有息债务资金300万元，无息债务资金200万元。现拟追加筹资200万元，有两种筹资方案：方案1，增加自有资金；方案2，增加银行借款即有息债务资金。已知有息债务资金的利息率为10%，企业所得税税率为25%。增资后息税前利润率可达到20%,就可通过图表2-8的计算,优选其中一个筹资方案。

图表2-8

金额单位:万元

项　　　目	方案1:增加自有资金	方案2:增加银行借款
资金总额	1 200	1 200
其中:自有资金	500+200	500
有息债务资金	300	300+200
无息债务资金	200	200
息税前利润(利润率20%)	240	240
减:利息(利息率10%)	30	50
税前利润	210	190
减:所得税(税率25%)	52.5	47.5
税后净利润	157.5	142.5
税后资本利润率	22.5%	28.5%

从图表2-8可知,当息税前利润率为20%时,增加银行借款筹资后的资本利润率为28.5%,高于增加自有资金筹资后的资本利润率6%(28.5%－22.5%)。也就是说,在增资后息税前利润达到240万元时,采用负债筹资更为有利,能提高企业资本利润率,促使企业价值最大化。

那么,当息税前利润达到哪一点时,采用两种筹资方式都是相同或无差异的呢?这可通过下列公式来计算:

$$\frac{(E-I_1)\times(1-T)}{C_1}=\frac{(E-I_2)\times(1-T)}{C_2}$$

式中　E 为息税前利润

　　　I_1、I_2 为两种增资方式下的年利息

　　　C_1、C_2 为两种增资方式下的自有资金总额

　　　T 为所得税税率

将有关数据代入公式:

$$\frac{(E-300\times10\%)\times(1-25\%)}{500+200}=\frac{(E-500\times10\%)\times(1-25\%)}{500}$$

求得息税前利润 E 为 100 万元,将 100 万元代入上式,求得资本利润率为 7.5%。它表明:(1)当息税前利润为 100 万元时,选择增加自有资金方式与选择增加银行借款方式筹资它们的资本利润率都是相同的;(2)当息税前利润预计大于 100 万元时,则增加银行借款方式筹资更为有利;(3)当息税前利润预计小于 100 万元时,则增加自有资金方式筹资有利。

税后资本利润率平衡点分析法优选的资金结构,以税后资本利润率最大为分析起点,将资金结构的优选与企业财务目标结合起来,是企业在增资时常用的一种决策方法。

三、资金结构的调整

施工企业资金结构,在综合资金成本率过高、筹资风险较大、筹资期限弹性不足、展期性较差时,应及时进行调整。资金结构的调整,一般可在增加投资、减少投资、企业盈利较多或债务重组时进行。

在债务资金比例过高或自有资金比例过低时,可通过下列方式进行调整:

(1)将长期债务如企业债券收兑或提前偿还。
(2)在股份有限公司将可转换债券转换为普通股股票。
(3)在企业财务困难时,通过债务重组,将债务转为资本金。
(4)增加资本金。在股份有限公司发行新股或向普通股股东配股,在有限责任公司增加资本金。

在自有资金比例过高或债务资金比例过低时,可通过下列方式进行调整:

(1)减少资本金。在股份有限公司收购本公司的股票,在有限责任公司按比例发还股东投入部分资金。

(2) 用企业留存收益偿还债务。

(3) 在企业盈利水平较高时,增加负债筹资规模。

复 习 题

1. 施工企业在筹集资金时,一般应遵循哪些原则?自有资金和债务资金在其属性上有哪些不同?

2. 施工企业为什么要建立资本金制度?资本金制度的内容包括哪些?股份有限公司和有限责任公司的资本金是怎样筹集的?筹集时要做好哪些工作?

3. 股份有限公司增加资本金一般可采用哪些方式?采用这些方式时各应具备哪些条件?

4. 股份有限公司和有限责任公司在减少资本金时要做好哪些工作?采用哪些方式?

5. 什么叫做债务资金?施工企业的债务资金主要包括哪些?它们是怎样筹集的?要优化组合债务资金,应注意哪些方面的问题?

6. 什么叫做资金成本?资金成本同资金时间价值和一般产品成本有哪些联系和区别?

7. 为什么各种资金成本的计算公式各不相同?这是由哪些因素造成的?

8. 什么叫做筹资风险?就其产生的原因来说,可将它分为哪两类?这两类筹资风险各具有哪些特征?要回避这两类筹资风险,各应采用哪些方法?

9. 什么叫做财务杠杆?什么叫做财务杠杆损益?就其产生的原因来说,主要包括哪两种基本形态?财务人员应如何利用财务杠杆的作用为企业价值最大化服务?

10. 什么叫做资金结构?施工企业在考虑各种资金的比例关

系时,应注意哪些方面的问题？在对最佳资金结构决策时,可采用哪些方法？在调整资金结构时,可采用哪些方式？

习 题

习 题 一

一、目的 练习企业资金成本的计算方法。

二、资料

1. 某建筑股份有限公司的资金来源及其结构如下：

普通股股本	1 000 万元
留存收益	250 万元
债券资金	750 万元
银行借款	500 万元

2. 该公司股票按面值发行,筹资费率为 1%,预计下一年发放的股利率为 10%,以后每年增长 2%。

3. 该公司发行债券的年利率为 10%,债券筹资费率为 0.5%。

4. 该公司银行借款年利率为 8%。

5. 该公司所得税税率为 25%。

三、要求 根据上列资料,为该公司计算：

1. 普通股股金成本率；
2. 留存收益成本率；
3. 债券资金成本率；
4. 借款成本率；
5. 综合资金成本率。

习 题 二

一、目的 练习最佳资金结构方案的优选。

二、资料

1. 某施工企业现有资金总额为 1 000 万元,其中自有资金 600 万元;债务资金 400 万元(假定均为有息债务资金)。

2. 因施工规模扩大,拟再筹资 400 万元,有如下两种筹资方案:

方案 1:增加资本金;

方案 2:向银行借款。

3. 银行借款年利息率为 8%。

4. 增资后息税前利润率可达到 20%。

5. 企业所得税税率为 25%。

三、要求
根据上列资料,为该企业计算:

1. 方案 1:筹资后的净利润和税后资本利润率;
2. 方案 2:筹资后的净利润和税后资本利润率;
3. 不同资金结构下的税后资本利润率平衡点;
4. 对筹资方案加以优选。

第三章 流动资产的管理

第一节 流动资产和营运资金的概念

一、流动资产的概念

流动资产是指能够在一年或超过一年的一个施工经营周期内变现的资产。它具有如下特点:

一是它的周转速度快、变现能力强。施工企业投资于流动资产上的资金,周转一次大都能在一年或一个施工经营周期内收回。其中有的如货币资金具有百分之百的变现能力,其他流动资产如短期投资、应收票据等的变现能力也比较强,如果出现资金周转不灵、现金短缺的情况,企业可以迅速变现这些资产,用以偿还债务或购买材料投入再生产。

二是它属于劳动对象和劳动产品,不属于劳动资料。它大都只能在一个施工生产经营过程中使用,在其参加施工生产经营过程后,大都立即消失或改变其原有物质形态,有的构成工程、产品的实体,有的在施工生产过程中消耗掉,因而它的价值也就一次转移到工程、产品中去。它不像固定资产,能在施工生产经营中长期发挥其效能,可以使用于多次施工生产经营过程,保持着自己的物质形态,并不把其本身的物质加到工程、产品中,而是随着使用时间和工作强度逐渐地将它的价值转移到工程、产品成本中。

二、流动资产的分类

流动资产按其流动性的强弱,可分为速动资产和非速动资产。

速动资产是指周转速度较快、变现能力较强的流动资产,包括库存现金、银行存款、其他货币资金、短期投资、应收票据、应收账款、其他应收款及预付账款等。但这些资产的变现能力及对整个流动资产变现速度的影响也不尽相同。变现能力最强的首先是库存现金、银行存款和其他货币资金,因为它们本身就是货币资金,不存在变现的问题。其次为短期投资。由于短期有价证券不受具体使用价值的限制以及金融市场交易的灵活性,决定了短期有价证券投资相对于其他实物形态资产较易向货币资金转化。各种结算资产大都属于已经完成结算、销售过程、进入款项待收阶段的工程、产品价款,其变现能力大于尚未进入结算、销售过程的存货资产。在结算资产中,应收票据不仅可以转让、贴现和抵押,而且由于其法律契约的性质,使之变现能力必然强于应收账款等其他结算资产。从理论上来说,存货中库存材料因已完成购买过程,较之预付账款的流动性和变现能力要强一些。但考虑到企业决定以预付账款方式进行采购时,通常以该材料在市场上紧缺和施工生产需要为前提,否则,企业决不会冒货款预付的风险;同时即使放弃采购,企业一般也能加以收回,所以预付账款的流动性和变现能力被视为强于库存材料等存货,将它列作速动资产。

非速动资产是流动性较弱、变现能力较差,除了速动资产以外的存货、待摊费用和待处理流动资产损失等。其中存货包括库存材料、低值易耗品、周转材料、委托加工物资、未完工程、在制品、库存产成品等。存货中的库存材料、低值易耗品、周转材料等属于生产储备,大都为施工生产专用材料,在市场上不易变现,价值变现风险较大。在建工程和在制品为正在施工中的工程和正在生产中的产品,根本不能流通变现。库存产成品虽可进入市场销售,但能否销售变现,很大程度上取决于市场的需求。待摊费用是为今后施工生产过程预付的费用,只有将它摊入工程、产品成本并在工程价款结算和产品销售以后,才能变现,因此它的流动性和变现能力要较其他流动资产更差。待处理流动资产损失是因盘亏、毁损、报废等已经损失了的流动资产,只是未查明损失的原因而在等待处理中,大都属于无法挽回的损失,是无法变现的。

三、营运资金的概念

营运资金是指流动资产占用资金减去流动负债后的余额。在企业流动资产中,来源于流动负债的部分。由于面临债权人的短期索求权,企业无法在较长时期内自由运用,只有扣除短期负债后的剩余流动资产占用的营运资金,才能为企业提供一个较为宽裕的自由使用时间。根据"资产(流动资产+非流动资产)=负债(流动负债+长期负债)+所有者权益"这一会计等式,可知"营运资金=流动资产-流动负债=长期负债+所有者权益-非流动资产"。因此,所谓营运资金实际上等于企业以长期负债和所有者权益为资金来源的那部分流动资产。

营运资金作为流动资产的有机组成部分,是企业短期偿债能力的重要标志。营运资金越多,企业短期偿债能力越强;反之,则越弱。因此,增加营运资金的规模,是降低企业短期偿债风险的重要保障。但是营运资金规模的加大,往往要求企业必须有更多的长期资金来源用于流动资产,这虽有助于企业减少短期偿债风险,但会增加企业的资金成本,影响企业盈利能力的提高,最终由于企业资金成本的提高和盈利能力的降低,而使未来的偿债风险相对加大。相反,营运资金减少后加大的短期偿债风险,却会因资金成本的降低和盈利能力的提高而得到相对的降低。因此,合理的营运资金规模,必须建立在企业对风险、收益、成本三方面利弊得失权衡的基础上,只有这三者相对称的营运资金规模,才是最经济的。

从理论上来说,在流动负债既定的前提下,扩大营运资金规模所取得的边际投资收益(流动资产投资的边际收入-边际投资成本)恰好等于边际资金成本(营运资金所对应的长期资金相对增加的成本),此时的营运资金规模是最佳和最经济的。实际营运资金若低于这一最佳规模,表明流动资产投资不足,既不能实现最大投资收益,又会影响企业的短期偿债能力。相反,若实际营运资金超过这一最佳规模,表明企业流动资金投资过度。虽可减少企业短期偿债风险,但会提高企业的资金成本,降低企业的盈利能力。在实际工作中,施工企业对营运资金或流动资产究竟应当与流动负债保持怎样的比例关系,并无一个统一的标准。西方企业所提倡的流动资产与流动负债应保持2:1,和营运资金与流动负债应保持1:1的关系,仅是一个经验性的参考标准,各企业必须根据具体情况和建筑市场景气度等的变化,不断地对营运资金规模加以调整。

第二节 现 金 的 管 理

本节所说的现金,是泛指随时可以投入流动的交换媒介,包括库存现金、银行存款和其他货币资金。它们都可以立即用来购买材料、劳务,支付税款或偿还债务。

一、现金管理的目标

施工企业要进行施工生产经营活动,必须持有一定数量的现金。施工企业持有现金,主要有以下几个方面的动机。

(一)支付的动机

支付的动机是指持有现金以便满足日常开支的需要,如购买材料、支付工资、交纳税款、支付股利等。企业每天的现金收入和现金支出,很少同时等额发生,持有一定数量的现金,可使企业现金支出大于现金收入时,不致影响企业日常开支的需要。企业正常施工生产经营活动产生的现金收支及差额与工程结算收入和施工规模呈正比例变动。其他现金收支,如买卖有价证券、购建固定资产、借入或偿还银行贷款等,比较难以预测,但随着施工规模的扩大,一般都有增加的倾向。

(二)预防的动机

预防的动机是指持有现金以应付发生意外时对现金的需求。企业预计的现金需要,一般是指正常施工经营情况下的需要量,但有许多意外情况会影响企业的现金收支。如经结算的工程价款不能按时收取、发生水灾、火灾等自然灾害等,都会打破企业的现金收支预算,使现金收支出现不平衡。持有一定数量的现金,便可使企业更好地应付意外情况的发生。预防动机所需的现金持有量主要取决于以下三个因素:(1)现金收支预算的正确性;(2)企业临时借款的能力;(3)企业愿意承担的支付风险。

(三)投资的动机

投资的动机是指企业持有现金,用于不寻常的购买机会或在证券价格向上波动时用以购买有价证券。如遇有廉价供应建筑材料的机会,便可用手持现金购入;当预期利率将要下降、有价证券价格将要上升时,便可用现金投资有价证券,从有价证券价格的升值中获得收益。一般地讲,施工企业专为投资动机而持有的现金不多,遇有不寻常的购买机会,也常设法向银行临时贷款。但持有相当数额的现金,确实为突然的大量采购廉价建筑材料提供了方便。

企业缺乏一定数量的现金,将不能应付施工经营活动的开支,使企业蒙受损失。企业由此而造成的损失,叫做短缺现金成本。短缺现金成本不考虑企业其他资产的变现能力,仅就不能以充足的现金支付采购款及各项费用开支而言,其内容主要包括:不能及时购买材料致使影响工程施工而造成的损失、不能及时支付各项应付款而造成的信用损失等。其中失去信用而带来的损失,难以准确计量,但其影响往往很大,甚至会导致供应单位拒绝或拖延供货,债权人要求立即清偿等。但是企业如果持有过量的现金,又会因这些资金不能投入周转无法取得盈利而遭受另一些损失。因为企业的库存现金没有利息收入,银行存款的活期利率也低于企业的资金利润率,持有过量的现金,必将降低企业的收益。这样,企业便面临现金不足和现金过量两个方面的威胁,企业的现金管理目标就要在资产的流动性和盈利能力之间作出抉择,既要保证企业施工经营活动所需的现金,降低支付风险和短缺现金成本,又不使企业持有过多的闲置现金,以增加收益。

二、最佳现金持有量的确定

为了实现现金管理的目标,必须研究实现目标的途径和方法,这就要求企业各个职能部门密切配合协调行动,通过编制现金预算(见第九章第三节)的方法,来规划和控制企业未来的现金收支活动,并对各个时期现金收支的余额采取相应的对策。但在编制现金预算时,要先确定期内期末现金必要余额,即企业最佳现金持有量,特别是目前企业普遍存在有价证券这一准货币的情况下,如何处理现金和有价证券这两者的比例和转换关系,才能既满足企业经营需要,防止现金短缺,又能对多余的现金加补充与利用,取得最佳的现金管理效益。

最佳现金持有量的确定,通常可采用存货经济批量模式,即根据存货经济批量计算的基本原理,通过分析最佳现金持有量的因素加以计算。

在预算期现金需要总量既定的条件下,影响最佳现金持有量的因素,主要有持有现金机会成本和有价证券与现金之间的转换成本。

1. 机会成本

持有现金的机会成本是指因持有一定数量现金而丧失的再投资收益。现金作为企业的一项资金占用,是有代价的,这种代价,就是它的机会成本。因为在一般情况下,企业持有现金,只能获得银行活期存款较低利率的利息,将它投资于随时可转换为现金的有价证券,它的收益率就较高,能获得较多收益。企业因持有现金而丧失证券投资收益减去银行活期存款利息后的净收益,即为持有现金的机会成本。假定某企业年平均持有现金为 5 000 元,将它投资于有价证券的年收益率为 6%,存在银行的活期存款年利率为 1%,则该企业年持有现金的机会成本为 250 元[5 000 元×(6%－1%)],现金持有量越多,机会成本越多;反之,就越低。企业为了施工经营活动的正常进行,需要持有一定数量的现金,付出相应的机会成本代价是必要的。但持有现金量过多,机会成本大幅度上升就不合算了。

持有现金除了要付出机会成本代价外,还会发生管理费用,如管理人员工资、安全措施费等。由于持有现金大都存在银行,这些费用为数不多,而且属于固定性费用,与现金持有量决策无关,所以一般不加考虑。

2. 转换成本

企业无论将现金转为有价证券,还是将有价证券转换为现金,都需要付出一定的交易费用,即转换成本。如委托买卖佣金、委托手续费、印花税、证券过户费等。严格地讲,转换成本不是都属于固定费用,有的也具有变动费用性质。在证券总额既定的条件下,无论变现次数怎样变动,所需支付的委托佣金总额是相同的。因此,那些依委托成交金额计算的转换成本与证券变现次数关系不大,属于决策无关成本。这样,与证券变现次数密切相关的转换成本便只包括其中的固定性交易费用。转换成本与证券变现次数呈线性关系,在现金需要总量既定的前提下,现金持有量越少,进行证券变现的次数越多,相应的转换成本就越大;反之,现金持有量越多,证券变现的次数就越少,需要的转换成本开支也就越小。因此,现金持有量的多少必然通过证券变现次数多少而对转换成本产生影响。

对现金持有量产生影响的除了持有现金机会成本和证券转换成本外,实际上还有现金短缺成本,即在现金持有量不足而又无法及时通过有价证券变现加以补充而给企业造成的成本。但是由于现金短缺成本具有很大的不确定性,也难以计算,在采用存货经济批量模式计算最佳现金持有量时,对现金短缺成本一般不加考虑。

通过以上机会成本和转换成本性质及其与现金持有量的关系的分析,可知在现金需要总量既定的前提下,现金持有量越多,持有现金的机会成本越大。但由于证券变现次数减少,需要的转换成本越小,而减少现金持有量,尽管可以降低持有现金的机会成本,但转换成本却会随着证券变现次数的增加而增加。持有现金的机会成本与转换成本随现金持有量变动所呈现出的相反趋向,要求企业必须对现金与有价证券的分割比例作出合理安排,从而使机会成本与转换成本保持最低的组合水平。这种能使持有现金机会成本与转换成本保持最低组合水平的现金持有量,就是最佳现金持有量。

现举例来说明确定最佳现金持有量的方法。

假定某施工企业年现金需要总量为 24 000 元,持有现金的机会成本率为 5%(即丧失现金投资于有价证券年收益率 6% 减去存在银行的活期存款年利率 1% 后的年净收益率),每次转换成本为 40 元(即每次有价证券变现的固定性交易费用),则持有现金机会成本与转换成本按不同现金持有量的变动情况如图表 3-1 所示。

图表 3-1

单位:元

年现金需要总量 (1)	转换次数 (2)	年现金持有量 $(3)=\dfrac{(1)}{(2)}$	年现金持有现金 $(4)=\dfrac{(3)}{2}$	机会成本 $(5)=(4)\times 5\%$	转换成本 $(6)=(2)\times 40$	年持有现金总成本 $(7)=(5)+(6)$
24 000	1	24 000	12 000	600	40	640
24 000	2	12 000	6 000	300	80	380
24 000	3	8 000	4 000	200	120	320
24 000	4	6 000	3 000	150	160	310
24 000	5	4 800	2 400	120	200	320
24 000	6	4 000	2 000	100	240	340

从图表 3-2 可知,当年现金持有量为 6 000 元左右时,年持有现金的总成本为最低,这个现金持有量,即为最佳现金持有量。在实际工作中,可以用数学公式直接计算:

一定现金持有量发生的机会成本以及转换成本之和的计算公式为:

$$\frac{年现金持有量}{2}\times 现金机会成本率 + \frac{年现金需要总量}{年现金持有量}\times 每次转换成本$$

当上式为最小值时,即为最佳现金持有量。为此,对上式进行微分以后,构成下式:

$$最佳现金持有量=\sqrt{\frac{2\times 年现金需要总量\times 每次转换成本}{现金机会成本率}}$$

用图表 3-2 中数据代入上式,即得:

$$最佳现金持有量=\sqrt{\frac{2\times 24\,000\,元\times 40\,元}{5\%}}\approx 6\,197\,元$$

必须指出,采用存货经济批量模式确定最佳现金持有量,是以以下假设为前提的:一是企业所需的现金均可通过有价证券变现获得;二是预算期内现金需要总量可以预测;三是现金的支出比较稳定,波动较小,而且当现金余额降为 0 时,均可通过变现有价证券加以补足;四是有价证券的收益率以及每次变现的固定交易费用可以获悉。又因为在确定最佳现金持有量时,并没有考虑现金短缺成本,因此,在算得最佳现金持有量后,还要充分考虑现金短缺成本。

三、库存现金的日常管理

在我国,国家对现金管理有明确的要求,企业必须认真遵守有关规定。

(一)遵守规定的库存现金使用范围

施工企业的经济往来,应通过银行进行结算。库存现金只能用于支付个人款项及不够支票结算起点的下列开支：

（1）职工工资、津贴。

（2）个人劳动报酬。

（3）根据国家规定须发给个人的科学技术、文化艺术、体育等各种奖金。

（4）各种劳保、福利费用以及国家规定的对个人的其他的支出。

（5）向个人收购农副产品和其他物资的价款。

（6）出差人员必须随身携带的差旅费。

（7）结算起点（目前规定为1 000元）以下的零星支出。

（8）因采购地点不确定、交通不便以及其他特殊情况，办理转账结算不够方便，必须使用库存现金的，要向开户银行提出书面申请，由本企业财务部门负责人签字盖章，开户银行审查批准后，才能支付库存现金。

（二）遵守库存现金限额

为了控制库存现金使用，有计划地组织货币流通，企业的库存现金数额，由开户银行根据企业规模的大小，每日库存现金收付金额的多少，以及企业距离银行的远近，共同协商确定，一般以不超过3~5天零星开支的正常需要量为限额。远离开户银行的施工企业，库存现金的限额最高不得超过15天日常零星开支的需要量。核定的限额必须遵守，超过库存限额的现金，出纳员应及时送存银行。需要增加或者减少库存现金限额的，应向开户银行提出申请，由开户银行核定。

（三）严格库存现金存取手续，不得坐支现金

施工企业收入的现金，应于当日送存开户银行。当日送存确有困难的，由开户银行确定送存时间。企业支付的现金，应从企业库存现金限额中支付或者从开户银行提取，不得从企业的现金收入中直接支付，即不得坐支现金。因特殊情况需要坐支现金的，应

当事先报经开户银行审查核准,由开户银行核定坐支范围和限额。企业应定期向开户银行报送坐支金额和使用情况。

(四)实行内部牵制制度

在库存现金管理中,要实行管钱的不管账,管账的不管钱,使出纳人员和会计人员相互牵制,互相监督。凡有库存现金收付,应坚持复核制度,以减少差错,堵塞漏洞。出纳人员调换时,必须办理交接手续,做到责任清楚。会计主管人员要经常检查库存现金与账面记录是否一致,以保证钱柜安全。

第三节 应收账款的管理

应收账款是企业提供商业信用,采取延期付款、赊销等结算、销售方式而应向发包建设单位等客户收取的款项。它可扩大工程承包、产品销售、增加企业利润。但应收账款的增加,也会带来资金成本、收账费用和坏账损失的增加。应收账款管理的目标,就是在充分发挥应收账款功能的基础上,降低应收账款的成本,使提供商业信用、扩大工程承包和产品销售所增加的收益,大于其所占用的资金成本和所发生的管理成本及坏账损失。

应收账款的功能,主要是在建筑市场疲软的情况下,促使工程承包和产品销售的实现和增加。

应收账款的成本,是指应收账款的机会成本、管理成本和坏账损失。应收账款的机会成本,是指企业如将应收账款占用的资金用于其他投资所能获得的收益,如投资于有价证券便会有利息、股利等收入。这种因应收账款占用而放弃的利息、股利等收入,就是应收账款的机会成本。应收账款的管理成本,主要包括调查客户信用情况的费用、收集各项信息的费用和收账费用等。应收账款的坏账损失,就是因故不能收回应收账款所发生的损失。

一、应收账款政策的制定

企业要管好应收账款,必须先制定应收账款政策。应收账款政策又称信用政策。它包括信用标准、信用条件和收账政策三个部分。

信用标准是企业同意向发包建设单位等客户提供商业信用而提出的基本要求。通常以预期的坏账损失率作出判别标准。企业如将信用标准定得过高,将使许多客户达不到所设定的标准而被拒之企业商业信用之外,这虽有利于降低违约风险及收账费用,但会影响企业市场竞争能力的提高和经营收入的扩大。相反,如采用较低的信用标准,虽有利于企业扩大工程承包和产品销售,提高市场竞争能力和占有率,但要冒较大的坏账损失风险和发生较多的收账费用。

企业在确定信用标准时,一要考虑企业承担违约风险的能力。当企业具有较强的违约风险承担能力时,可以较低的信用标准提高市场竞争能力,争取客户,扩大工程承包和产品销售;反之,只能选择严格的信用标准以尽可能降低违约风险。二要考虑同行业竞争对手所定信用标准,使企业在市场竞争中处于优势地位。

信用条件是指企业要求客户支付延期付款、赊销款项的条件,一般包括信用期限、折扣期限和现金折扣。对施工企业来说,主要是信用期限,即企业为发包建设单位等客户规定的最长付款时间。对客户提供比较优惠的信用条件能增加工程承包和产品销售量,但也会增加应收账款的机会成本等。

收账政策是指当客户违反信用条件、拖欠账款时所采取的收账策略。当企业向客户提供商业信用时,必须考虑以下三个问题:一是客户是否会拖欠账款,程度如何?二是怎样最大限度地防止客户拖欠账款?三是一旦账款遭到拖欠时,企业应采取怎样的对策?上述第一、第二两个问题主要依靠信用调查和严格信用审批进行控制；第三个问题必须通过制定完善的收账政策，采取有效的收账措施来解决。

二、应收账款的日常管理

（一）做好客户的信用调查

对客户的信用进行评价，是应收账款日常管理的重要内容。只有如实评价客户的信用状况，才能正确地执行企业的信用政策，而要评价客户的信用状况，必须对客户的信用进行调查，搜集有关的信息资料。

信用调查是以被调查客户以及其他单位保存的有关资料为基础，通过加工整理获得被调查客户信用的一种方法。信用调查的主要资料来自以下几个方面：

客户财务报告。通过对客户财务报告的分析，可基本上掌握客户的财务状况和还款能力（参见第九章第四节）。

信用评估机构对客户评定的信用等级。目前，许多信用评估机构都对企业信用状况进行评估，并将企业的信用状况分为AAA、AA、A、BBB、BB、B、CCC、CC、C三等九级。AAA为最优等级，C为最差等级。信用评估机构的信用调查细致，评估方法科学，可信度较高。当然，我们在采用信用评估机构评定的信用等级时，也要先对信用评估机构的资质进行调查。

银行信用部的材料。许多银行都设有信用部，为其信贷部门和其客户提供服务。不过银行对客户调查的资料，一般不向其他单位提供，如要可通过开户银行征询有关信用资料。

此外，还可向财税部门、工商管理部门、行业协会、国有资产管理部门、证券交易所等收集、征询客户有关信用资料。

（二）对客户的信用进行评估

搜集客户的信用资料以后，要对这些资料进行分析，并对客户信用状况进行评估。在对客户信用评估时，可采用信用评分法。

即先对一系列反映企业信用状况的财务比率和信用情况进行评价,确定得分,然后进行加权平均,求得客户的信用评分,并以此进行信用评估的一种方法。据以评估企业信用的财务比率和信用情况的项目,除新建尚未投产企业外,可考虑以下几个方面:速动比率、资产负债率、主营业务利润率、信用评估等级(即信用评估机构评定的信用等级)、付款历史(即逾期还款和违约历史)、企业发展前景等。

如上述各项财务比率及信用情况的权数及其客户的得分如图表3-2所示,就可根据下列公式算得该客户的信用评分。

$$Y=\sum_{i=1}^{n}W_i X_i$$

式中　Y 为某客户的信用评分

W_i 为第 i 项财务比率和信用情况的权数

X_i 为第 i 项财务比率和信用情况的信用得分

图表3-2

项　　目	财务比率和信用情况	信用得分 0~100	权　数	加权平均数 $W_i \times X_i$
速动比率	2	80	0.2	16
资产负债率	50%	80	0.1	8
主营业务利润率	10%	75	0.1	7.5
信用评价等级	A	80	0.3	24
付款历史	尚好	75	0.2	15
企业发展前景	尚好	75	0.1	7.5
信用评分	—	—	—	78

在采用信用评分法进行信用评分时,分数如在80分或80分以上,一般可认为客户信用状况良好;分数如在60分或60分以上至79分,可认为客户信用状况一般;分数如在60分以下,可认为客户信用状况较差。

（三）应收账款的日常管理

应收账款的催收，是应收账款管理中的一项重要工作，它包括应收账款账龄分析、确定收账程序和收账方法。

客户的应收账款，有的尚未超过信用期，有的则已逾期拖欠。一般来说，逾期拖欠时间越长，账款催收难度越大，越有可能成为坏账。因此，进行账龄分析，密切注意账款回收情况，是提高应收账款收现效率的重要环节。

应收账款账龄分析也叫应收账款账龄结构分析。它是指企业在某一时点，将各笔应收账款按照合同签订日期进行归类，并算出各账龄应收账款余额占总计余额比重所作的分析。在分析账龄时，可将它分为：信用期内，超过信用期1个月、6个月、1年、2年、3年等。对不同拖欠时间账款、不同信用状况的客户，企业应查明拖欠原因，制定不同的收账程序和收账方法。

客户拖欠工程款的原因，要分析是工程项目竣工前拖欠，还是工程项目竣工后拖欠。前者要分析其是否是由于投资缺口发生的拖欠。后者要分析其是项目投产后有经济效益、有还款能力的拖欠，还是项目投产后经济效益不好没有还款能力的拖欠。对故意拖欠账款的客户，在催收后仍不还的，可由企业的律师采取法律行动。

对因经营管理不善、财务出现困难、但经过一定时期努力即可偿还的，企业应帮助客户渡过难关，同意延期偿还，或同意客户进行债务重组，将应收账款债权转为长期投资。如客户遇到的不是暂时性困难，而是已经是债台高筑、资不抵债、达到破产界限的，应及时向法院起诉，以期在破产清算时获得债权的部分清偿。

不论企业采用怎样的应收账款政策和管理方法，只要有商业信用行为的存在，坏账损失的发生是难以避免的，企业都应根据有关规定和实际情况，提取坏账准备，并对发生的坏账损失，冲销提取的坏账准备。

第四节 材料的管理

施工企业的材料是指主要材料、结构件、机械配件、周转材料等劳务对象和经营管理部门使用的低值易耗品。材料和固定资产不同,它们大都只能在一次施工生产过程中使用,并在施工生产过程中变更或消失其原有物质形态,或将其本身的物质加到工程或产品的物质里去,因而大都将其价值一次转入工程和产品的成本中。施工企业要从事施工生产经营,必须储备一定数量的材料,占用一定数额的资金。如何节约使用材料储备资金,及时保证施工生产经营所需材料的供应,是财务管理中一项重要的工作。

一、根据材料供应计划,控制材料采购用款

在财务管理中,施工企业经常会出现材料资金供应与需要之间的矛盾。正确编制材料供应计划,搞好供需之间的平衡、控制好材料采购用款,是解决这个矛盾的一个办法。

材料供应计划的编制,应充分挖掘内部潜力,搞好需用、库存、采购之间的平衡。材料资金管理人员要协同采购、保管人员一起,深入施工生产单位和库房料场,调查研究,了解各种材料的使用和储存情况,做到合理采购、节约使用,保证施工生产的需要。

在编制材料供应计划时,首先,要确定材料的需用量。在计算材料需用量时,应在保证工程质量的前提下,尽量采用当地材料和代用材料,少用稀缺和高价材料,力求降低材料成本。对于工程用料的计算,在编制年度计划只有工作量和建筑面积而没有实物工程量时,可采用万元工作量消耗定额或每平方米建筑面积消耗定额计算,在编制月度计划时,可根据实物工程量和施工定额或预算定额计算。其次,要计算材料储备量。在计算年末材料储备量时,对于那些随工程结构不同而储备的材料,应考虑:(1)跨年度继续施工的工程,在下年度第一季度来不及采购的材料;(2)下年度新开工的工程,在下年度第一季度来不及采购的材料;(3)预计在下年度第一季度初必须委托预制加工,而在下年初来不及供应的材料。

根据材料需用量和期初期末储备量,就可按照下列公式搞好需用、库存、采购的平衡。

采购数量＝需用量－期初库存量＋期末库存量

将材料采购数量乘上材料单价,就可确定年度材料采购资金的预算指标。

为了落实超储积压材料的处理工作,并调动供应部门处理超储积压材料的积极性,财务部门要从采购资金预算指标中,扣除处理超储积压材料指标,确定材料采购用款限额:

采购用款限额＝采购资金预算指标－处理超储积压材料指标

为了充分调动采购人员管好资金的积极性,可按照材料类别把采购材料和采购用款限额落实到各采购小组,各采购小组再按业务分工落实到每个采购员,各个采购员要把签订订货合同、对外采购材料,严格控制在采购用款限额之内,如有超支,要办理追加手续,经过批准才能支付。

在执行材料供应计划和采购用款限额过程中,供应部门要不断改进采购工作,采取各项有效措施,减少材料资金占用量。如就近组织货源,应加强订货合同管理,合理安排供应次数,确定采购经济批量,并按照施工生产进度,组织各种材料到货次序,使材料到货时间和施工生产需要时间尽可能衔接起来。

二、采用 ABC 分析法,对材料资金进行控制

在施工企业中,材料的品种规格繁多,如果对材料占用的资金,不区分重点和一般,都采用同一的管理方法,不仅工作量很大,难以持久,而且使工作难以深入,不易取得较大的成果。材料资金的 ABC 分析方法,就是针对这种情况而采用的。它通过科学的分

析方法,把占用资金的重点项目和一般项目加以划分,然后采用不同的管理方法,对重点项目制订具体的措施,有步骤地提高其资金的利用效果。对一般项目,则进行常规控制,促使其在指标、定额、预算的范围内,节约资金使用。

采用ABC分析法,一般是按各项材料耗用金额占材料消耗总额的比重,将它划分为A、B、C三类。其中A类最重要,B类次之,C类再次之(需要指出的,所谓ABC分析法,并非机械地都把资金项目划分为三类,国外企业根据行业生产特点和管理工作的需要,也有划分为A、B、C、D四类,或A、B、C、D、E五类的)。

现以机械配件资金为例,来说明划分A、B、C三类的方法。

如某施工企业的机械配件共有50种规格,计划年度耗用总额为301 000元,其中35种耗用量较少的配件,共耗用18 200元,未一一列出。按各种配件全年耗用总额划分为A、B、C三类,标准是:

A类:配件耗用总额在40 000元以上,有4种规格;

B类:配件耗用总额在10 000元以上,40 000元以下,有6种规格;

C类:配件耗用总额在10 000元以下,共40种规格。

各种配件全年耗用总额及其分类列表如图表3-3所示。

图表3-3

配件编号	全年耗用总额(元)	分 类
1	50 000	A
2	15 000	B
3	40 600	A
4	20 000	B
5	13 000	B
6	48 000	A
7	6 500	C
8	12 000	B
9	4 600	C
10	42 000	A

(续表)

配件编号	全年耗用总额(元)	分 类
11	10 200	B
12	4 400	C
13	11 000	B
14	3 500	C
15	2 000	C
其他(35种)	18 200	C
合　　计	301 000	

根据以上三类配件耗用总额的分布情况,可归纳如图表 3-4 所示。

图表 3-4

类　　别	包括配件种类(种)	配件耗用总额(元)	配件耗用总额分布
A类	4	180 600	60％
B类	6	81 200	27％
C类	40	39 200	13％
合计	50	301 000	100％

从以上图表可以看出:A 类配件只有 4 种,占 50 种配件品种的 8％,达到配件耗用总额的 60％;B 类 6 种,占配件品种总数的 12％,达到配件耗用总额的 27％;C 类 40 种,占配件品种总数的 80％,只占配件耗用总额的 13％。

通过 ABC 分析,就可找出机械配件资金的重点项目,逐一地对它的供应批量、运输批量等进行研究,与提供配件的企业单位具体协商,选择最优的经济批量,制订具体措施,压缩储备数量,达到大幅度地加快资金周转的要求。

对于 A、B、C 三类项目的资金定额的制订方法和管理办法,可采用如下不同的形式(见图表 3-5)。

图表 3-5

管理方法	A类	B类	C类
1. 控制程度	严格控制	一般控制	总额控制
2. 制订定额方法	详细计算	根据过去记录	低了就进货
3. 储备情况记录	详细记录	有记录	不设明细记录
4. 库存监督方法	经常检查	定期检查	较少检查
5. 保险储备量	较少	较多	灵活

三、掌握材料库存动态,防止发生超储积压

掌握材料库存动态,是加强材料资金管理的重要环节。为了做好这项工作,就要分清正常库存和超储积压的界限。

材料库存动态可以通过最高储备量、最低储备量和采购点储备量等三个指标来反映。最高储备量是指供应间隔期储存的材料数量,加上加工整理材料和保险储备。它是库存材料即将超储的极限,在正常的情况下,应该停止进料。最低储备量是指为供应间隔期储备的材料已经用完,库中仅存加工整理材料和保险储备。它是库存材料即将不足的储量,应采取措施立即进料,以保证施工生产需要。采购点储备量也叫订货点储备量,它是采购材料的信号,当库存材料到达采购点储备量时,应及时组织进料,使库存材料保持必要的储备量。这里的主要问题,是要正确地确定采购周期。所谓采购周期,就是指从办理订货手续到材料入库的全部时间。它是从发出订单、办理订货手续、运输到入库前验收等时间的总和。正确地确定采购周期,是企业仓库保持合理储备的重要环节。如果采购周期过长,材料储备就会过多;反之,采购周期过短,材料储备就会过少,影响施工生产的正常进行。最高储备量、最低储备量和采购点储备量的计算公式及它们之间的关系如图表 3-6 所示。

$$最高储备量 = \frac{平均每天}{耗\ 用\ 量} \times \left(\frac{供应间}{隔天数} + \frac{加工整}{理天数} + \frac{保险}{天数}\right)$$

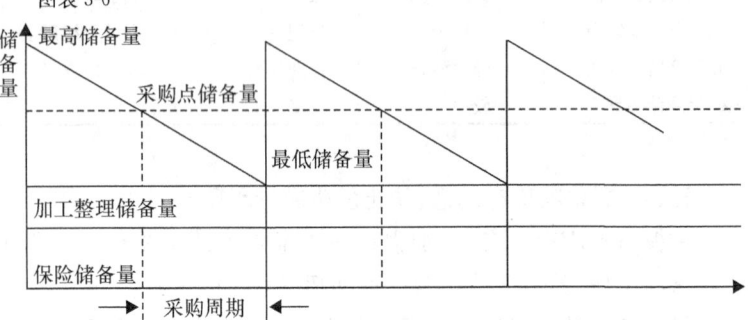

图表 3-6

上述采购点在实际工作中又可分为定量采购点和定期采购点两种：

定量采购点是指库存数量固定，订货时间不固定，当库存量下降到采购点时，就发出订货单，而库存数量必须选择最经济合理的批量。这种方法一般适用于 A 类材料，以利于严格控制材料储备数量及其占用的资金。

定期采购点是指订货时间固定，库存数量不固定，按规定订货时间发出订货。这种方法适用于 B 类和 C 类材料，可以大大地简化管理工作。如果企业人力许可，B 类材料也可采用定量采购点，以利提高经济效益。

四、确定"经济批量"，使材料储备保持合理水平

要管好储备资金，必须使材料保持合理的储备水平，使它能够既适合施工生产的需要，又不致造成过高的物资储备。这种合理水平的衡量标准，一般是根据企业管理人员的经验来判断的，即按照企业施工生产经营的具体情况，观察施工生产不间断进行所需拥有的材料储备数量，并根据企业本身的财力和以往的供应条件

等来确定。但是,由于材料品种规格繁多,单凭经验判断很难确定合理的储备水平,这就需要采用过去的实际资料,特别是主要材料的订货批量、采购周期、库存数量等,进行统计分析,采用平均的能够反映正常水平的数据,作为监督各项材料储备的标准,然后,根据这些标准来制订采购用款限额,对储备资金的使用进行控制。

这种经验数据,经过研究分析,剔除其中不正常的因素以后,可以反映过去的正常水平,用它作为依据制订的库存标准,对于监督各项材料保持合理储备以适应施工生产需要,是有一定作用的。但是,采用这种方式建立的库存标准,只能反映过去的实际平均水平,不能说明它是否经济合理。因为第一,过去的实际水平不能说明储备量是偏高还是偏低;第二,即使制订的标准能够低于过去的实际水平,可以减少资金占用额,但由此可能增加采购费用,反而造成损失。

因此,需要在过去的经验批量的基础上,进一步寻求这样的库存标准:它既能减少占用资金和保管费用,又能节约采购费用,也就是通常所说的"经济批量"。

我们知道,与材料储备有关的费用有如下三种。

(一)采购费用,主要包括

(1)订货费,包括采购人员的差旅费,每批订货的催交查询的邮电费、订货单据费等。

(2)运杂费,包括运输费、装卸费、材料检验费等。

(二)保管费用,主要包括

(1)储存材料占用流动资金所支付的利息。

(2)储存材料的仓库、场地及其起重运输等设备的折旧费、修理费、动力费、租赁费等。

(3)仓库工作人员的工资、职工福利费、办公费、劳动保护费、保险费和材料加工整理费。

(4)材料的自然损耗。

(三) 缺货损失费用，主要包括

(1) 短缺材料、工具等储备而发生的停工损失。

(2) 缺少材料储备而引起不能按期竣工所支付的罚金。

(3) 因存货不足，突击采购材料而多付的运杂费和采购人员差旅费等。

以上三种费用，都与采购批量的大小直接有关。"批量"越大，储备量就越高，保管费用会越大；但订货次数可减少，采购费用会越低，缺货损失费用会减少。反之，"批量"越小，储备量就越低，保管费用会越小；但订货次数要增加，采购费用会越大，缺货损失费用会增加。由此可知，采购费用随订货次数的增加成正比例地上升，保管费用则随采购批量的增加成正比例地增长；从降低采购费用出发要求减少订货次数，加大采购批量；从降低保管费用出发，则要求增加订货次数，缩小采购批量。两者的要求是相互矛盾的。应该保持怎样的适度的库存标准，使这三种费用都能保持较低，体现最佳的经济效益，这就是如何确定经济批量的问题。

现举例来说明确定经济批量的方法。

假如某施工企业通过分析，得知甲种材料计划年耗用量为1 600件，每件价格为10元，每次采购费用为400元，保管费用为材料库存平均价值的20%，为简化计算起见，暂不考虑缺货费用损失，则采购、保管费用按采购批量的变动情况如图表3-7所示。

图表3-7

年耗用量（件）	订货次数（次）	每次采购数量（件）	库存平均值（元）	保管费用（元）	采购费用（元）	年采购保管费合计（元）
1 600	1	1 600	8 000	1 600	400	2 000
1 600	2	800	4 000	800	800	1 600
1 600	4	400	2 000	400	1 600	2 000
1 600	8	200	1 000	200	3 200	3 400
1 600	16	100	500	100	6 400	6 500

从图表3-8可知,当全年订货为1次时,每次采购批量为1 600件,库存平均值按采购量的50%计算为8 000元(1 600件×50%×10元/件),保管费用按库存平均值20%计算为1 600元(8 000元×20%),采购费用为400元,全年采购保管费用合计为2 000元(1 600元+400元)。按此方法计算,全年订货2次,每次采购批量800件时,全年采购保管费用总额为1 600元。订货4次,采购批量为400件时,全年采购保管费用总额为2 000元。订货8次,采购批量为200件时,全年采购保管费用总额为3 400元。订货16次,采购批量为100件时,全年采购保管费用总额为6 500元。可见只有订货2次,采购批量为800件时,全年采购保管费用总额1 600元为最低,这个采购批量即为经济批量。根据这些数据,可以绘出经济批量的图形(见图表3-8),表明批量与费用的变动关系。

图表3-8

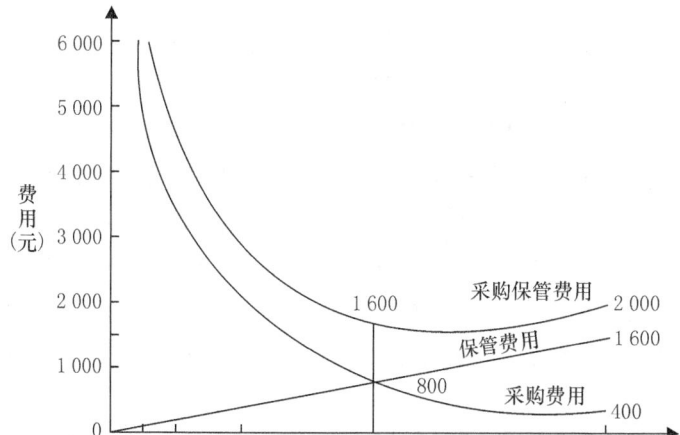

从图表3-9可以看出,只有在各种不同的批量中,当采购保管费用合计为最低点,即最小值时,这个批量才是最经济的批量。在实际工作中,可以采用数学公式直接计算。

一定批量所需采购保管费用之和的计算公式为：

$$\frac{采购批量}{2} \times 材料单价 \times 保管费用占库存平均值的百分比 + \frac{全年耗用量}{采购批量} \times 每次采购费用$$

当上式为最小值时，即最经济的批量。为此，对上式进行微分以后，即构成下式：

$$材料采购经济批量 = \sqrt{\frac{2 \times 全年耗用量 \times 每次采购费用}{材料单价 \times 保管费用占库存平均值的百分比}}$$

用上表数据代入上式，即得：

$$甲种材料经济批量 = \sqrt{\frac{2 \times 1\,600\,件 \times 400\,元}{10\,元/件 \times 20\%}} = 800\,件$$

当采购批量为800件时，它的全年采购保管费用总额为：

$$\frac{800\,件}{2} \times 10\,元/件 \times 20\% + \frac{1\,600\,件}{800\,件} \times 400\,元 = 800\,元 + 800\,元 = 1\,600\,元$$

它是最经济批量所发生的采购保管费用的最小值。

经济批量方法，还可用于评价哪种材料供应方式更为经济。如某施工队全年共要耗用钢材300吨，钢材每吨单价1 000元，要从100公里外的某钢厂采购。如用火车运输，30吨车皮每次装30吨，每次运输装卸费用共需400元；如用4吨汽车运输，每次可装4吨，钢材装卸运输费用为80元。如果采购费用只计算装卸运输费用，保管费用按钢材库存平均值20%计算，则可用经济批量的计算方法算得不同供料方式的全年采购保管费用如图表3-9所示。

图表3-9

供应方式	全年耗用量（吨）	每次采购量（吨）	采购次数（次）	库存平均值（元）	保管费用（元）	采购费用（元）	全年采购保管费合计（元）
火车	300	30	10	15 000	3 000	4 000	7 000
汽车	300	4	75	2 000	400	6 000	6 400

从上可知,用汽车供应方式比用火车供应方式,全年共可节约采购保管费用 600 元(7 000 元－6 400 元),经济效果较好。

必须指出,经济批量法的原理和方法虽很简单,但要加以采用,必须充分掌握材料采购费用和保管费用的详细资料。如果资料不全,或者数据不准确,不仅计算没有意义,甚至会得出错误的结论。

第五节 在建工程的管理

一、在建工程的内涵

施工企业的在建工程,又称未完工程、未完施工,是指已经施工但还没有完成工程承包合同中规定已完工程的内容、因而尚未向发包单位结算工程价款的建筑安装工程。在建工程的内涵,与采用的工程价款结算方式密切相关。

建筑安装工程价款结算的方式,主要有以下几种:

1. 按月结算。即在月终按已完分部分项工程结算工程价款。在采用按月结算工程价款时,在建工程是指月末尚未完工的分部分项工程。

2. 分段结算。即按工程形象进度划分的不同阶段(部位)分段结算工程价款。在采用分段结算工程价款时,在建工程是指尚未完成各个工程部位施工内容的工程。

3. 竣工后一次结算。即在单项工程或建设项目全部建筑安装工程竣工以后结算工程价款。在采用竣工后一次结算工程价款时,在建工程是指尚未竣工的单项工程和建设项目。

施工企业的在建工程,按施工成本计算。工程施工成本是指建筑安装工程在施工过程中耗费的各项生产费用。按其是否直接耗用于工程的施工过程,分为直接费用和间接费用。直接费用包括:(1)材料费。这是指在施工过程中所耗用的、构成工程实体或有助于工程形成的各种主要材料、外购结构件成本以及周转材料的摊销和租赁费。(2)人工费。这是指直接从事工程施工的工人(包括施工现场制作构件工人、施工现场水平、垂直运输等辅助工人,但不包括机械施工人员)的工资和职工福利费。(3)机械使用费。这是指建筑安装工程施工过程中使用施工机械所发生的费用(包括机上操作人员工资,燃料、动力费,机械折旧、修理费,替换工具及部件费,润滑及擦拭材料费,安装、拆卸及辅助设施费,养路费,牌照税,使用外单位施工机械的租赁费,以及保管机械而发生的保管费等)和按照规定支付的施工机械进出场费等。(4)其他直接费。这是指为完成工程项目施工、发生于施工前和施工过程中不能直接计入工程实体的费用,包括环境保护费、安全施工费、临时设施费、冬雨季施工增加费、夜间施工增加费、材料两次搬运费、土方运输费、生产工具仪器使用费、检验试验费、施工排水降水费、施工过程耗用水、电、风、汽费等。

间接费用是指企业所属各施工单位如分公司、项目经理部为组织和管理施工生产活动所发生的各项费用,包括施工单位管理人员工资、职工福利费、折旧费、修理费、工具用具使用费、办公费、差旅交通费、劳动保护费等。

工程直接费用加上分配的间接费用,构成工程施工成本。工程施工成本不是工程完全成本,它不包括企业的管理费用、财务费用等期间费用。因为按照现行财务、会计制度的规定,期间费用直接计入当期损益,不分配计入工程成本,所以在建工程只按工程施工成本计算。

二、工程成本预测

在建工程的管理,除了尽可能采用按月结算、分段结算工程价款,减少在建工程数量外,还必须加强工程成本管理,降低工程成本。因为工程成本的降低,不但可以减少在建工程占用资金,还可增加工程结算利润,提高企业盈利水平。

要降低工程成本,必须预测工程成本、编制工程成本预算,对工程成本进行控制。

工程成本预测是根据过去年度特别是报告年度工程成本资料,分析预算年度各个工程项目、工程任务和施工技术、施工管理情况,测算预算年度各项工程成本降低情况,以便为企业经营决策提供信息。

建筑安装工程由于它的位置固定性和施工个体性,使得它的施工很少会重复出现,即使采用标准设计建造相同的房屋和建筑物,也常因施工地点和社会条件的不同,难以在成本间相比较。所以工程成本,一方面没有每平方米建筑面积或每平方米建筑体积的行业平均成本;另一方面也不能将它的本期成本与上期实际成本比较。工程的成本降低额,也只能以各该工程当年预算成本为计算的基础。我们在预测工程成本时,也只能预测比工程预算成本降低的工程成本降低额。

(一)工程预算成本

工程预算成本是根据全国或地区统一制订的预算定额并按统一规定编制工程预算方法计算的工程成本。因为建筑安装工程虽然多种多样,但也有一定的共性,即它们都由一定的技术结构组成。以一般房屋建筑为例,它们的外形、结构虽不相同,但都由基础、地面、墙、楼板、屋盖等几部分构成,在不同的房屋建筑工程中,相同的分部分项工程有着相同的计量单位,而且完成每一计量单位如每立方米砖基础等所需要的人工、材料的消耗量,基本上是相同的。国家或地区可以根据建筑行业生产水平,统一规定各分部分项工程的人工、材料、施工机械的消耗定额,以及根据各个地区情况规定的工资标准、材料预算价格、机械台班费标准、其他直接费定额、间接费用和期间费用定额等,按照统一规定的编制工程预算的方法,来计算的工程预算成本。由于预算定额是建筑行业的平均定额,所以据以计算的工程预算成本,也是建筑行业的平均成本,它是计算工程造价的依据。

工程预算成本的计算程序,通常先根据分部分项工程材料消耗定额和地区材料预算价格,算得分部分项工程的材料费;根据分部分项工程的劳动定额和工资标准,算得分部分项工程的人工费;根据分部分项工程的机械台班定额和机械台班费标准,算得分部分项工程的机械使用费;然后根据分部分项工程的材料费、人工费、机械使用费的合计数和其他直接费定额,算得分部分项工程的其他直接费;再将分部分项工程的材料费、人工费、机械使用费和其他直接费加总,算得分部分项工程的直接费用,从而制订出各个分部分项工程的地区统一单位估价表(直接费用部分)。再根据工程量和地区统一单位估价表中的相应单价计算出各项工程的直接费用。并根据间接费用和期间费用定额,计算出工程间接费用和期间费用(包括管理费用和财务费用),然后以工程的直接费用加间接费用和期间费用求得工程预算成本,工程预算成本加上按利润率和税费率计算的利润和营业税及附加,就是工程造价。由于工程预算成本用以计算工程造价,工程预算成本属于完全成本,不仅包括间接费用,而且包括管理费用、财务费用等期间费用。在将工程施工成本与工程预算成本对比分析时,必须在工程预算成本中剔除期间费用,使两者计算口径一致起来。

(二)工程成本降低额的预测

工程成本降低额的预测,通常可采用如下两种方法。

一是根据计划年度施工产值、固定费用总额和变动费用在工程造价中的比重以及税费率、利润率加以测算。

由于构成工程成本的费用可以分为变动费用和固定费用,固定费用总额一般并不随着工程量的增减而增减,如间接费用、机械使用费中机械折旧修理费、多数其他直接费以及管理费用等。变动费用总额则随着工程量的增减而增减,如材料费、按工程量计算工资的人工费、机械使用费中动力燃料费、其他直接费中施工用水电风汽费等。根据变动费用与工程造价有一定比例关系和固定费用不随工程造价增减变动的特性,只要知道固定费用总额和变动费用在工程造价中的比重,就可测算一定工程任务下的工程成本,并进而预测工程成本降低额,和一定工程成本降低额下需要完成的工程任务。

$$\text{工程成本降低额} = \text{施工产值} - \text{税费} - \text{预期利润} - \text{工程完全成本}$$

$$= \text{施工产值} - \left(\text{施工产值} \times \text{税费率}\right) - \left[\text{施工产值} \times \left(1 - \text{税费率}\right) \times \frac{\text{预期利润率}}{1+\text{预期利润率}}\right]$$

$$- \left(\text{施工产值} \times \text{变动费用在工程造价中的比重} + \text{固定费用}\right)$$

$$= \text{施工产值} \times \left[1 - \text{税费率} - (1-\text{税费率}) \times \frac{\text{预期利润率}}{1+\text{预期利润率}}\right.$$

$$\left. - \text{变动费用在工程造价中的比重}\right] - \text{固定费用}$$

根据上列算式,可以推导得出:

$$\text{施工产值} = \frac{\text{固定费用} + \text{工程成本降低额}}{1 - \text{税费率} - (1-\text{税费率}) \times \frac{\text{预期利润率}}{1+\text{预期利润率}} - \text{变动费用在工程造价中的比重}}$$

必须指出,上列算式中的固定费用,包括管理费用、财务费用。因为只有按工程完全成本计算,才能根据施工产值求得工程成本降低额。在测算施工单位工程成本降低额时,固定费用中的管理费用和财务费用,应是各该施工单位应分配的管理费用和财务费用。各施工单位应分配的管理费用和财务费用,一般可按各施工单位的施工产值作为分配的标准。

预期利润率在1987年以后一段时期叫做计划利润率,国家规定为工程预算成本的7%。在工程改为招投标以后,施工企业在投标竞价时,只能根据预期利润率投标,所以将它叫做预期利润率。

税费率是指营业税税率和按营业税计算的城市维护建设税税

率和教育费附加费率。

如某施工企业预算年度施工产值为 11 065 150 元,税费率为 3.3%(包括营业税税率 3%,按营业税计算的城市维护建设税税率 7% 和教育费附加费率 3%),预期利润率为 7%,固定费用总额为 1 600 000 元,变动费用在工程造价中的比重为 72%,就可测算预算年度的工程成本降低额:

$$\text{工程成本降低额} = 11\,065\,150 \text{元} \times \left[1 - 0.033 - (1 - 0.033) \times \frac{0.07}{1 + 0.07} - 0.72\right]$$
$$- 1\,600\,000 \text{元} = 433\,093 \text{元}$$

如果测算得到的工程成本降低额不能满足预算要求,就要采取增加工程任务或降低固定费用和变动费用的措施。假如上述企业要完成 800 000 元工程成本降低额,而固定费用和变动费用又不能削减的话,则要采取增加工程任务的措施,即将施工产值增加到:

$$\frac{1\,600\,000 \text{元} + 800\,000 \text{元}}{1 - 0.033 - (1 - 0.033) \times \frac{0.07}{1 + 0.07} - 0.72} = 13\,062\,049 \text{元}$$

二是在报告年度成本降低率的基础上,测算由于预算年度实现所制订的各项技术组织措施,使工程量增加、材料消耗定额降低、劳动生产率提高等而形成的工程成本降低额。

1. 由于材料消耗定额降低形成的成本降低额

材料消耗定额降低的幅度同材料成本的降低幅度呈正比。如果材料消耗定额平均降低 10%,材料成本也就降低 10%。但是,材料成本降低 10%,工程成本是否也就降低 10% 呢?不是。因为材料成本只占工程成本的一部分,占比重多大,也就只能影响多大。因此,材料消耗定额降低而形成的工程成本降低额,应按下列公式计算:

$$\text{材料消耗定额降低对成本降低的影响} = \text{材料消耗定额降低率} \times \text{材料费占工程成本的比重}$$

2. 由于劳动生产率提高超过平均工资增长形成的成本降低额

劳动生产率的提高,表明用同等数量的劳动,可以完成更多的工程。在一般情况下,劳动生产率的增长速度应该大于平均工资的增长速度,这样才能增加企业积累。劳动生产率的增长速度超过平均工资的增长速度,就会减少单位工程分摊的工资数额,从而降低工程成本。劳动生产率提高越快,人工费降低越多。因而劳动生产率的提高幅度同人工费的降低幅度呈反比例关系。由于劳动生产率提高超过平均工资增长而形成的工程成本降低额,可按下列公式计算:

$$\text{劳动生产率和平均工资变动对成本的影响} = \left(1 - \frac{1+\text{平均工资增长率}}{1+\text{劳动生产率增长率}}\right) \times \text{人工费占工程成本的比重}$$

3. 由于工作量增长超过固定费用增长形成的成本降低额

工程成本中固定费用一般不受工程量变动的影响,因此,当工程任务增加时,就会减少单位工程所分摊的固定费用,从而降低工程成本。由于工程量增长超过固定费用增长而形成的工程成本降低额,可按下列公式计算:

$$\text{工程量和固定费用变动对成本的影响} = \left(1 - \frac{1+\text{固定费用增长率}}{1+\text{施工产值增长率}}\right) \times \text{固定费用占工程成本的比重}$$

综合上述结果,就可求得预算年度比报告年度增加的工程成本降低率,加上报告年度的工程成本降低率,就是预算年度的工程成本降低率,再乘以预算年度工程预算成本,就可算得预算年度的工程成本降低额。

如某施工企业预算年度施工产值为 11 065 150 元,税费率为 3.3%,预期利润率为 7%,报告年度工程成本降低率为 2%。企业测算各项技术经济指标,确定预算年度成本比报告年度成本能够再降低的主要因素如下:

预算年度施工产值增长	10%
主要材料消耗定额降低	1%
劳动生产率提高	5%
平均工资增长	3%
固定费用总额增加	5%

各项费用在工程成本中的比重为：

材料费	68%	其中主要材料	42%
人工费	10%		
机械使用费	6%		
其他直接费	2%		
间接费用	6%	其中固定费用	16%
管理费用	7%		
财务费用	1%		

根据以上资料，就可测算预算年度比报告年度增加的成本降低率如图表 3-10 所示。

图表 3-10

项　目	各项目的降低率	各项目变动对成本降低的影响
主要材料	1%	1%×42%=0.42%
人 工 费	$1-\dfrac{1+3\%}{1+5\%}=2\%$	2%×10%=0.20%
固定费用	$1-\dfrac{1+5\%}{1+10\%}=4.55\%$	4.55%×16%=0.728%
合　计		1.348%

预算年度工程成本降低率 = 报告年度工程成本降低率 + 预算年度比报告年度增加的工程成本降低率

$$=2\%+1.348\%=3.348\%$$

预算年度工程预算成本 = 预算年度施工产值 × (1−税费率) × $\dfrac{1}{1+预期利润率}$

$$=11\,065\,150\ 元 \times (1-0.033) \times \dfrac{1}{1+0.07}$$

$$=10\,000\,000\ 元$$

预算年度工程成本降低额 = 预算年度工程预算成本 × 预算年度工程成本降低率

$$=10\,000\,000\ 元 \times 3.348\% = 334\,800\ 元$$

如果测算得的工程成本降低额能满足预算要求，就可进而编制工程成本预算,并把各项降低成本的措施落实下去。否则,还要进一步挖掘降低工程成本的潜力。

必须指出,上面预测的工程成本降低额,均指工程完全成本降低额,而不是工程施工成本降低额。因为在固定费用中,已包括了管理费用和财务费用。

三、工程成本预算

施工企业的工程成本预算,要分别直接费和间接费预计。

（一）年度、季度工程直接费预算

各个施工单位年度、季度工程直接费预算,通常可通过工程预算成本和降低成本的技术组织措施来进行,也就是以预算期工程预算成本减去降低工程成本措施的经济效益（即节约额）的方法,算得工程的材料费、人工费、机械使用费、其他直接费的预算。

技术组织措施经济效益的计算,对不需要一次性费用的措施来说,只要计算它在预算期内的节约额。

在编制年度、季度成本预算时,由于还没有分部分项工程实物量,只能根据年度计划施工面积或施工产值,运用概算指标求出各种主要材料、各工程工日和机械台班的计划用量,然后按材料费、人工费、机械使用费等成本项目计算预算年度的节约额。

如某施工企业预算年度施工产值为 11 065 150 元,每万元工作量平均消耗木材 0.5 立方米,采用各种措施后,原木出材率将由 75% 提高到 80%,原木每立方米价格为 800 元,则:

按 75% 出材率计算的原木需要量为:

$$1\ 106.515\ 万元 \times 0.5\ 立方米/万元 \times \frac{100}{75} = 737.68\ 立方米$$

提高到 80% 出材率后计算的原木需要量为:

$$1\ 106.515\ 万元 \times 0.5\ 立方米/万元 \times \frac{100}{80} = 691.57\ 立方米$$

提高出材率 5%(80%－75%)后的木材节约额为：

(737.68 立方米－691.57 立方米)×800 元/立方米＝36 888 元

又如用钢模代替木模，可节约制作用工和 50%的折模用工。假如木模用工中，制作用工占 40%，立模用工占 40%，折模用工占 20%。平均每工可完成制作、立模、折模 4 平方米。则用钢模代替木模后，可节约 40%的制作用工和 10%的折模用工，共可节约 50%用工。如每万元工作量平均立模数量为 30 平方米，2009 年度预算施工产值为 11 065 150 元，使用钢模数量将由 2008 年度的 50%增加到 80%(假如钢模由于周转次数多，它的每平方米立模的摊销费用和木模相同)，则 2009 年度立模数量为：

1 106.515 万元×30 平方米/万元＝33 195.45 平方米

钢模由 50%提高到 80%，即提高 30%后可节约人工为：

(33 195.45 平方米×30%)÷4 平方米/工×50%＝1 245 工

如每工平均工资为 7.80 元，共可节约人工费：

1 245 工×7.80 元/工＝9 711 元

对于需要一次性费用的措施，在计算其经济效益时，除了计算节约额外，还要计算净节约额，也就是节约额减去一次性措施费用后的余额。

预算期净节约额＝预算期节约额－一次性措施费用

由于降低工程成本措施的经济效益，一般都已在技术组织措施预算中加以计算，在编制工程成本预算时，只要汇总技术组织措施预算中的材料费、人工费、机械使用费和其他直接费方面的节约额，就能据以计算工程直接费预算。但是，作为这种方法计算基础的预算成本，是根据统一预算定额来确定的。对于那些条件较好、管理水平较高的企业来说，可能低于统一预算定额。这时，企业的工程成本就会低于统一定额计算的预算成本。因此,在实际编制年度工程成本预算时,还必须根据企业具体情况,计算企业施工定额与预算定额的差异,或对那些低于统一预算定额的分部分项工程,均按定额差异乘工程数量来计算它的节约额,并与技术组织措施经济效益一起,从预算成本中减去后求得材料费、人工费、机械使用费和其他直接费的预算。

又在编制年度工程成本预算时,有的工程还没有编制预算,因此还需用下列方法根据预算施工产值和有关资料计算各项直接费预算。其方法为:

先根据预算年度施工产值计算直接费预算:

$$直接费预算 = \frac{预算年度施工产值 \times (1-税费率) \times \frac{1}{1+预期利润率}}{1+间接费定额}$$

如某施工企业预算年度施工产值为 11 065 150 元,税费率为 3.3%,预期利润率为 7%,间接费定额为直接费的 14%。则:

$$直接费预算 = \frac{11\ 065\ 150\ 元 \times (1-0.033) \times \frac{1}{1+0.07}}{1+0.14}$$

$$= 8\ 772\ 000\ 元$$

如果是安装企业,它的间接费定额不是以直接费为计算的基础,那么就要根据报告年度工程预算成本中直接费所占的比例来计算。

再根据各种结构工程直接费预算成本中各项直接费的比例来计算各项直接费预算。如果预算年度承担工程结构的构成和报告年度相近,就可按报告年度直接费预算中各项直接费的比例来计算。

如上述某施工企业预算年度各项直接费在预算成本直接费中所占的百分比是:

材　料　费	79%
人　工　费	11%
机械使用费	7%
其他直接费	3%

则预算年度工程预算成本中的材料费、人工费、机械使用费和其他直接费可计算为：

材料费 = 8 772 000 × 79% = 6 929 880(元)

人工费 = 8 772 000 × 11% = 964 920(元)

机械使用费 = 8 772 000 × 7% = 614 040(元)

其他直接费 = 8 772 000 × 3% = 263 160(元)

根据上列各项直接费预算成本和各项降低工程成本技术组织措施的经济效益,就可编制工程直接费预算表如图表 3-11 所示。

图表 3-11

工程直接费预算

××××年度　　　　　　　　　　单位：元

项　　目	预算成本	降低额	直接费预算	降低率(%)
材　料　费	6 929 880	242 550	6 687 330	3.50
人　工　费	964 920	10 615	954 305	1.10
机械使用费	614 040	7 370	606 670	1.20
其他直接费	263 160	6 580	256 580	2.50
直接费合计	8 772 000	267 115	8 504 885	3.04

(二) 间接费用预算

间接费用的预算数,要根据各施工单位组织机构编制、工程规模及其集中分散情况、各项费用定额和开支标准等,按照间接费用的各费用项目来确定,以便作为今后考核间接费用预算执行的依据。任计算间接费用预算数时,应先按施工单位分别计算,然后加以汇总。

1. 管理人员工资。该项目根据定员人数、工资标准计算。
2. 职工福利费。该项目根据管理人员工资和福利费提存率

14%计算。

3. 办公费。该项目根据报告年度每人每月平均支出数和预算年度办公费节约指标计算。

4. 折旧费。该项目根据施工单位施工管理和试验部门使用的固定资产原值和折旧率计算。

5. 修理费。该项目根据施工单位施工管理和试验部门使用固定资产的修理费开支预算数计算。

6. 工具用具使用费。该项目根据管理人员人数、工具用具配备定额和摊销标准计算。

7. 保险费。该项目指施工管理用财产、车辆保险费,以及海上、高空、井下作业等特殊工种安全保险费。

8. 差旅交通费。该项目根据因公出差人数、市内领取交通津贴人数以及自备交通工具耗用燃料等支出计算。

9. 劳动保护费。该项目根据施工单位职工人数和规定的发放标准等计算。

10. 其他费用。该项目参照报告年度支出数计算。

根据上述计算方法,就可算得预算年度间接费用预算数,并与预算年度工程直接费预算一起,编制如图表3-12所示的工程成本预算。

图表3-12

工程成本预算

××××年度　　　　　　　　　　　　单位:元

项　　目	预算成本	工程成本预算	降低额	降低率(%)
材料费	6 929 880	6 687 330	242 550	3.50
人工费	964 920	954 305	10 615	1.10
机械使用费	614 040	606 670	7 370	1.20
其他直接费	263 160	256 580	6 580	2.50
直接费小计	8 772 000	8 504 885	267 115	3.04
间接费用	526 320	523 690	2 630	0.50
工程施工成本合计	9 298 320	9 028 575	269 745	2.90

复 习 题

1. 什么是流动资金？什么是营运资金？它们各具有哪些特征？

2. 什么是最佳现金持有量？最佳现金持有量是怎样加以确定的？

3. 应收账款管理的目标是什么？应收账款的成本包括哪些？在建筑市场不景气时，施工企业应采取什么应收账款政策？

4. 施工企业在对材料储备资金进行管理时，应采用哪些手段？应怎样加以管理？

5. 什么叫做"经济批量"？材料采购的经济批量是根据哪些资料怎样加以计算的？

6. 对工程成本降低额的预测，通常有几种方法？如何根据预算年度施工产值、固定费用总额和变动费用在工程造价中的比重加以测算？

习 题

习 题 一

一、目的 练习材料采购经济批量的计算。

二、资料 某施工企业施工生产用水泥预算年耗用量为8 000吨，每吨水泥价格为600元，每次采购费用为4 000元，保管费用为水泥库存价值的10%，不考虑水泥缺货损失。

三、要求 根据上列资料，为该企业计算水泥的采购经济批量。

习 题 二

一、目的 练习工程成本降低额的预测方法。

二、资料

1. 某施工企业 2008 年度实际完成施工产值和工程成本中变动费用和固定费用如下：

  施工产值   22 130 300 元
  固定费用   3 500 000 元
  变动费用   15 491 210 元

2. 工程造价中预期利润率为工程预算成本的 7%。

3. 工程结算收入营业税税率为 3%，城市维护建设税税率为营业税的 7%，教育费附加为营业税的 3%。

4. 2009 年度计划施工产值为 24 500 000 元。

三、要求 根据上列资料，为该施工企业：

1. 测算 2009 年度工程成本降低额；

2. 如果要完成 2 500 000 元工程成本降低额，而固定费用总额和变动费用又不能削减的话，要完成多少施工产值？

第四章 固定资产和无形资产的管理

第一节 固定资产及其管理的要点

一、固定资产的概念

施工企业的固定资产是从事建筑安装工程施工的重要物质条件。它包括施工企业的主要劳动资料和非生产经营用房屋设备等。

劳动资料是劳动者用来改变或影响劳动对象的一切物质资料。狭义地说,劳动资料是指那些处于劳动者和劳动对象之间,把劳动者的动作传导到劳动对象上去的传导物,如施工机械、生产设备、生产工具等;广义地说,劳动资料还包括在施工生产经营过程中必须具备的、除劳动对象以外的其他物质资料,如房屋建筑物、运输设备等等。因为没有它们,施工生产过程就不能进行,或者不能在正常的情况下进行。

但是,可以作为施工企业固定资产的劳动资料,必须是为有关建筑安装工程施工生产而购建的,并不包括为建设单位建造的房屋建筑物和安装的机器设备。因为这些房屋建筑物和机器设备,是劳动对象。由此可见,一种物质资料是否属于施工企业的固定资产,不取决于它的物理属性,而取决于它在施工生产过程中所起的作用。

劳动资料和劳动对象不同,前者在施工生产过程中能长期发挥其效能,可以使用于多次施工生产过程。它在施工生产过程中长久地保持着自己的物质形态,并不把其本身的物质加到工程、产品的物质里去,而仅随着使用时间和工作强度,逐渐地将它的价值转移到工程、产品成本中去。后者只能在一次施工生产过程中使用,在施工生产过程中大都变更或消失其原有物质形态,或将其本身的物质加到工程、产品的物质里去,因而一次转移其价值于工程、产品的成本中。前者与后者的区别,在使用时期较长的劳动资料与劳动对象比较时,是十分明显的。有些工具虽然也属劳动资料,但或因使用时间不长,或因价值较小,或因极易在施工生产过程中损坏,在管理上为了方便起见,并不将它们列作固定资产,而将它们列作低值易耗品和周转材料(属流动资产),因而在实际核算工作中,只有同时具备如下两个条件的主要劳动资料,才列作固定资产:

1. 使用期限在一年以上。
2. 单位价值在规定限额(按企业规模大小分别规定)以上。

由上可知,只有使用期限在一年以上、单位价值在规定限额以上的劳动资料,才将它列作固定资产。

施工企业的固定资产,除企业的主要劳动资料外,还包括使用期限在两年以上、单位价值在 2 000 元以上,但不属于劳动资料范围的一些非生产经营用房屋、设备,如职工宿舍、招待所、幼儿园、托儿所、俱乐部等单位使用的房屋、设备等,它们和劳动资料相似,也具有在长期使用过程中仍保持其原有物质形态的特点,所以也将它们列作固定资产。

二、固定资产管理的要点

固定资产的管理,应当根据固定资产的经济性质来组织。根据固定资产的经济性质,施工企业固定资产的管理,应该做好以下几方面的工作。

(1) 管好固定资产,保证完整无缺。要管好固定资产,首先要健全固定资产的管理制度,严格购建、验收、使用、保管、调度、盘点、报废清理等项手续,加强固定资产的核算工作,建立保管、保养和使用的责任制度,防止短缺、失修、损坏或降低技术性能。

(2) 根据固定资产损耗和企业财务状况及其变动趋势,选择合适的折旧政策。施工企业的固定资产在参加施工生产经营过程中,会逐渐发生损耗。为了计算损耗价值和保证固定资产更新所需的资金,要计提折旧,折旧作为生产费用计入工程、产品成本后会影响企业的利润。折旧作为一种非付现费用,不发生现金流出,但在工程价款结算和产品销售后会流入现金,在未用于固定资产更新以前,会增加企业现金流入量。企业在折旧时,如选择加速折旧政策,就会加大成本、减少利润,但能增加现金流入量;反之,会相应地降低成本、增加利润,但会相应减少现金流入量。因此,企业必须根据固定资产损耗和企业财务状况,选择合适的折旧政策。

(3) 不断提高固定资产的利用效果,减少占用资金。固定资产的利用,必须保证它能够实现一定的效果,并且不断提高。提高固定资产的利用效果。用现有的固定资产完成尽可能多的建筑安装工程,就可减少占用资金,节约固定资产投资,提高资金利用效果。因此,在固定资产管理工作中,必须根据施工生产任务查定企业所需的固定资产,调配处理那些超过施工生产任务所需的多余或不适用、不需用的固定资产,减少资金占用量,必须用好、维修好固定资产,提高固定资产的完好率和利用率。因为如果使用不当,固定资产不能充分发挥效能,必然会降低固定资产的利用效果;如果不加强维护修理,固定资产经常处于损坏状态,也不能发挥它的利用效果。此外,在重新购建固定资产时,必须进行技术经济分析和财务效益分析,优选经济上合理的技术,使企业以较少的固定资产投资,取得较大的经济效益。

第二节 固定资产需要量的查定

施工企业要搞好固定资产管理,提高固定资产的利用效果,必须根据施工生产任务查定企业所需的固定资产。通过固定资产需要量的查定,一方面可以使企业发现完成施工生产任务所需机械设备的不足状况,以便及时加以补充;另一方面可以发现超过施工生产任务所需的多余机械设备,以便及时加以调配处理,做到物尽其用,减少企业资金的占用量。同时还能使企业领导和财务、设备等管理部门做到心中有数,以便控制机械设备和房屋建筑物的采购和建造,促使施工生产单位充分利用现有机械设备和房屋。

要查定固定资产的需要量,首先要开展清查工作:(1)查清固定资产的实有数量,做到账实相符。(2)查清固定资产的质量,对机械设备要根据国家规定的技术质量标准,逐项地进行鉴定,把所有机械设备分为完好、带病运转、停机待修、不配套、待调拨处理、待报废等。(3)查清固定资产的生产能力,对机械设备,要根据各类机械设备的技术规范、能开班数(或班次)和台班产量定额,分别查明单台机械设备的生产能力,或完成某项工种工程(或某种产品)有关机械设备的综合生产能力,并计算机械设备的利用率。凡能达到计划年产量定额或设计能力且能正常运转的机械设备,均可按照计划年产量定额或设计能力计算。对超过计划年产量定额或设计能力的机械设备,按已达到年产量或改造后的能力计算。

在查定固定资产需要量时,应根据当年施工生产任务或能中标的工程任务,本着提高机械设备利用率的可能,参照历史水平和设备调动是否频繁等进行。对那些由于客观原因,施工生产任务暂时不足的施工企业,应按正常施工生产的需要,确定其需要量。固定资产需要量的查定,既要有计算的依据,又要有科学的预见,一定要实事求是。

一、施工机械设备需要量的查定

施工企业要完成一定的工程任务,必须配备一定数量的施工机械和运输设备。如要完成一定数量的土方工程,就要有相应数量的挖土机、推土机、装载机、压路机、打夯机、井点设备、运土汽车和经纬仪、水平仪等。要完成一定数量的混凝土工程,就要有相应数量的混凝土搅拌机、后台上料的单斗装载机、前台运送混凝土的机动翻斗车等。如果混凝土是采用集中搅拌的,还要配备自卸汽车、混凝土搅拌输送车、混凝土输送泵等。而且只有这些施工机械设备与工种工程保持一定的比例,即与一定工程任务的土方工程量、混凝土工程量相适应的情况下,才能充分发挥机械设备的效能,提高机械设备的利用率。

施工企业在查定施工机械设备的需要量时,要先根据企业施工任务的特点,即工程结构、性质、施工工艺、集中分散情况以及以往年度历史资料,确定万元工作量的主要实物工程量,再根据工程任务计算主要工种工程实物量。

如某施工企业根据承担工程任务和过去历史资料,测算得每万元工作量的土方工程量为 20 立方米,其中挖土工程量为 15 立方米,还土工程量为 5 立方米;土方平均远距为 3 公里,每立方米土平均重 1.6 吨,则在 2 000 万元工程任务的情况下,这个施工企业的土方工程量和土方运输量为:

土方工程量:

 挖土 8 000 万元×15 立方米/万元＝120 000 立方米

 还土 8 000 万元× 5 立方米/万元＝ 40 000 立方米

 合计   160 000 立方米

土方运输量(假定挖出土方需要全部运出):

 160 000 立方米×1.6 吨/立方米×3 公里＝768 000 吨/公里

再根据各种施工机械设备单位能力年产量定额,按照下列公式计算完成上列工程量所需的施工机械设备：

$$施工机械设备需要量 = \frac{年度工种工程量}{施工机械设备单位能力年产量定额}$$

如1立方米斗容量单斗挖土机的平均单位能力年产量定额为48 000立方米/立方米，自卸汽车的单位能力年产量定额10 000吨公里/吨，就可计算挖土、运土所需的施工机械和运输设备数量为：

完成120 000立方米挖土工程量所需单斗挖土机为：

$$\frac{120\,000 立方米}{48\,000 立方米/立方米} \approx 2.5 立方米斗容量$$

完成768 000吨公里土方运输量所需自卸汽车为：

$$\frac{768\,000 吨公里}{10\,000 吨公里/吨} = 76.8 吨$$

如该企业计有挖土机和自卸汽车为：

单斗挖土机
1立方米斗容量	1台	计1立方米斗容量
0.5立方米斗容量	4台	计2立方米斗容量
合计		3立方米斗容量

自卸汽车
3.5吨	12辆	计42吨
7吨	4辆	计28吨
合计		70吨

则挖土机不但已能满足挖土工程任务的需要，而且还多0.5立方米斗容量（3立方米斗容量－2.5立方米斗容量）单斗挖土机1台。自卸汽车尚缺6.8吨（76.8吨－70吨），即需要增加3.5吨自卸汽车2辆或7吨自卸汽车1辆，才能满足运土任务的需要。

当然，在计算施工机械设备需要量时，还应根据企业以往年度机械设备生产能力利用情况，以及计划采取的各种提高机械设备完好率和利用率的措施，充分挖掘生产潜力，不断提高机械设备单位能力年产量定额。又在计算各种主要施工机械设备需要量的同时，还要计算各种配套机械设备的需要量。如计算挖土和运土机械设备需要量的同时，还要计算装土用的装载机，平土用的推土机，压土用的压路机和打夯机，抽水用的井点设备，测量用的经纬仪、水平仪等。用同样方法，也可计算混凝土工程、垂直运输、平面运输、装饰工程、水电安装工程等等所需施工机械设备，从而加总算得企业完成一定工程任务所需要的各种施工机械和运输设备。

二、生产设备需要量的查定

施工企业附属生产单位如机修厂、木材加工厂、混凝土构件预制厂等生产设备需要量的查定，一般可按下列公式计算：

$$生产设备需要量 = \frac{计划生产任务}{单台生产设备年产量定额}$$

$$\frac{单台生产设备}{年产量定额} = \frac{单台生产设备全}{年有效工作时间} \times \frac{单位时间}{产量定额}$$

从上可知，决定生产设备需要量的基本因素是：计划生产任务、生产设备全年有效工作时间、生产设备单位时间的产量定额。

计划规定的生产任务，即产品品种数量，是计算生产设备需要量的主要依据。如附属生产单位生产的产品品种不多，可按计划规定的各种产品进行计算。如附属生产单位加工生产的产品品种很多，可按产品结构或工艺相近等因素，将产品进行适当分类，每类找出代表性产品，将同类产品换算为代表性产品进行计算。通常可按加工台时的比例，作为确定"换算系数"的依据。

生产设备有效工作时间是按照企业现行的工作制度计算的生产设备的全部有效工作时间。在不同的附属生产单位里，由于生产条件和工作制度的不同，生产设备的有效工作时间也不相同。在连续生产的附属生产单位，如用蒸气养护的混凝土构件预制厂，生产设备的有效工作时间,一般等于日历时间减去修理生产设备所必需的停工时间;在间断生产的附属生产单位生产设备的有效工作时间,是在日历时间中扣除节日、假日停工的时间和修理停工的时间以后,按照企业规定的工作班次计算的时间。

$$\begin{matrix} 连续生产生产设备 \\ 全年有效工作时间 \end{matrix} = \left(\begin{matrix} 全年日 \\ 历天数 \end{matrix} - \begin{matrix} 修理停 \\ 工天数 \end{matrix} \right) \times 24$$

$$\begin{matrix} 间断生产生产设备 \\ 全年有效工作时间 \end{matrix} = \left(\begin{matrix} 全年日 \\ 历天数 \end{matrix} - \begin{matrix} 法定节假 \\ 日 天 数 \end{matrix} - \begin{matrix} 修理停 \\ 工天数 \end{matrix} \right)$$

$$\times \begin{matrix} 每天 \\ 班次 \end{matrix} \times \begin{matrix} 每班有效 \\ 工作时间 \end{matrix}$$

生产设备单位时间的产量定额,因生产设备的特点而有不同的表现方法。对经常重复生产同类产品的设备,通常用单位台时实物生产量来表现。机械工具加工设备,由于它可以加工各种不同的产品或零件,加工对象经常变换,因此,这类生产设备单位时间的产量定额,通常并不直接表现为单位台时能生产多少产品,而是表现为各种产品、零件在有关生产设备上加工需要多少台时,在计算生产设备需要量时,往往就以各种产品加工所需定额总台时除生产设备全年有效工作台时来计算:

$$\begin{matrix} 机械工具加工 \\ 设 备 需 要 量 \end{matrix} = \frac{全年计划生产任务需用生产设备定额总台时}{单台生产设备全年有效工作台时}$$

$$\begin{matrix} 全年计划生产任务需用 \\ 生产设备定额总台时 \end{matrix} = \Sigma(计划生产数量 \times 单位产品定额台时)$$

现以机械工具加工车间为例,说明生产设备需要量的计算方法。

如某施工企业附属机械工具加工车间共有各种机床21台,其中车床17台,铣床7台,钻床4台。全年生产任务为:加工甲、乙两种机械和子、丑、寅三种工具。该车间生产实行一班制,每班有效工作时数为7.5小时。全年制度工作天数为228天,该车间各种机床的修理平均停工天数为16天。

各种加工产品的加工数量和所需各种机床加工台时(即单位产品定额台时)如图表 4-1 所示。

图表 4-1

产品名称	加工数量（台）	单位产品定额台时		
		车 床	铣 床	钻 床
甲机械	5	300	150	60
乙机械	3	280	140	60
子工具	100	100	45	20
丑工具	50	120	50	25
寅工具	120	80	35	18

则：

各种机床全年有效工作台时 $=(228\text{ 天}-16\text{ 天})\times 1\text{ 台}\times 7.5\text{ 小时/天}=1\,590\text{ 台时/台}$

加工各种产品所需各种机床的定额台时如图表 4-2 所示。

图表 4-2

产品名称	生产数量（台）	车 床		铣 床		钻 床	
		单位产品定额台时	定额台时	单位产品定额台时	定额台时	单位产品定额台时	定额台时
甲机械	5	300	1 500	150	750	60	300
乙机械	3	280	840	140	420	60	180
子工具	100	100	10 000	45	4 500	20	2 000
丑工具	50	120	6 000	50	2 500	25	1 250
寅工具	120	80	9 600	35	4 200	18	2 160
定额台时合计	—	—	27 940		12 370		5 890

$$车床需要量 = \frac{27\,940\text{ 台时}}{1\,590\text{ 台时/台}} \approx 18\text{ 台}$$

$$铣床需要量 = \frac{12\,370\text{ 台时}}{1\,590\text{ 台时/台}} \approx 8\text{ 台}$$

$$钻床需要量 = \frac{5\,890\,台时}{1\,590\,台时/台} \approx 4\,台$$

将需要量与实有量对比,就可算出各种机床的多余或不足台数:

  车床不足   18 台－17 台＝1 台
  铣床不足   8 台－7 台＝1 台
  钻床   4 台－4 台＝0 台

附属生产单位计划年度完成的定额,如可超过现行台时产量定额,则在计算各种生产设备需要量时,应将定额总台时,乘以定额改进系数。即:

$$\frac{全年计划生产任务需用}{生产设备定额总台时} = \Sigma \left(计划生产数量 \times \frac{单位产品}{定额台时} \times \frac{定额改进系数}{} \right)$$

因为现行定额不是经常修订的,如果计划年度采取提高劳动生产率的措施,就会对现行定额有所改进。计划年度改进后的定额,叫估计新定额。估计新定额占现行定额的百分比,即定额改进系数。如上述附属生产单位的车工,由于不断改进操作方法,在计划年度可将现行单位产品定额台时压缩 6% 左右,即从现行单位产品 100 定额台时,压缩到 94 台时,则定额改进系数为:

$$定额改进系数 = \frac{计划年度估计新定额}{单位产品定额台时} \times 100\% = \frac{94\,台时}{100\,台时} \times 100\% = 94\%$$

完成全年计划生产任务需用车床定额总台时为:

  27 940 台时 × 94% ＝ 26 263.6 台时

在这种情况下,车床的需要量为:

$$\frac{26\,263.6\,台时}{1\,590\,台时/台} \approx 17(台)$$

也就是说,不需要增加车床也能满足生产的需要。

施工企业附属机修厂或机修车间所需的生产设备,一般按规定的机械设备检修周期计算出全年应负担的机械设备修理任务,然后根据每台机械设备在修理中所需的设备加工工时,计算出全年修理机械设备加工总工时,来查定生产设备的需要量。

第三节 固定资产的日常管理

一、对固定资产进行合理的分类

为了便于管理,需要对施工企业的固定资产进行合理的分类。

固定资产按其使用情况,分为在用的、租出的、未使用的、不需用的四类。这种分类方法能及时反映固定资产的使用情况,可促使未使用的固定资产尽快加以利用,不需用的固定资产及时调拨、出售,有利于挖掘固定资产的潜力,做到物尽其用。同时,这种分类对于折旧的计算也有不少的便利。因为按照现行制度的规定,只有在用、出租的固定资产和以融资租赁方式租入的固定资产,才计提折旧,未使用和不需用的固定资产(房屋建筑物除外),以及经营租赁方式租入的固定资产,是不计提折旧的。

固定资产按其用途,分为生产用和非生产用两类。所谓生产用的固定资产,就是指直接或间接参加施工生产或施工生产经营管理过程的固定资产。所谓非生产用的固定资产,就是指企业施工生产和施工生产经营管理以外所需用的固定资产。这种分类方法,可以反映出企业生产用和非生产用固定资产的比重,说明企业的施工生产能力和职工生活条件的改善情况。

在固定资产管理中,必须明确固定资产和低值易耗品的界限。因为第一,劳动资料的价格是经常变的;第二,有些劳动资料虽然价值不够固定资产的规定限额,但如在企业财产中所占比重较大、使用期限较长,也应划为固定资产。有些劳动资料,虽然价值已经达到固定资产的规模限额,但如使用期限不稳定,而且更换频繁的,也可考虑列入低值易耗品。因此,财务部门要会同财产管理部门,结合施工生产的特点和管理上的要求,把企业所有的固定资产按类编制"固定资产目录"。在目录中:一要统一固定资产和低值易耗品的划分标准,把属于固定资产的机械设备,分别不同的型号规格,逐一列入目录,使固定资产和低值易耗品的界限一清二楚。二要统一固定资产的分类编号,使每项固定资产都有自己的固定号码。三要统一规定每项固定资产的使用年限或使用台班,为计算折旧提供统一的依据。

二、实行固定资产归口分级管理,建立使用保管责任制

要管好用好固定资产,必须建立和健全固定资产管理制度,正确处理好企业和企业所属单位之间在固定资产保管和使用方面的关系,确立责任制,消灭无人负责现象。

施工企业的固定资产,由于建筑生产的流动性,绝大部分都分散在各个施工现场。企业要加强固定资产的管理,不能依靠个别部门和少数人员,而必须正确安排各方面的权责关系,充分调动各部门各级单位及广大职工的积极性和主动性,实行归口分级管理。即在企业主管领导下,由各职能部门分工负责固定资产的管理工作,并按照各类固定资产的使用地点,分别交由各所属单位负责管理。对大中型机械设备,还要落实到个人,建立起谁用谁管的责任制。

企业的各项固定资产,首先要按类别实行归口管理,如施工机械、运输设备、生产设备等由机械设备部门管理,房屋建筑物、管理用具等由行政部门管理。各该部门负责对所管各类固定资产的请购、调配、维修和清理,并定期对使用保管情况进行检查。

由于各项固定资产实际上是由企业所属各施工队和加工厂等掌握使用的,因此,在实行归口管理的同时,必须建立起使用单位的保管使用责任制,实行分级管理。各使用单位应对机械设备部

门等负责,严格执行各项财产管理制度,加强固定资产日常维修保养,保证固定资产完整无缺,不断提高完好率和利用率。对于机械设备的管理,还要根据谁用、谁管、谁负责维护保养的原则,把机械设备保管责任落实到使用人,使台台机械设备有人管理。同时,各级使用单位均应分别指定专人,全面负责本单位的固定资产管理工作。这样,就可以做到层层负责任,物物有人管,从而有利于加强职工对机械设备保管的责任心,使国家财产不受损失;有利于促使职工加强对机械设备的维护保养,提高机械设备的完好率和利用率;有利于做到账物相符,家底清楚。

为了合理组织机械化施工,充分发挥施工机械的作用,对于施工企业的施工机械,一般可采用如下两种管理方法:

(1)一般中小施工机械,如小型挖土机、机动翻斗车、混凝土搅拌机、砂浆搅拌机、卷扬机等,由土建施工队负责保管并使用。

(2)大型施工机械和数量不多的特殊施工机械设备,如大型挖土机、推土机、压路机、大型起重机械、升板滑模设备等,由企业所属专业施工队如机械施工队负责管理,根据土建施工队的需要,由机械施工队进行施工。因为这些施工机械,如分散在各个土建施工队管理并使用,不但不能充分发挥这些施工机械的作用,同时也不利于确保重点工程施工任务的完成。

对于施工企业不常使用的大型或特殊施工机械,应交企业主管部门或机械租赁站统一掌握,以便在各企业之间调配使用,充分发挥这些机械的作用。

三、对固定资产的使用、保管、调拨、出售、清理进行经常的核算和检查

为了保证固定资产的完整无缺,不断提高固定资产的利用效果,财务部门必须对固定资产的存在情况和使用情况进行全面的核算和考核。为此,财务部门要会同财产管理部门建立和健全固

定资产管理制度和各项财产管理办法,对各项财产的增减变动、内部转移及修理、清理等规定统一而严密的手续;根据固定资产核算资料,掌握固定资产的增减变动和分布情况,检查有关单位执行财产管理办法的状况,经常分析固定资产的利用效果,促使各单位管好用好固定资产。

财务部门对于调入或基建完工交付使用的固定资产,要协同财产管理人员深入现场,根据固定资产交接凭证,认真做好固定资产的验收和交接工作。要清点数量,核对新增机械设备主机和附机的名称、型号规格、数量是否与凭证所列相符,所附备件、工具是否齐全。要检查质量,会同技术人员和工人对机械设备的技术状况进行检查,看机械设备的性能是否良好,质量是否符合技术要求。要核实造价,看新增固定资产的造价和购进、调入的价格是否符合实际。如发现问题,要协同财产管理部门向有关部门提出意见,采取措施,及时解决。

企业对于增加的各项固定资产,都要按类、分项、依顺序进行编号,使每项固定资产都有自己的固定号码,以便利查找核对,避免乱账、错账。同时要为每项固定资产开设"固定资产卡片",以登记固定资产的编号、名称、型号规格、技术特征、附属物、使用单位、所在地点、建造年份、开始使用日期、中间停用日期、原值、预计使用年限、折旧率、进行大修理次数和日期、转移调拨情况、报废清理情况等等。"固定资产卡片"通常应一式三份,一份由财务部门保管,一份由财产管理部门保管,一份由使用部门保管。财务部门保管的固定资产卡片除按固定资产类别分类外,并应按使用部门分组存放,遇有变动,应随时登记有关卡片,并相应转移它的存放位置,以便于了解固定资产的实际情况。

企业对于施工生产中不需用的机械设备,要按照规定手续,加以调拨或出售,以便充分发挥机械设备的作用,做到物尽其用。在调拨、出售机械设备时,财务人员要协同财产管理人员到现场参加办理移交,做好以下两方面的工作:一要核实调拨、出售手续,查明调拨、出售的机械设备有没有财产管理部门开出的调拨单或出售单,接收或购买单位的调拨单、出售单上所列的单位名称是否相符;二要查对实物,根据固定资产调拨、出售凭证,核对调拨、出售机械设备的名称、型号规格、主机、附机及所附备件的数量和质量。对于企业内部单位之间的调拨,财务人员也应到现场核实手续,查对实物,做好固定资产的移交工作。

企业对于已经磨损、陈旧不能继续使用的固定资产,可由使用或保管该项固定资产的部门填制"固定资产报废申请单",经领导干部、专业人员和工人一起鉴定,按照规定手续报经批准后进行清理。在清理时,财务人员要协同财产管理人员到现场核对实物,查对报废的固定资产与固定资产报废申请单中所列的编号、名称、型号规格是否一致。对于未满预计使用年限而提前报废的固定资产,要查明原因:是由于保管不好,还是由于使用不当或维护不力所造成,以便分清责任,总结经验教训,采取措施,加强管理。由于遭受自然灾害或其他人力不可抗拒的意外事故使固定资产遭受损失时,应详细说明原因,对已保险的,应及时要求保险公司赔偿损失。对于报废固定资产的残值,应进行估价,认真做好残料交库和变价收入入账工作。

四、做好固定资产的清查盘点工作,保证固定资产的完整无缺

为了保证固定资产的完整无缺,必须定期对固定资产进行清查盘点。建立固定资产定期清查盘点制度,除了弄清固定资产实有数量、保证账实相符外,还具有下列重要意义:首先,可以了解固定资产的使用和维护情况,进一步挖掘机械设备的生产潜力,促使增产节约运动的深入开展;其次,可以查明账外固定资产,促进企业改善固定资产管理;此外,还可发现丢失、毁损的固定资产,从而堵塞漏洞,揭发破坏盗窃行为。

固定资产的清查盘点,每年至少一次。为了做好定期清查盘点工作,必须依靠和发动群众,并成立领导干部、专业人员(包括财产管理人员和财务人员)、工人的清查小组,尽可能把固定资产的清查和机械设备的大检查结合起来进行。

在清查过程中,财务人员要协同财产管理人员到现场逐项清点,根据"固定资产卡片"核对每台机械设备主机、附机的实物与卡片是否一致,存放地点和保管人与卡片记载是否相符。对于账外固定资产,要查明来源。属于调入未办手续的,要及时补办手续;属于未列账的自制机械设备,要查明其造价,并按规定的会计处理列账。对于盘亏和毁损的固定资产,必须认真分析,查明原因,由固定资产清查小组审查鉴定,填制"固定资产盘亏报告单",报有关单位审批后按照规定加以处理;对调出未办手续造成的短缺,要及时补办调出手续;对被盗窃和破坏的固定资产,必须报告有关部门进行严肃处理;属于擅自拆除、改装的机械设备,要提出意见,处理后调整账目。

清查时,除了清点固定资产数量外,还要检查固定资产的使用和维护情况,检查有无长期闲置的不适用或多余不需用的机械设备;有无由于技术进步导致工程结构、产品改变,施工生产工艺更新等原因,已不能使用,或虽可使用,但使用后会严重影响工程、产品质量,不能给企业带来经济利益的机械设备;有无使用不当、保管不妥、维护保养不善的机械设备。对于长期闲置的不适用或多余不需用机械设备,要设法调出,做到物尽其用,减少企业占用的资金。对于毁损的机械设备,要建议及时修复,保证机械设备的完好。对机械设备维护保养不力和管理制度不完善的问题,要提出有效措施,及时加以改进。会计期末,对于不能及时处置或清理的上述机械设备,应按各项固定资产的净值全额提取减值准备,然后加以处置、清理(见下节)。

第四节　固定资产折旧和折旧政策

施工企业的固定资产,由于使用和自然力侵蚀等的结果,会逐渐发生损耗而减少其价值。这部分损耗价值,应算作使用该项固定资产期间的生产费用,将它计入工程和产品成本,由受益的各项工程和产品成本负担。这种由于固定资产的损耗而逐渐转移到工程和产品成本中去的价值,叫做"折旧"。正确计提固定资产折旧,是正确计算工程和产品成本、保证固定资产简单再生产的前提。

一、固定资产的有形损耗和无形损耗

固定资产的折旧,一般决定于固定资产的价值和使用年限。固定资产的使用年限,要受有形损耗和无形损耗两个因素的影响。固定资产的有形损耗,从其产生的原因来看,有如下两种:一种是由于生产使用而发生的损耗,简称使用损耗,如机械由于使用磨损逐渐丧失其使用价值。使用损耗的大小,取决于固定资产的质料、用途和使用条件,如工作班数的多少、负荷程度是否正常、工人的技术熟练程度、维护保养修理状况等等。另一种是由于自然力的侵蚀而引起的损耗,简称自然损耗,如机械设备氧化生锈,房屋建筑物因风吹、日晒、雨打的侵蚀而逐渐破旧等。这种损耗的大小,取决于固定资产本身的结构、抗蚀性以及维护和修理状况等等。正如马克思指出:"机器的有形损耗有两种。一种是由于使用,就像铸币由于流通而磨损一样。另一种是由于不使用,就像剑入鞘不用而生锈一样。在后一种情况下,机器的磨损是由于自然作用。前一种磨损或多或少地同机器的使用成正比,后一种损耗在一定程度上同机器的使用成反比。"[①]

[①] 《资本论》第 1 卷。《马克思恩格斯全集》第 23 卷,人民出版社版,第 443 页。

上面所说引起固定资产有形损耗的两个因素,都会导致固定资产的物理性能和生产效率的衰退,使固定资产经过或长或短的时间逐渐地丧失其使用价值和价值。因此,在计算固定资产折旧预计使用年限的时候,要全面地考虑这两种有形损耗。施工企业由于常年在露天施工,它的机械设备等更要受到自然力侵蚀的影响,在计算折旧时更要考虑自然损耗的因素。

在计算折旧预计固定资产使用年限时,除了考虑有形损耗外,还要考虑无形损耗。马克思在研究资本主义固定资本的损耗时,曾指出:"机器除了有形损耗以外,还有所谓无形损耗。只要同样结构的机器能够更便宜地再生产出来,或者出现更好的机器同原有的机器相竞争,原有机器的交换价值就会受到损失。在这两种情况下,即使原有的机器还十分年轻和富有生命力,它的价值也不再由实际物化在其中的劳动时间来决定,而由它本身的再生产或更好的机器的再生产的必要劳动时间来决定了。因此,它或多或少地贬值了。"①又说:"劳动资料大部分都因为产业进步而不断革新……特别是在发生决定性变革的时候,又迫使旧的劳动资料在它们的自然寿命完结之前,用新的劳动资料来替换。"②

固定资产的无形损耗,就其产生的原因来说,除上述两种无形损耗外,在现代生产技术进步的条件下,还可能由于:新材料、新构件代替旧材料、旧构件而引起机械设备的提前报废,新工艺代替旧工艺而引起机械设备的提前报废等而发生无形损耗。上述各种固定资产的无形损耗,就其引起的经济后果来说,可归纳为如下两类:一类无形损耗表现为机械设备价值的贬值,但不影响其生产能力和使用年限;另一类无形损耗除引起原有机械设备的贬值外,还

---

①② 《资本论》第2卷。《马克思恩格斯全集》第24卷,人民出版社版,第190~191页。

要引起使用年限缩短提前报废而发生价值的损失。我们把前者叫做第一类无形损耗，把后者叫做第二类无形损耗。固定资产的这两类无形损耗，由于有不同的经济后果，它的补偿问题，也不能用同一方法来解决。

机械设备因技术进步、劳动生产率提高而贬低的价值，对施工企业和整个社会，都不会构成任何损失。因为在新制造的机械设备的结构和效能如旧的情况下，原有机械设备除了账面价值降低外，它的生产能力不受任何影响，可以在其物理性能许可的年限内继续使用，每年为建筑生产完成同量的工程。当原有机械设备报废更新时，企业还可以用较低的费用，购置效能相同的机械设备，保持原有机械设备的生产能力。在新制造的机械设备比原有机械设备的效率更高的情况下，原有机械设备的生产能力，在它还不可能用新的机械设备来提前更新而必须继续使用的时候，也是不受影响的。企业的生产能力和社会的物质财富，都不会因这种机械设备的贬值而减少。既然机械设备因技术进步而发生的贬值，在原有机械设备尚有可能和还要继续使用的限度内，并不伴随着生产能力的减少和社会物质财富的丧失，那么这些贬值显然没有从折旧费中补偿的必要。

机械设备因提前报废、使用年限缩短而引起的剩余部分价值的损失，则与上面所说的价值贬值的损失完全不同。这里我们遇到的是机械设备生产能力和社会物质财富绝对额的减少。它不仅是账面上的损失，而且是一种物质上的损失。这种损失，与社会生产过程直接有关，是技术进步条件下社会生产的必要耗费的组成部分。所以，机械设备由于技术进步而提前报废的损失，应通过实际使用期间折旧率的提高，从提取折旧中回收。也就是说，我们在确定机械设备折旧时，不仅要考虑固定资产物理性能上的耐用年限，而且要考虑到经济上的可用年限。对于各种机械设备，我们在使用时，要根据国民经济长远规划、技术政策、科学技术发展情况以及施工工艺、建筑生产发展情况,对因技术进步而提前更新的可能性加以估计,把机械设备的价值,在它更新以前,全部计入使用期间的工程和产品成本,从提取的折旧中收回。如某项机械的价值为 30 000 元,根据它的物理性能可以使用 20 年,但在实际上估计用到 15 年即将被效率更高的新机械所替换。在这种情况下,使用年限应考虑按经济上可用年限 15 年计算。作为机械损耗价值计入工程和产品成本的折旧费和提取的折旧,每年应是 2 000 元 $\left(\frac{30\,000\,元}{15}\right)$,而不是 1 500 元 $\left(\frac{30\,000\,元}{20}\right)$。这样提取的折旧,就能保证固定资产简单再生产的进行。

应该承认,在实际工作中要对各种机械设备在开始使用时就正确地规定经济上的可用年限,是有困难的。但是,我们并不能以此就作为反对计提固定资产折旧应考虑经济上的可用年限,反对将第二类无形损耗(指由技术进步而提前报废的损失)计入工程和产品成本的理由。因为对于固定资产折旧的计算,我们只能做到相对的正确。事实上,我们根据固定资产物理性能计算的耐用年限,也是有不少的假定性,很难做到十分准确的。问题在于只要我们正视固定资产第二类无形损耗存在的现实,就可根据国民经济长远规划和建筑技术发展情况等,较正确地估计各项固定资产在经济上的可用年限,使提取的折旧担负起保证固定资产简单再生产顺利进行的使命。

二、固定资产折旧计算的方法

(一)年限平均折旧法

由于固定资产的折旧年限总在一年以上,且在折旧年限内仍不变更其物质形态,所以转作工程和产品成本的损耗价值,在固定资产未曾废弃以前,也就不易作精确的计算。马克思曾经说过:"生产资料把多少价值转给或转移到它帮助形成的产品中去,要根据平均计算来决定,即根据它执行职能的平均持续时间来计量。"①"根据经验可以知道,一种劳动资料,例如某种机器,平均能用多少时间。假定这种劳动资料的使用价值在劳动过程中只能持续 6 天,那么它平均每个工作日丧失它的使用价值的 1/6,因而把它的价值的 1/6 转给每天的产品。一切劳动资料的损耗,例如它们的使用价值每天的损失,以及它们的价值每天往产品上相应的转移,都是用这种方法来计算的。"②由此可知,固定资产的损耗价值,一般是依其使用年限平均计入各个期间的工程和产品成本中,每年的折旧额,是由固定资产价值除以使用年限算得。这种将固定资产价值按其使用年限平均计入各个期间工程和产品成本的方法,叫做"平均年限折旧法"或"直线法"。

在计算折旧额时,要考虑到固定资产废弃时还有残值。例如房屋在废弃时,尚有砖木可以变价,机械设备在废弃时,废铜烂铁也有一定的价值。又在拆除固定资产和处理这些废料时,也要发生一些拆除清理费用,这些清理费用,也是企业使用这项固定资产所必须负担的费用。因此,在计算固定资产折旧额时,除了预计固定资产折旧年限外,还须预计净残值(即预计残值减去预计清理费用后的余值)。即先从固定资产的价值中减去预计净残值,再除以预计折旧年限来计算折旧。固定资产年折旧额的计算公式为:

$$年折旧额 = \frac{固定资产价值 - 预计净残值}{预计折旧年限}$$

$$= \frac{固定资产价值 \times (1 - 预计净残值率)}{预计折旧年限}$$

式中预计净残值率是预计净残值占固定资产价值的百分比,按照现行财务制度的规定,一般固定资产的净残值率在 3%~5%

---

① 《资本论》第 2 卷。《马克思恩格斯全集》第 24 卷,人民出版社版,第 176 页。
② 《资本论》第 1 卷。《马克思恩格斯全集》第 23 卷,人民出版社版,第 230 页。

之间,企业如规定低于3‰或高于5‰的,应报主管财政部门备案。

在计算折旧额时,除要考虑固定资产清理费用外,有的企业还可能要考虑固定资产弃置费用。所谓弃置费用,是指根据国家法律和行政法规、国际公约等规定,企业应承担的环境保护和生态恢复等义务所确定的支出。如核电站设施等的弃置和恢复环境义务等费用。由于一般施工企业的固定资产,在废弃时,不会发生上述弃置费用,所以在计算固定资产折旧额时,可以不加考虑。

在日常核算中,固定资产的折旧额是按固定资产的折旧率来计算的。固定资产折旧率是折旧额与固定资产价值的百分比。固定资产折旧率通常是按年计算的。在按月计算折旧时,可将年折旧率除以12,折合为月折旧率,再与固定资产价值相乘计算。固定资产平均年限折旧法的折旧率和折旧额的计算公式为:

$$年折旧率 = \frac{年折旧额}{固定资产价值} \times 100\%$$

$$= \frac{固定资产价值 \times (1-预计净残值率)}{预计折旧年限 \times 固定资产价值} \times 100\%$$

$$= \frac{1-预计净残值率}{预计折旧年限} \times 100\%$$

$$月折旧率 = \frac{年折旧率}{12}$$

$$月折旧额 = 固定资产价值 \times 月折旧率$$

现举例说明固定资产折旧额的计算方法如下:

如一台施工机械,它的价值为30 000元,预计可用10年,预计净残值率为4%,则该台施工机械:

$$年折旧率 = \frac{1-4\%}{10} \times 100\% = 9.6\%$$

$$月折旧率 = \frac{9.6\%}{12} = 8‰$$

$$月折旧额 = 30\ 000\ 元 \times 8‰ = 240\ 元$$

上述折旧率是就某项固定资产单独计算的,叫做"个别折旧率"。除了按个别折旧率来计算固定资产折旧外,还有采用分类折旧率来计算折旧的。分类折旧率是指按固定资产类别(指折旧年限大致相同的同类固定资产)分别计算的平均折旧率。它的计算公式为:

$$\text{分类折旧率} = \frac{\text{该类应计折旧的各项固定资产根据各该个别折旧率计算出来的折旧额的总和}}{\text{该类应计折旧的各项固定资产价值的总和}} \times 100\%$$

分类折旧率的计算,一般根据历史资料,用企业过去几年内各年计提的各类固定资产折旧额的总和,除以各该类应计折旧的固定资产价值的总和求得。

施工企业对于固定资产折旧的计算,要按月进行。在采用平均年限折旧法时,月份内增加和减少的固定资产,理应按照实用天数计算折旧。但是这样计算手续甚繁,事实上难以办到。为了简化计算手续,折旧可以根据月初的固定资产价值计算,月份内增加的固定资产,当月可以不提折旧,月份内停止使用的固定资产,当月仍要计提折旧。这样,企业在每个月计算应提折旧额时,就可以上月的折旧额为基础,加上上月增加的固定资产的折旧额,减去上月减少的固定资产的折旧额后求得。在采用分类折旧率计算折旧的企业,可按各类固定资产的月初价值计算。

每月计提折旧的固定资产,包括企业所有生产经营用和非生产经营用固定资产、融资租赁方式租入和经营租赁方式租入固定资产。按照现行制度的规定,除房屋、建筑物外,对未使用、不需用固定资产、经营租赁租入固定资产,以及已提足折旧继续使用固定资产,破产、关、停企业固定资产都不提折旧。但对季节性停用、修理停用的固定资产,仍应照提折旧。

(二)台班折旧法和行驶里程折旧法

按照平均年限折旧法计算折旧,对那些在年度内经常使用的固定资产来说,是非常合适的。这种方法的优点,除了计算简便外,还由于折旧按固定资产的使用年限平均提取,因而每年每月提取的折旧额相同,这样就可使单位工程或产品成本负担的折旧费的大小,同固定资产的利用情况密切联系起来。机械设备的利用率高,完成工程产品多,单位工程或产品成本分摊的折旧费就少。这就有利于促使企业关心固定资产的利用状况,加强企业经济核算。但对某些流动性较大、不是经常使用的大型施工机械,如果也按这种方法计提折旧,则在机械工作台班较多的月份,该月工程成本负担的折旧费就较少;反之,在机械工作台班较少的月份,该月工程成本负担的折旧费就多,使工程成本的负担很不合理。所以需要采用与这些机械使用特点相适应的"台班折旧法",将这些机械的折旧费按照工作台班直接计入有关工程成本。

在采用台班折旧法计算固定资产折旧时,又有如下两种方法。

第一种方法是根据机械设备价值和预计折旧年限内工作台班数,计算每一台班折旧定额,然后根据工作台班折旧定额和实际工作台班计提折旧。机械设备折旧年限内台班折旧定额和月折旧额的计算公式为:

$$台班折旧定额 = \frac{机械设备价值 \times (1-预计净残值率)}{预计折旧年限内工作台班}$$

$$月折旧额 = 台班折旧定额 \times 月工作台班$$

如某施工企业有一台履带挖土机,它的原值为 1 000 000 元,预计净残值率为 4%,估计在折旧年限内能工作 2 000 台班。某月实际工作 10 个工作台班,则:

$$台班折旧定额 = \frac{1\,000\,000 元 \times (1-4\%)}{2\,000 台班} = 480 元/台班$$

$$月折旧额 = 480 元/台班 \times 10 台班 = 4\,800 元$$

这种方法,在预计折旧年限内工作台班比较接近实际的情况下,是没有问题的。但是,预计折旧年限内工作台班往往难以符合实际,而且这些机械设备的台班折旧费往往较高,施工单位在可以用其他机械设备代替时,就不愿加以使用,这样,就会使提取的折旧基金不能保证固定资产的简单再生产。因此，一般只宜对少数在特殊工程中使用的施工机械才采用。

第二种方法是在确定固定资产折旧年限和年折旧额的前提下，按年度施工任务确定当年机械设备的工作台班的计划数，算出该年度内每一台班应提取的折旧定额，年中按折旧定额预提折旧，年末按年度实际折旧额加以调整。年度台班折旧定额的计算公式为：

$$年度台班折旧定额 = \frac{\dfrac{机械设备价值 \times (1-预计净残值率)}{预计折旧年限}}{年度计划工作台班}$$

如上述履带挖土机，预计折旧年限为15年，2009年施工计划安排工作100台班，则：

$$2009年度台班折旧定额 = \frac{\dfrac{1\,000\,000 元 \times (1-4\%)}{15 年}}{100 台班/年}$$

$$= \frac{64\,000 元}{100 台班} = 640 元/台班$$

如果2009年度施工计划安排200台班，则：

$$2000年度台班折旧定额 = \frac{64\,000 元}{200 台班} = 320 元/台班$$

按照这种方法计提台班折旧，不但能使提取的折旧保证固定资产简单再生产的进行（因为预计折旧年限总比预计整个折旧年限内工作台班比较容易接近实际），而且能使工程成本负担的折旧费与机械设备的利用情况联系起来，即年度内机械设备利用台班越多，每个台班的折旧费越少，越有利于促使施工单位充分利用机械设备。

对于汽车等运输设备，可按"平均年限折旧法"按月计提折旧，也可采用"行驶里程折旧法"按行驶里程计提折旧，即根据汽车价值、预计净残值率和预计折旧年限内行驶里程来计算单位里程（即每公里)折旧额,然后根据各月实际行驶里程和单位里程折旧额来计提折旧。汽车折旧年限内单位里程折旧定额和月折旧额的计算公式为:

$$单位里程折旧额 = \frac{车辆价值 \times (1-预计净残值率)}{预计折旧年限内行驶里程}$$

$$月折旧额 = 单位里程折旧额 \times 月行驶里程$$

如某施工单位有一辆载重汽车,它的原值为150 000元,预计净残值率为4%,估计折旧年限内行驶里程为96 000公里,某月实际行驶里程为2 000公里。则该辆载重汽车的折旧额为:

$$单位里程折旧额 = \frac{150\,000 元 \times (1-4\%)}{96\,000 公里} = 1.5 元/公里$$

$$月折旧额 = 1.5 元/公里 \times 2\,000 公里 = 3\,000 元$$

(三)双倍余额递减折旧法

除了以上所说的几种折旧方法外,施工企业对那些技术进步较快或使用寿命受工作环境影响较大的施工机械和运输设备,在经财政部门批准后,可采用双倍余额递减折旧法和年数总和折旧法来计提固定资产的折旧。

双倍余额递减折旧法是根据固定资产净值(原值减累计折旧)乘以折旧率来计算折旧额的折旧计算方法。随着固定资产净值的逐年减少,各年计提的折旧额也逐年递减。采用双倍余额递减折旧法计算固定资产折旧时的折旧率和折旧额,按照下列公式计算:

$$年折旧率 = \frac{2}{折旧年限} \times 100\%$$

$$月折旧率 = 年折旧率 \div 12$$

$$月折旧额 = 固定资产净值 \times 月折旧率$$

又按现行财务制度的规定,采用双倍余额递减折旧法计算折旧的固定资产,应在其固定资产折旧年限到期两年内,将固定资产净值扣除预计净残值后的净额平均摊销。

如有一台施工机械,它的原值为 100 000 元,预计使用 7 年后,还有残值 5 000 元,则该台施工机械按双倍余额递减法计算的年折旧率和月折旧率为:

$$年折旧率 = \frac{2}{7} \times 100\% = 28.57\%$$

$$月折旧率 = 28.57\% \div 12 = 2.38\%$$

按 2.38% 月折旧率计算,前 5 年各月的折旧额为:

第 1 年第 1 月: 100 000 元 × 2.38% = 2 380 元

第 1 年第 2 月: (100 000 元 − 2 380 元) × 2.38%
= 97 620 元 × 2.38% = 2 323.36 元

第 1 年第 3 月: (97 620 元 − 2 323.36 元) × 2.38%
= 95 296.64 元 × 2.38% = 2 268.06 元

第 1 年第 4 月至第 5 年第 12 月各月计算从略。

第 6、第 7 年各月的折旧额为:

$$\frac{第6年初固定资产净值 - 预计净残值}{2 \times 12} = \frac{23\,647.92\,元 - 5\,000\,元}{24} = 777\,元$$

(四)年数总和折旧法

年数总和折旧法也叫年限合计折旧法,它是以固定资产折旧年限的各年可使用年限相加之和为分母,以各年可使用年限为分子来计算各年折旧额的折算计算方法。采用年数总和折旧法计算固定资产折旧时的折旧率和折旧额,按照下列公式计算:

$$年折旧率 = \frac{折旧年限 - 已使用年限}{折旧年限 \times (折旧年限 + 1) \div 2} \times 100\%$$

月折旧率 = 年折旧率 ÷ 12

月折旧额 = (固定资产原值 − 预计净残值) × 月折旧率

如某台施工机械的原值为 104 000 元,预计使用 6 年后尚有净残值 4 000 元,则该台施工机械在按年数总和折旧法计算的各年折旧率和折旧额为:

第 1 年：年折旧率 $= \dfrac{6-0}{6\times(6+1)\div 2}\times 100\%$

$\qquad\qquad\quad = \dfrac{6}{21}\times 100\% = 28.57\%$

月折旧率 $= 28.57\% \div 12 = 2.38\%$

月折旧额 $=(104\,000\,\text{元} - 4\,000\,\text{元})\times 2.38\%$

$\qquad\quad = 2\,380\,\text{元}$

第 2 年：年折旧率 $= \dfrac{6-1}{6\times(6+1)\div 2}\times 100\%$

$\qquad\qquad\quad = \dfrac{5}{21}\times 100\% = 23.81\%$

月折旧率 $= 23.81\% \div 12 = 1.984\%$

月折旧额 $=(104\,000\,\text{元} - 4\,000\,\text{元})\times 1.984\% = 1\,984\,\text{元}$

其他各年从略。

双倍余额递减折旧法和年数总和折旧法都属递减折旧法。采用这两种折旧方法的理由，主要是考虑到固定资产在使用过程中，一方面它的效率或收益能力逐年下降，另一方面它的修理费用要逐年增加。为了均衡固定资产在折旧年限内各年的使用费，固定资产在早期所提的折旧额应大于后期所提的折旧额。

固定资产折旧年限和折旧方法一经确定，一般不得随意变更。需要变更的，由企业提出申请，并在变更年度前报主管财政机关批准。

三、固定资产减值准备

为了较真实地反映企业固定资产的可收回金额，如实反映企业财务状况，企业应定期或在年终，对各项固定资产进行逐项检查，如发现有由于市场价格持续下跌、或技术陈旧、长期闲置等原因导致其可收回金额低于账面净值时，应将可收回金额低于其账面净值的部分，按单项资产计提减值准备。

企业在对固定资产检查时，如发现某项固定资产有：（1）长期闲置不用,在可预见的未来不会再使用,且已无转让价值;(2)由于技术进步等原因,已不可使用;(3)虽尚可使用,但使用后会严重影响工程、产品质量;以及其他实质上已经不能再给企业带来经济效益,应按该项固定资产的净值全额提取减值准备,然后等待清理,或立即加以报废清理。已按其净值全额提取减值准备的固定资产,不再计提折旧。

四、固定资产折旧政策

(一)折旧政策及其种类

固定资产折旧政策是指企业根据自身的财务状况及其变动趋势,对固定资产折旧方法和折旧年限所作的选择。因为固定资产的折旧方法和折旧年限,直接关系企业提取的折旧。它不仅影响工程和产品成本,而且影响企业利润和利润分配,影响固定资产更新资金的现金流量和应纳所得税等,从而影响企业的财务状况,产生了财务管理中的折旧政策。

施工企业的折旧政策,主要可将它归纳为以下三种:

1. 快速折旧政策。它要求固定资产的折旧在较短年限内平均提取完毕,使固定资产投资的回收均匀分布在较短折旧年限内。

2. 递减折旧政策。它要求固定资产折旧的提取在折旧年限内依时间的顺序先多后少,使固定资产投资的回收在前期较多、后期逐步递减。

3. 慢速折旧政策。它要求固定资产的折旧在较长年限内平均提取完毕,使固定资产投资的回收均匀分布在较长折旧年限内。

(二)折旧政策对企业财务的影响

固定资产折旧政策,对企业筹资、投资和分配都会产生较大的影响。

1. 对筹资的影响

对企业某一具体会计年度而言,固定资产提取折旧越多,意味着企业可用于以后年度的固定资产更新资金越多,这笔资金在没有用于固定资产更新以前,企业留存可用资金越多,就可相应减少向外筹集资金;反之,亦然。如对某施工单位固定资产采用两种折旧政策:一是采用慢速折旧政策,第一年提取折旧1 000万元;二是采用快速折旧政策,第一年提取折旧2 000万元。在企业所得税税率为25%时,则在第一种慢速折旧政策下,会使企业利润相对多出1 000万元,为此要多纳所得税250万元。在第二种快速折旧政策下,会使企业利润相对减少1 000万元,所得税少纳250万元,提取留用固定资产更新资金多1 000万元。所以,企业采用第二种快速折旧政策,相对而言,该年实际可用资金增加了1 250万元,在企业需要筹资的情况下,可以相应减少筹资1 250万元。如果当年多提的固定资产更新资金没有使用,还可在以后年度继续使用。

2. 对投资的影响

固定资产折旧政策对投资的影响,主要表现在以下两个方面:一是折旧政策的选择,会影响固定资产投资的规模。因为折旧政策影响提取的折旧和固定资产更新资金的多少。采用快速折旧政策,企业留用固定资产更新资金较多,有利于扩大企业固定资产投资规模,采用慢速折旧政策,企业留用固定资产更新资金较少,不利于扩大企业固定资产投资规模。二是折旧政策的选择,会影响固定资产的更新速度。采用快速和递减折旧政策,折旧年限短,固定资产更新速度快;采用慢速折旧政策,折旧年限长,固定资产更新速度慢。

固定资产折旧政策,还能对固定资产投资风险产生影响。固定资产投资风险是指固定资产投资收不回来的可能性,它与固定资产的折旧年限相关联。采用慢速折旧政策,固定资产折旧年限长,固定资产因技术进步而被淘汰的可能性越大,其投资就越收不回来的风险。

3. 对分配的影响

固定资产折旧政策的选择,直接影响计入工程、产品成本和管理费用中的折旧费。如采用快速折旧政策,提取的固定资产折旧费多,在其他条件不变的情况下,企业的利润和可分配利润就会减少;采用慢速折旧政策,企业的利润和可分配利润就会相应增加。

(三)选择折旧政策需要考虑的因素

1. 固定资产投资的回收

选择折旧政策,首先要考虑固定资产投资的回收。这就要充分考虑固定资产的无形损耗。因为固定资产的折旧年限,主要受有形损耗和无形损耗两个因素的影响。在技术日新月异,建筑新机械、新材料、新结构、新施工工艺不断出现的今天,特别要考虑机械设备的无形损耗对折旧年限的影响。

2. 财务、税法规定各类固定资产折旧年限的弹性

固定资产的折旧政策,会影响企业的利润和应纳所得税,所以在行业财务制度和国外税法中,都对各类固定资产的折旧年限规定了范围。企业的折旧政策,只能在行业财务制度规定的各类折旧年限的弹性范围内,作出有限的选择。国家为了促使企业的自我发展和有些机械设备的加速更新换代,又规定在经有关部门同意后,可以采用快速折旧,这又为折旧政策的选择提供了较大的弹性。

3. 企业现金流量状况

企业在一定时期内的现金流量,往往是不平衡的。如现金流入大于现金流出,就会出现现金盈余;现金流入小于现金流出,就会出现现金短缺,以致陷入财务困境。从理论上分析,当企业出现现金盈余时,可以选择慢速折旧政策;当企业出现现金短缺时,可选择快速或递减折旧政策,以增加留用固定资产更新资金的现金流入量。当然,在采用快速折旧政策时,应以不降低

企业资本利润率水平为原则,使企业仍能保持稳定的盈利水平和可分配利润。

4. 企业市场价值的高低

在股份制施工企业,市场价值的高低与企业利润分配水平密切相关。当企业的盈利水平高、每股收益和股利较高时,在其他条件不变的情况下,该企业的股票市价必然上升,相应市场评价也高。从企业树立一种良好的市场评价特别是财务评价而言,一般要求企业的市场价值相对稳定并逐步提高。但受建筑市场供求等客观环境的影响,企业的盈利水平可能发生波动,从而引起企业市场价值的不稳定,为了熨平市场供求变动带给企业利润波动的影响,通过选择合适的折旧政策不失为一种有效的方法。即当需要提高盈利水平时,可以采用慢速折旧政策,使企业盈利水平相对稳定,以增加投资者的投资信心。

第五节 无形资产的管理

一、无形资产的特征和分类

无形资产是指不具备实物形态,而以其某种特殊权利、技术、知识、素质、信誉等价值形态存在于企业并对企业长期发挥作用的非货币性资产。无形资产又称无形的固定资产。它与有形的固定资产有着许多共同的属性:

1. 它们都是具有一年以上使用期的长期使用的非货币性资产,它们的价值转移都不是一次性的,而是逐步通过工程、产品价值的补偿加以回收。

2. 它们都是为企业的施工生产经营服务,在有效的经济寿命期内由企业所控制和利用,为企业带来经济效益。它们都具有价值和使用价值,都可用以投资和转让。

3. 它们大都要随着技术进步和产品更新换代而发生无形损

耗。同类新技术发展速度越快,该技术的无形损耗越大,它的价值越低。

但是,无形资产又与以前各节所说的有形固定资产不同,具有如下特征:

1. 无形资产没有独立实体,但又依赖实体而存在。无形资产不具有物质的实体,看不见、摸不着,是把无形资产与有形资产区分开来的一大标志。但无形资产又依赖一定实体而存在。例如某些制造新产品的专利和非专利技术要通过配方、工艺和生产线来体现或实现;土地使用权要依赖土地而存在;商誉内含于企业整体资产的组合优化之中,等等。因此,无形资产的使用价值是间接的,要依赖于一定物质条件才能实现。没有依托的实体,无形资产便成为空中楼阁。

2. 无形资产的价格,具有高度的不确定性。企业的无形资产,有些是经政府有关部门批准授予或决定的,例如专利权、土地使用权、商标权等;有些是企业施工生产经营的结果,如商誉、非专利技术等。这些无形资产是由所有权人所独占使用,并借助于法律或人为地防止非所有权人取得和使用,显然具有垄断的性质。这种垄断性使有些无形资产的价格是由所有权人在没有竞争对手的情况下决定的,往往大大背离其价值。同时,无形资产的有效期要受技术进步和技术市场、土地市场的不确定性的影响,使其有效期内的经济效益更难准确确定,这就使得无形资产的价格具有高度的不确定性。

无形资产可以按照不同的标准加以区别,分为如下各类。

(一)按时效性分类

1. 有限期无形资产

它是指无形资产在企业的存在是有一定时间性的。其存在的有效期限是根据法律、合同或无形资产本身的性质所规定的。如我国专利法规定,专利的有效期最长 15 年。而租赁,一般根据合同规定。有限期的无形资产包括专利权、租赁权、土地使用权等。

2. 无限期无形资产

它是指无形资产在企业内部的存在没有一定的时间限制的,如商誉,只要企业经营得法,有较高的经济效益,并获得消费者的信任,就可以在企业长期存在,而法律对它的有效期并无规定。无限期的无形资产包括商誉、非专利技术等。

（二）按可否辨认分类

1. 可辨认的无形资产

它是指具有专门的名称,可以个别地辨认的无形资产。包括专利权、非专利技术、商标权、土地使用权等。

2. 不可辨认的无形资产

它是指那些不能个别辨认的、存在于整个企业之中的无形资产,如商誉。

二、专利权和非专利技术

（一）专利权

专利权是国家专利权机关根据发明人的申请,经审查认为其发明创造符合法律规定,授予发明人于一定期限内制造或专卖其发明创造成果的一种特殊权利。这种发明创造成果一般是指对某一工种、工程或产品的造型、配方、结构、施工制造工艺或程序。任何单位或个人,未经专利权人许可,均不得开发或出卖其专利。专利权可以转让所有权或使用权。专利权作为技术成果,既有价值,又有使用价值,根据价值和使用价值确定价格。

专利权的使用价值,主要是它可以在以下三个方面起作用:一是有助于降低工程、产品成本;二是有助于确立独占性优势,从而与竞争对手相比,可获得较高工程标价或产品售价,或占有较大的市场份额;三是转让出去,可获得转让费收入。

专利权如果是通过购买取得的,它的成本就是在购买取得时所支付的价款。如果是自行开发并依法申请取得的,它的成本为在开发阶段发生各项开发支出和开发完成后注册登记发生的支出。开发阶段以前研究阶段发生的调查研究费用,应在发生当期计入管理费用,不得作为专利权的成本入账。

我国专利法规定发明专利权的期限为20年,实用新型专利权和外观设计专利权的期限为10年。这20年、10年的法定期限就成了最长的有效期限。如果专利权是在它注册获准以后过一些时候才购入的,对购买者来说,当然只能以剩余的法定期限作为最长的有效期限。但从谨慎原则出发,摊销专利权成本的期限应比法定期限为短。特别是对那些易于被同类创造发明所取代的技术,在估计其实际有效期限时,更应从现实出发,考虑到被新技术取代的风险。

有时候,企业取得专利权不是为了利用它,而是为了对它实施控制,以阻止竞争性同类技术的应用。购入这样一种专利权,实际上是为企业已经拥有的专利权,在其有效的剩余年限内提供进一步的保障。因此,新购入专利权的成本,应在旧专利权的有效剩余期限中进行摊销。

如果新购的专利权和原有的专利权的关系非常密切,密切得足以延长原有专利权的有效期限,则在取得新专利权时,可将旧专利权的未摊销余额,和新专利权的取得成本合并起来,按新专利权的有效期限进行摊销。

(二)非专利技术

非专利技术也叫专有技术,是指不为外界所知的技术,如独特的设计、造型、结构、配方、施工制造工艺诀窍、技术秘密等,这种技术一般具有"新颖的、有价值的、实用的和保密的"特性,也就是所谓非专利技术的四要素。非专利技术没有在专利权机关登记注册,依靠保密手段进行垄断。因此,一般它不受法律保护。它没有有效期,只要不泄露,即可有效地使用并可有偿转让。

非专利技术转让时,接受方必须通过工程、产品的施工生产和工程、产品性能,才能确认自己究竟"知道如何做"了没有,这就要求许可方作出相应的保证。由于接受方是在不完全了解所有技术秘密的情况下引进技术的,许可方有义务让接受方在工程、产品施工生产出来以前放心,对此作出保证并承担责任。又许可方一般希望所转让的技术在最小的限度内发生影响,以减少技术转让后削弱自身竞争能力的风险,而接受方则希望获得最大的权力,以加速增强技术及工程、产品的竞争能力。因此,在转让非专利技术讨论授权条款时,必须明确技术使用的范围、技术由谁使用或在何处使用等问题。

按照国际惯例,在非专利技术许可协议有效期内,许可方有义务不断地免费向接受方提供改进技术,接受方在使用技术过程中发现了问题或有了新的改进,也应反馈给许可方。因为非专利技术是动态技术,许可双方都有权和都有可能在签约后的未来年份里,在使用中获得改进和发展。由于许可方处在技术转让的主导地位,并拥有对转让技术使用的监督权,承担技术传授的职责,因此,有可能造成专有技术交换条款上的片面回授和事实上的片面回授。为此,许可协议中必须明确,许可双方交换和相互交换改进技术,实行对等原则。

非专利技术的成本,应按购入时发生的各项支出入账。自行开发非专利技术在开发阶段发生的各项支出,是否能参照专利权的办法计入非专利技术的成本,在尚无明文规定前,只能将它计入管理费用。非专利技术由于没有法律规定的有效期限,一般可按协议规定的年限或根据能为企业带来经济利益的年限摊销。

三、租赁权和土地使用权

（一）租赁权

租赁权是承租方在给予出租方一定报酬的条件下，授予承租方在约定的期限内，占有和使用租赁财产的权利。上节所说融资租入固定资产，从法学角度来说，承租方在未完成法律手续，将租入固定资产的所有权转让以前，只有使用权，没有所有权，因此，理应列作企业的无形资产。但由于我国现行财务会计制度曾规定，租赁期满，融资租入固定资产所有权归承租方，所以将它列作企业固定资产，不将它列作企业的无形资产。

（二）土地使用权

土地使用权也是一种租赁权。因为我国城市土地归国家所有，企业单位占用土地只有使用权，没有所有权。自从土地有偿使用以后，企业单位要取得土地使用权，必须支付土地使用费或出让金，并向土地管理部门登记获得使用土地的权利。

土地使用费由土地出让金和土地开发费构成，土地出让金是我国土地所有权在经济上的实现形式，体现的是土地使用权的转让关系。土地开发费是土地开发企业对土地开发投资在经济上的补偿形式，体现的是土地投资的所有权的转让关系。由于两者均不体现土地所有权的转让关系，因此土地使用权也不体现土地所有权的转让关系。企业单位取得的土地使用权，也是一种租赁权，应将它列作无形资产，而不能将它列作固定资产。

土地使用费的标准，可根据土地的位置、周围的开发程度、公共设施的完善情况等因素加以确定，也可参照当地相同条件土地的批租地价和开发费用加以估算（详见第七章第四节）。

与专利权、非专利技术等无形资产不同，土地使用权不但不会发生价值递减情况，而且还会随着地区经济的发展、基础设施等日益完善而不断呈上升趋势。因此,如果土地使用权没有规定使用年限,就可不必摊销其价值,如果土地使用权规定有使用年限,则应在剩余年限中进行摊销。

四、商标权

商标是指用各种文字或图案标注在商品或商品包装上的标记。它向公众表明商品是由哪家提供的,并向公众保证,商标指向的商品始终保持同等的质量。

商标使用人可将自己使用的商标,按法定程序向商标主管部门提出申请,经核定,刊登公告,发给注册证,成为注册商标,享有商标专用权。任何人未经注册人许可,不得使用。此外,注册人还享有转让权、续展权和使用许可权。(1)转让权。注册人可以根据自己的意志,有偿或无偿转让注册权,受让人可以继承和使用其注册商标。(2)续展权。注册有效期满,可继续申请续展。注册商标的续展次数没有限制,每次续展均为10年。(3)使用许可证。注册人可以通过商标许可协议,许可他人使用其注册商标。许可方有义务监督接受方使用注册商标的商品质量,接受方有义务保证商品质量达到注册商标的要求。

商标权与专利权同属知识产权,在登记注册、独占、许可和转让等方面十分相似。但两者又有明显的差异:(1)专利技术一经公开,在另一国就申请不到专利权;而商标只要某国还没有其他人登记注册,在该国任何时候、任何人都可以获准注册登记,并获得商标权。(2)专利权是有年限的,一旦过了该地域法律授予的有效期,专利权即自行失效。而商标权基于"注册原则",其权利可以无限期地续展下去。(3)专利权是对专利持有者公开其技术的一种报酬,授予其一定时期的独占权。而商标权是对商标使用者保证商标商品质量的一种报酬。(4)专利技术应用的领域和范围,专利法不予约束。但同一商标如要用于不同类别的商品,必须分类注册,已注册商标如要扩大在同一类其他商品上使用,也必须另行提出申请注册。

商标权之所以有价值,在于商标表示一种商品和企业的信誉,好的名牌商标可以使一个企业经久不衰,所以商标权是一种无形资产。商标权的成本,如果是由购买取得的,就是所支付的价款,如果是自创的,应包括注册和保护商标权所发生的登记注册费、律师费、诉讼费等。商标权无法定的有效期限,一般可将它在10年内加以摊销。

五、商誉

商誉是指企业能获得高于正常投资收益率能力所形成的价值。它是由于企业施工生产经营出色、工程质量优异、技术先进、生产效率高,或历史悠久、信誉卓著,或所处地理位置优越等综合因素,使施工生产经营特别兴旺,与同行业其他企业比较,可获得超额利润而形成的价值。

由于企业的利润是由多方面的因素形成的,有主观的也有客观的,有施工生产经营方面的,也有非施工生产经营方面的。因此,要正确确定企业商誉的价值,是比较困难的,往往带有主观成分,具有高度不确定性。由于这种不确定性,对商誉的处理在财务上都持谨慎的态度,只有在企业实行联营、股份经营、中外合资经营、合作经营,确实表明商誉存在时,商誉价值才可经法定评估机构评估确认。

施工企业的商誉,一般可概括为如下特点:一是商誉与企业整体有关,因而它不能单独存在,也不能与企业的可辨认的各种资产分开转让。二是对有助于形成商誉的各个因素,不能用任何方法或公式进行单独的评估。它们的价值,只有在把企业作为一个整体来看待时才能按总额加以确认。三是在企业实行联营、股份经营、中外合资经营、合作经营时可确认的商誉的预期超额利润,可能和建立商誉过程中所发生的成本没有关系。商誉的存在,未必一定有为建立它而发生的成本。

施工企业的商誉价值,一般按企业预期超额利润的资本化加以确定。施工企业预期超额利润及其资本化的方法,将在第七章第六节中加以说明。

对于商誉价值的摊销,人们有着不同的意见,有人认为只要企业的超额利润能够持续下去,商誉价值就可一直保留不必予以摊销。有人认为商誉带来的超额利润,不可能无限期地持续下去,应在实现超额利润的期间,分期予以摊销。

为了较真实反映无形资产的账面价值,企业应定期或年末对无形资产进行检查,如发现有以下一种或数种情况:(1)该无形资产已被其他新技术等所代替,使其创造经济效益的能力受到重大不利影响;(2)该无形资产的市价在当期大幅下跌,在剩余摊销年限内预期不会恢复;(3)其他足以表明该无形资产的账面价值已超过可收回金额的情形,应对无形资产的可收回金额进行估计,并将该无形资产的账面价值超过可收回金额的部分确认为减值准备。无形资产可收回金额是指以下两项金额中的较大者:(1)无形资产的销售价格减去因出售所发生的律师费和其他相关税费后的余额;(2)预期从无形资产的持续使用和使用年限结束时的处置中产生的预计未来现金流量的现值。只有表明无形资产发生减值的迹象全部消失或部分消失,企业才能将以前年度已确认的减值损失予以全部或部分转回,但转回的金额不得超过已计提减值准备的账面余额。

企业的无形资产已被其他新技术等所代替、且已不能为企业带来经济利益,或该无形资产不再受法律的保护、且不能给企业带来经济利益时,应将该无形资产的账面价值予以转销。企业进行房地产开发时,应将相关的土地使用权的账面价值一次结转房地产开发成本。

复 习 题

1. 根据固定资产的特点,施工企业固定资产管理工作主要包括哪些?
2. 要管好固定资产,为什么必须查定企业所需的固定资产?试以土方机械为例,说明查定时所需的资料和方法。
3. 固定资产的无形损耗是怎样发生的?计算折旧时要考虑的无形损耗是哪一类?这类无形损耗通常采取什么办法加以补偿?
4. 为什么有些机械设备不宜采用"年限平均折旧法",而应采用"台班折旧法"?台班折旧法是怎样计算的?
5. 什么叫做无形资产?它与固定资产有哪些异同之处?

习 题

一、目的　练习固定资产需要量的计算。

二、资料

1. 某施工企业有三个工地,在 2008 年度计划工作量分别为 1 200 万元,1 400 万元,1 000 万元。

2. 根据该企业 1998 年度的历史资料,每万元工作量的混凝土搅拌量为 15 立方米,每立方米混凝土重量为 2.4 吨。2008 年度建筑工程造价比 1998 年度提高 50%。

3. 搅拌好混凝土用 1 吨机动翻斗车运送,平均运距为 1 公里。

4. 1 吨机动翻斗车的年产量定额为 6 000 吨公里,每立方米斗容量混凝土搅拌机年产量定额为 4 500 立方米。

5. 该企业在 2007 年度计有 0.8 立方米斗容量混凝土搅拌机

6台,0.4立方米斗容量混凝土搅拌机5台;1吨机动翻斗车12辆。

三、要求 根据上列资料,计算:

1. 2008年度混凝土搅拌机和1吨机动翻斗车的需要量;
2. 2008年度需要增加的混凝土搅拌机和1吨机动翻斗车。

第五章　固定资产投资的管理

第一节　固定资产投资建设的程序

施工企业要自我发展、自我改造,必须对企业的固定资产进行新建、扩建和更新、改造,对固定资产进行投资建设。

一、固定资产投资建设的程序

固定资产投资建设,特别是新建、扩建项目的建设,工程内容多,涉及面广,内外协作关系错综复杂,要求各方面紧密配合,而各项建设工作又必须集中在一定的建设地点进行和完成,在空间活动范围上受到严格的限制。因此,要讲求投资经济效益,各项建设活动必须按照客观建设顺序进行。

任何投资项目的建设过程,本身都存在着各阶段、各步骤、各项工作之间一定的不可违反的先后顺序。如不论什么样的生产性投资建设项目,一般都必须经过调查、研究、规划,而后选定项目、确定投资;先勘察、选址,而后设计;先设计,而后施工;先安装试车,而后竣工验收,办理交接使用。这是投资项目建设过程中一种内在固有的客观必然性,是不以人们的意志为转移的。

在社会主义市场经济中,价值规律起着极其重要的作用。搞投资建设必须强调使用价值和价值的统一,做到既能满足生产需要,又能节约投资,取得较大投资经济效益。投资建设程序的各个阶段,都必须自觉利用价值规律,反映价值规律的要求。如在投资项目可行性研究时,就必须对投资支出、投产后生产成本和经济效益进行评价、计算,编制可行性研究报告;确定项目时,必须估算投资;设计时,必须编制概算;施工前,必须编制预算;竣工时,必须进行决算,并要求概算不能超出估算投资的一定范围,预算不能超过概算,决算不能超过预算。所有这些,都在一定程度上反映了价值规律的作用和要求,都是我们在项目建设中自觉运用价值规律、讲求投资经济效益的具体办法。

遵循项目建设顺序规律进行建设,一般分为如下几个循序渐进的步骤。

(一)提出项目建议书

要进行固定资产新建、扩建,首先必须根据国民经济长远规划、产业政策、行业规划、地区规划等的要求,提出项目建议书。项目建议书是项目建设前对建设项目的轮廓设想;主要是从宏观上衡量项目建设的必要性,同时初步分析建设的可能性。

项目建议书的内容,主要包括:项目建设提出的必要性和依据,引进技术和进口设备的项目,还要说明国内外技术差距以及引进和进口的理由;产品方案、拟建规模和建设地点的初步设想;资源情况、建设条件、协作关系和引进国别、厂商的初步分析;投资估算和资金筹措设想;利用外资项目要说明利用外资的可能性以及偿还贷款能力的初步测算;项目建设进度的设想;经济效益和社会效益的初步估计等。

(二)进行可行性研究

可行性研究是项目建议前期工作中一项重要的调查研究工作。它是根据批准的项目建议书,对项目在技术、工程、经济和外部协作条件等的可行性和合理性进行全面分析论证,做多方案的比选,推荐最佳方案,为项目决策提供可靠的依据,减少项目决策的盲目性。可行性研究报告的作用,一是将固定资产投资计划具体落实到一个项目建设上,可行性研究报告的审定,即表明项目建设的确定；二是保证这个项目建设建立在资源和外部建设条件可靠的基础上，使项目竣工投产后能取得最佳的投资经济效益。

（三）选择建设地点

根据审定的可行性研究报告和地区建设规划的要求，就可选择建设地点。建设地点的选择，主要要考虑以下三个问题：一是资源、原材料是否落实可靠；二是工程地质和水文地质等建厂的自然条件是否可靠；三是交通、运输、燃料、动力、水源、水质等建厂的外部条件是否具备，经济上是否合理。

（四）编制设计文件

项目可行性研究报告和选址报告按规定程序审定以后，就可委托设计单位编制设计文件。

设计是可行性研究的连续和深化，是项目决策后的具体实施方案，是对拟建项目从技术到经济上进行全面论证和具体规划的工作，是组织工程施工的主要依据。设计工作是逐步深入、分阶段进行的。大中型项目建设，一般采用初步设计和施工图设计两个阶段。

初步设计是研究项目建设在技术上的可靠性和经济上的合理性，对设计的项目建设作出基本技术决定，并通过编制总概算确定总的建设费用和主要技术经济指标。总概算是确定建设项目投资额、编制固定资产投资计划、控制施工图预算、考核设计经济合理性和建设成本的依据。

施工图设计是在初步设计的基础上，将设计的工程加以形象化。在进行施工图设计时，还要编制施工图预算。施工图预算是确定建筑安装工程投资、计算招标工程标底的依据。

（五）制订年度固定资产投资计划

项目建设的初步设计和总概算经过审定以后，就可编制年度固定资产投资计划。年度固定资产投资计划用以具体规定当年应该建设的工程项目和进度要求,应该完成的投资额和投资额的构成,应该交付使用固定资产的价值和新增的生产能力。它是规定计划年度应完成建设任务的文件。对那些建设周期长、要跨越几个计划年度的建设项目,在初步设计审定后,应先根据总概算和总工期,编制项目建设总进度计划,安排各单项工程和单位工程的建设进度,合理分配年度投资,然后编制年度投资计划,从而保证建设的节奏性和连续性,确保项目的按期竣工投产或交付使用。

从上可知,设计是解决"怎样做"的问题,是以建设工程为对象的。项目的全部建设内容,不管需要多长时间建成,都要一一列入设计文件。年度固定资产投资计划是解决计划年度内"做什么"的问题,是以时间为界限的。凡是在计划年度内进行的工程项目以及完成的投资额,都要一一列入计划。因此,年度固定资产投资计划必须根据审定的设计文件等来编制,年度计划中各项目的投资额,也不能大于与之相应的概算。

(六)设备、材料订货和施工准备

(七)组织施工

(八)生产准备

(九)竣工验收、交付使用

竣工验收、交付使用,是项目建设全过程的最后一个程序,也是全面考核建设成果、检验设计施工质量的重要环节。项目按照计划和设计文件所规定的内容建设完成,工业项目经负荷试运转或试生产考核,能够生产合格产品,非工业项目符合设计要求,能够正常使用的,都要及时组织验收。项目竣工验收以前,还必须认真清理结余的财产物资,编好工程的竣工决算,分析概、预算执行情况,确定新增固定资产价值,考核投资经济效益。

二、固定资产投资项目可行性研究的内容

固定资产投资项目可行性研究的内容,随项目不同用途有所

差别。就一般工业项目来说,主要包括以下几方面的内容。

(一)总论

1. 项目提出的背景(改建、扩建项目要说明企业现有概况),投资的必要性和经济意义;

2. 研究工作的依据和范围。

(二)需求预测和拟建规模

1. 国内、外产品需求情况的预测。

2. 国内现有工厂生产能力的估计。

3. 销售预测、价格分析、产品竞争能力。

4. 拟建项目的规模、产品方案和发展方向的技术经济比较和分析。

(三)资源、原材料、燃料及公用设施情况

1. 原料、辅助材料、燃料的种类、数量、来源和供应可能。

2. 资源储量、品位、成分以及开采、利用条件。

3. 所需公用设施的数量、供应方式和供应条件。

(四)建厂条件和厂址方案

1. 建厂地理位置、气象、水文、地质等条件和社会经济现状。

2. 交通、运输及水、电、气的现状和发展趋势。

3. 厂址比较与选择意见。

(五)设计方案

1. 项目的构成范围(指包括的主要单项工程)、技术来源和生产方法、主要技术工艺和设备选型方案的比较,引进技术、设备的来源国别,设备的国内外分交或与外商合作制造的设想。

2. 全厂布置方案的初步选择和土建工程量的估算。

3. 公用辅助设施和厂内外交通运输方式的比较和初步选择。

(六)节能节水措施

(1)节能措施、能耗指标分析、技术改造项目改造后合理利用能源和降低能耗的效果。

（2）节水措施、水耗指标分析、技术改造项目改造后提高水资源利用率的效果。

（七）环境保护

调查环境现状，预测项目对环境的影响，提出环境保护和"三废"治理的初步方案。

（八）企业组织、人力资源配置和劳动安全

1. 全厂生产管理的体制，机构的设置。

2. 劳动定员的配备方案和员工培训规划。

3. 劳动安全措施方案。

（九）实施进度的建议

1. 勘察设计的进度要求。

2. 设备制造所需的时间。

3. 试生产所需的时间。

4. 整个建设项目的实施计划和进度的选择方案。

（十）投资估算和资金筹措

1. 主体工程和协作配套工程所需的投资。

2. 无形资产和流动资金的投资。

3. 投资来源、筹措方式及借款的偿还方式。

（十一）经济效益评价

1. 项目投产后年收入、年成本，年税金的估算。

2. 项目财务预算和财务状况的分析。

3. 项目投资财务效益的评价。从企业微观经济的角度，用现行价格分析项目建成后对企业带来的财务效益。

4. 项目投资经济效益的评价。从国民经济宏观的角度，分析项目建成后对国民经济带来的经济效益。

对施工企业来说，在进行固定资产投资建设时，首先要考虑企业微观经济效益。尤其是向银行借款或发行债券建设的项目，要更多考虑企业微观经济效益，防止不能按时归还借款。因此，从财务管理角度来说,必须更加重视项目投资财务效益的分析。

第二节 固定资产投资项目投入、产出的估算

固定资产投资项目的投资效益分析就是对不同建设方案的投资效益进行分析、计算,并在多种建设方案的比较中,选择最优方案的方法。也就是从经济角度对建设方案的预期投资效益进行评价,作为选择建设方案和进行投资决策的经济依据。

要进行固定资产投资项目投资效益的评价,首先要估算项目的总投资,项目投产后年收入、年成本、年税金,并分析项目投产后的财务状况。

一、项目总投资的估算

项目总投资包括固定资产投资、无形资产投资和流动资金投资。它们是保证项目建设和生产经营活动正常进行所必需的资金。

(一)固定资产投资的估算

固定资产投资是指投入到固定资产再生产过程中去的资金,亦即为建设或购置固定资产所支付的那部分资金。项目固定资产投资按其费用构成包括:

1. 建筑工程费。这包括各种房屋建造工程、各种设备基础和各种窑炉砌筑工程,为施工而进行的各项准备工作和临时工程以及完工后清理工作等所发生的费用。

2. 设备、工器具购置费。这包括购置或自制达到固定资产标准的设备、工具、器具的费用,以及新建车间购建或自制达不到固定资产标准的工具和器具的费用。

3. 安装工程费。这包括各种机械设备的安装工程、为测定安

装工程质量、对设备进行试运行工作所发生的费用。

4. 其他费用。这包括勘察设计费、科学研究实验费、可行性研究费、临时设施费、有关引进技术和进口设备的其他费用、工程质量监测费、生产职工培训费等。

5. 预备费。这是指设备、材料价差及其他不可预见的费用。

在用投资借款进行建设的项目,还要同时计算包括建设期间借款利息和不包括建设期间借款利息的固定资产投资总额。前者用于计算有关财务指标,后者用于计算现金流量。

固定资产投资估算一般是指在项目决策之前项目建议书和可行性研究阶段对项目工程建设费用的预测和估算。为了合理确定并有效地控制建设工程造价,提高投资效益,必须力求提高投资估算的精确度。

固定资产投资估算的方法,取决于要求达到的精确度。而精确度又是由项目研究和研究所处不同阶段以及资料数据的可行性决定的。通常在项目建议书阶段可采用单位生产能力投资估算法和生产能力指数估算法。在项目可行性研究阶段应采用概算指标估算法。

1. 单位生产能力投资估算法

单位生产能力投资估算法是根据已建成类似项目的固定资产投资总额和形成的设计生产能力,算出单位设计生产能力所需固定资产投资,再将它乘以拟建项目的生产能力来计算项目固定资产投资总额的方法。它的计算公式为:

$$P = P' \times W$$

式中　P 为拟建项目固定资产投资总额

　　　P' 为已建成类似项目单位生产能力所需固定资产投资

　　　W 为拟建项目生产能力

这种方法把项目的固定资产投资与其生产能力的关系视为简

单的线性关系,估算结果的精确度较差。使用时要注意拟建项目的生产能力和类似项目的可比性,其他条件也应相似,否则误差会很大。由于在实际工作中不易找到与拟建项目完全类似的项目,通常是把项目按其所属的车间、设施和装置进行分解,分别套用类似车间、设施和装置的单位生产能力投资指标计算,然后加总求得项目固定资产投资总额,或根据拟建项目的规模和建设条件,将已建项目单位生产能力固定资产投资进行适当调整后估算拟建项目固定资产投资总额。

2. 生产能力指数估算法

生产能力指数估算法是利用已建成项目的设备投资,估算同类不同生产能力项目的设备投资额的方法。它的计算公式为:

$$P_2 = P_1 \times \left(\frac{x_2}{x_1}\right)^n$$

式中　P_2 为拟建项目的设备投资额
　　　P_1 为同类项目的设备投资额
　　　x_2 为拟建项目的生产能力
　　　x_1 为同类项目的生产能力
　　　n 为生产规模效益指数

这种方法由于不是按简单的线性关系,而是根据实际资料求得的指数关系来估算拟建项目的设备投资额,所以比较精确。根据国外统计资料,当借助于增加装置尺寸达到扩大生产能力时,生产规模效益指数 n 值取 $0.6\sim0.7$;当借助于增加装置数量达到扩大生产能力时,生产规模效益指数 n 值取 $0.8\sim0.9$。

3. 概算指标估算法

概算指标估算法是参照概算定额等算出单项工程固定资产投资、工程建设其他费用、预备费,然后汇总计算固定资产投资总额的方法。为了便于计算各年资金流量和投资借款利息,除了估算固定资产投资总额外,还要计算分年固定资产投资。如果项目需要支出一定的外汇,除了列明外币外,还需按市场汇率折算成人民币计入固定资产投资总额之内。

如某施工企业根据批准项目建议书,拟新建一个钢筋混凝土构件厂,生产能力为年产钢筋混凝土构件10 000立方米。预计两年建成,第3年初投产,参照概算定额等预算的建设期间固定资产投资总额和各年投资支出如图表5-1所示。

图表5-1

固定资产投资预算表

单位:万元人民币、万美元

工程及费用名称	建筑工程费	设备购置费	安装工程费	其他费用	合计	其中:外币	第1年	第2年	备注
第一部分工程费用									
1. 主要生产工程项目	80	80	10	10	180		70	110	
2. 辅助生产工程项目	25	20	5		50			50	
3. 公用设施项目									
4. 生活、福利、文化工程项目									
第一部分工程费用合计	105	100	15	10	230		70	160	
第二部分工程建设其他费用				23	23		10	13	
第一、第二部分费用合计	105	100	15	33	253		80	173	
预备费				27	27			27	
固定资产投资总额	105	100	15	60	280		80	200	
其中:人民币借款							80	80	
外币借款									
建设期间人民币借款利息					16.4		4	12.4	
建设期间外汇借款利息									
包括建设期间借款利息固定资产投资总额					296.4		84	212.4	

对于用投资借款建设的项目,还要计算建设期间投资借款利

息。在计算建设期间投资借款利息时,要先确定固定资产投资中各年人民币借款和外汇借款数额,然后按规定利率计算建设期间各年人民币投资借款利息和外汇投资借款利息。由于在一般情况下,各年投资支出并不是在年初一次投入的,而是在全年中陆续支出的,因此,在计算建设期间各年投资借款利息时,一般也应按照当年投资借款总额的$\frac{1}{2}$估算全年利息。建设期间各年投资借款利息的计算公式为:

$$\text{建设期间各年投资借款利息} = \left(\text{年初投资借款累计} + \frac{\text{本年投资借款}}{2}\right) \times \text{年利率}$$

如上述钢筋混凝土构件厂项目的投资在第1年、第2年各向银行借款80万元,年利率为10%,1年为计息期,则:

建设期间第1年投资借款利息为:

$$\frac{80 \text{万元}}{2} \times 10\% = 4 \text{万元}$$

建设期间第2年投资借款利息为:

$$\left(80 \text{万元} + 4 \text{万元} + \frac{80 \text{万元}}{2}\right) \times 10\% = 12.4 \text{万元}$$

建设期间各年投资借款利息总额为:

$$4 \text{万元} + 12.4 \text{万元} = 16.4 \text{万元}$$

建设期末投资借款本息为:

$$80 \text{万元} + 80 \text{万元} + 16.4 \text{万元} = 176.4 \text{万元}$$

在计算了固定资产投资借款总额后,还要根据项目经济寿命期和经济寿命期结束时的固定资产净残值,计算项目投产后各年固定资产折旧费。假定这个项目的经济寿命期为10年,经济寿命期结束时尚有净残值16.4万元,则各年固定资产折旧费为:

$$\frac{296.4\text{万元}-16.4\text{万元}}{10}=28\text{万元}$$

(二)无形资产投资的估算

无形资产投资是指一次投入为取得专利权、非专利技术和土地使用权等所花费的资金。随着知识产权和土地使用权的确认,随着专利法等经济法规的建立,以及技术市场、房地产市场的形成和发展,专利权、非专利技术等知识产权和土地使用权的存在,已成为经济生活的现实。项目如以一次支付方式取得专利权、非专利技术和土地使用权,就应作为无形资产估算其投资(如以分年支付技术转让费和土地租赁费方式取得专利权、非专利技术和土地使用权,则应作为生产费用列入产品成本)。无形资产投资在工程建设概预算中如与固定资产投资一并估算的,应将它单独列出,以便据以计算无形资产摊销。无形资产一般都有一定的有效年限,因此可按其有效年限计算它的摊销额。

(三)流动资金投资的估算

流动资金是企业在生产经营过程中垫支于劳动对象和工资等方面的资金。建设项目在建成投产时,必须投入一定数量的流动资金,用于购买原材料、燃料、动力等劳动对象和支付工资,才能具备正常生产经营条件。因此,流动资金投资也是项目总投资的组成部分。

拟建项目流动资金投资额的估算,根据项目特点和资料数据的掌握情况,可按销售收入资金率、销售成本资金率进行估算,也可按流动资产主要项目分别逐项估算。考虑到在项目可行性研究和初步设计阶段,各项原材料供应等条件还不可能完全落实,按流动资产主要项目分别逐项估算尚难进行,一般都采用按销售收入(或销售成本)资金率进行估算。

按销售收入(或销售成本)资金率估算法就是根据拟建项目年销售收入(或销售成本)与类似项目销售收入(或销售成本)资金率

来估算拟建项目流动资金投资额的方法。它的计算公式为：

$$\genfrac{}{}{0pt}{}{拟建项目流动}{资金投资额} = \genfrac{}{}{0pt}{}{拟建项目年销售}{收入(或销售成本)} \times \genfrac{}{}{0pt}{}{类似项目销售收入}{(或销售成本)资金率}$$

$$\genfrac{}{}{0pt}{}{类似项目销售收入}{(或销售成本)资金率} = \frac{类似项目年流动资金平均占用额}{类似项目年销售收入(或销售成本)} \times 100\%$$

如上述钢筋混凝土构件厂项目达到设计生产能力年产量后，年销售成本为320万元，已建成类似项目销售成本资金率为18.75%，则该项目的：

流动资金投资额＝320万元×18.75%＝60万元

在采用这种方法估算流动资金投资额时，要注意拟建项目与已建成类似项目在原材料供应条件等方面的可比性。如果条件不同，应对类似项目销售收入(或销售成本)资金率进行适当调整后，再计算流动资金投资额。

在估算拟建项目固定资产投资总额中，如果已包括新建车间购置或自制达不到固定资产标准的工具和器具费用时，则在估算流动资金投资额时，要防止重复计算。因为为新建车间购置或自制达不到固定资产标准的工具和器具，在交付使用后要转作低值易耗品构成企业的流动资产。

在估算流动资金投资额以后，还要安排它的资金来源。目前项目所需的流动资金，一般要有不少于30%的自筹资金，其余资金才能向银行借款。设例中，假定20万元为自筹资金，40万元向银行借款，年利率为10%，1年为计息期。

（四）投资借款及其本息的偿还

在估算了固定资产投资、无形资产投资和流动资金投资以后，还要计算投资借款及其本息的偿还。

固定资产投资借款和无形资产投资借款，一般采用资金回收系数来计算每次应偿还本息，即已知资金现值，每次偿还固定金额，其中一部分偿还利息，一部分偿还本金，而利息和本金的比例是每次变化的。用资金回收系数计算每次偿还投资借款本息的公式为：

$$每次偿还投资借款本息 = P \times \frac{i(1+i)^n}{(1+i)^n - 1}$$

式中　P 为投资借款总额，一般指建设期间投资借款总额及利息
　　　i 为借款利率
　　　n 为还本付息次数
　　　$\frac{i(1+i)^n}{(1+i)^n - 1}$ 为资金回收系数，可通过资金回收系数表查得

如上述钢筋混凝土构件厂固定资产投资借款及其在建设期间的利息共 1 764 000 元，借款合同规定分 5 年偿还，每年计息一次，年利率为 10%。则各年应偿还本息为：

$$1\,764\,000 \text{ 元} \times \frac{0.1 \times (1+0.1)^5}{(1+0.1)^5 - 1} = 1\,764\,000 \text{ 元} \times 0.2638 = 465\,343 \text{ 元}$$

计算得各年应偿还本息，按照银行规定先还利息后还本金的做法，就可算得各年应还利息和本金，并将它列表如图表 5-2 所示。

图表 5-2

固定资产投资借款还本付息计算表

单位：元

年　份		年初借款累计	本年应计利息	年末借款累计	本年还本付息		
					合　计	其中:利息	本　金
投产期	3	1 764 000	176 400	1 940 400	465 343	176 400	288 943
	4	1 475 057	147 506	1 622 563	465 343	147 506	317 837
	5	1 157 220	115 722	1 272 942	465 343	115 722	349 621
	6	807 599	80 760	888 359	465 343	80 760	384 583
	7	423 016	42 302	465 318	465 318 *	42 302	423 016
合　计					2 326 690	562 690	1 764 000

* 调整计算误差 25 元。

流动资金投资借款如属向银行长期借款,每年付息一次,即可按年利率计算每年应付利息。如上述钢筋混凝土构件厂向银行借入 400 000 元,年利率 10%,每年计息一次,则各年应付利息为:

$$400\ 000\ 元 \times 10\% = 40\ 000\ 元$$

通过上面计算,就可算得钢筋混凝土构件厂项目在投产期各年应付投资借款利息。如第 3 年为 216 400 元(176 400 元 + 40 000元),第 4 年为 187 506 元(147 506 元 + 40 000 元)等。

二、项目投产后年收入、年成本、年税金和年利润预算

(一)项目投产后年收入的估算

项目投产后的年销售收入可根据项目的设计生产能力、生产能力利用率、产品销售价格进行估算。一般可用生产能力利用率乘项目的设计能力,求得项目投产后的产品年产量,再以产品年产量乘产品销售单价求得年销售收入。如果产品年产量和年销售量不同,即年初、年末有产品结存,同时结存数量不同时,应按产品年销售量乘产品销售单价计算。在投资效益分析中计算项目投产后的年销售收入时,一般不考虑年初年末结存产品,因此可按下列公式计算项目年销售收入:

年销售收入 = 项目设计能力 × 生产能力利用率 × 产品销售单价

假如上述钢筋混凝土构件厂项目设计生产能力为年产 10 000 立方米构件,投产后的生产能力利用率即可达到 100%,每立方米构件的销售价格为 366 元。则投产后各年的销售收入为:

$$10\ 000\ 立方米 \times 100\% \times 366\ 元/立方米 = 366\ 万元$$

如果拟建项目不是生产一种产品,而是多种产品,可先计算每一种产品的年销售收入,然后汇总一起求得项目投产后的年销售

收入。如果项目投产后生产的产品有一部分或全部销往国外,应计算外汇销售收入,并按市场汇率折算成人民币计入年销售收入总额中。

(二)项目投产后年成本的估算

产品成本是反映产品在企业生产过程中物质资料和劳动力消耗的综合指标。通过项目投产后年成本和年销售净收入的比较,可以反映项目的盈利水平。为了便于投资效益的分析,拟建工业项目的产品成本,一般应按下列项目计算:

1. 原材料。该项目包括主要材料、辅助材料、外购半成品等。

2. 燃料和动力。该项目包括生产过程中使用的煤、油、液化气、天然气、电力等各种燃料和动力。

在估算产品原材料、燃料和动力的成本时,对主要原材料和能源应按每种原材料和能源的品种、单位产品耗用量和单位原材料、能源价格分别计算。单位产品的耗用量,可根据同类产品成本的历史资料和已达到的单位产品消耗定额计算。如果是新产品或引进新技术后改变了原材料消耗定额的,要以设计的技术经济定额为依据。

3. 工资。该项目指企业付给直接从事产品生产的职工的各种工资、奖金、津贴等。

在估算产品成本年工资总额时,可按照劳动定员乘每个职工的年平均工资计算。

4. 提取职工福利费。该项目指企业按照生产职工工资总额和规定的提成比例提取的职工福利费。按照现行制度规定,职工福利费按职工工资总额的14%提取。

5. 固定资产折旧费。该项目指按固定资产投资额、净残值和项目经济寿命期计算的折旧费。

6. 无形资产摊销。该项目指按无形资产投资额和有效年限计算的摊销额。

7. 投资借款利息。该项目指投产期按固定资产、无形资产、流动资金投资借款及其利率计算的利息。

8. 其他费用。该项目指为组织和管理生产所发生的各项间接费用和管理费用，包括车间、厂部管理人员的工资和提取的职工福利费、办公费、差旅交通费、劳动保护费、工具用具使用费等。

以上各项加在一起，构成产品总成本。由于在投资效益分析中一般不考虑年初年末结存在产品和产成品，所以产品总成本也就是产品销售成本。

必须指出，按照现行财务会计制度的规定，产品成本分为生产成本和完全成本。目前在会计中对产品成本只计算生产成本，不计算完全成本。对无形资产摊销、厂部行政管理费用、投资借款利息等都作为管理费用和财务费用计入当期损益，不计入生产成本。这样，就计算不出各个项目的利润总额。所以在项目投资财务效益分析时，应计算产品完全成本，将与项目有关的管理费用和财务费用都作为产品成本的组成部分加以计算。也只有这样，才能算出各个项目的投资财务效益。这也是与会计中成本计算不同的地方。本章所说的产品成本和销售成本，都指产品完全成本。

在估算产品总成本时，将固定资产折旧费、无形资产摊销、投资借款利息单独列出，是因为固定资产折旧费虽属构成产品成本的生产费用，但是它的支出已包括在建设过程中发生的固定资产投资支出中，在生产过程中不发生现金的支出，因而在投资效益计算时不必再算作现金的流出量。基于同样的理由，项目如有无形资产如专利权、非专利技术、土地使用权等作价投资的，也已包括在无形资产投资支出中，在生产过程中不发生现金的支出，不必再算作现金的流出量。对于投资借款利息支出，已在投资支出中将投资额列作现金流出量，在计算现值时，已考虑了生产过程中使用资金的时间价值,即考虑了利息,所以对投资借款利息,也应将它单独列出。

从产品总成本中扣除固定资产折旧费、无形资产摊销、投资借款利息的成本,在投资效益评价中叫做"经营支出",用以计算现金流出量。

项目投产以后各年的生产能力如不能达到设计生产能力,则在估算产品成本时,还要把各项目成本按其构成内容分为变动费用和固定费用两个部分。变动费用是指费用总额随着产量的增减而增减的费用,如原材料、燃料和动力等。固定费用是指费用总额不随着或几乎不随着产量的增减而增减的费用,如固定资产折旧费、无形资产摊销、投资借款利息、其他间接费用、管理费用等。这些费用就其总额来说,虽不随着产量的增减而增减,但就单位产品所负担的费用来说,则随着产量而呈反比例的变动,即产量增加,单位产品分摊的费用随之减少;产量减少,单位产品分摊的费用随之增加。至于产品成本中的工资和职工福利费,则要根据企业实行的工资制度,将它列作固定费用或变动费用。根据我国目前一般企业实行的工资制度,生产工人工资可列作固定费用。如果实行计件工资制度,则属变动费用。

将产品成本划分为固定费用和变动费用,为估算各个年度产品总成本提供了方便,只要计算产品达到设计生产能力 100% 的正常年度产量时的固定费用和变动费用,就可估算未达到设计生产能力年度的产品总成本。因为固定费用基本上是不变的,只要根据达到设计生产能力的百分比,按比例调整变动费用,就能算出产品总成本。

$$\text{未达到设计生产能力年度产品总成本} = \text{固定费用} + \text{变动费用} \times \text{达到设计生产能力的百分比}$$

设例中,上述钢筋混凝土构件厂在投产后第一年就能达到设计生产能力,因此各年产品总成本在建筑市场对构件有需求的情况下,就可根据有关资料进行估算,编制如图表 5-3 所示的"产品成本预算"。

图表 5-3

产品成本预算

单位:元

成本项目	投产期					
	3 年	4 年	5 年	6 年	7 年	8 年以后各年
原材料	1 820 000	1 820 000	1 820 000	1 820 000	1 820 000	1 820 000
燃料和动力	180 000	180 000	180 000	180 000	180 000	180 000
工资	300 000	300 000	300 000	300 000	300 000	300 000
提取职工福利费	42 000	42 000	42 000	42 000	42 000	42 000
固定资产折旧费	280 000	280 000	280 000	280 000	280 000	280 000
无形资产摊销						
投资借款利息	216 400	187 506	155 722	120 760	82 302	40 000
其他费用	394 000	394 000	394 000	394 000	394 000	394 000
总成本	3 232 400	3 203 506	3 171 722	3 136 760	3 098 302	3 056 000
经营支出	2 736 000	2 736 000	2 736 000	2 736 000	2 736 000	2 736 000
其中:固定费用	736 000					
变动费用	2 000 000					
单位变动费用	200					

如果在生产过程中有副产品的,在计算产品总成本和经营支出时还要减去回收的副产品收入。

(三)项目投产后年税金的估算

项目投产后年收入扣除年成本后的余额,就是年利润总额,它反映项目在年度生产经营活动中所获得的投资效益。但是项目的利润总额并不全部归企业所有和支配,只有扣除应向国家交纳的所得税以后,剩下来的净利润才归企业所有。

企业应纳所得税税额,按应税所得额计算,税率为 25%。企业应税所得额是企业每一纳税年度的收入总额减去准予扣除项目后的余额。企业的收入总额包括:生产经营收入、财产转让收入、利息收入、租赁收入等。计算应税所得额时准予扣除的项目,是指与企业取得收入有关的成本、费用和损失。

设例中,钢筋混凝土构件厂项目根据各年产品销售收入,减去各年产品销售成本,就可求得各年应税所得额,并据以计算年应纳所得额:

年应税所得额＝年产品销售收入－年产品销售成本
年应纳所得税＝年应税所得额×25%

设例中,项目第3年(投产后第1年):

应税所得额＝3 660 000元－3 232 400元＝427 600元
应纳所得税＝427 600元×25%＝106 900元

企业在销售产品时,对要征收增值税的项目,由于增值税是价外税,在产品销售时是向客户另行收取的,不将它列作企业的产品销售收入,但按增值税税额计算的销售税金及附加(包括按增值税税额7%计算的城市维护建设税和按增值税税额3%计算的教育费附加),应按下列公式计算,并在计算项目利润总额时,将它列作产品销售收入的减项:

$$销售税金及附加 = \frac{产品销}{售收入} \times 增值税税率 \times \left(\begin{array}{c}城市维护\\建设税税率\end{array} + \begin{array}{c}教育费\\附加率\end{array}\right)$$

(四)项目投产后年利润和净利润分配的估算

在算得拟建项目投产以后各年产品销售收入、各年产品销售成本和各年应纳税金以后,就可用下列公式求得各年利润总额和净利润:

利润总额＝产品销售收入－销售税金及附加－产品销售成本
净利润＝利润总额－应纳所得税

为了便于与用自有投资建设项目的盈利水平对比分析,还应计算在成本中不包括投资借款利息的利润总额和净利润。

设例中,上述钢筋混凝土构件厂拟建项目的第 3 年(投产后第 1 年):

利润总额 = 3 660 000 元 - 3 232 400 元 = 427 600 元
净利润 = 427 600 元 - 106 900 元 = 320 700 元
在成本中不包括投资借款利息的利润总额 = 3 660 000 元 - (3 232 400 元 - 216 400 元)
　　= 644 000 元
在成本中不包括投资借款利息的净利润 = 644 000 元 - (644 000 元 × 25%)
　　= 483 000 元

这样,就可将这个项目各年的利润总额、净利润以及在成本中不包括投资借款利息的利润总额、净利润在"利润预算"(图表5-4)中加以反映。

在算得拟建项目投资后各年的净利润后,还要预测各年在提取法定盈余公积金后能为投资者分配的利润或股利。按照现行财务会计制度规定,项目的净利润应先提取 10% 的法定盈余公积金(在股份制企业还可经股东大会通过后再提取任意盈余公积金)。对有投资借款的项目,在用提取固定资产折旧和无形资产摊销不足以偿还投资借款本金时,应先用净利润偿还投资借款本金(投资借款利息已在成本中列支),然后对投资者分配利润或股利。

根据上面所述,就可将净利润的分配在"利润分配预算"(图表 5-5)中加以反映。

提取法定盈余公积金 = 净利润 × 10%
偿还投资借款本金的利润 = 偿还投资借款的本金 - 提取固定资产折旧和无形资产摊销
可分配利润 = 净利润 - 提取法定盈余公积金 - 偿还投资借款本金的利润
未分配利润 = 可分配利润 - 分配利润

分配利润一般可按股本或可分配利润的一定百分比计算,设

图表 5-4

利 润 预 算

单位：元

年份 项目	投 产 期						合计
	3	4	5	6	7	8	···	
产品销售收入	3 660 000	3 660 000	3 660 000	3 660 000	3 660 000	3 660 000	···	3 660 000
销售税金附加	0	0	0	0	0	0	···	0
产品销售成本	3 232 400	3 203 506	3 171 722	3 136 760	3 098 302	3 056 000	···	31 122 690
利润总额	427 600	456 494	488 278	523 240	561 698	604 000	···	5 477 310
所得税	106 900	114 124	122 070	130 810	140 424	151 000	···	1 369 328
净利润	320 700	342 370	366 208	392 430	421 274	453 000	···	4 107 982
在成本中不包括投资借款利息的利润总额	644 000							
在成本中不包括投资借款利息的净利润	483 000							

图表 5-5

利润分配预算

年份 项目	投产期						合计
	3	4	5	6	7	8	...
净利润	320 700	342 370	366 208	392 430	421 274	453 000	4 107 982
提取法定盈余公积金	32 070	34 237	36 621	39 243	42 127	45 300	410 798
偿还投资借款本金的利润	8 943	37 837	69 621	104 583	143 016	0	364 000
分配利润	200 000	200 000	200 000	200 000	200 000	400 000	3 000 000
未分配利润	79 687	70 296	59 966	48 604	36 131	7 700	333 184

例中,该项目投产后前 5 年按股本的 10% 计算;投产后后 5 年,按股本的 20% 计算。则项目第 3 年(投产后第 1 年)的:

  提取法定盈余公积金 = 320 700 元 × 10% = 32 070 元
  偿还投资借款本金的利润 = 288 943 元 - 280 000 元 = 8 943 元
  可分配利润 = 320 700 元 - 32 070 元 - 8 943 元 = 279 687 元
  分配利润 = 2 000 000 × 10% = 200 000 元
  未分配利润 = 279 687 元 - 200 000 元 = 79 687 元

三、投资项目财务预算和项目财务状况的分析

企业根据项目建设期估算的投资额和投产后各年预估的产品销售收入、销售税金及附加、产品销售成本、应交税金、利润总额、净利润分配等数据,就可编制投资项目财务预算并对项目财务状况进行分析。

(一)投资项目财务预算

投资项目财务预算(图表 5-6)是从投资建设项目微观的角度,对项目建设期和投产以后各年资金来源、资金运用、盈利情况和利润分配等建设经营活动合理预计、测算的文件,用以加强投资业务风险评估和预算控制。

(二)投资项目财务状况的分析

投资项目财务状况的分析是从企业微观的角度,对项目投产后各年的盈利能力和借款偿还能力等进行分析计算。项目财务状况分析的目的主要有:(1)分析项目竣工投产后的盈利能力;(2)估算项目投资借款的偿还能力。

项目财务状况分析和企业财务状况分析不同,后者是根据企业会计账表资料分析年度生产经营活动的盈利能力和财务实力;前者是根据投资项目预计数据编制的利润预算、利润分配预算和投资项目财务预算分析项目投产后的盈利能力和投资借款偿还能力。由于项目从设计、施工到竣工投产,往往要经历若干年,因此,

图表 5-6

投资项目

年份 项目	建设期		投		
	1	2	3	4	5
资金来源					
自有资金					
① 用于固定资产投资		1 200 000			
② 用于无形资产投资					
③ 用于流动资产投资		200 000			
投资借款					
① 固定资产投资借款	840 000	924 000			
② 无形资产投资借款					
③ 流动资产投资借款		400 000			
产品销售收入			3 660 000	3 660 000	3 660 000
提取折旧			280 000	280 000	280 000
摊销无形资产					
回收固定资产					
回收无形资产					
回收流动资产					
资金来源合计	840 000	2 724 000	3 940 000	3 940 000	3 940 000
资金运用					
固定资产投资支出	840 000	2 124 000			
无形资产投资支出					
流动资产投资支出		600 000			
产品销售成本			3 232 400	3 203 506	3 171 722
销售税金及附加					
所得税			106 900	114 124	122 070
提取法定盈余公积金			32 070	34 237	36 621
偿还固定资产借款本金			288 943	317 837	349 621
偿还无形资产借款本金					
偿还流动资产借款本金					
分配利润			200 000	200 000	200 000
未使用资金			79 687	70 296	59 966
留存自有流动资金					
留存固定资产					
留存无形资产					
资金运用合计	840 000	2 724 000	3 940 000	3 940 000	3 940 000

① 指项目第 9 年和第 10 年应按第 8 年填列各数。

财务预算

单位：元

	产		期			合 计
6	7	8	...①	11	12	
						1 200 000
						200 000
						1 764 000
						400 000
3 660 000	3 660 000	3 660 000	...	3 660 000	3 660 000	36 600 000
280 000	280 000	280 000	...	280 000	280 000	2 800 000
					164 000	164 000
					600 000	600 000
3 940 000	3 940 000	3 940 000	...	3 940 000	4 704 000	43 728 000
						2 964 000
						600 000
3 136 760	3 098 302	3 056 000	...	3 056 000	3 056 000	31 122 690
130 810	140 424	151 000	...	151 000	151 000	1 369 328
39 243	42 127	45 300	...	45 300	45 300	410 798
384 583	423 016		...			1 764 000
					400 000	400 000
200 000	200 000	400 000	...	400 000	400 000	3 000 000
48 604	36 131	287 700	...	287 700	287 700	1 733 184
					200 000	200 000
					164 000	164 000
3 940 000	3 940 000	3 940 000	...	3 940 000	4 704 000	43 728 000

在进行项目财务状况分析时,必须收集并预算一系列财务数据,除了预算项目各个年度的投资支出、销售收入、销售成本外,还要预算项目投产后各年实现的利润,以及用以偿还投资借款本息的资金来源和数额等。

投资项目的盈利能力可通过销售利税率、销售利润率、投资利税率、投资利润率等指标来进行分析。

销售利税率也叫销售税前利润率。它是利润总额(销售收入－销售成本)与销售收入相比的百分比,说明产品销售的获利程度。它的计算公式为:

$$销售利税率 = \frac{利润总额}{销售收入} \times 100\%$$

设例中,钢筋混凝土构件厂拟建项目投产后各年的销售收入为 3 660 000 元,利润总额在偿还固定资产投资借款期间为 427 600～561 698 元之间(因各年计入成本投资借款利息的多少而异),在还清固定资产投资借款以后各年为 604 000 元。还清固定资产投资借款以后各年的销售利税率为:

$$\frac{604\ 000\ 元}{3\ 660\ 000\ 元} \times 100\% = 16.5\%$$

销售利润率也叫销售税后利润率。销售利税率虽能说明生产经营获利的程度,但在利润总额内还包括应上交的所得税,只有从利润总额中扣除上交所得税后的净利润,才归企业所有。所以只有将净利润(销售收入－销售成本－所得税)与销售收入相比,计算销售利润率,才能说明销售收入所获净利的程度。销售利润率的计算公式为:

$$销售利润率 = \frac{净利润}{销售收入} \times 100\%$$

设例中,钢筋混凝土构件厂拟建项目投产后各年的净利润,在偿还固定资产投资借款期间为 320 700～421 274 元之间,在还清固定资产投资借款以后各年为 453 000 元。还清固定资产投资借款以后各年的销售利润率为：

$$\frac{453\,000\,元}{3\,660\,000\,元} \times 100\% = 12.38\%$$

投资利税率和投资利润率是将利润总额和净利润分别与投资支出进行对比，来说明投资的盈利能力（也叫投资收益能力）。关于这两个指标的计算和分析，将在下一节中加以说明。

投资项目的偿债能力，可通过投资项目财务预算和利润预算、利润分配预算中投资借款偿还期间各年净利润、提取折旧与偿还投资借款本金来分析。设例中，项目投产后各年净利润和提取折旧除用于偿还固定资产投资借款、分配利润外，年年均有未分配的利润，说明这个项目不但能在 5 年内偿还固定资产投资借款，而且不会影响企业的生产和发展。

第三节 新建项目投资财务效益的评价

一、新建项目投资财务效益的静态分析法

建设项目投资财务效益评价也叫投资企业经济效益评价。它是从企业或项目微观经济的角度，以现行价格为计算的基础，来分析项目投产后对企业带来的投资效益，用以确定投资行为的财务可行性。

项目投资财务效益评价中不考虑自有投资资金时间价值的静态分析法，主要有投资收益率法和投资回收期法。因为按照现行财务制度的规定，投资借款的利息在建设期间是计入投资支出的，在投产期间是计入产品成本的。所以对借入投资来说，在财务会计核算上是已考虑了资金时间价值的。

（一）投资收益率法

投资收益率法是将项目典型年度的收益额与总投资进行比较

求得投资收益率与部门基准投资收益率对比,来评价投资财务效益的静态分析法。它的计算公式为:

$$投资收益率 = \frac{年收益额}{项目总投资} \times 100\%$$

式中总投资包括项目建设期内的固定资产投资、无形资产投资和流动资金投资,并包括建设期间投资借款利息。因按现行财务会计制度的规定,项目建设期间的投资借款利息,要计入固定资产的价值,因而项目总投资应包括项目建设期间投资借款的利息。

年收益额一般是指达到设计年产量年度所获得的收益额。在计算时,有两个问题值得研究:一是在计算年收益额时,应否在产品成本中包括投产期内投资借款利息。按照现行财务会计制度的规定,投资借款利息在投产期内是计入产品成本的,因而计算年收益额时的产品销售成本也应包括投资借款利息。但投资借款利息要随着借款的偿还而逐年减少,从而使年销售成本和年收益额也逐年变动。所以在计算投资收益率时,可以考虑以还清投资借款以后年度的年收益额来计算。二是年收益额应否包括应纳所得税。从国民经济角度来看,收益额当然应包括应纳所得税,因而应以利润总额作为年收益额来计算投资收益率。但从企业角度来看,由于所得税是上交国家财政的,只有税后净利润才是企业真正的所得,因此,应以年净利润作为企业的年收益额来计算投资收益率。

在实际工作中,常将按税前利润总额计算的投资收益率叫做投资利税率。按年税后净利润计算的投资收益率叫做投资利润率。

如上一节钢筋混凝土构件厂新建项目包括建设期间投资借款利息的项目总投资为 3 564 000 元,还清投资借款以后各年的利润总额为 604 000 元,净利润为 453 000 元。则这个项目的:

$$投资利税率 = \frac{604\,000 \text{元}}{3\,564\,000 \text{元}} \times 100\% = 16.95\%$$

$$投资利润率 = \frac{453\,000\,元}{3\,564\,000\,元} \times 100\% = 12.71\%$$

把拟建项目的预期投资收益率(投资利税率或投资利润率,以下同)计算出来以后,就可与一个可以接受的行业投资收益率标准相比,如果预期的投资收益率大于行业基准投资收益率,可考虑建设;如小于行业基准投资收益率,则不应建设。如果有两个以上方案时,应先与行业基准投资收益率相比,排除小于行业基准投资收益率的方案,然后从留下的方案中,选择投资收益率最大的方案。

投资收益率法的优点是:计算简便,易于理解。缺点是:对各个年度收益额变动较大的项目,选择具有代表性的典型年度非常困难。同时,它仅根据一年的数据计算,没有考虑项目整个寿命期内各年的盈利情况,也没有考虑项目寿命期现金流量的时间因素。因为同样的收益,早期获得的要比后期取得的更有价值。这种方法虽有这些缺点,但在初选项目排除一些较差项目时,还是有用的。

(二)投资回收期法

投资回收期法也叫投资返本年限法。它是计算拟建项目投资后在正常生产经营条件下的收益额和提取的折旧(如有无形资产摊销,还应包括无形资产摊销,以下同)用来收回项目总投资所需的时间,与行业基准投资回收期对比来分析投资财务效益的一种静态分析法。

投资回收期是一个绝对投资效益指标,一般是将拟建项目投产后达到设计年产量并还清投资借款以后的年收益额和提取的折旧,来计算收回该项目总投资所需的年数。它的计算公式为:

$$投资回收期 = \frac{项目总投资}{年收益额 + 年提取折旧}$$

在计算投资回收期时所以在收益额外还要加上提取折旧,是因为固定资产在使用过程中逐渐损耗而转移到产品成本中去的那部分价值,一方面构成产品成本的一项生产费用,一方面又要将它以折旧提取作为重新购置固定资产的资金来源。折旧虽不是企业的收益,但是它是用以补偿固定资产投资的,因此在计算投资回收期时,也应将它与收益额一起作为收回的投资。

如上述钢筋混凝土构件厂新建项目的总投资为 3 564 000 元,项目在还清投资借款以后各年的利润总额为 604 000 元,净利润为 453 000 元,年提取折旧为 280 000 元,则这个项目:

按年利润总额计算的投资回收期为:

$$\frac{3\ 564\ 000\ \text{元}}{604\ 000\ \text{元}+280\ 000\ \text{元}}=4.03(\text{年})$$

按年净利润计算的投资回收期为:

$$\frac{3\ 564\ 000\ \text{元}}{453\ 000\ \text{元}+280\ 000\ \text{元}}=4.86(\text{年})$$

上面算得的投资回收期是从项目投产之日开始算起的。投资回收期除了从项目投产之日开始计算外,也有主张从进行最初投资的建设期开始算起。如按建设期初算起,则上述钢筋混凝土构件厂项目按年利润总额计算的投资回收期为 6.03 年(2 年+4.03 年);按年净利润计算的投资回收期为 6.86 年(2 年+4.86 年)。

投资回收期法的优点是容易理解,计算简便,只要算得的投资回收期短于行业基准投资回收期,就可考虑接受这个项目。但它也有如下一些缺点:(1)只注意项目回收投资的速度,没有直接说明项目的获利能力;(2)没有考虑项目整个寿命期内各年的盈利水平;(3)没有考虑资金的时间价值,所以一般只在项目初选时使用。

二、新建项目投资财务效益的动态分析法

项目投资财务效益评价中考虑资金时间价值的动态分析法,主要有:净现值法、内部收益率法、等年值法等。

（一）项目现金流量的计算

要在投资财务效益分析中考虑资金的时间价值,必须对拟建项目在建设和投产期间的货币资金的流入量和流出量进行分析计算,以便通过折现系数把项目不同时期的货币资金收支折算成同一时点（通常为项目建设期初）的资金价值,然后进行对比分析。

建设项目在建设和投产期间资金流入和流出的活动,叫做现金流量。现金流量也叫资金流量,它与常规的会计核算不同,只按实际发生时间计算货币资金的收支,不计算转账的收支,如固定资产折旧、无形资产摊销、应收应付账款等。因为固定资产折旧和无形资产摊销,只是项目内部的转账支出,不是货币资金支出。所以在分析计算项目现金流量时,固定资产折旧和无形资产摊销按其在购建取得时的投资支出一次列作现金流出量,而不再在折旧、摊销时将它的损耗、摊销价值分次列作现金流出量。对固定资产、无形资产投资和流动资金投资的借款利息,由于已将固定资产、无形资产投资支出和流动资金投资支出列作现金流出量,在计算现值时,已考虑了资金的时间价值,所以也不再将投资借款利息列作现金流出量。这样,新建项目的现金流入量,是指产品销售收入以及项目寿命期结束时回收的自有投资（包括自有固定资产投资、自有无形资产投资和自有流动资金投资）和固定资产、无形资产余值;现金流出量是指固定资产投资支出、无形资产投资支出、流动资金投资支出、产品经营支出（不包括固定资产折旧、无形资产摊销和投资借款利息的产品销售成本）、所得税。对交纳营业税的拟建项目,还包括营业税金及附加。因为营业税是价内税,只有从经营收入中减去经营支出、经营税金及附加和所得税,才能求得企业

的现金净收入。

在算得项目现金流入量和现金流出量后,就可通过下列算式计算两者的差额,求得净现金流量。

1. 项目投产期的净现金流量

$$\begin{matrix}净现金\\流\quad 量\end{matrix}=\begin{matrix}销售\\收入\end{matrix}-\begin{matrix}经营\\支出\end{matrix}\left(或-\begin{matrix}营业税金\\及\;附\;加\end{matrix}\right)-\begin{matrix}所得\\税\end{matrix}$$

2. 项目投资全过程包括建设期和投产期的净现金流量

$$\begin{matrix}净现金\\流\quad 量\end{matrix}=\begin{matrix}销售\\收入\end{matrix}-\begin{matrix}经营\\支出\end{matrix}\left(或-\begin{matrix}营业税金\\及\;附\;加\end{matrix}\right)-\begin{matrix}所得\\税\end{matrix}-\begin{matrix}投资\\支出\end{matrix}$$
$$+\begin{matrix}回收自有\\流动资金\end{matrix}+\begin{matrix}回收固定\\资产余值\end{matrix}+\begin{matrix}收回无形\\资产余值\end{matrix}$$

必须指出,对于项目寿命期结束时回收的流动资金,不包括流动资金投资借款。因为流动资金投资借款,应归还银行,因此并不增加现金流入量;可以列作现金流入量的,仅限回收自有流动资金投资。在投资项目现金流量计算中,现金流出量应包括交纳所得税,如在现金流出量中不包括交纳所得税,则根据净现金流量计算的净现值和内部收益率,都相当于按利润总额计算的净现值和内部收益率。考虑到施工企业投资项目财务效益分析主要是从企业微观角度来评价项目的投资财务效益,只有在现金流出量中包括交纳所得税,使计算的净现值和内部收益率相当于净利润计算的净现值和内部收益率,才能算出项目的财务效益。

根据上一节资料和上述计算公式,钢筋混凝土构件厂拟建项目有如图表5-7所示的现金流量计算表。

(二)净现值法

净现值法也叫财务净现值法。它是把项目建设期和投产期间发生的现金流入量和现金流出量,都按折现系数换算成现值收入和现值支出,然后对比现值收入和现值支出,来评价项目投资财务

图表 5-7

现金流量计算表

单位：元

年份	建设期		投产期						
项目	1	2	3	4	5	6	7	8	⋯	12
现金流入量										
销售收入			3 660 000	3 660 000	3 660 000	3 660 000	3 660 000	3 660 000	⋯	3 660 000
回收自有流动资金										200 000
回收固定资产余值										164 000
小　计			3 660 000	3 660 000	3 660 000	3 660 000	3 660 000	3 660 000	⋯	4 024 000
现金流出量										
固定资产投资支出	800 000	2 000 000							⋯	
无形资产投资支出		600 000							⋯	
流动资金投资支出									⋯	
经营支出			2 736 000	2 736 000	2 736 000	2 736 000	2 736 000	2 736 000	⋯	2 736 000
所得税			106 900	114 124	122 070	130 810	140 424	151 000	⋯	151 000
小　计	800 000	2 600 000	2 842 900	2 850 124	2 858 070	2 866 810	2 876 424	2 887 000	⋯	2 887 000
净现金流量	−800 000	−2 600 000	817 100	809 876	801 930	793 190	783 576	773 000	⋯	1 137 000

效益的动态分析法。在采用净现值评价拟建项目投资财务效益时,要:

(1) 计算建设期和投产期内各年与拟建项目有关的现金流入量和现金流出量,求出净现金流量(实际工作中,可在现金流量计算表中进行计算)。凡现金流入量超过现金流出量,净现金流量用正值表示;现金流出量超过现金流入量,净现金流量用负值表示。

(2) 将各年净现金流量都按折现系数折算成现值,并加总求得净现值:

$$净现值 = \sum_{t=1}^{n} x(t 年净现金流量 \times t 年折现系数)$$

式中 n 为折现年限

折现系数根据采用的折现率按如下公式计算: $\frac{1}{(1+i)^n}$

假如折现率为 20%,则:

$$第 1 年的折现系数 = \frac{1}{1+0.2} = 0.8333$$

$$第 2 年的折现系数 = \frac{1}{(1+0.2)^2} = 0.6944$$

$$第 3 年的折现系数 = \frac{1}{(1+0.2)^3} = 0.5787$$

⋮

在实际工作中,折现系数可通过折现系数表查得。

(3) 净现值为正值,表示发生投资净收益,有财务效益,该项目可取;如净现值为负值,表示发生投资亏损,没有财务效益,该项目不可取。

计算净现值时的折现年限,应按拟建项目建设期加经济寿命期计算。在确定项目经济寿命期时,不但要考虑固定资产物理性能上的耐用年限,而且要考虑固定资产的无形损耗,即项目在经济上的可用年限。由于各种固定资产质料和使用情况等不同,固定资产的耐用年限也不一样。如机械设备一般为 10～18 年,有的电子仪表电讯工业专用设备可能仅 4～6 年,建材工业专用设备仅 6～10 年,厂房一般为 30～40 年,有的受强腐蚀生产用房可能仅 10～15 年。我们在考虑固定资产的耐用年限时,一般可按主要机械设备的耐用年限计算。所谓项目经济上的可用年限,是指在经济上能为企业单位带来经济效益的年限。随着技术的不断进步,生产工艺的不断革新,有的项目可能过若干年以后就会变成落后的,要被新工艺、新设备所代替,这样,就不会再为企业单位带来经济效益。在这种情况下,它的使用年限要比固定资产的耐用年限短。如果不会被新工艺、新设备所代替,项目所取得的经济效益会长久不衰,就可把使用年限订得长些,或按固定资产耐用年限计算,但一般也不宜定得太长。为了达到为项目投资效益评价提供决策依据的目的,对一般工业项目来说,包括建设期和投产期在内的折现年限,有 20 年就已足够了。因为第一,20 年以后的经济环境将会发生什么情况,很难预测,时间越长,误差越大;第二,按现值法计算,20 年后的收益额,折现为现值,为数甚微,对项目投资效益的评价论证,不会发生较大的影响。如 20 年后的 1 元,按 15% 的折现率折现,其现值为 0.06 元,按 20% 的折现率折现,仅为 0.03 元。由此可知,太长的折现年限,对项目投资效益的评价并无多大的实际意义。

计算折现系数时的折现率,应采用行业基准投资收益率或行业平均资金利润率,而不宜采用市场利率或社会平均资金利润率。因为折现率的高低,直接影响净现值的大小,关系着计算净现值能否真实反映项目的投资效益。这在我国目前各行业投资收益率还有差别的情况下应加以注意的。

现举例说明如下。

假如上一节中所说钢筋混凝土构件厂拟建项目总投资为 3 400 000 元,其中第 1 年 800 000 元固定资产投资借款;第 2 年

2 600 000元,包括自有固定资产投资 1 200 000 元,固定资产投资借款 800 000 元,自有流动资金投资 200 000 元,流动资金投资借款 400 000 元。第 3 年初正式投产。投产后即能达到 10 000 立方米构件的设计生产能力,每立方米构件销售价格为 366 元。该项目所得税税率为 25%,行业基准投资收益率为 15%,折现年限为 12 年(包括建设期 2 年和经济寿命期 10 年)。最后 1 年可回收流动资金 600 000 元,其中 400 000 元用以归还流动资金投资借款,回收固定资产余值 164 000 元。

根据上列数据,就可将图表 5-7 现金流量计算表中各年净现金流量折算为净现值,并列示如图表 5-8 所示(为简化计算,计算净现值时,现金流量视为年末数计算,以下同)。

图表 5-8

金额单位:元

年 份		现金流入量	现金流出量	净现金流量	折现系数 (折现率15%)	净 现 值
建设期	1	0	800 000	−800 000	0.8696	−695 680
	2	0	2 600 000	−2 600 000	0.7561	−1 965 860
投产期	3	3 660 000	2 842 900	817 100	0.6575	537 243
	4	3 660 000	2 850 124	809 876	0.5718	463 087
	5	3 660 000	2 858 070	801 930	0.4972	398 720
	6	3 660 000	2 866 810	793 190	0.4323	342 896
	7	3 660 000	2 876 424	783 576	0.3759	294 546
	8	3 660 000	2 887 000	773 000	0.3269	252 694
	9	3 660 000	2 887 000	773 000	0.2843	219 764
	10	3 660 000	2 887 000	773 000	0.2472	191 086
	11	3 660 000	2 887 000	773 000	0.2149	166 118
	12	3 660 000 364 000	2 887 000	1 137 000	0.1869	212 505
合 计						417 119

图表 5-8 中计算说明,该项目在折现率 15% 的条件下,净现值为 417 119 元。由于净现值是正值,说明这个项目的收益额,除去收回投资外,投资收益率还在 15% 以上。如果这个收益率对这个投资行业是可取的,那么这个拟建项目是值得建设的。

如果有两个以上建设方案进行比较时,仅从计算净现值的大小,还不足据以判别哪个方案较好。因为各个方案的投资支出可能不同,所以还要通过净现值率的大小,来比较各个方案的投资经济效益。

净现值率是反映各个项目净现值与现值投资支出对比关系的一个指标,它说明单位现值投资支出产生的净现值。它的计算公式为:

$$净现值率 = \frac{净现值}{现值投资支出} \times 100\%$$

设例中,上述拟建项目的:

$$净现值率 = \frac{417\ 119\ 元}{695\ 680\ 元 + 1\ 965\ 860\ 元} \times 100\%$$

$$= \frac{417\ 119\ 元}{2\ 661\ 540\ 元} \times 100\% = 15.67\%$$

净现值率是一个相对投资效益指标。净现值率越大,说明方案的投资效益越好。

净现值法的优点是考虑了项目整个寿命期的收益和资金的时间价值。它的缺点是难以确定折现率。因为净现值的大小,很大程度上依赖于所采用的折现率。折现率的高低,对投资决策起着非常敏感的作用。如设例中,在按 20% 折现率折算现金流量时,该项目的净现值就是 −115 928 元,成为不可取的方案。同时,净现值仅仅说明按设定折现率折算的净现金流量,反映不出项目确切的收益率,所以在实际工作中,常采用下述内部收益率法。

(三)内部收益率法

内部收益率法也叫财务内部收益率法,它是用内部收益率来评价拟建项目投资效益的方法。所谓内部收益率,就是现金流入现值总额与现金流出现值总额相等,净现值等于零时的折现率。如果不使用电子计算器,内部收益率要用若干个折现率进行试算,直到找到净现值等于零或接近于零的那个折现率。净现值越接近零,求得的内部收益率越精确。它的计算步骤为:

(1)在计算净现值的基础上,如果净现值是正值,就要采用比这个净现值计算中更高的折现率来测算,直到测算的净现值正值接近于零。

(2)再继续提高折现率,直到测算出一个净现值为负值。如果负值过大,就降低折现率后再测算到接近于零的负值。

当找到按某一折现率所求得的净现值为正值,而按相邻的一个折现率所求得的净现值为负值时,就表明内部收益率在这两个折现率之间。

(3)然后根据接近于零的相邻正负两个净现值的折现率,用线性插值法求得精确的内部收益率。但要注意正负现值的两个折现率的间距不要太大,否则,就不够精确。用线性插值法计算内部收益率的公式为:

$$\text{内部收益率} = \text{偏低的折现率} + \text{两个折现率的间距} \times \frac{\text{偏低折现率的净现值}}{\text{两个折现率的净现值绝对数之和}}$$

现举例说明如下。

如上述拟建项目按 15% 和 20% 折现率计算的净现值如图表 5-9 所示。

图表 5-9

金额单位:元

年 份		净现金流量	折现率 15%		折现率 20%	
			折现系数	净现值	折现系数	净现值
建设期	1	−800 000	0.8696	−695 686	0.8333	−666 640
	2	−2 600 000	0.7561	−1 965 860	0.6944	−1 805 440
投产期	3	817 100	0.6575	537 243	0.5787	472 856
	4	809 876	0.5718	463 087	0.4823	390 603
	5	801 930	0.4972	398 720	0.4019	322 296
	6	793 190	0.4323	342 896	0.3349	265 639
	7	783 576	0.3759	294 546	0.2791	218 696
	8	773 000	0.3269	252 694	0.2326	179 800
	9	773 000	0.2843	219 764	0.1938	149 807
	10	773 000	0.2472	191 086	0.1615	124 840
	11	773 000	0.2149	166 118	0.1346	104 046
	12	1 137 000	0.1869	212 505	0.1122	127 571
合 计				417 119		−115 926

根据图表 5-10 计算结果,可以断定内部收益率在 15% 和 20% 之间,就可用线性插值法计算内部收益率:

$$15\% + (20\% - 15\%) \times \frac{417\ 119 \text{元}}{417\ 119 \text{元} + 115\ 926 \text{元}}$$

$$= 15\% + 5\% \times \frac{417\ 119 \text{元}}{533\ 045 \text{元}} = 15\% + 3.91\% = 18.91\%$$

根据上面计算,可用图表 5-10 表示。

内部收益率法的优点是能够把项目寿命期内的收益与其投资总额联系起来,指出这个项目的收益率,便于将它同这个行业的基准投资收益率对比,确定这个项目是否值得建设。使用借款进行建设,在借款条件(主要是利率)还不很明确时,内部收益率可以避

图表 5-10

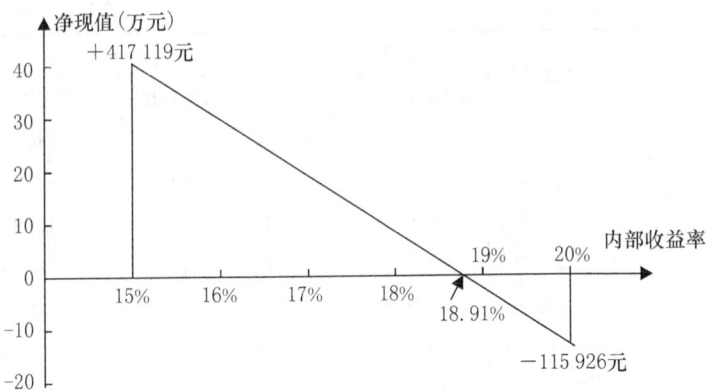

开借款条件问题,先求得投资收益率,作为可以接受的借款利率的上限。但也必须指出,内部收益率表现的比率,不是绝对的,一个内部收益率较低的方案,可能由于其规模较大而有较大的净现值,因而更值得进行建设。所以,一个拟建项目如有几个方案进行选比时,必须将内部收益率与净现值结合起来研究。

(四)等年值法

等年值法是把投资支出换算为等额年投资成本,将它与典型年度经营支出加总作为等额年成本,然后和所得税相加与年度销售收入比较,来评价投资效益的方法。因为在项目投资效益评价中,投资支出发生在建设期间,销售收入、经营支出发生在投产期间,投资支出和销售收入、经营支出等的发生时间是不一致的,它们之间的价值是不能直接对比的。为了使投资支出与销售收入、经营支出等在相同时间价值基础上对比,就有必要将投资支出换算为经济寿命期内的等额年投资成本(即按资金回收系数计算经济寿命期内收回投资本息的每年等额支出),然后与年度经营支出加总,计算出等额年成本。在采用等年值法来评价拟建项目投资效益时,要:

1. 先计算典型年度(一般为达到设计年产量年度)的销售收入和经营支出。

如仍以上述钢筋混凝土构件厂拟建项目为例,达到设计年产量 10 000 立方米构件年度销售收入为 3 660 000 元,经营支出为 2 736 000 元。

2. 将包括建设期间投资利息的投资支出,按行业基准投资收益率换算为经济寿命期内等额年投资成本。即按资金回收系数将现值投资支出换算为等额年投资成本。由于等年值法是投资财务效益分析中考虑资金时间价值的动态分析法,因此对建设期间的投资支出,不论是借入投资还是自有投资,均应计算投资利息。对项目经济寿命期结束时回收的自有投资和固定资产余值,在计算项目投资支出时,应将它换算为现值扣除。这样,等额年投资支出应按如下公式计算:

$$\text{等额年投资成本} = \left[\text{投资支出(包括建设期间投资利息)} - \text{回收自有流动资金和固定资产余值} \times \frac{1}{(1+i)^n}\right] \times \frac{i(1+i)^n}{(1+i)^n-1}$$

设例中,包括建设期间投资利息的投资支出为 3 624 000 元(包括第 1 年固定资产投资利息 40 000 元,第 2 年固定资产投资利息 184 000 元),经济寿命期结束时回收自有流动资金 200 000 元,回收固定资产余值 164 000 元,项目经济寿命期为 10 年,行业基准投资收益率为 15%。所以:

$$\text{等额年投资成本} = \left[3\,624\,000\,\text{元} - (200\,000\,\text{元} + 164\,000\,\text{元}) \times \frac{1}{(1+0.15)^{10}}\right]$$

$$\times \frac{0.15 \times (1+0.15)^{10}}{(1+0.15)^{10}-1}$$

$$= (3\,624\,000\,\text{元} - 364\,000\,\text{元} \times 0.2472) \times 0.1993$$

$$= (3\,624\,000\,\text{元} - 89\,980.8\,\text{元}) \times 0.1993 = 704\,330\,\text{元}$$

3. 将等额年投资成本和年经营支出相加,求得等额年成本。

设例为：

等额年成本＝等额年投资成本＋年经营支出
＝704 330 元＋2 736 000 元＝3 440 330 元

4. 从年销售收入减去等额年成本和所得税，求出年净收入。

设例为：

年净收入＝年销售收入－等额年成本－所得税
＝3 660 000 元－3 440 330 元－106 900 元
＝112 770 元

对交纳营业税的项目，要先从年销售收入减去营业税金及附加求得年经营净收入，然后减去等额年成本和所得税求得年净收入。

如果年销售（或净）收入大于等额年成本和所得税，表示项目有投资效益，值得建设；反之，如年销售（或净）收入小于等额年成本和所得税，表示项目将发生投资亏损，不值得进行建设。

由于人们普遍把年度盈亏作为衡量投资效益好坏的尺度，所以等年值法也是一种比较容易为人们所接受用来评价投资效益的方法。在一般情况下，用等年值法来评价投资效益，与用上述净现值法、内部收益率法得出的结论是一致的。但是这种方法的采用也有一定的局限性，即只能应用在年度之间收支比较稳定的项目，如果拟建项目各个年度之间的收支变动很大，就不宜采用这种方法。

第四节　固定资产投资项目不确定性分析

一、投资效益分析中的不确定因素

在项目投资财务效益分析中，我们使用了大量经济数据，如投资支出、建设工期、销售量、销售价格、产品成本、经济寿命期等。这些数据，都不是实际发生的，而是预测估算的。它们在建设期间和投产期间,都会不断变动。这样,就会出现对项目的投资财务效益的分析带有不确定的因素,其中任何因素的变动都会影响到项目投资财务效益的评价结论,甚至导致项目决策的失误。所以,在进行项目投资财务效益的分析时,还应对项目的不确定因素加以分析。

项目投资财务效益分析中的不确定因素是很多的,但就其对投资财务效益有较大影响的来说,主要有以下几种。

1. 投资支出的变动

机器设备、建筑材料价格、建筑安装工程造价等因素的变动,都会引起建设项目投资支出的变动,从而影响项目投资财务效益。对技术设备引进项目,由于外汇汇率经常变动,也要引起投资支出的相应变动,从而影响项目的投资财务效益。

2. 建设进度和投产期的变动

项目的施工,要有建筑材料、设备和建设资金,如果材料、设备、资金不能及时供应,就会影响工程进度不能按期竣工。有的项目虽已建成,但由于配套工程和设施没有同步完成,也会使建成项目不能及时投产。在这种情况下,建设进度和投产期的推迟,都会影响项目投资财务效益的发挥。

3. 销售量和生产能力的变动

随着生产资料市场的开放,市场能否容纳原来预测的销售量,达到设计生产能力,就成为对项目投资财务效益影响较大的不确定因素。如果项目投产后没有可靠的市场销路,就不能达到设计的生产能力,造成项目的半停工状态。这就不能充分发挥机器设备和人的生产效率,从而严重影响项目的投资财务效益。

4. 销售价格的变动

当产品在今后市场上有激烈的竞争时,就可能引起销售价格的变动。因为在这种竞争的市场上,如果不降低销售价格,就可能影响产品销售数量,从而不能充分发挥生产能力,降低项目投资财务效益。这样,产品销售价格就成为对项目投资财务效益影响较大的不确定因素。

5. 产品成本的变动

产品成本的高低,对项目投资财务效益有较大的影响。产品成本高,项目投资财务效益差;产品成本低,项目投资财务效益好。由于产品成本中有固定费用,产品成本除了要受费用耗费水平和价格、汇率等因素的影响外,还要受产品销售量增减的影响。在分析项目投资财务效益时,就有必要对产品成本可能发生变动的各项因素都要加以考虑,并估计其对项目投资财务效益的影响程度。

6. 项目经济寿命期的变动

在项目投资财务效益的分析中,有许多指标都是以项目经济寿命期作为计算基础的,如净现值、内部收益率等指标。随着科学技术的不断进步,生产工艺的不断变革,项目所采用的一些技术、设备很可能提前老化,被新技术、新设备所代替,从而使得项目的经济寿命期提前结束。所以,对项目经济寿命期这个不确定因素的分析,也是项目投资财务效益分析的重要组成部分。

总之,在项目投资财务效益分析中的不确定因素是多种多样的,它们的成因不同,影响程度也不一样。我们在分析项目投资财务效益时,要善于抓住主要不确定因素,分析其可能影响投资财务效益的程度。

不确定性分析是一系列经济手段或方法的总称。不确定性分析的手段或方法很多,分析的深度和达到的精确程度也不一样。下面介绍两种常用的不确定性分析,即盈亏平衡分析、敏感性分析。

二、盈亏平衡分析

在项目投资财务效益分析中,我们可以发现项目投产后生产

的产品销售量、成本和利润之间存在着一定的关系。如果该种产品在销售环节交纳的是价外税——增值税,则这三者之间的关系为:

销售利润＝销售收入－销售成本
销售收入＝销售数量×单位产品售价
销售成本＝固定费用＋变动费用
　　　　＝固定费用＋销售数量×单位产品变动费用

从上式可知销售收入和销售成本都可以是销售数量的函数。当它们都是线性函数关系的时候,就可以在同一个坐标图上画出两条函数直线(见图表5-11)。图中横轴表示销售数量,纵轴表示销售收入或销售成本。由于销售收入与销售成本两条函数直线的斜率不同,产生了交点,这个交点,表明当产品销售达到一定数量的时候,产品销售收入与销售成本正好相等。在这一交点以下,产品销售收入小于销售成本,要发生亏损;而在这一点以上,产品销售收入大于销售成本,会带来盈利。这一交点,通常叫做盈亏平衡点或保本点,所以盈亏平衡分析也叫保本分析。

从图表5-11盈亏平衡图可知:销售成本线和销售收入线的位

图表5-11

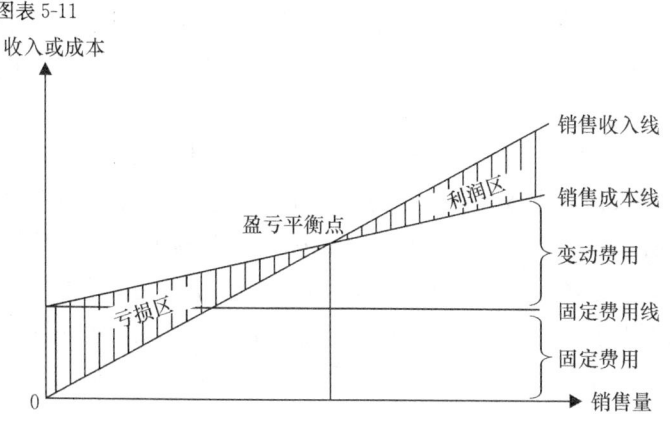

置和斜率,决定了盈亏平盈点的高低位置。其中销售成本线的位置和斜率,取决于固定费用、产品销售量和单位产品变动费用因素的变动,销售收入线的斜率,则取决于产品的销售量和单位产品售价因素的变动。任何一个因素的变动,都会影响盈亏平衡点的位置。通过这些不确定因素对盈亏平衡点的影响来确定各种条件下项目保本销售量,使项目不至于在投产期发生亏损。

要进行盈亏平衡分析,首先必须确定盈亏平衡点。盈亏平衡点的确定,有以下两种方法:一是上述图示法;二是代数法。用代数法来确定盈亏平衡点,也就是求产品销售收入等于销售成本时的产销量。由于:

销售收入＝产销量×单位产品售价

销售成本＝固定费用总额＋产销量×单位产品变动费用

当销售收入等于销售成本时:

$$产销量 \times 单位产品售价 = 固定费用总额 + 产销量 \times 单位产品变动费用$$

上式整理后即得:

$$产销量即盈亏平衡点产销量 = \frac{固定费用总额}{单位产品售价 - 单位产品变动费用}$$

式中单位产品售价减去单位产品变动费用后的余额,叫做单位产品边际收益。它表示每产销一个产品所获得的可用来补偿固定费用的数额。单位产品边际收益与产销量的乘积,就是边际收益总额,边际收益总额必须先用来补偿固定费用,在有余额时才是项目的利润。在盈亏平衡点上,边际收益总额正好补偿固定费用总额,所以项目不盈也不亏,以后增加产销量的边际收益,就是项目的利润。上式表明在固定费用总额和单位产品边际收益一定的情况下,需要多大的产销量,使所获得的边际收益刚能补偿固定费用总额。

盈亏平衡点产销量除了用实物量计算外,还可以用金额即销售额来计算。当产销量以销售额计算时,需要借助边际收益率这个概念。边际收益率是单位产品边际收益与单位产品售价的比率。它的计算公式为:

$$边际收益率 = \frac{单位产品边际收益}{单位产品售价} \times 100\%$$

根据盈亏平衡时边际收益总额等于固定费用总额的要求,盈亏平衡点的销售额可按如下公式计算:

$$盈亏平衡点销售额 = \frac{固定费用总额}{边际收益率}$$

如上述拟建钢筋混凝土构件厂项目,按照设计生产能力为年产10 000立方米,每立方米混凝土构件售价为366元,变动费用为200元,固定费用总额为736 000元,则:

$$盈亏平衡点产销量 = \frac{736\,000 元}{366 元/立方米 - 200 元/立方米} \approx 4\,434 立方米$$

$$边际收益率 = \frac{366 元 - 200 元}{366 元} \times 100\% = 45.355\%$$

$$盈亏平衡点销售额 = \frac{736\,000 元}{45.355\%} = 1\,622\,754 元$$

也就是说,该项目产销量达到4 434立方米左右$\left(\frac{1\,622\,754 元}{366 元}\right)$、销售额达到1 622 754元时,才能使混凝土构件销售收入等于销售成本,做到不盈也不亏。

如果项目产销多种产品,则要先计算全部产品的边际收益和边际收益率,然后再根据全部产品计算出的边际收益率和固定费用总额计算盈亏平衡点销售额。

盈亏平衡点除了可用上面所说的产销量、销售收入来表示外,还可用单位产品售价、生产能力利用率等来表示,因而它在项目投资效益不确定性分析中具有多种用途。

(1) 在求得盈亏平衡点产销量后,可与利用市场预测销售量对比,判断项目的投资风险。如按上述方法算得某项目混凝土构件的盈亏平衡点的产销量是 4 434 立方米,而根据市场预测资料表明混凝土构件的销售量是 8 000 立方米,就说明生产混凝土构件是有利的,该项目值得投资建设;反之,如果市场预测资料表明混凝土构件在项目投产后的销售量可能只有 4 000 立方米,就说明生产混凝土构件的风险很大,该项目是不值得投资建设的。

(2) 在已知产销量、单位产品变动费用和固定费用总额的情况下,可又求得盈亏平衡点时的单位产品售价。因为在盈亏平衡时:

$$产销量 \times \frac{单位产品}{售价} = 产销量 \times \frac{单位产品}{变动费用} + \frac{固定费用}{总额}$$

所以:

$$\frac{盈亏平衡点}{单位产品售价} = \frac{产销量 \times 单位产品变动费用 + 固定费用总额}{产销量}$$

盈亏平衡点的单位产品售价表示在某种销售量条件下,保证产品不亏本时的最低售价。将这个最低售价与市场预测中得到的价格信息比较,就能判断项目在某种生产能力情况下在价格方面所承担的风险。

(3) 在知道盈亏平衡点产销量和设计年产量指标时,还可以求得建设项目盈亏平衡点的生产能力利用率指标。

$$\frac{盈亏平衡点生}{产能力利用率} = \frac{盈亏平衡点产销量}{设计年产量} \times 100\%$$

盈亏平衡点生产能力利用率表示达到盈亏平衡点时实际利用的生产能力占设计生产能力的比率。这个比率是保证项目不亏本时的最低比率。这个比率小,说明项目只要利用较小的生产能力就可以做到不亏损,具有承受较大风险的能力。这个比率大,说明实际生产能力接近设计生产能力时才能做到保本,项目承受风险的能力较弱。

三、敏感性分析

敏感性分析也就是因素变动对投资效益影响的分析。它是在决定一个拟建项目投资效益的许多不确定因素中,测定其中一个或几个不确定因素的发生对项目投资效益的影响情况。我们知道,影响项目投资效益的不确定因素中,有一些因素稍有变动就会引起投资效益指标的明显变动,另有一些因素,当其变动时,只能引起投资效益指标的一般性变动,甚至看不出有什么变动。也就是说,项目的投资效益指标对这些不确定因素变动的反应程度不同,或敏感程度不同。一般将引起投资效益指标敏感反应的不确定因素叫做敏感性因素,而将不能引起投资效益指标敏感反应的不确定因素叫做一般性敏感因素或不敏感因素。敏感性分析就是在许多不确定因素中,确定其中哪些因素是敏感性因素,哪些因素是不敏感因素,并分别确定各个不确定因素对投资效益指标的影响程度。

进行敏感性分析,除了分析不确定因素变动引起投资效益指标的变动幅度,使项目投资决策人员对项目的风险程度有所了解外,还有助于找出影响项目投资效益的最主要因素,进而提高项目经济分析工作的质量。在对某个方案实施中的不确定因素无把握时,可以通过分析得知这种不确定因素的误差允许达到多大程度时,方案仍是可行的。如项目投资效益分析和决策人员对未来产品价格的变化没有把握时,通过敏感性分析可以提示价格在什么范围内变动,项目仍然是有财务效益值得建设的。在多方案的比较中,可以区别出敏感性大的就是风险大的方案和敏感性小的也就是风险小的方案,从中进行优选。

在进行敏感性分析时,首先,要确定具体投资效益指标作为敏感性分析的对象。评价一个项目投资效益的指标是很多的,这些指标对某一具体项目的经济意义各不相同。在敏感性分析中,不必对这些投资效益指标都进行敏感性分析。通常只要针对拟建项目的特点,选择某些最能反映该项目投资效益的指标作为敏感性分析的对象。这些指标一般有投资收益率、投资回收期、净现值、内部收益率等。

其次,要寻找敏感性因素,即从不确定因素中寻找那些对项目投资效益有重大影响,并在建设期和投产期内可能发生较大变动的因素。显而易见,符合这两个要求的敏感性因素是因拟建项目本身的性质、特征、建设条件的差异而不同的。比如某项目生产的产品在今后市场上会有激烈竞争,销售价格和销售数量难以保证,其投资效益必然会受到销售价格、销售数量的影响,销售价格、销售数量就成为这个拟建项目的敏感性因素。又如一个施工环境复杂的项目,它的建设工期难以保证,而建设工期的延长,又会影响拟建项目投资效益的及时发挥,因而建设工期也就成为这个项目的敏感性因素。

最后,根据敏感性因素的变动幅度,分别计算有关的投资效益指标。由于在敏感性分析时,要假定除敏感性因素外,其他因素是不变动的。这就需要项目分析人员在进行敏感性分析时,充分注意到各有关数据之间的依赖关系,对于与敏感性因素存在依赖关系的数据,应在分析计算过程中充分将它反映出来。

现举例说明如下。

假如上述钢筋混凝土构件厂拟建项目,在建成投产后,由于建筑市场构件竞争激烈,可能引起销售价格的降低,每立方米构件只能达到326元。构件销售价格的降低,必然引起销售收入的减少,从而影响项目投资财务效益。在这种情况下,就应将构件销售价格作为这个项目的敏感性因素进行分析。

设例中,如该项目除构件每立方米销售价格由366元降到

326元外,其他因素不变,则该项目:

各年的销售收入将减少:

(366元－326元)×10 000＝400 000元

各年的交纳所得税将减少:

400 000元×25%＝100 000元

各年净现金流量将减少:

400 000元－100 000元＝300 000元

据此就可根据图表5-7净现金流量算出构件降价后的各年净现金流量,并按5%和10%的折现率,求得该项目在每立方米构件降到326元后的净现值(见图表5-12)和内部收益率。

图表5-12

金额单位:元

年 份		净现金流量	折现率5%		折现率10%	
			折现系数	净现值	折现系数	净现值
建设期	1	－800 000	0.9524	－761 920	0.9091	－727 280
	2	－2 600 000	0.9070	－2 358 200	0.8264	－2 148 640
投产期	3	517 100	0.8638	446 671	0.7513	388 497
	4	509 876	0.8227	419 475	0.6830	348 245
	5	501 930	0.7835	393 262	0.6209	311 648
	6	493 190	0.7462	368 018	0.5645	278 406
	7	483 576	0.7107	343 677	0.5132	248 171
	8	473 000	0.6708	317 288	0.4665	220 655
	9	473 000	0.6446	304 896	0.4241	200 599
	10	473 000	0.6139	290 375	0.3855	182 342
	11	473 000	0.5817	275 144	0.3505	165 787
	12	473 000〉364 000	0.5508	461 020	0.3186	266 668
合 计				499 706		－264 902

从图表5-12计算结果说明,如果这个项目投产后的构件由于同业相互竞争,每立方米售价可能降低40元,则其内部收益率将

从原来的 18.9% 下降到：

$$5\% + (10\% - 5\%) \times \frac{499\ 706\ \text{元}}{499\ 706\ \text{元} + 264\ 902\ \text{元}}$$
$$= 5\% + 5\% \times 0.65 = 5\% + 3.25\% = 8.25\%$$

如果 15% 的投资收益率对这个项目是必须保证的,那么建设这个项目就有较大的风险。

第五节 改造项目投资财务效益的评价

一、改造项目投资财务效益分析的原则和方法

随着施工技术的不断进步,随着建筑市场需求的不断变化,施工企业往往需要对附属工业企业原有的技术装备、工艺流程和建筑物等进行改造。但是究竟是否值得改造,改造以后能否给企业带来经济效益,怎样改造才能有利于企业的发展,都是每个企业值得考虑的问题,都需要通过对改造项目投资财务效益的分析、评价,才能得出正确的结论。

改造项目投资财务效益分析、评价的原则和方法,基本上与新建项目是一样的。只是由于改造项目原来的投资在改造后的项目中仍会继续发挥作用,而使得计算工作更加复杂,一般需要计算改造后的、不改造的和增量的三套数据。

首先,如果只计算增量(即增加投资部分)的财务效益的话,并不能说明该企业是否值得改造。例如解决某附属工业企业的薄弱环节,增量部分的财务效益较好,投资收益率可达 15%,高于 10% 的基准投资收益率。但是,由于这个企业的情况已经很糟,现有投资收益率只有 5%,改造后的投资收益率也只能达到 8%,低于基准投资收益率。这就说明这个附属性企业已不值得改造,而应关停并转。

其次,如果只计算改造以后的财务效果的话,并不能说明是把

企业改造好了还是改造坏了。例如某附属工业企业，没有改造以前也是可以的，它的投资收益率可达12%，改造以后的投资收益率为10%。单从改建以后的投资收益率指标来看，似乎是可行的，但实际上是改造坏了，计算一下增量投资部分的财务效益，很可能只有8%或7%。这就说明这个附属工业企业不应进行改造，而应维持现状。

因此，评价改造项目投资财务效益，必须同时计算改造以后和增量部分的投资财务效益，并要求改造以后的投资财务效益指标和增量部分投资财务效益指标都能满足要求。

一般说来，改造应比新建或不改造取得较好的投资效益。但是由于改造的主要目标不同，产生的投资效益也不相同。有的是直接的，有的是间接的，有的甚至不能用货币数量来表示。所以，判别改造项目投资效益的方法也不能一概而论。现分别改造项目的不同目标说明如下。

（一）改造项目的主要目标在于增加生产能力、扩大产量

增加产品品种和产量的主要途径，一是新建项目，二是扩建现有企业，三是改造现有企业，充分挖掘企业现有潜力。第三条途径无疑是最经济的，因为改造现有企业可利用现有场所、厂房和辅助设施，依托现有技术力量，收到投资省、见效快、经济效益好的效果。但是也要看到，改造挖潜是有一定限度的，同时它要受到原有技术装备水平的限制，并不是在任何情况下都比新建好。因此，在这种情况下评价改造项目投资效益时，除了计算改造以后和增量部分投资财务效益指标外，还要将增量部分的投资财务指标与类似新建企业的投资财务效益指标相比较，以检验是改造好还是新建好。

（二）改造项目的主要目标在于降低生产成本

新设备、新工艺无疑有许多优点，它能促使劳动生产率的提高，产品质量的改进，其最明显的效果就是节省劳动力。所谓"现

代化"的主要优点就在于此。但是,"现代化"并不是在任何情况下都能给企业带来投资效益的。采用先进的"现代化"设备,使生产高度机械化和自动化,固然可以节省人工,但它的一次投资往往是很大的。我们所要求的,是既要技术上的先进性,又要经济上的合理性,即采用先进技术所节约下来的生产成本能超过多花的一次投资。我国由于劳动力比较充足而且工资水平又低,采用国际上先进的技术设备并不一定都能带来好的投资效益。当然也不能因此拒绝采用当代最先进的工艺和设备,那样的话,将会严重影响科学技术的发展。但是从企业微观角度来说,不管是改造还是新建,采用何种先进水平的设备和工艺,都应通过投资财务效益评价来决定,任何改造项目在改造以后的投资财务效益指标,都应优于不改造以前的指标。

(三)改造项目的主要目标在于改善内在质量

在社会主义市场经济条件下,产品的内在质量有所改善,就能增强产品的竞争能力,从而打开销路,扩大产销量或者提高销售价格,增加销售收入和降低单位产品成本。因此,如果改造项目的主要目标在于改善产品内在质量,从企业角度来说,也必须计算项目改造以后的投资财务效益指标,并要求优于不改造以前的指标。

(四)改造项目的主要目标在于改善劳动条件和环境保护

在这种情况下,改造项目的投资效益反映在保证企业职工的健康,从而节约医疗费,提高出勤率,保护劳动力资源。因为我国是社会主义国家,保护职工的健康是首要的责任,不能单纯从企业财务观点来考虑。从投资财务效益角度考虑的,只能是选择环境保护措施方案,即在满足环境保护要求的方案中选择投资支出和经常费用最小的方案。

二、改造项目增量部分投资财务效益的计算

上文已经说过,评价改造项目的投资财务效益时,必须同时计

算：改造后的、不改造的和增量的三套数据。现将各套数据计算方法说明如下。先介绍增量部分投资财务效益的计算方法。

在计算改造项目增量部分投资财务效益时，必须正确计算新增投资支出和产品成本。在计算改造项目投资支出时，既要考虑到固定资产的投资，又要考虑到流动资金的增减和其他一次性支出。我们知道，流动资金亦在生产过程中长期作为企业需用的资金，如在采用新工艺、新设备等技术改造方案时，一般都需要增加工具夹具。而工具夹具往往不够固定资产标准而列入低值易耗品由流动资金开支，增加工具夹具，就要增加低值易耗品的生产储备，增加企业流动资金。我们在计算技术改造方案的投资时，如果忽略了这部分投资的需要，就会人为地缩小实际需用的资金，歪曲实际的投资财务效益。为了正确计算每一技术改造项目的投资，除包括固定资产和流动资金的投资外，还要包括与实现新技术有关的一次性支出，如运输装置的支出，生产技术准备费用和科研费、专利费等。当然，有些生产技术准备费用和科研费用，如果不是仅为实现某一新技术措施，而且也是为了提高今后新技术的能力的，那就不应一次计入某项新技术措施的改造项目的投资中，而应加以合理地分摊。又如实现某项新技术措施时，必须提高现有工人的技术水平，则为培训职工而开支的生产职工培训费，也应计入该项技术改造项目的投资中。因为这部分培训费，也是为实现这项新技术所发生的支出，属于智力投资，应由采用新技术获得的活劳动的节约来加以补偿。改造项目在改造过程中发生的停产损失，也是属于技术改造而造成的损失，应将它计入投资额之内。

在计算新工艺、新设备等技术改造方案对产品成本的影响时，一方面要注意不同技术方案的产品成本的可比性，另一方面要注意到费用分配和成本计算的合理性，使产品成本能正确反映新技术对它的影响。

为了保证产品成本的可比性，在将新技术和原有技术的产品成本对比时，必须消除经营管理等方面因素造成的对产品成本的影响。如由于没有按照生产工艺规程操作而造成的废品损失，超过定额标准而发生的材料和工时的消耗，因材料、电力供应不足而造成的停工损失等等。

为了保证费用分配和产品成本计算的合理性，对于产品成本中间接费用（或制造费用）的分配，不宜采用按工人工时或工资的比例来分配计算的方法。因为间接费用中，除了一般生产管理费外，还包括了与机械设备运转有关的费用，如机械设备折旧费、修理费、工具器具使用费等。随着机械化、自动化程度的不断提高，这部分费用在间接费用中的比重也不断增大，而采用新技术，总是涉及这些费用，并且总是以增加机械设备和工具器具的使用费来取得工资的节约。如果我们在比较技术改造方案时，仍按原来同一的工资或工时比例分摊这部分费用，则技术改造方案中计算的机械设备运转有关的费用，必然会随着工资或工时的减少而减少。但在实际上，这部分费用比原来有所增加。所以在计算产品成本的间接费用时，必须把间接费用分为车间管理费和机械设备使用费来分别计算，并以机械设备运转的时间作为分配机械设备使用费的标准。

在具体计算新技术所引起的产品成本的变动时，既要考虑直接费用的变动，也要考虑间接费用和管理费用、财务费用的变动；既要看到降低产品成本的一面，又要看到增加费用开支的一面。如在采用提高劳动生产率技术后，一般能从以下几个方面影响产品的成本：首先，提高劳动生产率能减少工时消耗，节约产品成本中的工资；其次，节约工时，能减少与工人人数有关的间接费用支出；再次，如果这项新技术要增加机械设备和工具器具，往往会增加产品成本中的折旧费、修理费、工具器具使用费以及消耗动力、燃料费等。也只有这样作全面性的考虑，才能使产品成本正确反映新技术所带来的投资效益。

在多数情况下,新技术的采用往往只引起产品部分成本项目的变动,而另外一些项目成本并不变动或很少变动。这时,只要计算那些受新技术影响较大的项目成本来确定产品成本的变动,而对其他一些项目成本就可不必加以计算。这样,不但能够简化计算手续,而且更可明确显示影响新技术投资效果的各项因素。

现举例说明如下。

假定某施工企业所属钢窗加工厂,钢窗每平方米的销售价格为100元,为了提高产量、降低产品成本,该企业对钢窗加工厂原有工艺过程进行改造,改造年度共发生投资支出(包括固定资产投资支出、流动资金增加额、改造年度停产损失等)1 000 000元。改造以后,该加工厂的产品产量可由原来的20 000平方米增加到25 000平方米,不包括折旧费的产品成本可由原来每平方米85元降到80元。改造后经济寿命期为10年。经济寿命期结束时可收回流动资金和固定资产余值300 000元。该企业所得税税率为25%。

则改造以后不包括折旧费的年利润总额和年净利润(即净现金流量)可增加(假定产销量相等):

由于产品产量增加使年利润总额增加:

(25 000－20 000)×(100元－85元)　　　　　75 000元

由于产品成本降低使年利润总额增加:

25 000×[(100元－80元)－(100元－85元)]　125 000元

年利润增加　　　　　　　　　　　　　　　　200 000元

由于年利润总额增加使所得税增加:

200 000元×25%　　　　　　　　　　　　　　50 000元

年净利润增加　　　　　　　　　　　　　　　150 000元

根据上列资料,就可为这个加工厂改造项目增量部分按5%和10%的折现率计算它的净现值如图表5-13所示。

图表 5-13

金额单位：元

年份		净现金流量	折现率 5%		折现率 10%	
			折现系数	净现值	折现系数	净现值
改造期	1	−1 000 000	0.9524	−952 400	0.9091	−909 100
投产期	2～10	150 000	6.7692	1 015 380	5.2354	785 310
	11	< 150 000 / 300 000	0.5847	263 115	0.3505	157 725
合计				326 095		−33 935

从图表 5-12 数据就可用线性插值法算得这个改造项目增量部分的投资收益率：

$$5\% + (10\% - 5\%) \times \frac{326\,095\ 元}{326\,095\ 元 + 33\,935\ 元}$$
$$= 5\% + 5\% \times 0.9057 = 5\% + 4.53\% = 9.53\%$$

三、改造项目改造以后投资财务效益的计算

改造项目改造以后投资效益计算中的主要问题，是如何计算改造以后整个单位的投资。既然改造以后投资效益应按改造以后规模计算，那么投资显然就不只是改造过程所增加的投资支出，而且也包括原有正在发生作用的投资（当然也包括固定资产投资和流动资金投资）。这里就碰到这样一个问题：原有投资中的固定资产是按原值计算，还是按照折余价值或重置价值计算。

有人认为改造项目原有固定资产投资应按原值计算，理由是机械设备等固定资产不断更新，一直保持原有的生产能力，而固定资产原值能反映企业的生产能力。但是，机械、设备、厂房等固定资产的现有价值绝不等于原值，而原有投资中固定资产的原值也不能与改造过程中增加的固定资产的原值相提并论，而将它们加总一起用以计算投资效益。因此有人认为用原有固定资产的原值

与改造过程发生的投资加总计算项目改造后的投资财务效益是不妥的,应该用原有固定资产折余价值(即账面净值)。但是由于财务会计制度中折旧核算上的原因,如采用历史成本按较长折旧年限计算折旧等等,固定资产折余价值往往不能反映固定资产现时的真正价值,有不少企业在账面虽反映有较大的折余价值的固定资产,但它在生产中已无多大使用价值。所以,多数同志都主张用重估价值,即原有固定资产的现行市场价格加上运输、安装费后的重置完全价值减去按重置完全价值计算的折旧后的价值,作为改造以后项目投资财务效益计算中的原有固定资产投资。

至于改造项目原有投资中的流动资金投资可仍按改造以前流动资金计算。

如上述某施工企业附属钢窗加工厂改造项目改造以后原有投资为 2 000 000 元(其中包括原有固定资产重估价值 1 500 000 元,流动资金 500 000 元),经济寿命期结束时可收回流动资金和固定资产余值 800 000 元,则改造以后这个项目的:

投资总额为:

$$2\ 000\ 000\ 元 + 1\ 000\ 000\ 元 = 3\ 000\ 000\ 元$$

年销售收入为:

$$25\ 000\ 个 \times 100\ 元/个 = 2\ 500\ 000\ 元$$

不包括折旧费的年成本为:

$$25\ 000\ 个 \times 80\ 元/个 = 2\ 000\ 000\ 元$$

年利润总额为:

$$2\ 500\ 000\ 元 - 2\ 000\ 000\ 元 = 500\ 000\ 元$$

年净利润(即净现金流量)为:

$$500\ 000\ 元 \times (1 - 25\%) = 375\ 000\ 元$$

根据上列资料,就可为这个加工厂改造后项目按 5% 和 10% 的折现率计算它的净现值如图表 5-14 所示。

图表 5-14

单位：元

年　份	净现金流量	折现率 5%		折现率 10%	
		折现系数	净现值	折现系数	净现值
改造期　1	−3 000 000	0.9524	−2 857 200	0.9091	−2 727 300
投产期 2～10	375 000	6.7692	2 538 450	5.2354	1 963 275
11	<375 000 / 800 000	0.5847	687 023	0.3505	411 838
合　　计			368 273		−352 187

从图表 5-13 数据就可用线性插值法算得这个项目改造以后的投资收益率：

$$5\% + (10\% - 5\%) \times \frac{368\,273 \text{ 元}}{368\,273 \text{ 元} + 352\,187 \text{ 元}}$$
$$= 5\% + 5\% \times 0.511 = 5\% + 2.6\% = 7.6\%$$

四、改造项目不予改造的投资财务效益的计算

改造项目除了计算改造以后和增量部分投资效益外，还要计算不改造的投资效益。不改造投资效益计算的主要问题也是对原有投资中固定资产怎样计价的问题。如果采用折余价值或重估价值，就要确定一个相适应的经济寿命期。如果按改造以后相同的经济寿命期，就有可能使不予改造的投资效益不合理地偏高。因为旧机械设备的经济寿命期不可能维持到与改造以后的机械设备相等的时间，旧机械设备的经济寿命期应按尚能正常工作并能为企业带来盈利的时间来确定。如果按改造以后同等的寿命期计算，则应计算在这个时期内需要更新有关机械设备的各项投资支出。

机械设备的使用年限的延长，它的维修等使用费也会随之不断增加，我们在计算改造项目投资效益时必须充分考虑这个必须考虑的因素。否则，必然会导致改造不如维持现状不予改造好的

错误结论。

如上述某施工企业所属钢窗加工厂不予改造的话,它的所有固定资产经重估价为 1 500 000 元,流动资金为 500 000 元,估计还可继续维持 8 年,8 年后的流动资金和固定资产余值约为 700 000 元,则不改造的:

投资总额为:

$$1\,500\,000\,元 + 500\,000\,元 = 2\,000\,000\,元$$

年销售收入为:

$$20\,000\,个 \times 100\,元/个 = 2\,000\,000\,元$$

不包括折旧费的年成本为:

$$20\,000\,个 \times 85\,元/个 = 1\,700\,000\,元$$

年利润总额为:

$$2\,000\,000\,元 - 1\,700\,000\,元 = 300\,000\,元$$

年净利润(即净现金流量)为:

$$300\,000\,元 \times (1 - 25\%) = 225\,000\,元$$

根据上列资料,就可为这个加工厂在不改造时按 3% 和 5% 的折现率计算它的净现值如图表 5-15 所示。

图表 5-15

单位:元

年 份	净现金流量	折现率 3%		折现率 5%	
		折现系数	净现值	折现系数	净现值
1 年初	−2 000 000	1	−2 000 000	1	−2 000 000
1~7 年	225 000	6.2303	1 401 818	5.7863	1 301 918
第 8 年	< 225 000 700 000	0.7894	730 195	0.6768	626 040
合 计			132 013		−72 042

从图表 5-15 数据就可用线性插值法算得这个项目在不改造时的投资收益率：

$$3\% + (5\% - 3\%) \times \frac{132\,013 \text{元}}{132\,013 \text{元} + 72\,042 \text{元}}$$
$$= 3\% + 2\% \times 0.647 = 3\% + 1.29\% = 4.29\%$$

通过上面对钢窗加工厂改造项目增量部分、改造以后和不改造的投资财务效益的计算，可知这个加工厂改造以后的投资收益率可从不予改造的 4.29% 提高到 7.6%，其中增量部分投资收益率也只能达到 9.53%。如果 12% 的投资收益率是这个行业的基准投资收益率的话，那么这个钢窗加工厂改造项目是达不到预期的投资效益，不值得改造的。

上述评价改造项目投资财务效益的方法，也可适用于改建、扩建、迁建项目。

第六节　机械设备更新方案的优选

一、机械设备更新方案优选的原则

施工企业在机械设备更新时，不但要考虑技术上的先进性，而且要考虑经济上的合理性，即用新机械设备替换旧机械设备能给企业带来经济效益。机械设备经济效益的好坏，在机械设备生产效率基本相同的情况下，主要取决于机械设备年成本的高低。机械设备的年成本受机械设备一次投资支出和年使用费两个因素的影响。

机械设备一次投资支出包括机械设备投资支出（即机械设备采购成本，包括机械设备买价、运到企业以前所发生的包装、运输、装卸费、采购费和机械设备安装前保管费。国外进口机械设备还包括国外海运费、保险费、关税、增值税、外贸手续费、银行手续费等)、机械设备安装工程投资支出、机械设备基础、支柱、炉体砌筑建筑工程投资支出等。在机械设备更新时对比进口机械设备和国内机械设备的投资支出时,应否包括进口机械设备的关税、增值税和国内机械设备的销售税金,有着不同的认识。有人从国民经济角度出发,认为关税、增值税和销售税金都属转账支付,不应列作机械设备的投资支出。也只有这样,才能使进口机械设备和国内机械设备在可比的基础上进行比较和评价。

机械设备年使用费包括机械设备运行费(如机上人员工资、福利费、消耗燃料、动力、刀具、机油等)和维修费。

一般说来,新机械设备的一次投资支出较大,年使用费较低;旧机械设备一次投资支出小,年使用费高。所以旧机械设备是否需要更新,就要权衡利弊得失,全面比较。

但是,一次投资支出与年使用费是不能直接加总对比的。因为第一,一次投资支出要换算为年投资支出后才能与年使用费相加;第二,一次投资支出与年使用费的发生在时间上是不一致的,它们之间的价值是不能直接比较的。因此,有必要将一次投资支出换算为经济寿命期内年投资成本或等额年投资成本才能与年使用费加总。

在考虑机械设备年投资成本或等额年投资成本时,不但要考虑设备的有形损耗,即物理性能上的耐用年限,而且要考虑机械设备的无形损耗,即机械设备在经济上能为企业带来经济效益的年限。因为随着技术的不断进步,施工生产工艺的不断革新,有的机械设备即使正处于可使用状态,但由于它的性能已显著降低或年使用费的不断增加,也不宜再加使用,需要用新的机械设备来更新。在计算机械设备年投资成本或等额年投资成本时,不仅要考虑一次投资支出,而且要考虑经济寿命期结束时的净残值(也叫变价净收入),即机械设备残值变价收入减去拆除清理费用后的余值。

如以 P 代表机械设备一次投资支出,F 代表机械设备净残值，n 代表机械设备经济寿命期，则在不考虑资金时间价值时：

$$机械设备年投资成本 = \frac{P-F}{n}$$

考虑资金时间价值时：

$$\begin{aligned}机械设备\\年投资成本\end{aligned} = P \times \frac{i(1+i)^n}{(1+i)^n-1} - F \times \frac{i}{(1+i)^n-1}$$

$$= (P-F) \times \frac{i(1+i)^n}{(1+i)^n-1} + Fi$$

如一台机械的一次投资支出为 10 000 元，估计可用 10 年，10 年末的估计净残值为 1 000 元，投资年利率为 10%，则不考虑资金时间价值时：

$$机械年投资成本 = \frac{10\,000\,元 - 1\,000\,元}{10} = 900\,元$$

考虑资金时间价值时：

$$机械等额年投资成本 = (10\,000\,元 - 1\,000\,元) \times \frac{0.1 \times (1+0.1)^{10}}{(1+0.1)^{10}-1}$$

$$+ 1\,000\,元 \times 0.1$$

$$= 9\,000\,元 \times 0.1627 + 100\,元 = 1\,564.30\,元$$

在比较机械设备更新方案时，对于旧机械设备不能按机械设备原值计算，而应按照目前重置价值（即旧机械设备的售价加上安装费用等支出）计算。旧机械设备的净残值，也只能在尚能使用年限内扣除。只有这样，才能使旧机械设备与更新的新的机械设备站在同一的起点，有可比性。

假如上述机械使用 5 年以后，还值 4 000 元，尚能使用 5 年。5 年后净残值为 1 000 元，年使用费为 1 200 元。现在市场上出现了一种生产能力相同的新机械，一次投资支出为 12 000 元，估计可用 12 年，12 年后净残值为 1 000 元，年使用费为 600 元。现对比两个方案：甲方案继续使用旧机械；乙方案将旧机械出售，购买新机械，投资年利率为 10%。则：

甲方案：

旧机械年成本＝等额年投资成本＋年使用费

$$=(4\,000\,元-1\,000\,元)\times\frac{0.1\times(1+0.1)^5}{(1+0.1)^5-1}$$

$\qquad+1\,000\,元\times 0.1+1\,200\,元$

$\quad=3\,000\,元\times 0.2638+100\,元+1\,200\,元$

$\quad=2\,091.40\,元$

乙方案：

新机械年成本$=(12\,000\,元-1\,000\,元)\times\dfrac{0.1\times(1+0.1)^{12}}{(1+0.1)^{12}-1}$

$\qquad+1\,000\,元\times 0.1+600\,元$

$\quad=11\,000\,元\times 0.1468+100\,元+600\,元$

$\quad=2\,314.80\,元$

对比甲方案和乙方案，可知甲方案旧机械年成本低于乙方案新机械年成本。说明从经济上来看，仍可继续使用旧机械，不必用新机械更新。

二、机械设备最佳更新周期的确定

上文已经说过，企业在机械设备更新时，不仅要考虑机械设备物理性能上的耐用年限，而且要考虑机械设备在经济上的可用年限，即能为企业带来经济效益的年限。为此，就要通过机械设备经济寿命期的计算，来确定机械设备的最佳更新周期。

一台机械设备的年成本，主要由机械设备年投资成本或等额年投资成本和年使用费组成。机械设备使用年限越长，则年投资成本越少，但这时由于机械设备已经老化，支出的维修费等年使用费就会增多；反之，机械设备使用年限越短，虽然各年支出的使用费可以减少，但年投资成本却会越多。将年投资成本和年使用费加总起来，其成本总额最低的年限，即为机械设备最佳更新周期。

如有一台设备,它的一次投资支出为 12 000 元,它的年使用费是逐年递增的,第 1 年为 500 元,以后每年增加 500 元,则在不考虑设备残值和投资利息的情况下,它在使用期内的年投资支出、年平均使用费和年成本如图表 5-16 所示。

图表 5-16

单位:元

年　份	使用期内 年投资成本	年使用费	使用期内 使用费之和	平均年 使用费	使用期内 设备年成本
1	12 000	500	500	500	12 500
2	6 000	1 000	1 500	750	6 750
3	4 000	1 500	3 000	1 000	5 000
4	3 000	2 000	5 000	1 250	4 250
5	2 400	2 500	7 500	1 500	3 900
6	2 000	3 000	10 500	1 750	3 750
7	1 714	3 500	14 000	2 000	3 714
8	1 500	4 000	18 000	2 250	3 750
9	1 333	4 500	22 500	2 500	3 833
10	1 200	5 000	27 500	2 750	3 950

由于设备的年使用费是逐年增加的,就可在设备的使用年限内找到一个设备成本最小的年限。设例中,这台设备在第 7 年更新,它的年成本最低。

如以 C 代表使用期内机械设备年成本,P 代表机械设备一次投资支出,G 代表每年递增使用费,n 代表使用年限,则在不计投资利息的情况下:

$$C = \frac{P}{n} + (G + 2G + 3G + \cdots + nG)/n$$
$$= \frac{P}{n} + (1+n)\frac{G}{2}$$

若要使 C 为最小,求上式对 n 的导数,并使其等于零,可得:

$$\frac{dC}{dn}=-\frac{P}{n^2}+\frac{G}{2}=0$$

$$n=\sqrt{\frac{2P}{G}}$$

将上述例子数字代入上式,就可求得这台设备最佳经济寿命期,即最佳更新周期:

$$\sqrt{\frac{2\times 12\,000}{500}}=6.93(年)$$

根据上表所列数据,可用图表 5-17 表示这台设备年投资成本、年使用费和年成本的曲线,反映这台设备逐年增大的使用费和逐年减少的投资成本之间的权衡关系。

图表 5-17

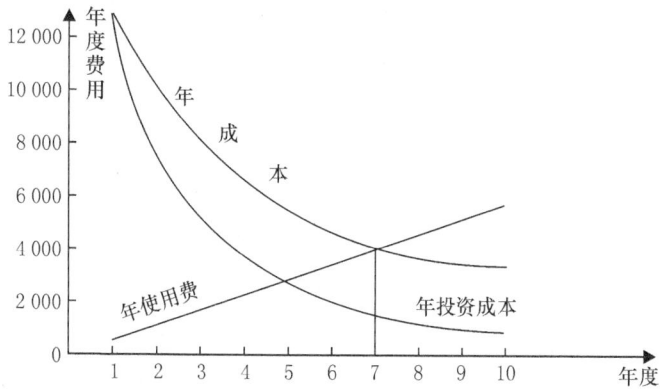

必须指出,上述设备最佳更新周期的计算公式只能适用于年使用费逐年递增和不考虑设备残值变化及投资利息的情况。如果设备年使用费不是逐年递增一个固定金额,并要考虑设备各年不同的残值和投资利息,则设备最佳更新周期只能通过列表计算求得。现举例说明如下。

假如某台设备一次投资支出为 40 000 元,根据它的物理性能可用 10 年,年使用费和年末估计残值都是逐年变化的如图表 5-18 所示。

图表 5-18

单位:元

年 份	1	2	3	4	5	6	7	8	9	10
年使用费	4 000	5 000	6 000	8 000	10 000	12 000	14 000	16 000	20 000	24 000
年末估计残值	30 000	22 000	14 500	10 000	7 500	6 000	5 000	4 000	3 000	3 000

如不考虑资金时间价值,则可通过图表 5-19 计算求得这台设备的最佳更新周期。

图表 5-19

单位:元

年份	使用期内年投资成本 $\dfrac{40\ 000\ 元 - 估计残值}{n}$	年使用费	使用期内使用费之和	平均年使用费	使用期内设备年成本
1	10 000	4 000	4 000	4 000	14 000
2	9 000	5 000	9 000	4 500	13 500
3	8 500	6 000	15 000	5 000	13 500
4	7 500	8 000	23 000	5 750	13 250
5	6 500	10 000	33 000	6 600	13 100
6	5 667	12 000	45 000	7 500	13 167
7	5 000	14 000	59 000	8 429	13 429
8	4 500	16 000	75 000	9 375	13 875
9	4 111	20 000	95 000	10 556	14 667
10	3 700	24 000	119 000	11 900	15 600

图表 5-19 计算表明,这台设备最佳更新周期为 5 年。因为使用 5 年,设备年成本是最低的。

如果考虑资金时间价值,并假定投资年利率为 10%,则应通过图表 5-20 计算求得这台设备的最佳更新周期。

图表 5-20

年份	一次投资支出(元)(1)	年末估计残值(元)(2)	资金回收系数年利率10%(3)	等额年投资成本(元)(4)=[(1)−(2)]×(3)+(2)×10%	年使用费(元)(5)	折现系数折现率10%(6)	使用费在第一年初的现值(元)(7)=(5)×(6)	使用期内使用费现值之和(元)(8)=∑(7)	等额年使用费(元)(9)=(8)×(3)	使用期内等额年成本(元)(10)=(4)+(9)
1	40 000	30 000	1.1000	14 000	4 000	0.9091	3 636	3 636	4 000	18 000
2	40 000	22 000	0.5762	12 572	5 000	0.8264	4 132	7 768	4 476	17 048
3	40 000	14 500	0.4021	11 704	6 000	0.7513	4 508	12 276	4 936	16 640
4	40 000	10 000	0.3155	10 465	8 000	0.6830	5 464	17 740	5 597	16 062
5	40 000	7 500	0.2638	9 324	10 000	0.6209	6 209	23 949	6 318	15 642
6	40 000	6 000	0.2296	8 406	12 000	0.5645	6 774	30 723	7 054	15 460
7	40 000	5 000	0.2054	7 689	14 000	0.5132	7 185	37 908	7 786	15 475
8	40 000	4 000	0.1874	7 146	16 000	0.4665	7 464	45 372	8 503	15 649
9	40 000	3 000	0.1736	6 723	20 000	0.4241	8 482	53 854	9 349	16 072
10	40 000	3 000	0.1627	6 320	24 000	0.3855	9 252	63 106	10 267	16 587

图表 5-20 的计算表明,在考虑资金时间价值时,这台设备的最佳更新周期为 6 年。

三、生产能力不同机械设备更新方案的优选

施工企业在更新机械设备时,往往碰到这样一种情况,就是各种相同用途机械设备的生产能力并不相同。如有甲、乙两种生产同种产品的设备,甲设备的年生产能力为 10 000 件,乙设备的年生产能力为 12 000 件。如果这两种生产能力对企业来说都是必需的话,那么在比较这两种设备的经济效益时,就不能用它们的年总成本,而只能用它们的单位生产能力年成本进行比较。现举例说明如下。

假如企业在更新某种旧设备时,有甲、乙两种设备可以选择,它们的年生产能力、一次投资支出、估计净残值、使用年限、投资年利率分别为:

	单位	甲设备	乙设备
年生产能力	件/年	10 000	12 000
一次投资支出	元	30 000	44 000
估计净残值	元	2 000	4 000
使用年限	年	6	8
年使用费	元	6 000	6 500
投资年利率	%	8	8

则甲设备的:

年成本 = 等额年投资支出 + 年使用费

$$= (30\ 000\ 元 - 2\ 000\ 元) \times \frac{0.08 \times (1+0.08)^6}{(1+0.08)^6 - 1}$$

$+ 2\ 000\ 元 \times 0.08 + 6\ 000\ 元$

$= 28\ 000\ 元 \times 0.2163 + 160\ 元 + 6\ 000\ 元 = 12\ 216\ 元$

单位生产能力年成本 = 年成本 ÷ 年生产能力

$= 12\ 216\ 元 ÷ 10\ 000 = 1.22\ 元$

乙设备的：

年成本 $=(44\,000 元-4\,000 元)\times\dfrac{0.08\times(1+0.08)^8}{(1+0.08)^8-1}$
$\qquad\qquad +4\,000 元\times 0.08+6\,500 元$
$\qquad =40\,000 元\times 0.1740+320 元+6\,500 元=13\,780 元$

单位生产能力年成本 $=13\,780 元\div 12\,000=1.15 元$

以上计算表明，甲设备的年成本虽较乙设备为低，但单位生产能力年成本却比乙设备高 0.07 元(1.22 元－1.15 元)，乙设备的经济效益较好。如果 12 000 件的生产能力对企业来说是必需的话，应优选乙设备来更新。

四、机械设备更新时间的选择

机械设备随着使用磨损和自然损耗，它的维修等使用费会逐年增加。如果继续使用，就会使机械设备使用成本太高，在经济上不大合算，需要进行更新。那么旧机械设备究竟在什么时候更新最为合算呢？这就要通过采用新机械设备和继续使用旧机械设备的年成本的比较才能确定。现举例说明如下：

假如某施工企业有一台旧设备，目前的残值为 8 000 元，估计尚可使用 3 年，如继续使用旧设备，各年使用费和年末的残值分别为：

继续使用年限(年)	年使用费(元)	年末残值(元)
1	3 000	5 500
2	4 000	3 500
3	5 000	2 000

现有一种新设备，如果用它来更新，它的一次投资支出为 33 000元，经济寿命期为 10 年，10 年末的残值为 3 000 元，这台设备的年使用费为 1 500 元，如果投资年利率为 8%，问该企业的旧设备是否需要更新？如要更新，选择何时最好？

在这种情况下，我们首先要计算新设备和旧设备的等额年成本：

$$\text{新设备的等额年成本} = (33\,000\,\text{元} - 3\,000\,\text{元}) \times \frac{0.08 \times (1+0.08)^{10}}{(1+0.08)^{10} - 1}$$

$$+ 3\,000\,\text{元} \times 0.08 + 1\,500\,\text{元}$$

$$= 30\,000\,\text{元} \times 0.149 + 240\,\text{元} + 1\,500\,\text{元} = 6\,210\,\text{元}$$

$$\text{旧设备的等额年成本} = (8\,000\,\text{元} - 2\,000\,\text{元}) \times \frac{0.08 \times (1+0.08)^3}{(1+0.08)^3 - 1} + 2\,000\,\text{元}$$

$$\times 0.08 + \left[3\,000\,\text{元} \times \frac{1}{(1+0.08)^1} + 4\,000\,\text{元} \times \frac{1}{(1+0.08)^2}\right.$$

$$\left. + 5\,000\,\text{元} \times \frac{1}{(1+0.08)^3}\right] \times \frac{0.08 \times (1+0.08)^3}{(1+0.08)^3 - 1}$$

$$= 6\,000\,\text{元} \times 0.388 + 160\,\text{元} + (3\,000\,\text{元} \times 0.9259 + 4\,000\,\text{元}$$

$$\times 0.8573 + 5\,000\,\text{元} \times 0.7938) \times 0.388$$

$$= 2\,328\,\text{元} + 160\,\text{元} + 3\,956.98\,\text{元} = 6\,444.98\,\text{元}$$

从上面计算可知旧设备继续使用 3 年的情况下，它的等额年成本比新设备使用 10 年的等额年成本要高，旧设备应进行更新。那么在什么时候更新最好呢？

一般可先计算旧设备继续使用 1 年的年成本。

$$\text{旧设备继续使用1年的年成本} = (8\,000\,\text{元} - 5\,500\,\text{元}) \times \frac{0.08 \times (1+0.08)^1}{(1+0.08)^1 - 1}$$

$$+ 5\,500\,\text{元} \times 0.08 + 3\,000\,\text{元}$$

$$= 2\,500\,\text{元} \times 1.08 + 440\,\text{元} + 3\,000\,\text{元} = 6\,140\,\text{元}$$

由于旧设备继续使用 1 年的年成本小于新设备的等额年成本，所以保留 1 年在经济上是合算的。

再计算旧设备第 2 年继续使用的年成本。

$$\text{旧设备第2年继续使用的年成本} = (5\,500\,\text{元} - 3\,500\,\text{元}) \times \frac{0.08 \times (1+0.08)^1}{(1+0.08)^1 - 1}$$

$$+ 3\,500\,\text{元} \times 0.08 + 4\,000\,\text{元}$$

$$= 2\,000\,\text{元} \times 1.08 + 280\,\text{元} + 4\,000\,\text{元} = 6\,440\,\text{元}$$

由于旧设备第 2 年继续使用的年成本高于新设备的等额年成本，说明第 2 年不宜继续使用。因此，该企业这台旧设备应在继续使用 1 年以后更新。

复 习 题

1. 施工企业在固定资产投资建设时，一般应包括哪几个循序渐进的步骤？

2. 固定资产投资项目在建设期间的投资总额和投资借款利息是怎样加以估算的？如果项目在可行性研究阶段，我们应怎样对它们进行估算？

3. 为什么在估算项目投产后的年产品成本时，要包括厂部行政管理费用、无形资产摊销和投资借款利息？

4. 为什么在分析项目财务状况时，一般都要编制利润预算、利润分配预算和投资项目财务预算表？怎样根据这些表的资料来分析项目的盈利能力和偿债能力？

5. 什么叫做现金流量？现金流入量和现金流出量是怎样计算的？为什么要计算它们？它们与会计中的财务收支有什么区别？

6. 什么叫做静态分析法？项目投资财务效益评价中常用的静态分析法有哪几种？它们各有哪些优缺点？

7. 什么叫做动态分析法？项目投资财务效益评价中常用的动态分析法有哪几种？它们是怎样进行分析的？各有哪些优缺点？

8. 影响项目投资财务效益的不确定因素主要有哪些？在进行敏感性分析时，通常应按怎样的程序进行？

9. 在分析评价改造项目投资财务效益时，为什么必须计算改造后的、不改造的和增量部分的投资财务效益？

10. 在计算改造项目增量部分投资财务效益时,对投资支出和产品成本的计算应注意哪些方面的问题? 又在计算改造项目改造以后投资财务效益时,对改造项目原有固定资产投资,你认为如何计算? 为什么?

11. 在机械设备生产效率基本相同的情况下,机械设备的经济效益主要取决于哪些因素? 在计算机械设备年投资成本时要考虑哪些问题? 怎样考虑资金时间价值? 假如机械设备的生产能力不同,怎样计算它们的经济效益?

习　题

习　题　一

一、目的　练习新建项目的财务分析方法。

二、资料

1. 某施工企业拟新建一个钢窗加工厂,计划在两年内建成,估计各年固定资产投资及其来源如下:

	固定资产投资	其中:银行借款
第1年	400万元	200万元
第2年	200万元	200万元

上列固定资产投资银行借款年利率为10%,规定在投产后分5年偿还本息,各年投资支出均在年度内平均发生。

2. 第2年末向银行借入流动资金投资200万元,用以购置材料和支付其他生产费用。借款年利率同上,每年计息一次。

3. 拟建项目经济寿命期为10年,经济寿命期结束后的固定资产余值为40万元,固定资产折旧采用平均年限折旧法。

4. 拟建项目第3年正式投产,投产后即能达到设计生产能力

10万平方米钢窗。

5. 钢窗每平方米售价为100元,每平方米变动费用(材料费及动力费)为55元。

6. 拟建项目不包括固定资产折旧和投资借款利息的年固定费用为180万元。

7. 拟建项目所得税税率为25％。

8. 拟建项目采用15％的基准投资(税后)收益率作为折现率。

三、要求 根据上列资料,为该钢窗加工厂项目:

1. 计算建设期间投资借款利息;
2. 编制固定资产投资借款还本付息计算表;
3. 编制利润预算;
4. 编制投资项目财务预算;
5. 计算还清固定资产投资借款以后各年的销售利税率和销售利润率;
6. 编制现金流量计算表;
7. 计算净现值;
8. 计算净现值率;
9. 计算内部收益率;
10. 计算等额年投资成本、等额年成本和年净收入;
11. 用分析计算得的资料,说明该项目是否值得建设。

习 题 二

一、目的 练习敏感性分析的方法。

二、资料

1. 见本章习题一的资料;

2. 该钢窗加工厂项目投产后,由于建筑制品市场竞争激烈,产销量可能减少20％左右,即在投产后各年产销量可能由原来10万平方米减少到8万平方米,其他因素不变。

三、要求 根据本章习题一和上列资料,为该钢窗加工厂项目计算产销量减少后的内部收益率。

习 题 三

一、目的 练习改建项目投资财务效益的分析方法。

二、资料

1. 某施工企业混凝土制品厂原有固定资产经重估价共值 1 500 000 元,流动资产共值 500 000 元。为了提高产量、降低制品成本,拟对原有生产工艺进行改造。

2. 在改造时,估计要发生下列支出:

固定资产投资支出	600 000 元
新增流动资产投资支出	200 000 元
改造年度停工损失	200 000 元

上列投资支出均用企业自有资金支付。

3. 改造后制品年产销量可由原来的 5 000 立方米增加到 6 500 立方米,不包括固定资产折旧费在内的制品成本可由原来每立方米的 320 元降低到 300 元。

4. 混凝土制品每立方米的销售价格为 380 元。

5. 改造后的经济寿命期为 10 年,经济寿命期结束时可收回固定资产余值 300 000 元,其中属于改造时新增固定资产余值为 100 000 元;可收回流动资金 70 000 元,其中改造后新增流动资金 200 000 元。

6. 该混凝土制品厂如不加改造,还可维持 8 年。

7. 该企业所得税税率为 25%。

三、要求 根据上列资料,为该混凝土制品厂:

1. 计算改造后增量部分的投资财务效益;
2. 计算改造以后项目投资财务效益;

3. 计算不予改造的投资财务效益。

习 题 四

一、目的　练习机械设备更新时间的选择方法。

二、资料

1. 假如某施工单位正在考虑是否更新已用了2年的旧机械。该旧机械目前的残值为16 000元,由于施工工艺的更新,这台机械最多能使用3年,如继续使用,各年使用费和年末残值估计如下:

继续使用年限(年)	年使用费(元)	年末估计残值(元)
1	4 000	10 000
2	5 000	4 000
3	6 000	2 000

2. 现有一种新机械,如果用它来更新,它的一次投资支出为60 000元,产量较旧机械增加100%,即由年产量1 000立方米增加到2 000立方米。新机械经济寿命期为5年,5年末的残值为8 000元。

3. 新机械年使用费为6 800元。

4. 投资年利率为10%。

三、要求　根据上列资料:

1. 计算新机械单位产量等额年成本;
2. 计算旧机械单位产量等额年成本;
3. 旧机械应否更新?如果更新,应在何时更新(假定以机械单位产量等额年成本的高低作为机械是否更新的依据)?

第六章　证券投资的管理

第一节　证券投资概述

一、证券投资的基本特征

施工企业证券投资是企业购买债券、股票、基金证券等有价证券以获取利息或红利的投资行为。它是对预期会带来收益的有价证券的风险投资,在投资者持有证券期间带来与其所承担的风险相对称的收益。投资收益与风险呈正向运动,收益高,风险大;收益低,相应地风险小。风险又是通过证券的流通加以转移的,从而使证券投资者乐于接受。因此,收益性、风险性、流动性构成了证券投资的基本特征。

从证券投资的资金作用看,购买证券是实现投资资金增值的一种选择。证券投资渠道的开通,可以使资金在多余单位和不足单位之间重新配置,同时使社会资金流向经济效益高的行业,既克服了资金不足的结构性矛盾,又可提高资金的利用效率。

证券投资的收益性与风险性同时并存,要求投资者不仅要对不同证券类型进行选择,还要对证券的品种进行分析判断,对发行者的经营管理、财务状况、投资收益等进行了解和分析,并采取灵活的投资时间和组合策略。因此,证券投资既是一种具有一定风险的投资行为,又是一种智力活动。

收益性、风险性和流动性是证券投资的基本特征,时间性是证券投资的另一特征,进行证券投资决策,必须考虑投资时间的长短,而投资时间的长短又取决于对不同期限证券投资的收益和风险的判断及其抉择。收益性、风险性、流动性和时间性构成了证券投资的四大特征。

二、证券投资的程序

证券投资的程序,包括证券投资对象的分析和选择、买卖委托、成交、清算、交割、过户等阶段。

（一）证券投资对象的分析和选择

企业在进行证券投资时,必须对各种证券加以分析并作出投资时机和投资对象的合理选择。

在证券市场上,对证券投资者经济利益最具有决定意义的是证券价格的变动。证券价格的升降,往往取决于多种因素的影响,包括发行者的经营业绩、财务状况、行业景气度,政府的金融、财政、税收政策,宏观经济形势,投资者的乐观预期和悲观预期等等。所有这些因素的变化都会对证券市场价格的涨跌产生不同程度的影响。这就要求企业在证券投资时,必须对上述各种影响因素加以正确分析,从而作出在何种经济形势及何种证券价格走势下参与证券投资的时机选择,一旦确定了投资时机,企业就需要对投资对象及其组合作出抉择。政府债券、金融债券、企业债券、股票和基金证券等不同投资对象,其收益、风险呈现出显著的差异,而具体一种证券的收益、风险又受到特定因素的影响。企业究竟应当选择怎样的证券,主要取决于企业对风险态度、投资目的及资金状况等。需要指出的是,证券投资的分析和选择,不只是在投资前进行,要想保持最佳的收益、风险对称关系,企业需要经常对其投资的证券组合加以分析检查,随时确定何种证券应当买进,何种证券应当抛出。

（二）买卖委托

证券投资者不能直接进入证券交易所买卖证券,而只能委托证券公司代理证券的买卖事宜。在委托买卖之前,企业必须派人到证券交易所的任何一家会员公司办理名册登记,并开立资金账户和证券账户,由此便确定了企业与证券公司的委托代理的法律关系。

具体的委托方式多种多样,但不论企业选择何种委托方式,都必须明确指示证券公司买进或卖出证券的名称和数量、委托价格、有效时限、交割方式等。

(三) 成交、清算、交割和过户

证券公司接到投资者的买卖委托后,应立即通知公司派驻在交易所大厅内的证券交易员,进行申报竞价交易。一旦买卖成交,交易员应迅速将成交情况通过证券公司通知投资者。投资者收到成交单后,必须在规定期限内办理证券或价款的交割手续,目前均由证券公司代为办理清算、交割。证券清算、交割后,还要办理过户手续。证券交易的过户,是指在记名证券的交易中,成交、清算、交割后办理股东变更登记的手续,即原所有者向新所有者转移有关证券全部权利的记录手续。目前过户手续,由证券交易所通过电脑统一办理,与清算交易同时进行。

第二节 债券投资的管理

一、债券的种类及其特性

债券是发行者为筹集资金向债权人发行的在约定时间支付一定比例的利息、并在到期时偿还本金的一种有价证券。施工企业选择债券时,要对各种债券的特性加以比较。

1. 政府债券

政府债券是由中央政府或地方政府发行的债券。投资政府债券的优点是:风险很小,流动性强,免交收益所得税;缺点是投资收益相对较低。

2. 金融债券

金融债券是由金融机构发行的债券。投资这种债券的风险较小，流动性强，能够获得比政府债券高、比企业债券低的收益。

3. 企业债券

企业债券又称公司债券。它是由企业发行的债券。投资企业债券的优点是：能够获得比政府债券和金融债券高的收益；缺点是本金和收益的风险大，一般都要交纳收益所得税。

二、影响债券价格的因素

影响债券价格的内部因素，主要有：

1. 期限的长短。一般来说，债券的期限越长，其市场变动的可能性就越大，其价格也就越易变动。

2. 票面利率。债券的票面利率越低，债券价格越易变动。在市场利率提高的时候，票面利率较低的债券的价格下降较快；当市场利率下降时，它的增值潜力较大。

3. 提前赎回规定。提前赎回条款是债券发行人所拥有的一种选择权。它允许债券发行者在债券发行一段时间以后，按约定的赎回价格在债券到期前部分或全部偿还债务。这种规定在财务上对发行者是有利的。因为发行者可以在市场利率降低时发行较低利率的债券，取代原先发行的利率较高的债券，从而降低融资成本。而对投资者来说，他的再投资机会受到限制，再投资的利率也较低，这种风险是要从债券价格中补偿的。因此，具有提前赎回可能性的债券应具有较高的票面利率，也应具有较高的到期收益率。其内在价值也就较低。

4. 税收待遇。一般来说，免税债券的到期收益率比类似应纳税债券的到期收益率低。

5. 市场属性。市场属性是指债券可以迅速出售而不会发行价格损失的能力。如果某种债券很难按市价卖出,持有者会因该债券的市场属性差而遭受损失,这种损失包括较高的交易成本以及资本损失。这种风险也必须在债券的价格中得到补偿。因此,市场属性好的债券与市场属性差的债券相比,具有较高的内在价值。

6. 违约风险。违约风险是指债券发行者不能按期履行合约规定义务、无力支付利息和本金的潜在可能性。一般说来,除政府债券外,其他债券都是有违约风险的。违约风险大的债券,投资者要求的收益率就越高,债券的内在价值也就越低。

影响债券价格的外部因素,主要有:

1. 银行利率。银行是信用度高的一种金融机构,其存款的风险较低,因此,银行利率是决定债券价格必须考虑的一个因素。一般来说,政府债券由于没有风险,其收益率要低于银行利率,而一般企业债券的收益率要高于银行利率。

2. 市场利率。利率风险是各种债券都面临的风险。在市场总体利率水平上升时,债券的收益率水平也应上升,从而使债券的内在价值降低;反之,在市场总体利率水平下降时,债券的收益率水平也应下降,从而使债券的内在价值提高。同时,市场利率风险与债券的期限相关,债券的期限越长,其价格的利率敏感度也就越大。

3. 通货膨胀。通货膨胀会使投资者从债券投资中实现的收益不足以抵补由于通货膨胀而造成的购买力损失,从而使债券的内在价值降低。

三、债券投资收益的评价

施工企业决定是否购买一种债券,要评价其收益和风险。企业的投资目标是高收益、低风险。

在计算各种债券收益时,必须考虑债券投资的时间价值。不考虑时间价值计算的债券收益,不能作为投资决策的依据。例如票面利率相同的两种债券,一个每年付息,另一个到期一次还本付息,其实际的经济收益有很大差别。因此,票面利率不能作为评价债券收益的标准。

评价债券收益水平的主要指标是债券价值和到期收益率。

（一）债券价值的计算

债券作为一种投资,现金流出量是其购买价格,现金流入量是利息和归还的本金,或者在出售时获得的现金。债券未来现金流入量的现值,称为债券的价值或债券的内在价值。只有债券的价值大于购买价格时,才值得投资。债券价值是债券投资决策时使用的一项主要指标。

目前我国债券利息的支付,有如下两种:一种是分年付息到期还本;另一种是到期一次还本付息。由于利息支付时间的不同,这两种债券价值的计算方法也不相同。

1. 分年付息到期还本债券价值的计算

债券如每年支付利息到期归还本金,其价值的计算公式为:

$$V = \frac{I_1}{(1+i)^1} + \frac{I_2}{(1+i)^2} + \cdots + \frac{I_n}{(1+i)^n} + \frac{M}{(1+i)^n}$$
$$= I \times (P/A, i\%, n) + M \times (P/F, i\%, n)$$

式中　V 为债券价值

　　　I 为每年利息

　　　M 为到期本金

　　　i 为折现率,一般采用当时市场利率或要求的投资收益率

　　　n 为债券到期前年数

如某施工企业于 2005 年 7 月 1 日拟购买面值 100 元的债券,其票面利率为 8%,每年 7 月 1 日计算并支付一次利息,3 年后的 7 月 1 日到期,当时该债券的市场价格为 94 元,企业要求的投资收益率为 10%,该债券是否值得投资,可按上列公式计算

债券价值。

$$债券价值 = \frac{8元}{(1+10\%)^1} + \frac{8元}{(1+10\%)^2} + \frac{8元}{(1+10\%)^3} + \frac{100元}{(1+10\%)^3}$$
$$= 8元 \times \left(\frac{P}{A}, 10\%, 3\right) + 100元 \times \left(\frac{P}{A}, 10\%, 3\right)$$
$$= 8元 \times 2.4869 + 100元 \times 0.7513$$
$$= 19.895元 + 75.13元 = 95.025元$$

由于该债券的价值大于市场价格,购买该债券进行投资是值得的。因为它可获得大于企业要求10%的投资收益率。

2. 到期一次还本付息债券价值的计算

债券如到期一次还本付息,其价值的计算公式为:

$$V = \frac{M}{(1+i)^n} + \frac{1 \times n}{(1+i)^n}$$
$$= (M + 1 \times n) \times \left(\frac{P}{F}, i\%, n\right)$$

假定上述某施工企业拟购买面值100元的债券,其利息在3年后到期时一次与本金一次支付,则某债券价值可按上列公式计算:

$$债券价值 = (100元 + 8元 \times 3) \times \left(\frac{P}{F}, 10\%, 3\right)$$
$$= 124元 \times 0.7513 = 93.1612元$$

由于该债券的价值小于市场价格,购买该债券进行投资是不合算的。因为它不能获得企业要求10%的投资收益率。这也说明在其他条件相同的情况下,债券利息是否分年支付,对债券的价值及其投资收益是不同的。

根据计算的债券价值,对比债券市场价格,可以评价债券是否值得投资,但不能得知购买债券确切的投资收益率,所以还要计算债券到期收益率。

(二)债券到期收益率的计算

债券到期收益率是指购买债券后,一直持有该债券至到期日可获得的收益率。这个收益率是按复利计算的收益率,也就是能使未来现金流入量的现值等于债券购入价格时的折现率。与计算债券价值一样,债券到期收益率的计算也要因利息支付的不同而采用不同的计算方法。

1. 分年付息到期还本债券到期收益率的计算

债券如分年支付利息到期归还本金,其到期收益率是求解下列方程中的折现率:

$$V = I \times \left(\frac{P}{A}, i\%, n\right) + M \times \left(\frac{P}{F}, i\%, n\right)$$

如仍以上述某施工企业拟购买面值 100 元的债券为例,其票面利率为 8%。每年付息,3 年后到期还本,债券市场价格或发行价格为 94 元,该债券到期收益率可按下列方程求解折现率。

$$94 \text{元} = 8 \text{元} \times \left(\frac{P}{A}, i\%, 3\right) + 100 \text{元} \times \left(\frac{P}{F}, i\%, 3\right)$$

用 $i\% = 10\%$ 试算,等式右方为:

$$8 \text{元} \times 2.4869 + 100 \text{元} \times 0.7513 = 95.03 \text{元}$$

由于等式右方大于左方 94 元,可断定收益率大于 10%,应进一步提高折现率试算。

用 $i\% = 11\%$ 试算,等式右方为:

$$8 \text{元} \times 2.4437 + 100 \text{元} \times 0.7312 = 92.67 \text{元}$$

由于等式右方小于左方 94 元,可断定收益率小于 11%,根据大于 10% 小于 11% 的判断,就可用线性插值法计算该债券到期收益率:

$$10\% + (11\% - 10\%) \times \frac{95.03 \text{元}}{95.03 \text{元} + 92.67 \text{元}}$$
$$= 10\% + 1\% \times 0.51 = 10.51\%$$

如果企业要求的投资收益率为 10.5%，则该债券是值得投资的。

2. 到期一次还本付息债券到期收益率的计算

债券如到期一次还本付息，其到期收益率是求解下列方程中的折现率。

$$V = I \times n\left(\frac{P}{F}, i\%, n\right) + M \times \left(\frac{P}{F}, i\%, n\right)$$

假定上述某施工企业拟购买面值 100 元的债券，其利息在 3 年后到期时与本金一起支付，债券市场价格或发行价格为 94 元，该债券到期收益率可按下列方程求解折现率。

$$94 \text{元} = 8 \text{元} \times 3 \times \left(\frac{P}{F}, i\%, 3\right) + 100 \text{元} \times \left(\frac{P}{F}, i\%, 3\right)$$

用 $i\% = 10\%$ 试算，等式右方为：

$$8 \text{元} \times 3 \times 0.7513 + 100 \text{元} \times 0.7513 = 93.16 \text{元}$$

由于等式右方小于左方 94 元，可断定收益率小于 10%。用 $i\% = 9\%$ 试算，等式右方为：

$$8 \text{元} \times 3 \times 0.7722 + 100 \text{元} \times 0.7722 = 95.75 \text{元}$$

由于等式右方大于左方 94 元，可断定收益率大于 9%，这样，就可用线性插值法计算该债券到期收益率：

$$9\% + (10\% - 9\%) \times \frac{95.75 \text{元}}{95.75 \text{元} + 93.16 \text{元}}$$
$$= 9\% + 1\% \times 0.51 = 9.51\%$$

如果企业要求的投资收益率为 10%，则这种到期一次还本付息的债券是不值得投资的。

四、债券投资的风险

债券投资的风险，包括违约风险、利率风险、通货膨胀风险、变现风险和再投资风险等。

1. 违约风险

违约风险是指发行者无法按时支付债券利息和偿还本金的风险。回避违约风险的方法是不购买偿债能力较差的企业债券和金融债券。

2. 利率风险

债券利率风险是指由于市场利率变动而使投资者遭受损失的风险。由于债券价格会随市场利率变动,即使没有违约风险的政府债券,也会有利率风险。

如某施工企业购入为期两年的政府债券 10 000 元,票面年利率为 8%,到期一次还本付息,购入 1 年后,市场利率上升到 12%,则这笔政府债券 1 年后的:

到期值=10 000 元×(1+2×8%)=11 600 元
到期值的现值=11 600 元÷(1+12%)=10 357 元
损失额=11 600 元−10 357 元=1 243 元

债券期限越长,利率风险越大。回避利率风险的方法是在利率低谷时不买长期债券。

3. 通货膨胀风险

通货膨胀风险是指由于通货膨胀而使货币购买力下降的风险。一般说来,预期收益率不变的要较会上升的资产的购买力风险大;利率固定的债券由于收益率不变受到的影响更大。回避通货膨胀风险的方法是通货膨胀期间不买长期债券。

4. 变现风险

变现风险是指无法在短期内以合理价格出售债券的风险。回避变现风险的方法是不购买市场属性差的债券。

5. 再投资风险

再投资风险是指债券变现后,难以找到比变现债券更高收益率的投资对象的风险。一般在预期市场利率处于上升通道时,不宜买入债券特别是长期债券,以回避再投资风险。

第三节　股票投资的管理

一、股票投资的有关概念

股票是股份有限公司公开发行、用以证明投资者的股东身份和权益,并据以获得红利和股息的一种有价证券。股票持有者对该公司财产有要求权。

1. 普通股和优先股

股票按股东所享有的权利,分为普通股和优先股。

普通股股票是股份有限公司必须发行的股票,通过这类股票所筹集的资金是股份有限公司股本的基础。它的发行状况与公司的设立和发展密切相关,其有效性与公司的存续期间相一致。普通股股票是风险较大的股票,持有这类股票的股东虽有权获取红利的权利,但红利收益并不确定,要随公司经营状况和盈利水平波动,而且必须在偿付了公司债务及优先股股东的股息之后才能获得。此外,股票市场的交易价格也经常受客观因素的影响出现大幅度波动,从而给投资者带来巨大的市场风险。选择普通股股票投资的优点是:享有参与公司决策的权力,转让股票不受任何限制,便于迅速买进卖出;对公司破产后的债务只负有限责任,对公司当前的利润及将来长期增加的利润享有永久的分享资格,在税收上能够因国家对来自股票价格上涨带来的资本增值收益征收较低或免征而享有实质性的优惠。

优先股股票是股份有限公司发行、在分配公司收益和剩余资产方面比普通股股票具有优先权的股票。优先股股票在发行时即已约定了固定的股息率,且股息率不受公司经营状况和盈利水平的影响。当公司利润不够支付全体股东的股息和红利时,优先股股东可以先于普通股股东分得股息。当公司因解散、破产等进行清算时,优先股股东又可先于普通股股东分得公司的剩余资产。优先股投资的收益和风险在证券投资中介于债券和普通股之间。它的收益率高于债券,但风险比债券大;收益低于普通股,但安全性比普通股好。正因为如此,优先股的市场价格波动不像普通股那样大起大落,却比债券行情的变动幅度大。所以施工企业如想获取较高的收益,又不想负担更大的风险,今后可选择优先股作为投资的对象。

2. 股票的价值和价格

股票的价值又称股票的内在价值。它是指其预期的未来现金流入量的现值。股票的未来现金流入量包括:每期预期股利、股息和出售时得到的价款收入。

股票本身是没有价格的,仅是一种股权凭证。它之所以有价格,可以买卖,是因为它能给持有人定期带来收益。一般来说,公司第一次发行时,要规定发行总额和每股金额,一旦股票发行后上市买卖,股票价格就与原来的面值分离,这时的价格主要由预期股利和当时的市场利率决定,即股利的资本化价值决定了股票价格。此外,股票价格还受整个经济环境变化和投资者心理等因素的影响。股市上的股票价格分为开盘价、收盘价、最高价和最低价等。投资者在进行股票评价时,主要使用收盘价。股票价格会随经济环境和公司经营状况而升降,总的长期趋势是上升。

二、影响股票价格的因素

随着大量信息进入证券市场,股票价格除了受内在的一些基本因素的影响外,还受市场行为因素的影响。综合起来,主要有下列因素。

1. 公司因素

公司因素一般只影响公司自身的股票价格,这些因素包括:公司的盈利能力、公司的财务状况、股利分配政策、公司的管理水平、市场占有率、新产品开发能力等。

2. 行业因素

行业股价变动受政府产业政策影响较大。政府鼓励发展的行业将受到财政、税收方面的优惠,促使行业盈利水平的提高和股价的上升。行业所处生命周期也与行业收益、风险密切相关。一般在初创期,盈利少,风险大,股价较低,也有将它作为题材进行投机操作炒得很高的。成长期利润大增,风险有所降低,行业总体股价水平上升,个股价格波动较大。在稳定期公司盈利相对稳定,风险较小,股价比较平稳。衰退期的行业通常称为夕阳行业,盈利普遍减少,风险较大,股价呈下降趋势。

3. 宏观经济形势和政策因素

(1) 经济增长和经济周期。在经济繁荣开始时,股票价格将随着人们对未来经济形势持好的预期而上扬,当经济走向繁荣时,股票价格将随公司盈利水平不断增长而呈大牛走势。当经济繁荣接近顶峰时,股价将开始逆转。到经济走向衰退时,股价将加速下跌。当然,不同行业受经济周期的影响程度会有所差异。

(2) 利率水平。市场利率的提高,一方面会增加公司成本,降低利润;另一方面会增加投资者股票投资的机会成本,两者均会使股票价格下跌;反之,市场利率降低,会使股票价格上涨。

(3) 货币政策。当中央银行采取紧缩货币政策时,市场利率上升,货币供应量减少,公司筹资困难,资金成本加大,盈利减少甚至亏损,股利很少或没有,会促使股票价格下跌;反之,当中央银行采取扩张货币政策时,会促使股票价格上涨。

(4) 财政、税收政策。当政府采取扩张或紧缩财政政策、扩大或减少公共支出、投资支出和补贴支出时,会增加或减少公司的利润和股利。当税率升降时,会降低或提高公司的净利润和股利。这些都将影响股票价格的升降。

4. 市场技术因素

市场技术因素是指股票市场的各种投机操作、股价循环规律以及证券主管机构的某些干预行为等因素。

在不成熟不规范的股票市场,各种投机操作对股价有很大的影响。股票投机者往往制造各种题材,对股票特别是小盘股(即上市流通股不大、容易控盘的股票)加以操纵,进行投机操作,从股价变动中获取巨额价差收益。

股价循环规律是指股票市场上股价涨跌存在一个盘旋—转变—活跃—回落—再盘旋的循环过程。盘旋期的股票交易量不大,股票涨跌幅度较小,转变期股票交易量上升,股价上涨幅度增大;活跃期的股票成交量剧增,股票价格也趋大幅度上涨;回落期的股票交易量卖多买小,股价大幅度下跌,当下跌到一定程度、引起下跌的因素逐渐消失后,股市价格又进入新的盘旋期。可见,处在不同循环期的股价的变动情况是不同的,把握这种规律,对投资者是十分重要的。

证券管理机构对股票市场的监督行为,可以抑制股票市场价格因过度投机操作、出现异常波动而影响股票的价格。

5. 社会心理因素

社会心理因素对股价变动的影响,主要表现在:如果投资者对某种股票的市场行情前景过分悲观,就会不顾发行公司的盈利状况而大量抛售手中的股票,致使股票价格大跌;反之,如对某种股票的市场行情前景过分乐观,就会导致股票价格猛涨。在股票交易市场,很多投资者存在一种盲目跟风心理。他们求利心切,怕吃亏,这种心态往往被一些大投机者利用,引起股价大涨或大跌的风波,并在大跌风波中吃了大亏。只有具备良好的心理素质,才能抵抗外部的干扰。

6. 市场效率因素

市场效率因素包括:信息披露是否全面、准确;信息传播是否快速;投资者专业化程度;投资大众分析、处理和理解信息的能力、速度及准确性等。市场效率越高,股票价格对信息反应越及时、准确,价格变化的随机性越强。

7. 政治因素

政治因素是指国内外政治形势、政治活动、政局变化、国家机构和领导人的更迭、国家政治经济政策与法律的公布或改变、国家或地区间的战争和军事行动等。尤其是其中的政局突变和战争爆发,会引起股票市场价格的大幅度波动。

三、股票投资收益的评价

股票评价的主要方法是计算其价值,然后和股票市场价格比较,视其低于、高于或等于市场价格,决定买入、卖出或继续持有。

1. 股票评价的基本模式

股票带给持有者的现金流入量包括两部分:股利收入和出售时的资本利得。股票价值由一系列的股利和未来出售股票时售价的现值所构成。

如果股东永远持有普通股股票,他只获得股利,是一个永续的现金流入量。这个现金流入量的现值,就是股票的价值。其计算公式为:

$$V=\frac{D_1}{(1+i)^1}+\frac{D_2}{(1+i)^2}+\cdots+\frac{D_n}{(1+i)^n}=\sum_{t=1}^{\infty}\frac{D_t}{(1+i)^t}$$

式中　V 为股票价值

　　　i 为折现率

　　　D_t 为 t 年股利

　　　t 为持股年份

如果投资者不打算永久持有该股票,而是在一段时间后出售。他的未来现金流入量是 n 次股利和出售时的股价。上列股票价值计算公式是股票评价的一般模式。它在实际应用时面临的问题是如何预计未来各年的股利,以及如何确定折现率。

股利的多少,取决于每股收益和股利支付率两个因素。股票评价的基本模型要求无限期地预计历年的股利,实际上不可能做到。因此应用的模型都是各种简化办法,如每年股利相同或固定比率增长等。

折现率应当是投资者所要求的收益率。确定折现率一般有以下方法:一种方法是根据股票历史上的平均收益率来确定;另一种方法是参照债券的收益率加上一定的风险收益率来确定;还有一种常见的方法是用市场利率。因为投资者要求的收益率,一般不低于市场利率。市场利率是投资于股票的机会成本,所以市场利率可以作为折现率。

2. 零增长股票的价值

零增长股票是假定在未来时期每股股利不变的股票。当股利不变时,股利收益的过程是一个永续年金,股票价值可按如下公式计算:

$$V=\frac{D}{i}$$

如某股份有限公司股票每年每股分配股利 0.50 元,折现率按市场利率 4% 加风险收益率 1% 为 5%,则股票价值为:

$$\frac{0.50 元}{5\%}=10 元$$

也就是说,该股票每年每股给你带来 0.50 元的收益,在折现率 5% 的条件下,它相当于 10 元资本的收益,所以其价值是 10 元。

当然,市场上该股票的价格不一定就是 10 元,还要看投资者对风险的态度,可能高于或低于 10 元。

如果当时该股票的市场价格为 12 元,高于股票价值,则在每股收益为 0.50 元时,其收益率将由 5% 降为:

$$i = \frac{D}{V} \times 100\% = \frac{0.50 \text{元}}{12 \text{元}} \times 100\% = 4.17\%$$

从上可知,该股票价格被高估了,可以考虑将它抛出。

上述零增长模型,用于评价优先股股票的价值非常合适。因为优先股股票的股息在企业持续经营期间各年是固定不变的。对普通股股票来说,虽不一定普遍适用,但从我国目前上市公司来说,每年要保持股票上市年度的股利,对一些大盘股来说也是不容易的,所以对普通股股票价值的评价也是有参考价值的。

3. 固定增长股票的价值

公司普通股股票各年的股利,理应不是固定不变、而是逐年增长的。如果年增长率为 g,当年股利为 D_0,则 t 年的股利为:

$$D_t = D_0 \times (1+g)^t$$

若 $D_0 = 0.50$ 元, g 为 3%,则 5 年后的股利为:

$$D_5 = 0.50 \text{元} \times (1+3\%)^5 = 0.50 \text{元} \times 1.1593 = 0.58 \text{元}$$

固定增长股股票价值的计算公式为:

$$V = \sum_{t=1}^{\infty} \frac{D_0 \times (1+g)^t}{(1+i)^t}$$

当增长率 g 固定不变时,可简化为:

$$V = \frac{D_0 \times (1+g)}{i-g} = \frac{D_1}{i-g}$$

如上述股份有限公司股利的年增长率为 3%, i 为 5%, D_0 为 0.50 元时,则其股票价值为:

$$\frac{0.50 \text{元} \times (1+3\%)}{5\% - 3\%} = \frac{0.515 \text{元}}{5\% - 3\%} = 25.75 \text{元}$$

如果当时该公司股票的市场价格为 20 元,说明股票价值被低估了,假定不急于套现,可继续持有。

从上可知,股票股利的增长与否,对股票价值的影响很大。假如每年股利固定不变,股票价值为10元,年增长率为3%,则股票价值为25.75元。这就要求投资者购买股票时,必须选择股利会逐年增长的绩优股。

4. 用市盈率计算股票价值

市盈率是股票价格为每股收益(净利润)的倍数,通过市盈率可以粗略反映股票价格的高低,表明投资者愿意用收益的多少倍的货币来购买这种股票。因此,它也可用于评价股票的价值。

由于: $市盈率 = \dfrac{股票市场价格}{每股收益}$

所以: 股票价格 = 行业平均市盈率 × 该股票每股收益

式中行业平均市盈率可以根据证券机构或刊物提供的行业中各公司过去若干年市盈率的平均数计算,将它乘以当年的每股收益,就是该股票的价值。用它与当前股票市场价格比较,可评价股票的价格是否合理,值不值得投资。

如某股份有限公司股票当年每股收益为0.60元,该行业平均市盈率为20,则:

$$股票价值 = 0.60 元 \times 20 = 12 元$$

如果该股票的市场价格为11元,说明市场对股票的评价略低,可以考虑投资。

必须指出,在市场经济条件下,价格往往背离其价值。特别像我国还不规范的股票市场,股票的价格更不能例外。由于股市往往受到不正常因素的干扰,某些股票的市场价格被哄抬到不应有的高度,市盈率很高。有的投机者为了获取巨额价差收益,进行投机操作,从而很难用股票价值评价股票价格的高低。但过高的市盈率和价格与价值背离很大的股票,其风险是很大的,是不宜作为稳健的企业投资者购买的。

四、股票投资与债券投资的比较

企业在选择股票还是选择债券进行投资以前,要对两者的利弊有比较清楚地辨别,以选择适宜的投资对象。

1. 投资性质

股票投资和债券投资都是证券投资,但投资的性质不同。股票是所有权证书。购买股票的投资者成为发行公司的股东,凭此根据公司的经营状况获得股利。债券是债权证书,购买债券的投资者是债券发行人的债权人,并以此获得利息。

2. 投资期限和本金偿还

股票是一种永久性证券,没有到期日。债券是有一定的偿还期限的。通常1年以内为短期债券,1~5年为中期债券,5年以上为长期债券,利率水平依此高低不同,到期偿还本金。

3. 剩余财产分配

债券投资者不仅在利息的分配上比股利优先,而且当公司由于经营不善导致破产清算时,在对公司剩余财产的分配上,债券比股票有优先偿还权。

4. 市场价差收益和投资风险

由于债券能够到期还本并稳定地获取利息,投资风险很小,因而市场价格波动的幅度不会很大地偏离其面值,获取巨额的市场价差收益的可能性也不大。股票的投资风险相当高,既可能获得较多的股利、配股收益和优先认股权收益,也可能几乎没有收益,甚至血本无归,所以股票市场上价格起伏很大,获取价差收益的数额也可能比债券高得多。

由此可见,股票投资和债券投资各有利弊。债券投资风险小,本金安全,收益稳定且比银行存款利息高,但不可能获得高额的收益。股票投资风险大,收益不稳定,但可能获得高额的收益。施工企业在选择股票还是债券投资时,应根据自身的投资目的和承担风险的能力来确定。

第四节 其他证券投资的管理

一、基金证券投资的管理
（一）投资基金及其分类
投资基金是一种利益共享、风险共担的集合投资制度。它通过发行基金证券，集中投资者的资金，交由基金托管人托管，由基金管理人管理和运用资金，主要从事股票、债券等金融工具投资。

投资基金的设立，须经中国证券监督管理委员会审查批准。申请设立投资基金，一般应具备下列条件：主要发起人为按照国家有关规定设立的证券公司、信托投资公司、基金管理公司；每个发起人的实收资本不少于三亿元，主要发起人有三年以上从事证券投资经验、连续盈利的记录；发起人、基金托管人、基金管理人有健全的组织机构和管理制度，财务状况良好，经营行为规范；基金托管人、基金管理人有符合要求的营业场所、安全防范设施与业务有关的其他设施。

经批准设立的投资基金，应当委托商业银行作为基金托管人托管基金资产，委托基金管理公司作为基金管理人管理和运用基金资产。基金托管人、基金管理人应在行政上、财务上相互独立。

基金托管人的主要职责为：安全保管基金的全部资产；执行基金管理人的投资指令，并负责办理基金名下的资金往来；监督基金管理人的投资运作；复核、审查基金管理人计算的基金资产净值及基金价格；保存基金的会计账册；出具基金业绩报告，提供基金托管情况。

基金管理人的主要职责为：按照基金契约的规定运用基金资产投资并管理基金资产；及时、足额向基金持有人支付基金收益；保存基金的会计账册；编制基金财务报告，及时公告；计算并公告基金资产净值及每一基金单位资产净值。

投资基金按其发行总额是否固定,分为开放式基金和封闭式基金。

1. 开放式基金

开放式基金是指基金发行总额不固定,基金单位总数随时增减,投资者可以按基金的报价在国家规定的营业场所申购或赎回基金单位的一种投资基金。基金单位的申购价格除了支付单位基金资产净值外,还要支付一定的销售附加费。基金单位的赎回价格,对赎回时不收取任何费用的基金,基金单位赎回价格就是单位基金资产净值。对赎回时要收取费用的,费用的收取一般是按基金投资年数不同规定的赎回费率计算,持有基金的时间越长,费率越低。当然,也可按统一的费率收取。

2. 封闭式基金

封闭式基金是指事先确定发行总额。在封闭期内基金单位总数不变,基金上市后投资者可以通过证券市场转让、买卖基金单位的一种投资基金。买卖基金单位的价格,由证券市场的供求关系决定。我国前几年发行的投资基金,大都属于这类基金。

(二)基金证券及其与股票、债券的区别

基金证券是投资基金发行人向不特定的投资者发行的,表示持有人对基金享有资产所有权、收益分配权和其他相关权利,并承担相应义务的一种有价证券。它与股票、债券的区别,主要体现在以下几个方面。

1. 权利关系不同

基金证券由投资基金发起人发行,基金证券持有人虽有权出席基金持有人大会,修改基金契约、更换基金托管人、基金管理人,监督基金经营情况,取得基金收益和清算后剩余资产,但不得参与基金管理公司基金资产的运作。基金持有人与基金管理公司的关系是一种契约关系。股票是由股份有限公司发行的,股票持有人是股份有限公司的股东,有权参与公司的经营管理决算。股东与股份有限公司的关系是一种股权关系。债券是由政府、银行及企业等发行主体发行的,债券持有人与发行者的关系是一种债权债务关系。

2. 投资者的经营管理权不同

通过发行股票筹集到的资金,完全由发行股票的股份有限公司掌握和运用,股票投资者有权参与公司的经营管理决策。通过发行债券筹集到的资金,由发行债券的发行主体自主支配,债券投资者无权干预债券资金的运用。投资基金的运作机制则不同。基金发起人和投资者都不参与投资基金的运作,而是委托基金管理公司营运。同时,投资基金信托是一种集中信托,受托的基金管理公司本着"受人之托,代人理财,忠实服务,科学运用"的精神,按照投资基金章程的有关规定,对该基金自主地加以运作,并保证投资者获得丰厚的收益。投资者只分享基金的收益,不干预基金资产的管理和运用。

3. 风险和收益各不相同

投资基金是委托专门从事证券投资的基金管理公司进行分散组合投资,从而可以分散和降低投资风险。从风险程度上看,基金证券投资要小于股票投资,但大于债券投资。基金证券投资的收益是不固定的,这一点不同于债券投资而类似于股票投资。从投资收益水平上看,由于基金管理公司配备有较多专业操作证券买卖的人员,基金证券的投资收益不低于股票投资,且一般都会大于债券投资。因此,基金证券投资是一种风险低于股票投资,收益高于债券投资的证券投资。

4. 存续期间不同

基金证券投资由于投资基金规定有一定的存续期间,期满即终止,这一点类似于债券投资。与债券投资不同的是:基金证券经基金持有人大会决议,可以提前终止,也可以期满后再延续。封闭式基金在存续期间不得任意增减基金单位总数,持有人只能通过证券交易市场转让、买卖基金证券,从这一点看,基金证券投资又类似于股票投资。与股票投资不同的是,开放式基金可以随时增加或减少基金单位总数,持有人可以按单位基金资产净值(或加上一定比例费用)在国家规定的营业场所申购或赎回所持有的基金单位。

(三)基金证券投资收益的评价

评价基金证券投资收益水平的主要指标是单位基金资产净值。单位基金资产净值是衡量投资基金经营好坏的主要指标,也是投资基金在发行期满后买卖价格的计算依据。它的计算公式为:

$$单位基金资产净值 = \frac{基金资产总值 - 各项费用}{基金单位总数}$$

式中基金资产总值是指该投资基金所拥有的资产,包括现金、股票、债券和其他有价证券及其他资产于每个营业日收市后,根据收盘价格及账面余额计算出来的资产总值。

各项费用是指该基金证券在发行、运作过程中发生的各项费用,包括:(1)前期费用。这是指在基金证券发行前和发行时所发生的各项费用,包括宣传费、招募章程费、申请费等。(2)管理费。它是基金管理公司的收入,按该基金资产净值的一定百分比计算。在国外,一般在 $0.4\% \sim 2\%$ 之间。(3)保管、交割费。保管费是一项固定费用,按托管资产总额的一定百分比计算。交割费是指每笔买卖或转移证券所发生的费用,一般按交割证券的资产净值的一定百分比计算。(4)经纪人费。这是指经纪人代客户买卖时,按交易所的规定费率计收的费用。

单位基金资产净值是基金单位价格的内在价值。因此,基金单位价格与其资产净值一般是趋于一致的。基金资产净值增长,基金单位价格也跟着提高,特别是开放式基金,基金单位的申购或赎回都主要根据单位基金资产净值计价。但是,对封闭式基金来说,由于它的基金证券在证券交易所上市交易,其价格除了受单位基金资产净值影响外,还要受到市场供求情况、经济形势、政治环境等多方面因素的影响。因此,两者不可避免地会产生偏差,有时甚至呈反向变动趋势。

就基金资产净值本身来看,由于基金投资的各种有价证券,特别是股票的市场价格与其内在价值常常背离,因此建立在这一基础上的基金资产价值必然会有"水分",尤其是在股市大起大落之时。从这个意义上说,基金资产净值并不能真正反映某个基金的资产拥有情况。一般说来,在股市"牛市"的时候,基金投资组合中股票的成分越多,基金资产净值中"水分"就越大;反之,在股市"熊市"当道期间,基金资产净值中"水分"就会少一些。

所以,对于各种基金的资产净值多寡孰好孰坏,很难有一个统一的评判标准,主要可根据以下几个标准来看:

(1) 基金投资的有价证券特别是股票的质量。如果投资者想购买的基金证券所选择的投资对象以收益稳定、市场价格波动幅度小的有价证券为主时,基金资产净值当然越高越好。

(2) 基金投资的目的在于获利,在我国上市公司大都不分配红利的情况下,其中资本利得是不可忽视的因素。这项收入本身就靠有价证券在市场"低进高出"获得的。从这一标准看,基金资产净值中"水分"太少也是不行的。在这种情况下,基金的资产净值应在资产结构,特别是有价证券组合结构方面常有变动,这种变动表明基金的操作者在证券投资方面比较注意有价证券的市场价格变动,在投资中采用较多的短线操作。当然,基金资产净值中"水分"越多,收益与风险就同时递增。

二、可转换债券投资的管理

可转换债券是可以根据债券持有者的选择,以一定的价格转换成普通股的有价证券。可转换债券在发行后,债券持有者可选择有利的时机请求发行公司按照发行时规定的价格将债券转换为公司的普通股股票,若不想转换,则可继续持有,直至偿还期满时收回本金和利息。对于上市流通的可转换债券,在发行公司的股票价格上扬时,债券持有者可以通过在证券市场上抛售债券来实现收益,并不一定要转换成股票。

根据《可转换公司债券管理暂行办法》的规定,上市公司发行可转换公司债券的,以发行可转换公司债券前一个月股票的平均价格的基准,上浮一定幅度作为初始转股价格,可转换债券每张面值与初始转股价格的比率为初始转股比率:

$$初始转股比率 = \frac{可转换债券面值}{初始转股价格}$$

如果在可转换债券发行以后,当发行公司派发红股、转增股本、增资扩股(不包括转债转换增加的股本)、配股时,应按下列公式将初始转股价格进行调整:

$$送股或转增股本后的转股价格 = \frac{P_0}{1+n}$$

$$增发新股或配股后的转股价格 = \frac{P_0 + AK}{1+K}$$

$$\begin{matrix}既送股或转增股本又增发\\新股或配股后的转股价格\end{matrix} = \frac{P_0 + AK}{1+n+K}$$

式中　P_0 为初始转股价格

　　　n 为送股率

　　　K 为增发新股或配股率

　　　A 为新股价或配股价

如某上市公司于 2008 年 4 月发行可转换债券,债券面值为 100 元,3 月份该公司股票的平均价格为 9.73 元,按溢价 2.77% 确定初始转股价格为 10 元(9.73 元×1.0272),则可转换债券的:

$$初始转股比率 = \frac{100 元}{10 元} = 10$$

假定该上市公司于 6 月份实行配股,配股率为 0.3(即每 10 股配 3 股),每股配股价为 5 元,则可转换债券的:

$$配股后的转股价格 = \frac{10 元 + 5 元 \times 0.3}{1 + 0.3} = 8.85 元$$

$$调整后的转股比率 = \frac{100 元}{8.85 元} = 11.3$$

可转换债券有一定的转换期间,转换期间通常是从发行日之后若干月或年起至债券到期日止,在转换期间,如果股票市场价格高于调整后转股价格,可转换债券价格就会上扬,投资者可以将它在市场抛售来获得投资收益,或将它转换为股票,成为公司的股东来分享公司的红利。如果股票市场价格低于调整后转股价格,仍可持有可转换债券,收取债券的利息收入。即使公司破产清算,可转换债券持有者也能比股东先得到收回公司所欠债务的权力,是一种风险低于股票的投资。

三、优先认股权投资的管理

优先认股权是指在发行新股票时,给予现有股东优先购买新股票的权利。其做法是给每一股东一份证书,写明他有权购买新股票的数量,数量多少根据股东现有股数乘以规定比例求得。由于一般新股票的定价低于股票市场价格,因此优先认股权具有价值。股东可以行使该项权利认购新股,也可以将它转让给他人。

1. 含权优先认股权的价值

优先认股权通常在某一股权登记日前颁发。在此之前购买的股东享有优先认股权,或说此时的股票的市场价格含有分享新发行股票的优先权,因此称为"含权优先认股权",其价值可由下列公式求得:

$$含权优先认股权价值 = \frac{P_0 - A}{N + 1}$$

式中　P_0 为含权股票的市场价格

　　　A 为新股认购价格

　　　N 为购买1股新股所需的股权数

如某股份有限公司发行新股时分配给现有股东的新发行股票与原有股票的比例为1∶5,每股认购价格为11元,原有股票每股市场价格为20元,则在股权登记日前的:

$$含权优先认股权价值 = \frac{20 元 - 11 元}{5+1} = 1.50 元$$

无优先股权的股票价值为:

$$20 元 - 1.50 元 = 18.50 元$$

2. 除权优先认股权的价值

在股权登记日以后,股票的市场价格中将不再含有新发行股票的认购权,在认购新股期间,优先认股权就被称为"除权优先认股权",其价值可按下列公式算得:

$$除权优先认股权价值 = \frac{P_1 - A}{N}$$

式中　P_1 为无优先认股权股票价格

优先认股权的主要特点是:它能提供较大程度的杠杆作用,即优先认股权的价值要比其可购买的股票的价格的增减速度要快。如仍以上述某股份有限公司为例,若该公司发展前景良好,效益能不断提高,除权后股票的市场价格从18.50元上升到23.50元,即提高27%,则除权优先认股权价值为2.50元$\left(\frac{23.50 元 - 11 元}{5}\right)$,较含权优先认股权价值1.50元提高66.7%;反之,如该公司发展前景不好,效益下降,除权后股票的市场价格从18.50元下降到16元,即下降13.5%,则除权优先认股权价值为1元$\left(\frac{16 元 - 11 元}{5}\right)$,较含权优先认股权价值1.50元下降33.3%。由上可知,投资者如要购买优先认股权,只有选择发展前景较好能不断提高经济效益公司的股票的优先认股权,才能获得较好的投资效益。

复 习 题

1. 证券投资具有哪些特征？施工企业在进行证券投资时,一般要经过哪些阶段？
2. 影响债券价格的因素主要有哪些？怎样对债券投资收益进行评价？
3. 债券投资会碰到哪些风险？如何回避这些风险？
4. 影响股票价格的因素主要有哪些？怎样对股票投资收益进行评价？
5. 什么叫做投资基金？开放式基金和封闭式基金有哪些区别？怎样对基金证券投资收益进行评价？
6. 投资股票和投资债券、投资基金证券比较,各有哪些利弊？试就投资性质、风险和收益、存续期间等方面加以说明。
7. 什么叫做可转换债券？什么叫做优先认股权？施工企业一般在什么情况可以购买可转换债券和优先认股权？

习 题

习 题 一

一、目的 练习债券投资的评价。

二、资料

1. 某施工企业有一笔资金,拟进行债券投资,现有甲、乙两家企业同时发行债券,均按面值100元发行,为期5年。信用等级均为 AAA。

2. 甲企业发行的债券每年付息、到期还本,票面年利率为 5%。

3. 乙企业发行的债券到期一次还本付息,票面年利率为 6%。

三、要求　根据上列资料:

1. 计算甲企业债券的价值;

2. 计算乙企业债券的价值;

3. 对甲、乙两家企业债券的投资作出决策,并说明其理由。

习　题　二

一、目的　练习股票投资的评价。

二、资料　某施工企业有一笔资金想进行股票投资,对有关股票发行企业的经营业绩、财务状况和行业景气度等加以分析后,拟投资申江电力股票。该股票近三年每股收益分别为 0.40 元、0.42 元、0.44 元,目前股价在 20 元左右上下波动,市场年利率为 7%。施工企业要求的投资收益率为 12%。

三、要求　根据上列资料:

1. 计算申江电力股票的价值;

2. 计算申江电力股票的预期收益率;

3. 对申江电力股票的投资作出初步决策,并说明其理由。

第七章　企业资产的评估[①]

第一节　企业资产评估的意义和方法

为了发展社会主义市场经济,促进企业资产有效使用和合理流动,正确反映企业资产价值及其变动,确保资产价值得到应有补偿,保障资产所有者和资产经营者合法权益,必须根据特定目的,依据有关规定,对企业资产价值及其预期经济效益进行评估。

企业资产评估是指人们运用科学方法,按照统一标准和一定程序,对企业资产价值及其预期效益作出评定和估算的活动。企业资产评估的范围包括流动资产、固定资产、无形资产和其他资产。

施工企业所有的资产,一般在实行合并、股份制改组、承包、租赁、中外合资、合作经营、发行企业债券、股票、抵押、经济担保、债务重组、企业解散、破产和清算,以及其他依照法律规定需要进行资产评估时,都要按照有关规定,进行资产评估工作。

一、企业资产评估的意义

开展企业资产评估工作,对于发展社会主义市场经济、深化经济体制改革、优化企业资产管理等方面,具有重要的意义。

首先,企业资产评估是发展社会主义市场经济的需要。

我国实行的是社会主义市场经济,一切经济活动都必然受到

[①] 如果在教学计划中安排课时较少,本章可以不讲。

市场经济规律特别是价值规律的制约。按照价值规律的要求,商品交换必须以价值量为基础,遵照等价交换的原则。这就要求企业高度重视市场调节的作用,及时捕捉市场信息,根据市场行情的变化,调整自己的建筑产品结构和经营方向。更重要的是,企业必须依据自身在现实条件下资产实力来进行决策,特别是在企业资产账面价值与实际价值背离的情况下,使得资产评估工作更为重要。

随着社会主义市场经济的发展,不但企业的资产要进入生产资料市场进行交易,而且企业本身也已作为一种特殊的商品走向产权交易市场,成为交换的对象。产权通过市场参与交换,就必有它的价值和价格,没有产权价格,就不能实现交换。因此,产权交换便与评估工作密切结合。产权的交换价格,既不能按账面价值,也不能按历史成本,而必须按当时的市场价格。通过资产评估评定其在现行市场价格水平下的价值量,是保证产权交易顺利进行的前提条件,也是价值规律的客观要求。

其次,企业资产评估是深化经济体制改革的需要。

随着我国经济体制改革的不断深化,出现了多种经营形式。多种经营形式的出现,改变了企业单一的所有制结构,出现了多元化的所有制结构,即资产有两个或两个以上所有者。所有者的利益决定于其资产份额的多少和企业的经济效益,在企业经营状况比较稳定的情况下,则主要取决于其资产份额的多少。为了维护资产所有者和资产经营者的合法权益,必须进行资产评估,以正确评定所有者的资产份额。又企业要发行债券、股票、进行抵押、经济担保以及解散清算、破产清算、拍卖等经济活动,也离不开对企业现有资产进行评估。

此外,从国家宏观管理角度来看,企业资产底数不清,权、责、利不明,也不利于改革的进一步深化。

第三,企业资产评估是优化企业资产管理的需要。

优化企业资产管理的重要内容之一是使企业资产及时合理流动,在流动中对资产存量进行合理配置。但是,无论是宏观上的企业资产的最优配置,还是微观上的企业资产的经营施工,都需要切实掌握企业资产的基础材料,掌握资产存量,弄清资产实际价值。只有这样,才能为实现宏观调控和微观搞活提供依据。目前,我国不少企业资产账面价值与实际价值背离。扭曲了的资产价值,不但影响到折旧、消耗、成本的核算,使众多企业虚盈实亏,不能真实反映企业的经济效益,同时也掩饰了企业资产管理中存在的问题,影响企业资产的优化配置。

通过企业资产评估,掌握企业资产存量的真实材料,才能算出企业真实的资金盈利能力,反映企业资产及其经营的实际情况,并针对企业的实际经营情况,采取相应的措施,实现真正意义上的优化管理。

第四,企业资产评估是保证企业再生产正常进行的需要。

实现企业再生产的前提条件是必须保证再生产的资金投入。采取价值补偿形式,是实现这一前提条件的有效措施。在市场经济条件下,包括企业生产要素在内的一切商品的市场价格是经常变动的。而我国企业传统的固定资产价值管理办法,一般是按照投资时的购置价格和建设成本作为原值入账,然后采取平均年限折旧法提取折旧,并据以计算各个不同年份资产的净值。固定资产是企业生产和再生产的主要劳动资料,从投入使用到报废,往往需要几年十几年甚至几十年,按照传统的价值管理办法,就会使企业资产的账面价值同实际市场价格背离过大,到某项固定资产报废以后,用提取的折旧去购建同样的新固定资产,其资金往往是不足的,要影响再生产的资金投入,不能保证再生产的顺利进行。定期特别是在物价变动较大时对资产进行评估,使资产的补偿价值与资产的市场价格相联系,是解决这一问题的有效而又可行的措施。

第五,企业资产评估是实行对外开放的需要。

实行对外开放政策,引进外资和先进技术与管理经验,是社会化大生产发展的趋势,也是我国一项长期的基本国策。对外开放必须遵循平等互利的原则,做到利益共享,风险共担。这就要求我们在同外国合资、合作经营时,对中外双方投入的资产进行公平合理的评估。只有这样,才能既有利于对外开放的顺利进行,又能保证我国企业资产不受损失。由于我国的资产评估工作起步较晚,缺乏经验,早期的合资企业大多没有很好地进行资产评估,固定资产只按原值或净值计算,土地无偿使用或仅计算征地费用,无形资产不计算价值,给企业资产造成了相当大的流失。只有按照国际惯例对双方投入资产评估以后进行合资,使各方资本基本等价,合资后按资本分红,才是平等的合作。

二、企业资产评估的标准

企业资产评估标准,是指对企业资产的作价标准,也就是对企业资产计价所适用的价格准则。根据国际通用的作价标准,可采用重置成本、更新成本、市场价格、收益现值、公允价值和清算价格等价格标准。这些价格标准,不仅在质上有差别,在量上也存在较大差距。在资产评估时,应根据特定的评估目的,选择适用的评估标准。

(一)以资产补偿、资产保值为目的的资产评估,适用重置成本、更新成本标准

资产成本包括资产的购置、运输、建造、安装、调试等全部费用,是准确计量资产所费的尺度,也是资产足额补偿、正确反映价值的基础。

成本标准分为历史成本标准、重置成本标准和更新成本标准。所谓历史成本,就是指资产形成时的所费成本。所谓重置成本,就是对被评估的资产进行恢复、重建,用原来资产同样的材料和现行

材料价格、人工费用估算的成本。所谓更新成本,就是对被评估的资产用新型材料并根据现代标准和设计建造与原来用途、功能相同资产所需的成本。

重置成本标准和历史成本标准的差别,在于重置成本标准考虑了资产在使用期内的价格因素变动。因此,重置成本标准实际上是按价格变动把历史成本标准转换成动态系列成本。在物价比较稳定的条件下,重置成本接近历史成本,一般就可采用历史成本标准。因为历史成本标准,是会计核算中资产入账的依据,它具有客观性和查证性。但在物价持续上涨或变动幅度较大,或者发现资产账实不符时,一般应采用重置成本标准。由于重置成本标准是根据物价因素完善了的历史成本标准,所以重置成本比历史成本更接近资产的现值。

更新成本标准和重置成本标准的差别,在于更新成本标准考虑了技术进步因素,它用现代的技术、材料,根据现代的标准和设计来建造。它也是重置一项资产,其用途和功能与原有资产一样,但应用现代技术和材料,可能花的成本更少一些。由于更新成本标准全面考虑了资产在使用期内的技术、价格等因素的变化,因此它比重置成本更能反映资产的价值。

(二)以资产纳税和个别资产出售为目的的评估,适用市场价格标准

市场价格就是对被评估资产按照市场现行价格计算的价格。市场价格标准和重置成本标准都是按被评估资产现值计算的,但它们的经济含义和计算结果却不相同。首先,市场价格标准是指被评估资产在全新时按照市场现行价格所能获得的收入,即能卖多少钱,是从卖者的角度出发,因而变现值的大小要受市场的制约。而重置成本标准是指被评估资产假定在全新时,按照市场现行价格所费的成本,即买它要花多少钱,是从买者的角度出发。其次,市场价格标准仅仅是指资产的变现价,而重置成本标准不仅包

括资产的买价,而且还包括资产的运杂费、安装调试费等。因此,一般资产的重置成本要高于市场价格。第三,市场价格标准与被评估资产的历史成本没有直接联系,而重置成本标准则要利用被评估资产的历史成本加以换算。

(三)以改变经营方式和以产权转让为目的的资产评估,适用收益现值标准

收益现值就是将企业资产预期收益折现的现值。企业在施工经营过程中,往往实行承包、租赁、合并、股份制改制、合资经营、合作经营等经营方式,或进行所有权、使用权等产权交易,前者由于承包、出资各方出于自身利益的需要,或由于有其他投资者的介入,后者由于产权的变动,都要求公正合理地协调各方的财产利益关系,而只有在资产收益现值这个标准的基础上,才能实现上述经营方式和进行产权交易。因为按照资产收益现值标准来评估资产的价值,是把资产作为收益能力来考虑的,它符合双方的利益动机,并可通过公平竞争进一步协调这种利益关系。

(四)以资产清算、资产抵押和资产清理为目的的资产评估,适用清算价格和可变现净值标准

清算价格是指企业在解散清算和破产清算或资产清理时资产变现的价格。由于资产清算、清理一般是在短期内强制进行的,其资产往往不具备在市场竞争的条件,资产变价收入低于市场价格。抵押资产到期不能赎回时,也要在短期内变价处理,所以也适用清算价格。但在资产变现的同时,往往会发生有关税费支出、使变现后净收入少于变现价格、资产变现价格减去变现时发生税费后的净收入,就是"可变现净值"。

(五)企业会计准则中规定资产以"公允价值"计量的,在会计核算时,对资产适用公允价值计量标准

公允价值是指在公平交易中,熟悉情况的交易双方自愿进行资产交换的金额,如果该资产存在活跃市场,该资产的市场价格即

为其公允价值。如果该资产不存在活跃市场,但与该资产类似的资产存在活跃市场,则该资产的公允价值应比照类似资产的市价确定;如果该资产和与该资产类似的资产均不存在活跃市场,则该资产的公允价值可按其所能产生的未来现金流量的现值确定。至于各种资产公允价值的计量方法,可查阅施工企业会计书的有关章节。

三、企业资产评估的方法

根据上述企业资产评估标准和施工企业的具体情况,资产评估可采用重置成本法、更新成本法、市场价格法、收益现值法、清算价格法或可变现净值法、因素综合计算法等评估方法。现先对这些评估方法作简单的介绍,然后在以后各节结合各评估资产的特点加以叙述。

(一)重置成本法

重置成本法是根据相同或类似被评估的资产,在全新情况下,按现行价格计算的重置成本以及被评估资产的使用和技术状况,来确定资产评估价值的资产评估方法。这种方法适用于用重置成本标准评估的资产评估。

由于资产的重置成本可以用不同的方法求得,因此,重置成本评估方法也有多种。

1. 分析计算法

分析计算法也叫细节分析法。它是利用现行价格直接估算购建相同或类似被评估资产所费的成本,然后根据被评估资产的新旧、技术等情况,来确定资产评估价值的方法。这里所说资产购建成本,对外购资产,是指按现行价格购买资产的买价和购入时发生的运杂费和安装调试费等;对建造资产,是指按现行价格建造资产所需的材料费、人工费及其他建设费用。其计算公式为:

资产评估价值＝资产重置成本×成新率×(1±调整系数)

式中的成新率是指资产的新旧程度，一般可以按下列公式计算：

$$成新率 = \frac{资产重置成本 - 按重置成本计算已使用年限的累计折旧额}{资产重置成本} \times 100\%$$

或

$$= 1 - \frac{已使用年限}{折旧年限} \times 100\%$$

调整系数根据资产的功能、技术状况、维护保养情况及其他有关因素确定。可以是正值，也可以是负值。当损耗程度小于正常损耗程度时，其调整系数为正值；反之，为负值。

2. 指数调整法

指数调整法是根据被评估资产的历史成本和物价指数，确定现行价格水平的重置成本，然后再考虑被评估资产的成新率和有关因素，来确定资产评估价值的方法。它的计算公式为：

$$资产评估价值 = \left[资产历史成本 \times \frac{资产评估时的物价指数}{资产购建时的物价指数} \right] \times 成新率 \times (1 \pm 调整系数)$$

式中第一个括号内即是根据物价指数将资产历史成本按评估时的价格调整为重置成本。

3. 汇率调整法

对进口资产，可采用汇率调整法。汇率调整法是根据被评估资产的历史成本和汇率变动，确定评估时汇率的重置成本，然后再考虑被评估资产的成新率和有关因素，来确定资产评估价值的方法。它的计算公式为：

$$资产评估价值 = \left[资产历史成本 \times \frac{资产评估时的汇率}{资产购建时的汇率} \right] \times 成新率 \times (1 \pm 调整系数)$$

（二）更新成本法

更新成本法是指被评估资产用现代技术、材料,根据现代的标准和设计,按照现行价格计算的更新成本,以及被评估资产的成新率和有关因素,来确定资产评估价值的资产评估方法。这种方法适用于用更新成本标准评估的资产评估。一般可用如下两种方法计算资产的评估价值。

1. 分析计算法

分析计算法是用现代的技术和材料,根据现代的标准和设计,按照现行材料、人工价格计算的更新成本,然后再根据被评估资产的成新率和有关因素,来确定资产评估价值的方法。它的计算公式为:

$$资产评估价值 = 资产更新成本 \times 成新率 \times (1 \pm 调整系数)$$

2. 标准固定资产现值生产规模效益指数计算法

标准固定资产现值生产规模效益指数计算法是指按现代技术、材料设计生产在用途和功能上与被评估固定资产相同的标准固定资产现值,根据生产规模效益指数和成新率来计算被评估固定资产的评估价值的方法。它的计算公式为:

$$固定资产评估价值 = 标准固定资产现值 \times \left[\frac{被评估固定资产生产能力}{标准固定资产生产能力}\right]^n \times 成新率$$

$$= 资产更新成本 \times 成新率$$

式中标准固定资产现值是指已生产使用的用现代技术、材料,根据现代标准和设计,按现行价格水平计算的固定资产价值。"n"是生产规模效益指数,它是 0~1 之间的一个经验数据,一般是在 0.6~0.7 之间的一个数值。因为固定资产的购建成本与其生产能力不是线性关系。即标准固定资产的生产能力是被评估固定资产的一倍时,它的购建成本不一定是被评估固定资产的一倍,因此,要用生产规模效益指数"n"进行调整。

上述各种重置成本法和更新成本法在形式上虽不相同,但其实质都是从不同角度首先将历史成本转算成重置成本或更新成本,然后考虑成新率及相关因素来确定被评估资产的评估价值。长期以来,我国施工企业对资产的核算和调拨,都按历史成本,而许多固定资产由于使用年久,从资产的外形、结构到性能等方面都发生了较大的变化,所以采用重置成本法和更新成本法对资产进行评估,也是符合客观实际的。当然,重置成本法和更新成本法都涉及一些经济、技术参数,如物价指数、汇率、成新率、生产规模效益指数,等等,这就要求我们在选用这些参数时,要根据建筑业的具体情况,在分析、判断的基础上加以使用。

(三) 市场价格法

市场价格法也叫现行市价法、市场法、市场比较法。它是以被评估资产在全新情况下的市场价格为基础,减去按现行市场价格计算的已使用年限的累计折旧额,然后确定资产评估价值的资产评估方法。这种方法适用于用市场价格标准评估的资产评估。它的计算公式为:

$$资产评估价值 = 全新资产的市场价格 - 全新资产的年折旧额 \times 被评估资产已使用年限$$

式中:

$$全新资产的年折旧额 = \frac{全新资产的市场价格 - 预计净残值}{折旧年限}$$

(四) 收益现值法

收益现值法也叫收益法。它是建立在资产收益资本化的基础上,根据企业资产在连续经营情况下所能获得的预期收益,并将这些预期收益折算成现值,来确定资产评估价值的资产评估方法。这种方法适用于用收益现值标准评估的资产评估。它的计算公式为:

$$资产评估价值 = 资产年收益额 \times \frac{(1+i)^n - 1}{i(1+i)^n}$$

式中　资产年收益额是指企业资产在连续经营情况下每年所产生的预期收益,一般应是几个年度的年平均收益额

"i"为年折现率,一般采用市场利率

"n"为资产使用年限,即在经济上能为企业带来预期收益的年限

$\frac{(1+i)^n-1}{i(1+i)^n}$ 为年金现值系数,可通过年金现值系数表查得。所谓年金现值,就是指今后一定时期内,每年都有一定等额资金的现值,在这里也就是今后各年预期收益额的现值之和。因为资金的价值是随着时间的转移而变动的,不同时间的等额资金是不等价的。如按年利率10%计算,1年后的100元只等于今天的90.91元,两年后的100元只等于今天的82.64元,所以必须将以后各年的资产收益额折现计算

(五)清算价格法或可变现净值法

清算价格法或可变现净值法是在企业解散或破产清算财产,或以资产抵押时,以资产拍卖或变价处理的变价收入或变价收入减去变价时税费支出后的净收入作为资产评估价值的资产评估方法。它适用于用清算价格标准评估的资产评估。在实际评估时,对破产企业的资产应分别不同情况进行:对完全丧失使用价值的资产,可按市场废旧物资收购价评估;对仍具有一定使用价值的资产,可参照市场上相同或类似资产的售价,通过对比分析的方法来评估。但清算价格不同于市场价格,因破产清算带有强制性,不具备正常的市场交易条件,因而变价收入往往低于市场价格。

(六)因素综合计算法

因素综合计算法是综合考虑资产的历史成本、技术改造支出、资产残值、已使用年限、增加使用年限、年物价变动指数和资产无形损耗系数等有关因素的变化来确定资产评估价值的资产评估方法。它的计算公式为:

$$C=\frac{(A+D-Y)\times[1+(W-S)\times G]}{G+Z}\times Z+Y$$

式中　C 为某项资产的评估价值

　　　A 为被评估资产的历史成本

　　　D 为用在该资产上的技术改造支出

　　　Y 为被评估资产的残值

　　　W 为年平均物价变动指数

　　　G 为被评估资产已使用年限

　　　Z 为被评估资产增加使用年限

　　　S 为资产无形损耗系数,根据被评估资产的无形损耗程度确定,可按下列公式计算:

$$S = \frac{K_0 - K_1}{K_0} = 1 - \frac{K_1}{K_0}$$

式中　K_0 为资产的历史成本

　　　K_1 为考虑到由于再生产的必要劳动时间减少和新技术的出现使购建原有资产成本相对降低时的更新成本,可根据下列公式计算:

$$K_1 = K_n \left(\frac{P_0}{P_n}\right)^\alpha \left(\frac{C_n}{C_0}\right)^\beta$$

式中　K_n 为新资产的价值

　　　P_0 为旧资产的年生产率

　　　P_n 为新资产的年生产率

　　　C_0 为旧资产的单位工程、产品耗费

　　　C_n 为新资产的单位工程、产品耗费

　　　α 为劳动生产率提高指数,$0 < \alpha < 1$

　　　β 为成本降低指数,$0 < \beta < 1$

　　因素综合计算法由于综合考虑了资产的多方面因素,计算的结果比较切合实际,尤其适用于企业中那些经过重大技术改造,其使用年限、性能、生产率都有了明显变化,但仍在继续使用的固定资产的评估。但这种评估方法也有一定的难度,它需要充分掌握资料和数据,选用较多的经济技术参数。

第二节 流动资产的评估

一、施工企业流动资产评估的特点

企业流动资产在施工生产经营过程中,随着供应、施工生产、工程点交和产品销售的进行,不断改变其形态。其中有的表现为货币形态,有的表现为实物形态。各形态之间转换快,对属货币形态的流动资产,如货币资金、应收预付款等,除应收工程款外,一般均可按其账面价值作为评估值。对应收工程款则要在分析其收款的可能性后,进行评估。因为施工企业的应收工程款,有相当部分是由建设单位的投资缺口造成的,对项目投产后经济效益不好的单位,是没有资金偿还的。财务制度规定虽可按年末应收账款余额提取坏账准备,但从施工企业实际收款情况来看,坏账损失往往大于所提的坏账准备。众所周知,我国国有企业有一个共同的特点,对投资建设的积极性都很高,往往在没有落实全部投资时就大干快上。一旦遇到国家压缩投资规模、紧缩投资贷款额度,借不到银行贷款时,就只好拖欠工程款。如果项目投产后的经济效益不好,没有偿还能力,被拖欠的工程款就成为坏账。因此,对施工企业的应收工程款,除了分析其拖欠时间的长短外,还要分析其是属于工程项目竣工前拖欠的,还是属于工程项目竣工后拖欠的。对工程项目竣工前拖欠的工程款,要分析其是否由于投资缺口发生的拖欠。对工程项目竣工后拖欠的工程款,要分析其是属于投产后经济效益好有还款能力的欠款,还是属投产后经济效益不好没有还款能力的欠款。对于工程项目竣工前因投资缺口发生的拖欠工程款及工程项目竣工后因经济效益不好没有还款能力而发生的拖欠工程款,应分析其收款的可能性后加以评估。

施工企业属于实物形态的流动资产,主要有主要材料、结构件、机械配件、其他材料、低值易耗品、周转材料、未完施工、在产品、产成品等。在评估这些流动资产时,首先,要划清低值易耗品、周转材料和固定资产的界限。因为低值易耗品中的生产工具和非生产经营用的设备,只是由于使用期限较短和单位价值较低才列作低值易耗品。周转材料中的钢模板等,往往只是由于不是成套模板才列作周转材料,它们都与固定资产没有截然的界限。因此在评估前,对低值易耗品和周转材料,必须根据固定资产目录,划清它们与固定资产的界限。其次,低值易耗品、周转材料与其他材料不同,它们都能使用于若干施工生产周期,在施工生产中不断周转仍保持其原有的物质形态,并不把其本身的物质加到工程或产品的物质里去,而仅随着使用逐渐损耗其价值。因此在评估前,对低值易耗品和周转材料,必须分清在库的和在用的,对在用的不仅要查清其数量,而且要查清其损耗程度,确定其成新率,然后根据成新率进行评估。由于周转材料等分散使用于各个工地,在评估前要全面查清其数量和损耗程度是不现实的,但也应通过抽查加以核实。第三,对库存的各种材料、产成品,特别是主要材料、机械配件,在评估前要查清其属于可以使用于施工生产过程的材料和属于变质及不适用、不需用的呆滞材料。对于变质、呆滞材料,属于应变价处理的物资,不能与能用于施工生产过程的材料一起评估。

二、流动资产评估的方法

流动资产的特点,决定了流动资产的评估方法。在物价变动不大时,一般可以以历史成本法为主,兼用其他方法。在物价、汇率变动较大时,应以重置成本法为主,兼用其他方法来评估。

(一)历史成本法

历史成本法是以流动资产的历史成本即账面价值作为该资产

的评估价值的方法。

流动资产中的现金、银行存款、其他货币资金、备用金、预付账款、可直接以账面值作为其评估价值。

流动资产中的应收账款,应以账面值减坏账准备后的余值作为其评估价值。

$$应收账款评估价值＝应收账款账面值－坏账准备$$

如果应收账款中应收工程款比重很大,经分析其中收不回的工程款超过坏账准备,应以应收账款账面值减去收不回欠款作为其评估价值:

$$应收账款评估价值＝应收账款账面值－收不回欠款$$

流动资产中的其他应收款,也应分析其收回的可能性后,从其账面价值减去收不回欠款作为其评估价值。

流动资产中的应收票据,要分析其是否带息,对不带息应收票据,以其票面值作为其评估价值;对带息应收票据,应以票面值加应计利息(一般指出票日到评估日的利息)作为其评估价值:

$$带息应收票据评估价值＝票据面值＋应计利息$$
$$应计利息＝票据面值×利率×计息日期$$

在按日计息时,利率应按日利率即月利率除30天来计算。

流动资产中可用于施工生产经营过程的在库主要材料、结构件、机械配件、其他材料、低值易耗品、周转材料,应以账面实际成本作为其评估价值。其中外购材料的实际成本由买价、运杂费和采购保管费构成;自制材料的实际成本由制造过程中耗用的材料费、人工费、其他直接费和分配间接费用构成;委托外单位加工材料的实际成本由加工耗用材料的实际成本和加工费、运输费构成。

材料日常收发采用计划价格计价的企业,应以账面材料计划价格成本加或减材料成本差异作为材料评估价值:

材料评估价值＝材料计划价格成本±材料成本差异

流动资产中在用低值易耗品和周转材料，应以低值易耗品和周转材料的账面实际成本减摊销（即损耗价值）后的余值作为评估价值：

在用低值易耗品、周转材料评估价值 ＝ 低值易耗品、周转材料账面实际成本 − 低值易耗品、周转材料摊销

流动资产中的未完施工即在建工程，应以"工程施工"科目账面实际成本作为评估价值。未完施工的实际成本由未完工程在施工过程中耗用的材料费、人工费、机械使用费、其他直接费和分配间接费用构成。

流动资产中的在产品，应以"工业生产"科目账面实际成本作为评估价值。在产品的实际成本由未完工产品在生产过程中耗用的材料费、人工费、其他直接费和分配间接费用构成。

流动资产中产成品，应以库存产成品账面实际成本作为其评估价值。产成品的实际成本由生产过程中耗用的材料费、人工费、其他直接费和分配间接费用构成。

历史成本法是以价格不变为前提的，由于流动资产周转快，保持某种形态的时间短，资产账面价值基本上可以反映流动资产的现时价值，因此在物价变动不大时，可作为流动资产价值的评估依据。但如物价上涨较快，采用账面历史成本作为流动资产的评估价值，就不能真正反映资产的价值，而应采用重置成本作为流动资产的评估价值。

（二）重置成本法

重置成本法是以取得相同流动资产的市场价格或所费成本，同时考虑其完工程度和损耗情况，作为该资产的评估价值的方法。在实际应用时，又有如下三种方法。

1. 分析计算法

分析计算法也叫细节分析法。它是用市场价格直接计算购买

或生产相同资产的各项要素成本的重置成本,来作为流动资产评估价值的方法。

对可用于施工生产经营管理用的在库主要材料、结构件、机械配件、其他材料、低值易耗品、周转材料和销售的产成品的重置成本,应按如下方法计算:

$$\text{外购材料重置成本} = \text{外购材料市场价格} + \text{运杂费} + \text{采购保管费}$$

$$\text{自制材料重置成本} = \text{耗用材料市场价格} + \text{人工费} + \text{其他直接费} + \text{间接费用}$$

$$\text{委托加工材料重置成本} = \text{加工材料的市场价格} + \text{加工费} + \text{运输费}$$

$$\text{产成品重置成本} = \text{耗用材料市场价格} + \text{人工费} + \text{其他直接费} + \text{间接费用}$$

对在用低值易耗品和周转材料的评估价值,可按如下方法计算:

$$\text{在用低值易耗品、周转材料评估价值} = \text{低值易耗品、周转材料重置成本} \times \text{成新率}$$

$$\text{成新率} = \frac{\text{低值易耗品、周转材料重置成本} - \text{按重置成本计算的摊销额}}{\text{低值易耗品、周转材料重置成本}} \times 100\%$$

对未完施工、在产品的评估价值,可按如下方法计算:

$$\text{未完施工、在产品评估价值} = \text{已完工程、产成品重置成本} \times \text{完工程度}$$

$$\text{完工程度} = \frac{\text{未完施工、在产品实际成本}}{\text{已完工程、产成品实际成本}}$$

2. 指数调整法

指数调整法是以流动资产的账面值为基础,考虑价格变动因素,把账面历史成本用物价指数调整为重置成本作为实物形态流动资产评估价值的方法。这种方法消除了物价变动对评估价值的影响。

用指数调整法对流动资产进行评估时,首先应确定待评估资产取得时和评估时的物价指数。物价指数可以按照统计部门公布的物价指数(最好是建筑材料价格指数),或通过大量建筑材料价格计算出的物价指数。物价指数可用以下公式计算:

$$K = \frac{\sum P_1 Q_1}{\sum P_0 Q_1}$$

式中　K 为物价指数
　　　P_1 为报告期商品价格
　　　P_0 为基期商品价格
　　　Q_1 为报告期商品数量

对在库可以用于施工生产经营的材料和销售的产成品,可按下列方法计算其评估价值:

$$\frac{流动资产}{评估价值} = \frac{该流动资}{产账面值} \times \frac{资产评估时物价指数}{资产取得时物价指数}$$

如某主要材料的账面值为 50 000 元,该材料取得时的物价指数为 105,资产评估时的物价指数为 115.5,则:

$$某主要材料评估价值 = 50\,000\,元 \times \frac{115.5}{105} = 55\,000\,元$$

对在用低值易耗品和周转材料,还要乘根据其损耗程度计算的成新率,按如下公式计算其评估价值:

$$\frac{在用低值易耗品、周转材料评估价值}{} = \frac{该低值易耗品、周转材料账面值}{} \times \frac{资产评估时物价指数}{资产取得时物价指数} \times 成新率$$

指数调整法可以反映通货膨胀对流动资产价值的影响,但不能反映对特定资产价值的影响。如果物价指数不能反映建筑材料等的价格变动情况,据以计算的流动资产评估价值的准确性就差。

3. 汇率调整法

汇率调整法是以进口材料的账面值为基础,考虑汇率变动因素,把账面历史成本通过调整汇率换算为重置成本作为进口材料评估价值的方法。它的计算公式为：

$$进口材料评估价值 = 该进口材料账面值 \times \frac{材料评估时汇率}{材料进口时汇率}$$

式中汇率应采用直接汇率，即一个单位的外国货币可兑换我国货币的金额表示的汇率。

（三）清算价格法

清算价格法是指企业在解散清算、破产清算时，按流动资产可变现的价格为依据计算其评估价值的方法。一般来说，对完全失去原有使用价值的流动资产，应按废旧物资变价处理。对那些具有使用价值的流动资产，则以市场价格作价评估。施工企业的变质、呆滞材料，由于属于变价处理物资，也应按清算价格法评估其价值。对变质材料，如失去其原有使用价值，也应按废旧物资变价处理。对呆滞材料应以市场售价作价。考虑到处理材料需要运到市场，销售后要交纳税金及手续费，因此，应以市场出售价格减去运输费、经营税金及附加和手续费后的余值作为其评估价值。

$$材料评估价值 = 该材料市场价格 - 运输费 - 经营税金及附加 - 手续费$$

第三节　固定资产的评估

一、固定资产评估的特点

施工企业的固定资产，在施工生产经营过程中，具有以下主要特点：

1. 固定资产分散存放在各个施工现场和附属、辅助生产单位及经营管理部门，并在使用过程中保持其原有物质形态。因此，在评估时，要先对被评估单位的固定资产进行清查核实，看其是否账实相符，有无遗漏或产权界线不明确的资产。清查的方法可根据被评估单位的资产管理状况及资产数量，采取全面清查、重点清查、抽样检查等形式。

2. 固定资产在使用过程中，它的价值要随着磨损程度逐渐将其损耗价值转移到工程、产品成本中，并构成工程、产品价值的一部分。因此，在固定资产评估时，必须对其使用情况和技术状况进行查定。固定资产的使用情况包括购建时间、折旧年限或定额工作台班、定额行驶里程、已使用年限或已工作台班、已行驶里程、利用率，以及维修保养情况等。固定资产的技术状况包括生产能力、磨损程度、完好率、故障率、成新率等。通过固定资产使用情况和技术状况的查定，对其损耗价值进行估算。

3. 固定资产的价值，不但要随着使用磨损而发生有形损耗，同时还会随着技术进步而发生无形损耗。随着技术进步和新材料、新机械设备的出现以及劳动生产率的不断提高，效能更高、价格更便宜的新型固定资产会不断涌现，使原有固定资产的价值和使用价值相对降低而发生无形损耗。又随着建筑生产技术进步的要求，往往与原有固定资产的技术状况发生矛盾。在这种情况下，通常是对原有固定资产进行技术改造，以提高其效能。从而，有的固定资产通过技术改造以后，其价值和使用价值都发生了变化。因此在固定资产评估时，要收集国内外建筑技术、建筑结构、建筑材料等方面发展情况和趋势的资料，收集新型建筑机械设备的市场价格、生产率和台班成本等资料，收集对原有固定资产技术改造支出等方面的资料。对技术进步较快的机械设备，在评估时要利用更新成本法。

4. 固定资产的评估价值，不但与固定资产的有形损耗和无形损耗有关，而且还与经济环境有关。如在地区投资规模压缩、工程任务减少、建筑制品市场竞争激烈时，就会使施工企业附属钢筋混凝土构件加工厂的固定资产的生产能力不能发挥，从而发生经济性贬值。因此在固定资产评估时,还要收集地区经济发展,特别是固定资产投资规模、建筑市场等方面的资料,分析企业所处经济环境,对固定资产经济性贬值进行充分考虑。

二、固定资产有形损耗、无形损耗和经济性贬值的计算

固定资产评估时,必须计算固定资产的有形损耗、无形损耗和经济性贬值。

（一）固定资产有形损耗的计算

固定资产的有形损耗,在评估时一般通过固定资产磨损率来计算。它的计算公式为:

$$固定资产有形损耗 = 固定资产价值 \times 固定资产磨损率$$

式中固定资产价值在采用重置成本标准评估时,用重置成本;在采用更新成本标准评估时,用更新成本;在采用市场价格标准评估时,用市场价格。

固定资产磨损率除了与资历较深的职工一起通过观察、讨论确定外,还可通过以下几种方法计算求得:

1. 用已使用年限（或已工作台班、已行驶里程）来计算。即通过固定资产已使用年限（或已工作台班、已行驶里程）与规定折旧年限（或定额工作台班、定额行驶里程）对比计算固定资产磨损率来反映固定资产的有形损耗程度。它的计算公式为:

$$固定资产磨损率 = \frac{已使用年限}{折旧年限} \times 100\%$$

或

$$= \frac{已工作台班}{定额工作台班} \times 100\%$$

或

$$= \frac{已行驶里程}{定额行驶里程} \times 100\%$$

如某台施工机械已使用 4 年,规定折旧年限为 10 年,则这台施工机械的磨损率为:

$$\frac{4 年}{10 年} \times 100\% = 40\%$$

固定资产有形损耗的计算,除了逐一通过上述方法计算各种固定资产磨损率外,也可通过计算各项固定资产的加权平均固定资产已用年限和加权平均固定资产折旧年限计算的一组固定资产磨损率来计算:

$$固定资产磨损率 = \frac{加权平均固定资产已用年限}{加权平均固定资产折旧年限} \times 100\%$$

$$\frac{加权平均固定}{资产已用年限} = \frac{\sum(固定资产重置成本 \times 已用年限)}{\sum 固定资产重置成本}$$

$$\frac{加权平均固定}{资产折旧年限} = \frac{\sum(固定资产重置成本 \times 折旧年限)}{\sum 固定资产重置成本}$$

如某施工单位在 2008 年有三台施工机械,各台施工机械购入年份、折旧年限、已用年限、重置成本如下:

机械名称	购入年份	折旧年限	已用年限	重置成本
甲	1998 年 1 月	14 年	10 年	80 000 元
乙	2003 年 1 月	12 年	5 年	60 000 元
丙	2007 年 1 月	8 年	1 年	100 000 元
合 计				240 000 元

则这三台施工机械的加权平均已用年限和加权平均折旧年限分别为:

$$\frac{加权平均}{已用年限} = \frac{80\,000 元 \times 10 年 + 60\,000 元 \times 5 年 + 100\,000 元 \times 1 年}{80\,000 元 + 60\,000 元 + 100\,000 元}$$

$$= \frac{1\,200\,000 元 \cdot 年}{240\,000 元} = 5 年$$

$$\frac{加权平均}{折旧年限} = \frac{80\,000 元 \times 14 年 + 60\,000 元 \times 12 年 + 100\,000 元 \times 8 年}{80\,000 元 + 60\,000 元 + 100\,000 元}$$

$$= \frac{2\,640\,000 元 \cdot 年}{240\,000 元} = 11 年$$

这三台施工机械的磨损率为：

$$\frac{5}{11} \times 100\% = 45.5\%$$

2. 用已提累计折旧来计算。即通过固定资产已提累计折旧与固定资产原值的对比计算固定资产磨损率来反映固定资产的有形损耗程度。它的计算公式为：

$$\text{固定资产磨损率} = \frac{\text{已提累计折旧}}{\text{固定资产原值}} \times 100\%$$

不过这种方法只能应用于在使用过程中没有经过重估价并采用平均年限折旧法、台班折旧法、行驶里程折旧法计提折旧的固定资产。

3. 用修理费用来计算。在固定资产评估过程中，如经专业技术人员检查鉴定，发现由于使用和维修保养不当，超过正常损耗程度，可将修复该项固定资产全部费用（包括更换零部件、油漆、调试等支出）与固定资产重置成本对比计算固定资产磨损率来反映固定资产的有形损耗程度。它的计算公式为：

$$\text{固定资产磨损率} = \frac{\text{修复固定资产全部费用}}{\text{固定资产重置成本}} \times 100\%$$

通过上述方法计算的固定资产磨损率，可用以计算固定资产的有形损耗，在计算固定资产评估价值时，要用"1－磨损率"计算的固定资产成新率来计算。固定资产成新率是反映固定资产新旧程度的指标，如用已使用年限计算固定资产磨损率，则固定资产成新率的计算公式为：

$$\begin{aligned}\text{固定资产成新率} &= 1 - \text{固定资产磨损率} = 1 - \frac{\text{已使用年限}}{\text{折旧年限}} \times 100\% \\ &= \frac{\text{折旧年限} - \text{已使用年限}}{\text{折旧年限}} \times 100\% \\ &= \frac{\text{尚可使用年限}}{\text{折旧年限}} \times 100\%\end{aligned}$$

(二) 固定资产无形损耗的计算

固定资产评估时的无形损耗,可通过如下方法加以计算。

1. 通过固定资产重置成本与更新成本比较来计算

前面已经说过,重置成本是对被评估资产进行恢复、重建用原来同样材料的现行材料价款和人工费估算的成本,更新成本是对被评估资产用新型材料并根据现代标准和设计建造与原来用途、功能相同资产所需的成本。两者都用现行材料价格和人工费计算,所不同的就是更新成本考虑了技术进步因素,它用现代的技术、材料,根据现代的标准和设计建造。因此,固定资产重置成本与更新成本的差额就是被评估固定资产的无形损耗。

2. 通过新旧固定资产营运成本的对比来计算

固定资产的无形损耗,除了反映于一次投资支出外,还反映于固定资产的营运成本。新型现代机械设备的优点是营运效率较高。这种营运效率可以表现为节约原材料、能源、维修费用,节约劳动力等方面。如新型锅炉,能节约燃煤;新型施工机械,能提高劳动生产率,节约人工费。由于新型固定资产有这些优点,会使原有固定资产贬值得更厉害。这种贬值,也是固定资产的无形损耗。因为你如站在买者的立场,在买某项旧固定资产时,肯定要在买价中,考虑它对新型固定资产营运成本的超支额后,再与新型固定资产价格比较。被评估固定资产的这种贬值即营运成本超支额,一般可按如下步骤计算:

(1) 把被评估固定资产的营运成本与新型高效固定资产的营运成本对比。

(2) 对固定资产营运成本进行具体计算。计算新旧固定资产在原材料、能源、人工费等成本的差距,并算出被评估固定资产每年较新型高效固定资产的超支额。

(3) 估算被评估固定资产还能使用的年限,在未来使用年限内共要比新型高效固定资产多超支多少成本,然后将它折算为现值,即被评估固定资产较新型高效固定资产的无形损耗。

如某施工企业有锅炉一台,在评估时与市场新型节煤锅炉比较,每天要多耗原煤 0.1 吨,原煤每吨价格 500 元,该台锅炉估计尚能使用 3 年,施工企业所得税税率为 25%,折现率按 10% 计算,则这台被评估锅炉在今后 3 年使用期间超额营运成本的现值可计算为:

每年营运成本超支额:

$$0.1 吨 \times 500 元/吨 \times 365 = 18\ 250 元$$

每年扣除 25% 所得税额后的超额营运成本:

$$18\ 250 元 \times (1 - 25\%) = 13\ 687.50 元$$

未来 3 年按 10% 折现率计算的超额营运成本的现值:

第 1 年　13 687.50 元 × 0.9091 = 12 443.31 元
第 2 年　13 687.50 元 × 0.8264 = 11 311.35 元
第 3 年　13 687.50 元 × 0.7513 = 10 283.42 元
　　　　　　　　　　　　　　　 34 038.08 元

上面算得超额营运成本的现值,就是被评估锅炉的无形损耗。

在用上述方法计算固定资产超额营运成本现值时,要注意以下几个问题:

一是被评估固定资产与新型高效固定资产的比较,究竟在什么范围内进行,在本地区? 本国? 还是世界范围内进行? 这要根据评估目的而定。一般说来,在国内产权转让时,可与国内新型高效固定资产比较。

二是对被评估固定资产尚可使用年限的估计。一般应按规定折旧年限减已用年限,并考虑固定资产实际损耗情况加以计算。

三是采用什么折现系数折算超额营运成本。一般可按银行利率来计算折现系数。

（三）固定资产经济性贬值的计算

固定资产经济性贬值是指由于固定资产本身以外因素导致固定资产的贬值。这些因素主要由经济环境所导致。如施工企业的附属钢筋混凝土构件加工厂，由于构件的运输费用很高，在经济上不宜远距运输，因而它的产品只有在一定运输半径以内才有竞争能力。如果构件加工厂在一定半径以内地区的构件需要量小于加工厂的设计生产能力，这个构件加工厂的生产能力就会闲置，不能充分发挥作用。比如说，某个施工企业的钢筋混凝土构件加工厂，它的设计年生产能力为 50 000 立方米构件，根据地区今后年度固定资产投资规模测算，估计每年只需要 30 000 立方米构件，则这个构件加工厂就会有 20 000 立方米构件的生产能力闲置。我们在评估该构件加工厂与生产构件有关的固定资产时，也只能按相当于 30 000 立方米构件所需的固定资产来评估。因为在这种情况下，你如站在买方的立场，如按设计生产能力 50 000 立方米构件固定资产的造价，你不愿去买它。这样，这个构件加工厂与生产构件有关的固定资产，就发生了经济性贬值。

固定资产的经济性贬值，一般是先计算经济性贬值率。经济性贬值率的计算，可按下列公式进行：

$$\text{固定资产经济性贬值率} = \left[1 - \left(\frac{\text{被评估资产实际生产能力}}{\text{被评估资产设计生产能力}}\right)^n\right] \times 100\%$$

式中"n"为生产规模效益指数。生产规模效益指数取值范围一般是从 0.5～1，加工工业最常用的是 0.6～0.7，如生产规模效益指数取值 0.7，则上述构件加工厂与生产构件有关的固定资产的经济性贬值率为：

$$\left[1 - \left(\frac{30\ 000\ \text{立方米}}{50\ 000\ \text{立方米}}\right)^{0.7}\right] \times 100\% = 30.06\%$$

将求得的固定资产经济性贬值率乘固定资产重置成本或更新成本，就可求得固定资产经济性贬值。如上述构件加工厂与生产

构件有关的固定资产重置成本为 4 000 000 元,则其经济性贬值为:

$$4\ 000\ 000\ 元 \times 30.06\% = 1\ 202\ 400\ 元$$

三、固定资产评估的方法

（一）重置成本法

对生产技术比较稳定还没有被新型高效固定资产替代的固定资产的评估,一般可采用重置成本法。用重置成本法评估固定资产时,应根据评估时该项资产在全新情况下的市场买价计算重置成本,乘以成新率（即减去按重置成本计算的已使用年限的累计折旧额）,并考虑有关因素来确定其评估价值。

1. 分析计算法

当有与被评估固定资产相同或类似的按现行价格计算的全新固定资产时,可采用分析计算法。其计算公式为:

$$固定资产评估价值 = 固定资产重置成本 \times 成新率$$

式中固定资产重置成本按如下公式计算:

$$固定资产重置成本 = 固定资产市场买价 + 运输、安装、调试费$$

如某施工企业有施工机械一台,历史成本为 80 000 元,评估时市场买价为 105 000 元,运输、安装、调试费为 15 000 元,该施工机械折旧年限为 10 年,现已用 3 年。根据上列资料,可按如下步骤计算这台施工机械的评估价值:

(1) 计算这台施工机械的重置成本:

$$105\ 000\ 元 + 15\ 000\ 元 = 120\ 000\ 元$$

(2) 计算被评估施工机械的成新率:

$$\left(1 - \frac{3\ 年}{10\ 年}\right) \times 100\% = 70\%$$

或通过按重置成本计算的已使用年限累计折旧额计算:

$$\frac{120\,000\,元-120\,000\,元\times\dfrac{1}{10\,年}\times 3\,年}{120\,000\,元}\times 100\% = \frac{84\,000\,元}{120\,000\,元}\times 100\% = 70\%$$

(3) 计算被评估施工机械的评估价值:

$$120\,000\,元\times 70\% = 84\,000\,元$$

以上是在正常情况下的计算方法。如在评估中经专业技术人员鉴定,发现由于使用维修不当,超过正常损耗程度时,可用修理费用计算的固定资产磨损率来计算成新率:

$$固定资产成新率 = 1 - \frac{修复固定资产全部费用}{固定资产重置成本}\times 100\%$$

如通过检查鉴定发现被评估固定资产由于发生事故或已经过技术改造,在功能、使用年限、维修费用支出等方面发生较大变化时,则应根据这些因素变化情况来确定一个调整系数,将上述计算结果加以调整:

固定资产评估价值=固定资产重置成本×成新率×(1±调整系数)

2. 指数调整法

当被评估固定资产已停止生产,无法获得相同或类似全新资产现行价格时,可以用指数调整法,将被评估固定资产的历史成本换算为按现行价格水平计算的资产重置成本,然后根据成新率和有关因素确定其评估价值。它的计算公式为:

$$\frac{固定资产}{评估价值} = \frac{固定资产}{历史成本}\times\frac{固定资产评估时物价指数}{固定资产购建时物价指数}\times 成新率$$

如某施工企业4年前购买的吊装机械的历史成本为110 000元,4年前建筑机械物价指数为110,评估时建筑机械物价指数为154。该吊装机械的折旧年限为10年,评估时已使用4年。则:

(1) 该台吊装机械的重置成本为:

$$110\ 000\ 元 \times \frac{154}{110} = 154\ 000\ 元$$

(2) 该台吊装机械的成新率为：

$$1 - \frac{4\ 年}{10\ 年} \times 100\% = 60\%$$

(3) 该台吊装机械的评估价值为：

$$154\ 000 \times 60\% = 92\ 400\ 元$$

应用指数调整法的关键，在于采用的物价指数能真正反映被评估固定资产的物价水平。

对厂房、办公楼、职工宿舍等房屋，也可按评估时同地区、同结构、同类型房屋的每平方米建筑面积造价，来调整被评估房屋建造时的每平方米建筑面积造价来算得房屋的重置成本，然后乘成新率来确定其评估价值。它的计算公式为：

$$房屋评估价值 = 房屋历史成本 \times \frac{评估时同地区、同结构、同类型房屋每平方米建筑面积造价}{该房屋建造时每平方米建筑面积造价} \times 成新率$$

如某施工企业有一幢门窗加工厂厂房，5 年前建造时每平方米建筑面积造价为 1 000 元，评估时同地区、同结构、同类型厂房的每平方米建筑面积造价为 1 200 元，该幢厂房历史成本为 1 000 000 元，折旧年限为 40 年，现已使用 5 年。则：

(1) 该幢厂房的重置成本为：

$$1\ 000\ 000\ 元 \times \frac{1\ 200\ 元}{1\ 000\ 元} = 1\ 200\ 000\ 元$$

(2) 该幢厂房的成新率为：

$$1 - \frac{5\ 年}{40\ 年} \times 100\% = 87.5\%$$

(3) 该幢厂房的评估价值为：

$$1\ 200\ 000\ 元 \times 87.5\% = 1\ 050\ 000\ 元$$

在评估房屋价值时,要注意以下两个问题:

一是房屋的折旧年限不得长于房屋占用土地的使用权年限。因为房屋必须扎根于土地,只有拥有土地使用权,才能拥有土地上的房屋,否则,房屋就成为空中楼阁。房屋的使用年限如长于占用土地的使用权年限,应按拥有土地使用权的年限作为房屋折旧年限。如上述门窗加工厂厂房在评估时,它占用的土地使用权只有20年,那么这幢厂房的折旧年限应按25年(20年+5年)计算,它的:

$$成新率 = 1 - \frac{5 年}{25 年} \times 100\% = 80\%$$

$$评估价值 = 1\,200\,000 元 \times 80\% = 960\,000 元$$

二是房屋与其占用土地的使用权应分别评估。房屋虽必须扎根于土地,但房屋与土地使用权又不能在一起评估。因为企业所有的房屋,拥有所有权,属于固定资产。企业拥有的土地,只有使用权,属于无形资产。它们的价值,自应分别评估(见下节)。

(二)更新成本法

对于生产技术进步较快,已用新材料新设计的新型固定资产代替的旧固定资产,应采用更新成本法进行评估。用更新成本法评估固定资产时,要根据评估时该项资产在全新情况下的市场买价计算的更新成本,乘以成新率(或减去按更新成本计算的已使用年限的累计折旧额),并考虑有关因素来确定其评估价值。如果新型固定资产的生产率与被评估的旧固定资产的生产率不同时,应用生产规模效益指数调整其更新成本。

$$\begin{matrix}固定资\\产评估\\价\ 值\end{matrix} = \left(\begin{matrix}新型资\\产市场\\买\ 价\end{matrix} + \begin{matrix}运输、\\安装、\\调试费\end{matrix}\right) \times \left(\frac{被评估资产年生产能力}{新型资产年生产能力}\right)^n \times 成新率$$

如某施工企业有一台机床,生产厂家已用新型机床代替。新型机床的市场买价为70 000元,运输、安装、调试费约10 000元。

新机床每年能加工零件 20 000 只,旧机床每年只能加工零件 10 000 只。旧机床折旧年限为 12 年,已使用 9 年。则在计算旧机床的评估价值时,应按如下步骤进行:

(1) 计算旧机床的更新成本(生产规模效益指数"n"的取值为 0.7):

$$(70\ 000\ 元 + 10\ 000\ 元) \times \left(\frac{10\ 000\ 只}{20\ 000\ 只}\right)^{0.7} = 49\ 245.78\ 元$$

(2) 计算旧机床的成新率:

$$\left(1 - \frac{9\ 年}{12\ 年}\right) \times 100\% = 25\%$$

(3) 计算旧机床的评估价值:

$$49\ 245.78\ 元 \times 25\% = 12\ 311.45\ 元$$

如旧机床的营运成本高于新型机床的营运成本,还要在算得的价值中减去今后 3 年使用期间超额营运成本的现值。

(三)市场价格法

市场价格法是参照市场上相同或类似资产的交易价格和成新率及有关因素来评估资产评估价值的方法。

如某施工企业供应站有 4 辆自卸货车,各辆货车的市场价格、折旧年限、已用年限分别为:

货车名称	市场价格	折旧年限	已用年限
甲	100 000 元	10 年	5 年
乙	130 000 元	8 年	6 年
丙	120 000 元	10 年	4 年
丁	150 000 元	10 年	3 年
合计	500 000 元		

在评估时如合并计算这四辆货车的评估价值,应先计算这 4 辆货车的加权平均折旧年限和加权平均已用年限:

$$\text{加权平均折旧年限} = \frac{100\,000\times10+130\,000\times8+120\,000\times10+150\,000\times10}{100\,000+130\,000+120\,000+150\,000}$$

$$=\frac{4\,740\,000}{500\,000}=9.48(年)$$

$$\text{加权平均已用年限} = \frac{100\,000\times5+130\,000\times6+120\,000\times4+150\,000\times3}{100\,000+130\,000+120\,000+150\,000}$$

$$=\frac{2\,210\,000}{500\,000}=4.42(年)$$

这 4 辆货车的成新率为：

$$1-\frac{4.42}{9.48}\times100\%=53.38\%$$

这 4 辆货车的评估价值为：

$$500\,000\text{元}\times53.38\%=266\,900\text{元}$$

（四）因素综合计算法

因素综合计算法是根据固定资产有关因素的变化来确定资产评估价值的资产评估方法。它比较适用于还在继续使用的旧机械设备，以及经过技术改造，其效能、寿命都发生了明显变化的机械设备。它的计算公式为：

$$C=\frac{(A+D-Y)\times[1+(W-S)\times G]}{G+Z}\times Z+Y$$

式中　C 为某项固定资产的评估价值

　　　A 为被评估固定资产的历史成本

　　　D 为用在该固定资产的技术改造支出

　　　Y 为被评估固定资产的残值

　　　W 为年平均物价变动指数

　　　S 为被评估固定资产无形损耗系数

　　　G 为被评估固定资产已使用年限

　　　Z 为被评估固定资产增加使用年限

如某施工企业附属加工厂有一条生产线，设备历史成本即原值为 1 000 000 元，已使用 8 年。2 年前投资 300 000 元对设备进行了技术改造,经过技术改造后,设备的有效使用年限延长了6年。预计该套设备的残值为100 000元。根据掌握的资料和数据确认,该套设备的年平均物价上涨指数为10%,该套设备无形损耗系数为0.05。根据上列资料,可为该条生产线设备的评估价值计算为：

$$\frac{(1\,000\,000\,\text{元}+300\,000\,\text{元}-100\,000\,\text{元})\times[1+(0.1-0.05)\times 8]}{8+6}$$

$$\times 6+100\,000\,\text{元}=120\,000\,\text{元}\times 6+100\,000\,\text{元}=820\,000\,\text{元}$$

（五）清算价格法和可变现净值法

清算价格法、可变现净值法是企业在解散、破产清算财产或以资产抵押时按固定资产可变现的价格或净值确定评估价值的资产评估方法。对企业的固定资产,如完全丧失其使用价值,应按市场废旧物资收购价评估。对仍有一定使用价值的固定资产,可参照低于市场相同或类似资产的售价或减去变价时发生的税费后的净值来评估。因为破产清算带有强制性和时间性,不具备正常的市场交易条件。

第四节 无形资产的评估

施工企业的无形资产,主要包括专利权、非专利技术、土地使用权、商誉等。商誉由于综合了企业的盈利能力,将在企业资产综合评估一节加以叙述。其他无形资产的评估,分别专利权、非专利技术和土地使用权加以说明。

一、专利权和非专利技术的评估

（一）专利权和非专利技术评估的特点

（1）专利权和非专利技术的价格具有不确定性。首先,它们都是其所有权人所独占使用,并借助于法律或人为地防止非所有权人取得并使用,具有垄断的性质。这种垄断性使其价格由所有权人在没有竞争对手的情况下决定,它们的价格往往背离其价值。其次,它们的有效期限很难确定,在有效期内的经济效益也不确定,因而它们的价格也难确定。第三,它们是创新发明的脑力劳动的成果,不可能由社会劳动时间来决定其价格,而只能以被社会承认的个别劳动时间来决定,因此它们的价格也较难确定。

(2)专利权的价格取决于转让的内容。专利权可以转让其所有权,也可以转让其使用权。如果转让其所有权,那么它的价格就较高;如果转让其使用权,它的价格就要比转让其所有权低得多;如果供方在使用权转让后,还可向其他需方转让使用权,那么它的价格就更低。

(3)专利权和非专利技术的价格要受供求状况的影响。凡研制的或可替代的技术较多,即供方竞争激烈,则其价格较低;若市场处于供不应求,即需方竞争激烈,则其价格较高。同时还与技术的有效期限有关。如果快到专利有效期,那么,即使高技术其价格也不会太高。

(4)专利权和非专利技术也要因技术进步而发生无形损耗。就同一技术商品而言,在其不同的技术生命周期阶段,无形损耗是不同的。同类新技术发展速度越快,该技术的无形损耗越大,价格越低。

由于专利权和非专利技术的价格的确定具有如上特点,因此在评估时,必须充分考虑它们的经济效益、转让内容、供求情况、无形损耗及其研究开发成本等。

(二)专利权和非专利技术评估的方法

1. 收益现值法

施工企业拥有的专利权和非专利技术,可以依法进行转让。企业在转让时,可以转让其所有权,也可转让其使用权。所有权是指企业在法律规定的范围内对其无形资产所享有的占用、使用、收益、处分的权能。它在法律规定的范围内,可以根据自己的意愿和利益,将其使用权转让出去,由无所有权者使用。而使用权只能按照无形资产的性能和用途加以利用,以满足生产经营的需要。随着转让内容的不同,无形资产的转让价格也不一样,即转让使用权的价格要比转让所有权的价格为低。

在国际技术贸易中,专利权等技术产权的转让是通过许可证来实现的。根据许可证规定引进方使用该转让技术的权利和范围的大小不同,许可证有普通许可证、排他许可证、可转让许可证和独占许可证之分。不同类型的技术许可证,它的转让费也不同。转让费最高的是独占许可证,其他依次为排他许可证、可转让许可证、普通许可证。技术转让费的支付,可以一次总算,也可按销售利润额或销售净收入提成支付。

由受让方从每年实现的新增利润或销售净收入中提成,付给转让方,转让方可作为该技术产权的转让价款。这种方法,转让方收入的价款即技术转让收益不是一个固定的数额,而是取决于受让方实际获得的收益。在整个合同期内,转让方的收入及承担的风险与受让方获得的收益及遇到的风险密切地联系在一起,有利于使转让方更加关心和愿意协助受转方尽快有效地使用该技术产权。按照这种方法转让的专利权等技术产权,可用收益现值法确定其评估价值,它的计算公式为:

$$P = \sum_{t=1}^{n} \frac{M_t \times \alpha}{(1+i)^n}$$

式中　P 为技术产权的评估价值

M_t 为使用该项技术产权后 t 年实现的新增利润或新增的销售净收入

α 为利润分成率或销售净收入提成率

$M_t \times \alpha$ 为 t 年按新增利润分成或新增销售净收入提成的收益额

i 为折现率

n 为无形资产有效年限

$\frac{M_t \times \alpha}{(1+i)^n}$ 为 t 年收益现值

对利润分成率,一般可参照技术收益率的倒数来确定。技术收益率是说明技术转让费和技术收益关系的一个指标,即花 1 元的技术转让费至少有 n 元的收益。如花 1 元技术转让费至少能得到 5 元的收益,则利润分成率就是 20%。利润分成率一般可按转让的内容、技术的供求情况等分别取 5%~30%。

对销售净收入提成率一般按各行业技术进步快慢分别在 1%~6% 之间。如计算机等高技术行业的提成率为 5%~6%,汽车、家电、仪表等行业的提成率为 4%~5%,化工、电子、轻工、纺织行业的提成率为 3%~4%,机械、冶金、石油等行业的提成率为 1%~3%。

技术产权的有效年限,即利润分成和销售净收入的提成年限,应按合同的规定。在确定有效年限时,要考虑技术产权的时效性。因为技术产权会随着时间的推移而降低效能,一般技术商品的有效年限,不超过 5 年,高技术的有效年限为 2~3 年,基础工业的技术的有限年限可延长到 8~9 年。

如某施工企业附属企业有一项专利,该专利技术应用于生产后,每年能增加利润 500 000 元,利润分成率按 10% 计算,折现率为 8%。该专利技术的有效期为 5 年,则该项专利权的评估价值为:

$$\sum_{t=1}^{5}\frac{500\ 000 \text{元} \times 10\%}{(1+8\%)^5} = 500\ 000 \text{元} \times 10\% \times 0.9259$$
$$+ 500\ 000 \text{元} \times 10\% \times 0.8573 + 500\ 000 \text{元} \times 10\% \times 0.7938$$
$$+ 500\ 000 \text{元} \times 10\% \times 0.7350 + 500\ 000 \text{元} \times 10\% \times 0.6806$$
$$= 199\ 640 \text{元}$$

2. 成本法

施工企业对于自行发明创造和研制成功的非专利技术及取得

专利的专利权,除了按上述收益现值法确定其评估价值后,也可采用成本法按其所花的实际成本来确定其评估价值。在物价波动较大时,也可用物价变动指数对实际成本加以调整。专利权和非专利技术等技术产权的实际成本的计算公式为:

$$P = \frac{(C + V\beta_1) \times (1 - \beta_2)}{(1 - \beta_3)}$$

式中　P 为技术产权的评估价值

　　　C 为物化劳动耗费,包括发明研制新技术所耗费的材料费、动力燃料费、专用设备费、外部协作费、折旧费、专利申请登记费及其他除人工费以外的其他费用

　　　V 为活劳动耗费,即人工费,包括为发明研制新技术而发生的科技人员、辅助人员的工资、奖金、津贴及职工福利费

　　　β_1 为创造性劳动的倍加系数,主要是从科研劳动的复杂性和实行的工资政策而考虑的系数

　　　β_2 为无形资产损耗率,主要是考虑技术生命周期各个阶段的无形损耗。同类新技术发展速度越快,该技术的无形损耗率越高

　　　β_3 为科研的平均风险率,主要考虑新技术的研制和应用具有风险和不确定性。科研项目不仅在研制阶段要经历无数次反复试验、试制之后才能获得成功或宣告失败,充满风险。就是在试验、试制成功投入使用以后,也难以断定其经济效益。因此,新技术研制和投入使用的耗费和风险,要高于一般商品,需要考虑风险率

如某施工企业技术部门研制一种新施工技术,经反复试验获得成功并取得专利加以推广应用。该项技术在研制过程中,共耗用材料费 20 000 元,电力费 1 000 元,专用设备购置费 18 000 元,技术资料费 5 000 元,固定资产折旧费 4 000 元,差旅其他费用 2 000 元,专利申请登记费 1 500 元,科研和试制人员工资、奖金、津贴 10 000 元,职工福利费 1 400 元,已知创造性劳动倍加系数为 2.5,无形损耗率为 15%,新技术研制平均风险率为 20%,则该项新技术即专利权的评估价值可计算为:

$$\frac{[51\,500\,元+(10\,000\,元+1\,400\,元)\times 2.5]\times(1-15\%)}{(1-20\%)}$$

$$=\frac{80\,000\,元\times 0.85}{0.8}=85\,000\,元$$

二、土地使用权的评估

土地使用权的评估,与专利权和非专利技术等技术产权的评估不同。第一,企业拥有的土地,只有使用权,没有所有权。因为我国城镇的土地,属于国家所有,施工企业不可能拥有所有权。第二,土地不会因使用而发生有形损耗和无形损耗。因为土地是稀缺不可再生的资源,随着地区经济的发展、土地需求不断增长,因而土地不但不会因使用而发生有形和无形损耗,而且还会随着地区经济发展和基础设施等不断完善,土地使用权的价值呈逐步上升的趋势。第三,土地使用权的评估,要按其有无使用年限分别进行。对原划拨和征用的土地,一般没有规定使用年限,在评估土地使用权的价值时,不必考虑已使用年限,即以其评估值作为土地使用权价值。对批租的土地,由于有使用年限,要在其评估值中减去已使用年限摊销额后的余值作为土地使用权价值。

施工企业土地使用权的评估,一般可按评估用途采用成本法、市场价格法、剩余法和收益现值法。

(一)成本法

施工企业的土地使用权价格的评估如采用成本法,应以评估时的批租地价或征用地价和土地开发投资支出作为评估的依据。

批租地价或征用地价一般应包括地租和拆迁安置费。

1. 地租。土地的地租包括绝对地租和级差地租。由于我国原来城市土地基本上实行无偿使用,有的没有征收土地使用税(确切地说应叫土地使用费),有的虽已征收了土地使用税,但没有真正反映土地的级差地租。因此,必须根据所处地段、等级及用途等加以评定。有些城市如制订有偿使用土地价格表的,可根据土地价格表来确定。

2. 拆迁安置费。拆迁安置费是在出让土地上拆除被拆迁人所有房屋及地上附属物而向被拆迁人支付的安置、补偿等费用,包括拆迁补偿费和安置费,可根据《城市建设房屋拆迁管理条例》和各省市相应的实施细则等有关规定确定。

拆迁补偿费是指拆迁人对拆除被拆迁人所有房屋及地上附属物的补偿费。拆迁房屋补偿的作价可按原房屋的重置价、成新率等因素来计算:

$$\text{拆迁补偿费} = \text{重置单价} \times \text{成新率} \times \left(1 \pm \text{楼层系数} \pm \text{朝向系数} \pm \text{地段系数}\right) \times \text{建筑面积} \times \text{室内设备调整因素}$$

安置费是指拆迁人因拆除被拆迁人使用的房屋而对被拆迁人进行安置的费用,包括安置用房费、搬家费、周转房费、临时设施费、自行过渡的过渡费等。

在实际评估时,拆迁安置费可按每平方米土地或地租的一定费率计算。

施工企业获得土地使用权以后,如再追加投资进行开发,还应包括土地开发投资。土地开发投资主要包括七通一平费、基础设施费和利息。

1. 七通一平费。这是指施工用水、排水、排污、电力、电讯、电话、煤气的安装和修建以及平整场地的费用。

2. 基础设施费。土地开发投资中的基础设施费一般只包括修建道路、地下管道等设施的投资。

3. 利息。这是指土地开发投资利息。

(二) 市场价格法

土地使用权价格评估中的市场价格法,是将待评估价格的土地与条件相似,并已出让的土地进行详细分析比较来评价土地使用权价格的方法。使用这种方法,必须事前进行市场调查,收集相似条件土地(包括土地位置、用途、批租年限等)的面积、出让价格和出让时间,验证其真实性并分析和调整出让价格后,来评估土地使用权的价格。

如某施工企业在2008年1月要对中山环路上所属混凝土构件加工厂的一块20 000平方米土地使用权价格,采用市场价格法进行评估。经市场调查,得知这条路上近年曾有四块条件相似的工业用地进行批租,它们的面积、地价和批租日期见图表7-1。

图表 7-1

批租地价参照表

土地编号	所在地区	土地面积（平方米）	用途	批租日期	批租期限（年）	批租地价（万元）	每平方米地价（元）
1	中山环路	25 000	工业用地	2006年5月	40	700	280
2	中山环路	20 000	工业用地	2007年3月	40	600	300
3	中山环路	18 000	工业用地	2007年3月	40	540	300
4	中山环路	26 000	工业用地	2007年8月	40	811.2	312

从图表7-1可知,中山环路上地价一直在上升。2号地批租日期,相距10个月,每平方米每月平均上涨2元 $\left(\dfrac{300 元 - 280 元}{10}\right)$。4号地与3号地批租日期,相距5个月,每平方米每月上涨2.4元 $\left(\dfrac{312 元 - 300 元}{5}\right)$。如以每平方米地价每月上涨2元计算,则2008年1月表中各块土地每平方米地价见图表7-2。

图表 7-2

对比地块地价的调整

金额单位：元

项　　　目	1号地	2号地	3号地	4号地
每平方米地价	280	300	300	312
与2000年1月相距月份(月)	20	10	10	5
每月调整地价	2	2	2	2
调整地价总额	40	20	20	10
调整后每平方米地价	320	320	320	322

根据图表 7-2 分析、调整资料，中山环路上 2008 年 1 月每平方米工业用地价格在 320～322 元之间。如以每平方米 320 元计算，则被评估 20 000 平方米混凝土构件加工厂用地的地价为 6 400 000 元(320 元×20 000)。

必须指出，上列计算是在土地等级、用途、使用年限等相同的情况下进行的，如果这些情况不同，就必须对地价作相应的调整。

用上述市场价格法评估的地价，是土地的批租价格，要评估施工企业土地使用权的价格，还要加上土地开发投资。

市场价格法适用于土地市场比较发达的地区，这种方法简便易行，由于以实际资料作为基础，所得结果也比较切合实际。采用这种方法的关键在于：广泛收集准确的市场交易资料，并进行认真分析和修正。随着我国土地市场的不断发育，这种方法的应用将越来越广泛。

(三) 剩余法

施工企业房屋建筑物占用的土地或可供建造房屋建筑物的土地，其使用权价格的评估，可采用剩余法。剩余法也叫倒算法，它是将评估土地上建造或将要建造的房屋建筑物的售价减去土地使用税、土地开发费、房屋等建筑成本、利息、经营税金及附加、管理费和利润后的剩余部分来评估土地使用权价格的方法。用公式表示为：

$$\begin{matrix}土地使用\\权\ 价\ 格\end{matrix}=\begin{matrix}房屋\\售价\end{matrix}-\begin{matrix}土\ \ \ 地\\使用税\end{matrix}-\begin{matrix}土\ \ \ 地\\开发费\end{matrix}-\begin{matrix}建筑\\成本\end{matrix}-利息-\begin{matrix}管理费\\和利润\end{matrix}-\begin{matrix}经营税金\\及\ 附\ 加\end{matrix}$$

式中房屋售价是指房屋建筑物的售价或建成后的售价；土地使用税指建设期间按规定税率应交城市土地使用税；土地开发费指计入土地价格的七通一平费和基础设施费；建筑成本指房屋建筑物的建筑安装工程成本；利息指建设期间投资利息，不论是否借款，一般都应按照市场利率计算，管理费和利润指开发过程的管理费和正常利润，约为前几项成本的 20%～25%；经营税金及附加包括按销售收入 5% 计算的营业税和按营业税计算的城市维护建设税和教育费附加。

如某施工企业进行商品房开发，现有一块 5 000 平方米可供建造商品房的土地，该块土地每平方米按不同容积率（房屋建筑面积与占用土地面积的比率，即每平方米土地可供建造的房屋建筑面积）计算的房屋售价、土地使用税、土地开发费、建筑成本、利息、管理费和利润、经营税金及附加见图表 7-3。

图表 7-3

序号	项目	计算说明	不同容积率的地价（元/平方米）			
			1∶1	1∶1.5	1∶2	1∶2.5
(1)	建筑容积率	土地面积∶建筑面积	1∶1	1∶1.5	1∶2	1∶2.5
(2)	土地使用税	按建设期两年计算	15	15	15	15
(3)	土地开发费	七通一平费和基础设施费	185	185	185	185
(4)	建筑成本	房屋建筑安装工程成本	800	1 200	1 600	2 000
(5)	利息	[(2)+(3)+(4)]×10%	100	140	180	220
(6)	管理费和利润	[(2)+(3)+(4)+(5)]×20%	220	308	396	484
(7)	经营税金及附加	(9)×5.5%	110	165	220	275
(8)	房屋造价	(2)+(3)+(4)+(5)+(6)+(7)	1 430	2 013	2 596	3 179
(9)	房屋售价	按 2 000 元/平方米计算	2 000	3 000	4 000	5 000
(10)	超额利润	(9)-(8)	570	987	1 404	1 821

从上可知,如该块土地建筑容积率规定为 1∶1.5,每平方米土地的价格为 987 元。如建筑容积率可达 1∶2.5,每平方米土地的价格可高达 1 821 元。建筑容积率越高,每平方米土地所获得的超额利润越高,地价也越高。如该块土地建筑容积率规定为 1∶2,则该块土地使用权价格为 702 万元(1 404 元/立方米×5 000 平方米)。不过这是要在开发房屋销售后才能实现的价格。所以还要用折现系数将它折现为评估时的土地使用权价格。如折现率采用 10%,则这块土地使用权价格为 580 万元 $\left[702\text{ 万元}\times\dfrac{1}{(1+0.1)^2}\right]$。

剩余法比较简便易行,也是目前国际上用以评估建筑用地使用权价格的方法。现阶段我国土地市场尚在发育之中,土地成交案例较少,很难采用市场价格法,因此采用剩余法评估房屋建筑用地使用权价格也是可行的。采用这种方法的关键在于:能够较为准确地预测未来房屋的售价和建筑成本。而房屋的售价往往受市场供求因素等的影响,难以准确预测,这就使得评估的土地使用权价格带有估算成分。

(四)收益现值法

土地使用权的价格还可用收益现值法进行评估。收益现值法也叫地租资本化法。它是将土地年租金即收益通过折现计算还原为地价来评估土地使用权价格的方法。这种方法认为"土地价格不外是资本化的,因而是提前收取的地租"。当然,一次性收取的地价,不是每年租金的简单加总,而是要进行折现计算的。例如:一块土地每年租金 4 万元,使用期为 40 年,如简单地加总计算,地价为 160 万元(4 万元/年×40 年),这样计算显然是不合理的。因为在市场经济条件下,今年预收未来才能收到的钱,必须扣除贴息进行折现。如果按年折现率 10%计算,一年后的 100 元只等于今天的 90.91 元,两年后的 100 元只等于今天的 82.64 元。按收益现值法计算土地使用权价格的公式为:

$$土地使用权价格 = 土地年租金 \times \frac{(1+i)^n - 1}{i(1+i)^n}$$

式中 i 为年折现率,一般可采用市场利率

n 为土地使用年限

$\frac{(1+i)^n - 1}{i(1+i)^n}$ 为年金现值系数,可通过年金现值系数表查得,是将今后一定时期内每年等额资金折算为现值的系数

如某施工企业有一块土地,若出租,每年可得租金 5 万元,土地使用年限为 50 年,年折现率按 6% 计算,则这块土地按收益现值法计算的:

$$土地使用权价格 = 50\,000 元 \times \frac{(1+0.06)^{50} - 1}{0.06 \times (1+0.06)^{50}}$$

$$= 50\,000 元 \times 15.7619 = 788\,095 元$$

采用收益现值法评估土地使用权价格的关键在于要准确计算土地年租金。否则,就不易准确评估土地使用权的价格。

第五节 对外投资和在建专项工程的评估

一、债券投资的评估

债券按其是否能上市交易,分为上市债券和不上市债券。上市债券是指发行后可以在证券市场上流通转让的债券。不上市债券是指发行后不能在证券市场上流通转让的债券。

(一)上市债券投资的评估

上市债券投资由于债券能在证券市场公开转让,有市场价格,一般可采用市场价格法评估。即以债券市场价格扣除税费后来确定债券投资评估价值。它的计算公式为:

$$\frac{债券投资}{评估价值} = \frac{债券}{面值} \times \frac{100 元债券面值市场价格}{100} \times (1 - 税费率)$$

如某施工企业持有 50 000 元国库券,100 元面值证券市场价

格为130元,手续费率为2‰,则这笔债券投资的评估价值为:

$$50\,000\text{元} \times \frac{130\text{元}}{100\text{元}} \times (1-2‰) = 64\,870\text{元}$$

(二) 不上市债券投资的评估

不上市债券投资的评估,按债券付息形式的不同,采用不同的方法。

1. 对分次付息到期还本不上市债券投资的评估,应将各期利息收益和到期收回债券面值进行折现,按下列公式计算:

$$\frac{\text{债券投资}}{\text{评估价值}} = \sum_{t=1}^{n} \frac{\text{债券面值} \times \text{票面利率}}{(1+\text{折现率})^t} + \frac{\text{债券面值}}{(1+\text{折现率})^n}$$

式中　n 为债券期限

　　　t 为付息期数

　　　折现率一般采用市场同期利率

如某施工企业持有3年期金融债券40 000元,银行每年按6%年利率支付一次利息,若市场同期年利率为5%,则这笔债券投资的评估价值为:

$$\frac{40\,000\text{元} \times 6\%}{(1+5\%)} + \frac{40\,000\text{元} \times 6\%}{(1+5\%)^2} + \frac{40\,000\text{元} \times 6\%}{(1+5\%)^3} + \frac{40\,000\text{元}}{(1+5\%)^3}$$
$$= 2\,285.71\text{元} + 2\,176.87\text{元} + 2\,073.21\text{元} + 34\,553.50\text{元}$$
$$= 41\,089.29\text{元}$$

2. 对到期一次还本付息的不上市债券投资,应将到期后可取得的债券本息一次折现,按下列公式计算:

$$\frac{\text{债券投资}}{\text{评估价值}} = \frac{\text{债券面值} \times (1+\text{票面利率} \times \text{债券期限})}{(1+\text{折现率})^n}$$

式中　n 为债券剩余偿还年限

如某施工企业持有1年前发行的3年期一次还本付息企业债券50 000元,年利率为6%,若市场同期年利率为5%,则这笔债券投资的评估价值为:

$$\frac{50\,000\,\text{元}\times(1+6\%\times3)}{(1+5\%)^2}=\frac{59\,000\,\text{元}}{1.1025}=53\,514.74\,\text{元}$$

又债券利息收益如要交纳所得税的,则在债券投资评估价值中要减去应纳所得税。

二、股票投资的评估

股票投资是企业以购买股票的形式对外投资。股票是股份有限公司发行的一种有价证券,企业可以作为投资者认购股票。投资企业对于被投资企业的风险责任,以认购股票的投资额为限,对被投资企业的权益,以其股权占被投资企业股本总额的比例为依据,并按股份分得股利。

股票按其是否能上市交易,分为上市股票和不上市股票。上市股票是指能在证券交易所上市交易的股票。不上市股票是指不能在证券交易所上市交易的股票。

(一)上市股票投资的评估

能在证券交易所上市交易的股票,由于有市场价格,一般可采用市场价格法评估,即以股票市场价格扣除税金、手续费后来确定股票投资的评估价值。它的计算公式为:

股票投资评估价值＝股票面值×1元股票面值市场价格×(1－税费率)

如某施工企业持某股份有限公司上市股票30 000股,每股股票面值1元,评估时市场价格为每股8.50元,交易所税费率为7.5‰,则这项股票投资的评估价值为:

30 000股×8.50元/股×(1－7.5‰)＝255 000元×0.9925＝253 087.50元

(二)不上市股票投资的评估

不上市股票投资的评估,应根据被投资公司的盈利情况,采用利润资本化法。

所谓利润资本化法就是将投资企业从被投资公司分得的股

利,通过平均资金利润率加以资本化,算得股票投资的评估价值。它的计算公式为:

$$股票投资评估价值 = \frac{年股利}{平均资金利润率}$$

式中年股利可根据近几年从被投资公司分得的股利的平均数计算,平均资金利润率可采用被投资公司的平均投资税后利润率。

如某施工企业对某股份有限公司在3年前购入面值100 000元的股票,近3年分得的股利分别为18 000元、20 000元、22 000元,被投资公司的平均投资税后利润率为10%。则这笔股票投资的评估价值为:

$$\frac{\frac{18\,000元 + 20\,000元 + 22\,000元}{3}}{10\%} = 200\,000元$$

三、其他股权投资的评估

其他股权投资是指企业除股票投资以外的其他股权投资,一般指对联营企业的投资。施工企业与其他企业联营,要以投出的资产对联营企业负责,并与联营企业的经营成果挂钩。经营得好,可以多分利润,经营得不好,就少分或分不到利润。资产一经投出,除联营合同期满,或联营公司解散外,一般不得抽回投资。

其他股权投资的评估,与不上市股票投资相同,也可采用利润资本化法,即将企业从联营企业分得的利润,通过平均资金利润率加以资本化,算得其他对外投资的评估价值。它的计算公式为:

$$其他对外投资评估价值 = \frac{年利润}{平均资金利润率}$$

式中年利润可根据近几年从联营企业分得的利润的平均数计算。平均资金利润率可采用联营企业或行业的平均投资税后利润率。

四、在建专项工程的评估

施工企业的在建专项工程是指正在建设,还没有竣工交付企业有关部门使用的固定资产扩建、改建工程,固定资产的大修理工程,购入需要安装设备的安装工程,以及临时设施的搭建工程等。这些在建专项工程,也是企业的资产,应对其发生的建设成本进行评估。考虑到除了大型扩建、改建工程外,一般专项工程建设工期不长,价格变动影响不大,在评估时就可以"专项工程支出"科目账面建设成本作为评估价值。在建专项工程建设成本,包括建筑工程费、设备购置费、安装工程费以及其他工程建设费,如勘察设计费、可行性研究费、工程管理费等。

对在建大型固定资产扩建、改建工程,如果建设工期很长,建设期间建筑材料、设备价格变动很大,也应采用指数调整法,将在建专项工程建设成本加以调整,并以按现行价格水平调整的建设成本作为在建专项工程的评估价值。

又在在建专项工程中,如有已经停建并且预计在未来几年内不会重新开工,或所建项目不论在性能上还是在技术上已经落后,估计不会给企业带来经济效益的,则对这项在建专项工程可不加评估,或用可变现净值法进行评估,即将工程可能回收材料的变价净收入作为评估价值。

五、临时设施的评估

施工企业的临时设施是为了保证施工和管理的正常进行而搭建的各种临时性生产、生活设施。

目前施工企业在施工现场所需的临时设施,一种是由建设单位投资搭建,产权归建设单位所有,无偿供施工企业使用;另一种是由施工企业用向建设单位收取的临时设施费来搭建,费用由施工企业摊入施工成本。对后一种临时设施,是施工企业的资产,也应在资产评估时加以评估。

施工企业的临时设施按其是否搭建在施工现场,分为施工现场搭建的临时设施和在生产、生活基地搭建的临时设施。生产、生活基地上搭建的临时设施,大都属半永久性设施,这些设施的成本较高,使用期限较长,一般可参照本章第三节固定资产评估方法加以评估。

对施工现场搭建的临时设施,在工程完工后,必须拆除。因此,这些临时设施的摊销期限,不得长于工程施工期限,即要按工程施工期限和临时设施耐用期限孰短来确定。由于一般工程施工期限不长,就应按工程施工期限作为临时设施的摊销期限。

施工现场搭建临时设施的评估价值,可按临时设施搭建成本减累计摊销额来确定。它的计算公式为:

$$临时设施评估价值 = 临时设施搭建成本 - 累计摊销额$$

式中临时设施搭建成本,考虑到施工现场搭建临时设施时间不长,价格变动对搭建成本影响不大,就可按账面搭建成本计算。

$$累计摊销额 = 临时设施搭建成本 \times \frac{已摊销期限}{摊销期限}$$

如果原定摊销期限与评估时预计施工期限出入不大,就可以账上已摊销额作为累计摊销额。如果因施工进度加快,工期明显缩短时,应按调整后摊销期限计算累计摊销额。如有某幢临时设施,搭建成本为 360 000 元,原定摊销期限为 36 个月,已摊销 10 个月。因工期加快,估计再过 14 个月就能完工,则这幢临时设施的累计摊销额应为:

$$360\,000 \text{元} \times \frac{10}{10+14} = 150\,000 \text{元}$$

这幢临时设施的评估价值为:

$$360\,000 \text{元} - 150\,000 \text{元} = 210\,000 \text{元}$$

第六节 企业资产的综合评估

一、企业资产综合评估与单项资产评估的区别及其应用范围

本章以前各节所讲的流动资产、固定资产、对外投资以及无形资产的评估，都是按资产构成分项进行评估的。例如对固定资产评估，就将构成固定资产的所有机械设备、房屋、建筑物等逐一进行评估，然后加总起来就是固定资产的评估价值。这种按资产构成以单项资产作为评估对象的评估工作，叫做单项资产评估。单项资产评估无论采用哪种计算方法，都具有如下共同特点，就是评估结果最终反映的都是被评估资产根据评估时价格水平计算的评估价值，它没有考虑企业资产的综合获利能力，也没有考虑企业资产在企业施工生产经营活动中的预期利润，所以单项资产评估只是从静态反映某个时期内企业重新购建这批资产的成本。

但是，当企业的资产在产权交易时作为资本对待时，它可能是增值，也可能是减值。因为它不仅要受资产数量和负债数额的影响，还要受企业素质、资产结构、地区经济环境等诸多因素的影响。为了综合考虑这些因素并从动态对企业资产作出评估，就需要应用综合评估方法。所谓综合评估，就是根据企业单位占有的全部资产及其整体获利能力和地区经济环境等因素进行综合性价值评估。

由于单项资产评估和企业资产综合评估的经济含义不同，单项资产评估方法和企业资产综合评估方法的应用范围也不相同。

单项资产评估方法应用于以下经济行为的资产评估：

一是单项资产出售的资产评估。即企业不是将全部资产用于投资或产权交易，而是将企业某项资产、某一部分资产出售所作的评估。如企业将多余、闲置的机械设备出售转让，或在企业破产时将部分尚有使用价值的机械设备作为生产要素出售时所作的评估。

二是企业自身或国家对国有企业所进行的资产评估,如企业为摸清自己家底为目的的资产评估,企业自身或国家对国有企业以资产保值、公平税负、考核经营者为目的的资产评估,国有资产管理部门对国有资产全面普查、界定时的评估。

企业资产综合评估方法由于是以企业整体资产作为资本进行的评估,所以它适用于企业或其所属生产单位整体资产以产权变更为目的的资产评估。对破产企业如其所属生产单位能够正常生产经营的,也可采用综合评估方法。此外,企业资产综合评估方法也用于对企业商誉价值的评估。因为商誉是指企业在其拥有资产上能获得高于正常投资收益率能力所形成的价值,它内含于企业整体资产的组合之中,必须根据企业整体资产进行综合评估。

二、企业资产综合评估应考虑的因素

在对企业资产进行综合评估时,应考虑以下各主要因素。

(一)企业拥有的资产及其结构是否合理

一般来说,企业拥有的资产数量与企业的获利能力成正比。即企业的资产越多,企业获利的可能性越大。因此,企业资产综合评估首先应考虑企业的资产价值,但是,光有资产数量,而没有合理的结构和配置,也难以使资产发挥作用,使企业获利。所谓资产的结构,既包括固定资产和流动资产的结构,也包括固定资产内部的结构,如土方工程机械设备、混凝土工程机械设备、水平垂直运输设备的结构及其技术状况是否与工程任务相适应;各个工种工程的机械设备是否配套成龙,能否形成最大生产能力等。企业的施工能力,是指企业资产所形成的综合生产能力,只有资产的结构合理、相互配套、技术状况良好,才能充分发挥资产的作用。

(二) 企业素质

企业素质是指决定企业施工生产经营活动能量或决定企业生存和发展能力大小的各种内在因素的综合。决定企业施工生产经营活动能量大小的内在因素很多,主要有人员素质、技术素质、管理素质等。人员素质包括领导班子的素质和职工队伍的素质。领导班子素质包括领导集团的整体素质和领导者的个人素质。领导集团素质是指领导集团的专业结构、年龄结构、知识结构、智能结构是否合理,是否能形成高效能的领导集团。领导者个人素质是指领导者个人的政治思想水平、政策水平、文化水平、业务能力、领导能力,以及年龄、健康状况等。职工队伍素质包括职工队伍的比例结构,职工的政治、文化、技术、专业知识水平和业务、技术能力。技术素质包括施工、生产工艺水平和技术开发的能力。管理素质包括企业施工生产经营管理科学化、现代化的程度和企业施工生产经营管理基础工作的质量。以上各项内在因素本身的质量状况及其组合水平,构成企业施工生产经营能力的基础,反映企业适应外部经营环境变化的应变能力,企业在质量、工期、标价、信誉方面竞争中取胜,赢得市场的能力,企业不断进行技术创新的能力,企业自我改造、自我发展的能力。因此,企业素质的好坏,直接影响着企业的获利能力和经济效益。

(三) 地区经济环境

地区经济环境主要指地区经济发展情况和地区施工力量分布情况。地区经济发展情况,特别是地区固定资产投资规模,与企业施工能力能否充分发挥有着密切的关系。因为地区固定资产投资规模如能保持持续增长态势,建筑产品需求不断增长,企业的施工能力容易发挥,就能够获得较好的经济效益;反之,如果地区经济发展停滞,建筑产品需求不能增长或呈减少态势,企业施工能力特别是附属生产企业的生产能力就不易发挥,较难获得经济效益。又在地区建筑产品需求一定的情况下,地区施工力量大,建筑市场竞争激烈,工程标价就会压低,企业利润也要减少。因此,地区固定资产投资规模和地区施工力量的大小,也会影响企业的获利能力和经济效益。

三、企业资产综合评估的方法

企业资产总值可用利润资本化法进行评估。

利润资本化法就是将企业预期年利润,通过平均资金利润率加以资本化,算得资本评估值,再加上企业负债求得企业资产评估总值。它的计算公式为:

$$企业资产评估总值 = \frac{企业预期年利润}{平均资金利润率} + 企业负债$$

式中企业预期年利润,可根据评估企业预期年度净利润或近几个年度平均净利润率计算。

平均资金利润率一般应按建筑行业平均资金利润率计算。行业平均资金利润率也叫资本利润率或自有资金利润率。它是根据行业利润总额与行业资本总额求得,如有行业基准投资收益率的,也可采用行业基准投资收益率。但如行业平均资金利润率低于市场利率,应按市场利率计算。因为在产权交易时,投资者如不能获得市场利率的利润,对算得的资本额是不愿接受的。

在计算企业资产评估总值时所以要加企业负债总额,是因为按企业预期年净利润和平均资金利润率算得的是企业资本评估值,企业资本评估值加上企业负债,才是企业资产评估总值。当然,如果我们能求得一个平均资产利润率,也可根据企业预期年净利润和平均资产利润率来算得企业资产评估总值。但平均资产利润率要受企业资金结构即借入资金与资本的比例的影响。因为借入资金的利息是计入成本的,借入资金的比例越大,企业成本越高,利润越少。借入资金和资本的比例不同,企业的资产利润率也就不同,因而无法求得一个适合于各个不同资金结构企业的平均资产利润率。因此,在实践中是无法采用平均资产利润率来计算企业资产评估总值的。

如某施工企业在资产评估时预期年净利润可达 2 000 000 元,建筑行业平均资金利润率为 10%,高于银行利率,该企业负债总额为 8 000 000 元,则企业资产评估总值为:

$$\frac{2\ 000\ 000\ 元}{10\%}+8\ 000\ 000\ 元=28\ 000\ 000\ 元$$

如果企业的资金利润率高于行业平均资金利润率,也可先计算企业"商誉"评估价值,然后与单项资产评估价值之和相加,确定企业资产评估总值。

商誉是指企业在其拥有资产上能获得高于行业平均资金利润率所形成的价值。在评估时,可先以行业平均资金利润率作为计算年利润额的基数,然后计算企业年超额利润,并加以资本化。它的计算公式为:

$$商誉评估价值=\frac{企业预期年利润-(企业资产净值\times 平均资金利润率)}{平均资金利润率}$$

式中: 企业资产净值=企业单项资产评估价值之和-企业负债

将商誉评估价值与企业单项资产评估价值之和相加,就可确定企业资产评估总值:

$$企业资产评估总值=企业单项资产评估价值之和+商誉评估价值$$

如上述某施工企业的单项资产评估价值之和为 25 000 000 元,则这个企业的:

企业资产净值=25 000 000 元-8 000 000 元=17 000 000 元

$$商誉评估价值=\frac{2\ 000\ 000\ 元-(17\ 000\ 000\ 元\times 10\%)}{10\%}$$

$$=\frac{2\ 000\ 000\ 元-1\ 700\ 000\ 元}{10\%}=3\ 000\ 000\ 元$$

$$\frac{\text{企业资产}}{\text{评估总值}} = 25\,000\,000\,\text{元} + 3\,000\,000\,\text{元} = 28\,000\,000\,\text{元}$$

如果企业的资金利润率低于行业平均资金利润率,则这个企业的商誉就是负值。企业资产评估总值就小于企业单项资产评估价值之和。

必须指出,以上两种评估方法计算的企业资产评估总值是相同的。因为:

$$\frac{\text{企业资产}}{\text{评估总值}} = \frac{\text{企业单项资产}}{\text{评估价值之和}} + \text{商誉评估价值}$$

$$= \frac{\text{企业单项资产}}{\text{评估价值之和}} + \frac{\text{企业预期年利润} - \left(\text{企业资产净值} \times \text{平均资金利润率}\right)}{\text{平均资金利润率}}$$

$$= \frac{\text{企业单项资产}}{\text{评估价值之和}} + \frac{\text{企业预期年利润}}{\text{平均资金利润率}}$$

$$- \frac{\left(\frac{\text{企业单项资产}}{\text{评估价值之和}} - \frac{\text{企业}}{\text{负债}}\right) \times \text{平均资金利润率}}{\text{平均资金利润率}}$$

$$= \frac{\text{企业单项资产}}{\text{评估价值之和}} + \frac{\text{企业预期年利润}}{\text{平均资金利润率}} - \frac{\text{企业单项资产}}{\text{评估价值之和}} + \frac{\text{企业}}{\text{负债}}$$

$$= \frac{\text{企业预期年利润}}{\text{平均资金利润率}} + \text{企业负债}$$

复 习 题

1. 施工企业在哪些情况下,必须对企业资产进行评估?企业资产评估对发展社会主义市场经济、深化经济体制改革、优化企业资产管理等方面有哪些重要意义?

2. 企业资产评估的标准有哪些?这些标准各适用于哪些情况下的评估?

3. 施工企业流动资产的评估具有哪些特点?应特别注意哪些方面的问题?

4. 对企业固定资产进行评估时,应注意哪些方面的问题?在评估时,如何计算固定资产有形损耗、无形损耗和经济性贬值?

5. 什么叫做重置成本?什么叫做更新成本?固定资产的重置成本与更新成本有何区别?

6. 在对企业土地使用权进行评估时,通常可采用哪些方法?在采用这些方法时,各应掌握哪些方面的资料?

7. 在对企业专利权、非专利技术进行评估时,应注意哪些方面的问题?

8. 在对企业债券投资评估时,为什么要分别上市、不上市的债券来进行?

9. 什么叫做商誉?企业商誉的评估价值是怎样确定的?

10. 什么叫做企业资产综合评估?它与单项资产评估有什么区别?它们各适用于哪些经济行为的评估?在对企业资产综合评估时,要考虑哪些方面的因素?为什么必须考虑这些因素?

习　　题

习　题　一

一、目的　练习用重置成本法评估固定资产。

二、资料　某施工单位在对5辆自卸汽车进行评估时,各辆自卸汽车的购入年份、折旧年限、已用年限及重置成本分别如下:

自卸车编号	购入年份	折旧年限	已用年限	重置成本
1	2005年1月	8年	5年	80 000元
2	2005年1月	8年	5年	120 000元
3	2006年1月	8年	4年	80 000元
4	2007年1月	8年	3年	125 000元
5	2008年1月	8年	2年	85 000元

三、要求　根据上列资料,为该施工单位计算这5辆自卸汽

车的：

1. 加权平均已用年限；
2. 加权平均折旧年限；
3. 成新率；
4. 评估价值。

习 题 二

一、目的 练习用更新成本法评估固定资产。

二、资料 某施工单位有一台挖土机,生产厂家已用新型号挖土机代替。新型号挖土机的市场买价为 94 000 元,运输、装卸、调试费为 6 000 元。新型号挖土机每台班能挖土 100 立方米,旧挖土机每台班只能挖土 60 立方米。旧挖土机折旧年限为 10 年,已使用 7 年。

三、要求 根据上列资料,为该施工单位这台旧挖土机计算：
1. 更新成本(生产规模效益指数取值 0.6)；
2. 成新率；
3. 评估价值。

习 题 三

一、目的 练习用剩余法评估土地使用权。

二、资料 某施工企业兼营房地产开发,现有一块 6 000 平方米可供建造商品住房土地,经过市场调查和收集有关该块土地的房屋售价、土地使用税、土地开发费、建筑成本、年利率等有关资料：

1. 土地使用税每平方米每年为 10 元,建设期为 2 年；
2. 土地开发费每平方米土地为 400 元；
3. 建筑成本每平方米房屋建筑面积为 1 000 元；
4. 利息按年利率 10% 计算；
5. 管理费和利润按建设成本(包括建筑成本、土地使用税、土

地开发费、利息)的20%计算;

6. 房屋售价为每平方米建筑面积2 600元;

7. 经营税金及附加按房屋售价5.5%计算;

8. 房屋竣工后能在一年内销售完毕,折现率采用10%。

三、要求 根据上列资料,按规划部门规定建筑容积率1:2计算该块土地的评估价值。

习 题 四

一、目的 练习企业商誉和企业资产总值的评估。

二、资料

1. 某施工企业在对企业单项资产评估后,算得各类资产评估价值如下:

流动资产	500万元
固定资产	1 200万元
土地使用权	200万元
对外投资	200万元
临时设施	100万元
在建专项工程	300万元

2. 评估时企业负债总额为1 000万元。

3. 根据企业最近3年利润表中各年净利润分别为200万元、205万元、210万元。

4. 建筑行业平均资金利润率为10%,相当于金融市场年利率。

三、要求 根据上列资料,为该施工企业计算:

1. 企业商誉评估价值;
2. 企业资产评估总值。

第八章 利润及其分配的管理

第一节 企业利润的作用和构成

利润是企业在一定期间施工生产经营活动的最终成果,也就是收入与成本、费用配比相抵后的余额。如果收入小于成本、费用,其差额表现为亏损。

企业财务管理的目标是为了实现企业价值最大化,这就要求在考虑风险因素的同时,不断提高企业的盈利水平,增强企业的盈利能力,获得最大的利润。

一、企业利润的作用

搞好利润管理,不断提高企业的盈利水平,不论对企业还是对国家、对企业投资者,都具有十分重要的意义。企业利润的作用,主要表现在以下几个方面。

(一)利润是实现企业财务管理目标的重要保证

企业财务管理的目标是实现企业价值最大化,也就是要通过企业的合理施工生产经营,采用最优的财务决策,在考虑资金时间价值和风险价值的情况下,不断增加企业积累,使企业价值达到最大。这一目标的实现,主要取决于以下两个方面:一是要不断提高企业的盈利水平;二是要不断降低企业的财务风险和经营风险。因此,在考虑财务、经营风险的同时,不断提高企业的盈利水平,增加企业的投资收益率,是实现企业财务管理目标的重要保证。

(二)利润是企业自我发展的资金来源

在市场经济条件下,施工企业要在市场竞争中取胜并获得更快发展,必须不断增加企业的财力。企业发展需要的大量资金,不可能完全依靠债务资金来解决。因为债务资金的获得,要有相应数量的自有资金为前提,没有一定数量的自有资金,是不可能从债权人处获得大量债务资金的。增加企业自有资金的根本途径,是不断提高企业的盈利水平。因此,只有增加企业的利润,才能保证扩大再生产的资金需求,使企业获得更快的发展。

(三)利润是投资者获得投资回报的前提

投资者投入企业的资金,是为了获得投资回报,取得比银行存款利息更多的收益,而投资回报只有在企业收入大于成本、费用获得盈利的前提下,才能通过分配的利润或股利获得。因此,只有不断提高企业的盈利水平,企业才能拿出更多的资金用于利润的分配,使投资者获得更多的投资回报。

(四)利润是保证社会正常活动的必要条件

在国民经济中,除了直接从事物质资料生产、流通的部门以外,还必须有行政、国防、文教卫生等部门。这些部门不生产物质财富,其开支主要依靠物质资料生产、流通部门上交的税金来解决。国家通过财政预算,把企业利润的一部分以所得税等形式集中起来,形成社会消费基金,然后将它用于行政、国防、文教卫生等部门的支出。增加企业利润,为国家多上交税金,可以保证社会正常活动,加强精神文明建设,巩固国家政权。

二、企业利润的构成

施工企业利润是企业施工生产经营成果的集中体现,也是衡量企业施工经营管理业绩的主要指标。过去,我国对利润及其构成缺乏规范化的规定,各企业计算利润的方法也存在较大的差别。这不仅不利于财税部门对企业利润确定的监督,而且也不利于对利润指标的汇总和比较。为了克服上述缺点,在施工企业财务制度中,对利润的构成进行了统一的规范。

施工企业利润总额是企业在一定时期内实现盈利的总额。它由营业利润、营业外收支净额两个部分构成。其计算可用以下公式反映:

$$利润总额 = 营业利润 + 营业外收入 - 营业外支出$$

(一)营业利润

施工企业营业利润是企业在一定时期内实现的工程结算利润、其他业务利润、公允价值变动收益、投资收益减去管理费用、财务费用、资产减值损失后的余额。营业利润的计算可用以下公式表示:

$$营业利润 = 工程结算利润 + 其他业务利润 - 管理费用 - 财务费用 - 资产减值损失 + 公允价值变动收益 + 投资收益$$

1. 工程结算利润

工程结算利润是施工企业在一定时期内工程结算收入减去工程结算成本和工程结算税金及附加后的余额。工程结算利润的计算可用以下公式表示:

$$工程结算利润 = 工程结算收入 - 工程结算成本 - 工程结算税金及附加$$

施工企业的工程结算收入是指已完工程或竣工工程向发包单位结算的工程款收入。对采用按月结算工程价款的企业,即在月终按已完分部分项工程结算确认的工程款收入。对采用分段结算工程价款的企业,即按工程形象进度划分的不同阶段(部位),分段结算确认的工程款收入。对采用竣工后一次结算工程价款的企业,即在单项工程或建设项目全部建筑安装工程竣工以后结算确认的工程款收入。工程结算收入除包括承包工程合同中规定工程造价外,还包括因合同变更、索赔、奖励等形成的收入。这部分收入是在执行合同过程中,由于合同工程内容或施工条件变更、索赔、奖励等原因形成的追加收入。它须经发包单位签证同意以后,才能构成施工企业的工程结算收入。

工程结算成本是施工企业为取得当期工程结算收入而发生的工程施工成本,包括工程材料费、人工费、机械使用费、其他直接费和分摊的间接费用。

工程结算税金及附加包括按工程结算收入计征的营业税及按营业税计征的城市维护建设税和教育费附加。

2. 其他业务利润

施工企业的其他业务利润是企业在一定时期内除了工程施工业务以外其他业务收入减去其他业务成本和经营税金及附加后的余额。其他业务利润的计算可用以下公式表示：

其他业务利润＝其他业务收入－其他业务成本－经营税金及附加

施工企业的其他业务收入,主要包括产品销售收入、材料销售收入、固定资产出租收入等。其中产品、材料销售收入,应在发出产品、材料,同时收讫货款或取得索取货款凭证时确认。固定资产出租收入,应按出租方与承租方签订合同或协议中规定的承租方付款日期和金额确认。

其他业务成本是施工企业为取得当期其他业务收入而发生的与其相关的成本,主要包括产品销售成本、材料销售成本、固定资产出租成本等。其中:产品、材料销售成本是指销售产品、材料的生产成本或采购成本。出租固定资产成本是指为出租固定资产计提的折旧费和发生的修理费。

经营税金及附加包括按其他业务收入计征的营业税及按营业税计征的城市维护建设税和教育费附加。

3. 管理费用

施工企业的管理费用是指企业行政管理部门即公司总部为管

理和组织经营活动所发生的各项费用。为了划清施工生产单位与企业行政管理部门的施工生产经营责任，管理费用不计入施工生产成本，而直接由企业当期利润补偿。目前施工企业管理费用的内容，除了过去所说因管理和组织经营活动所发生的行政管理人员工资、职工福利费、折旧费、修理费、低值易耗品摊销、办公费、差旅交通费、工会经费、职工教育经费、劳动保护费、董事会费、咨询费、审计费、诉讼费、税金、土地使用费、技术转让费、技术开发费、无形资产摊销、开办费、业务招待费等以外，还包括近年政府和有关权力部门规定必须交纳的诸如工程排污费、社会保险费（包括为职工交纳的基本养老保险费、失业保险费、基本医疗保险费、生育保险费、意外伤害保险费）、住房公积金和工程定额测定费，也就是建设部在《建筑安装工程费用项目组成》中所说的"规费"。这些费用也是施工企业从事施工经营必须交纳的，所以也应将它列作企业的管理费用。

4. 财务费用

施工企业的财务费用是指企业为筹集施工生产经营所需资金而发生的各项费用，包括施工生产经营期间的利息净支出、汇兑净损失、金融机构手续费，以及企业筹资时发生的其他财务费用。但不包括在固定资产购建期间发生的借款利息支出和汇兑损失，这些利息支出和汇兑损失应计入固定资产或专项工程支出。

5. 资产减值损失

资产减值损失是指企业的应收账款、存货、长期股权投资、固定资产、在建专项工程、无形资产等资产发生减值时计提减值准备所形成的损失。

6. 公允价值变动收益

公允价值变动收益是指企业采用公允价值计量导致投资性房地产、交易性金融资产等增值而形成的收益。

7. 投资净收益

施工企业的投资净收益是指企业对外股权投资、债权投资所获得的投资收益减去投资损失后的净额。它的计算可用以下公式表示：

$$投资净收益＝投资收益－投资损失$$

投资收益包括对外投资分得的利润、股利和债券利息，投资收回或者中途转让取得款项多于账面价值的差额，以及按照权益法核算的股权投资在被投资单位增加的净资产中所拥有的数额等。

投资损失包括企业对外投资分担的亏损，投资到期收回或者中途转让取得款项少于账面价值的差额，以及按照权益法核算的股权投资在被投资单位减少的净资产中所分担的数额等。

（二）营业外收入和营业外支出

施工企业的营业外收入和营业外支出是指与企业施工生产经营活动没有直接关系的各项收入和支出。

营业外收入是与企业工程结算收入和其他业务收入相对而言的，虽然它与企业施工生产活动没有直接因果关系，但与企业又有一定联系的收入，所以也应成为企业利润总额的组成部分。施工企业的营业外收入，主要有：固定资产盘盈、处理固定资产净收益、处理临时设施净收益、转让无形资产收益、罚款收入、无法支付应付款、教育附加费返还、非货币性交易收益等。

营业外支出是相对营业成本、费用而言的。它虽与企业施工生产经营活动没有直接关系，但又与企业有一定联系，所以也应作为企业利润总额的扣除部分。施工企业的营业外支出，主要有：固定资产盘亏、处理固定资产净损失、处理临时设施净损失、转让无形资产损失、资产减值损失、公益救济性捐赠、赔偿金、违约金、债务重组损失等。

第二节 工程结算利润的预测

一、年度工程结算利润的测算

施工企业年度财务预算中工程结算利润的测算,一般可根据工程结算收入减去税费、变动费用总额和固定费用总额计算,即:

$$\begin{matrix}\text{工程结}\\\text{算利润}\end{matrix} = \begin{matrix}\text{工程结}\\\text{算收入}\end{matrix} - \text{税费} - \begin{matrix}\text{结算工程变}\\\text{动费用总额}\end{matrix} - \begin{matrix}\text{结算工程固}\\\text{定费用总额}\end{matrix}$$

由于变动费用总额随着工程量变动而呈正比例的变动,因此,只要根据以往年度历史资料,计算变动费用在工程造价中的比重,就可算得结算工程变动费用总额。如果不同结构工程造价中变动费用所占的比重不同,应按不同结构工程分别计算加总。

对于固定费用总额,可根据历史资料结合计划年度组织机构、机械设备变动情况来确定。一般说来,固定费用的发生额,大都应摊入当年损益,与年初年末在建工程影响不大,因此对预算年度固定费用总额不必加以调整。这样:

$$\begin{matrix}\text{工程结}\\\text{算利润}\end{matrix} = \begin{matrix}\text{工程结}\\\text{算收入}\end{matrix} - \begin{matrix}\text{工程结}\\\text{算收入}\end{matrix} \times \text{税费率} - \begin{matrix}\text{工程结}\\\text{算收入}\end{matrix} \times \begin{matrix}\text{变动费用在工程}\\\text{造价中的比重}\end{matrix} - \begin{matrix}\text{固定费}\\\text{用总额}\end{matrix}$$

$$= \begin{matrix}\text{工程结}\\\text{算收入}\end{matrix} \times \left(1 - \text{税费率} - \begin{matrix}\text{变动费用在工程}\\\text{造价中的比重}\end{matrix}\right) - \begin{matrix}\text{固定费}\\\text{用总额}\end{matrix}$$

如某施工企业预算年度施工产值为 13 000 000 元,预算年初在建工程为 2 600 000 元,年末在建工程为 1 300 000 元,变动费用在工程造价中的比重为 72%,固定费用总额为 2 470 000 元,工程结算收入税费率为 3.3%,则预算年度工程结算收入为:

13 000 000 元 + 2 600 000 元 − 1 300 000 元 = 14 300 000 元

预算年度工程结算利润为:

14 300 000 元 × (1 − 3.3% − 72%) − 2 470 000 元 = 1 062 100 元

如果企业不是采用工程竣工一次结算工程价款结算办法,年初在建工程和年末在建工程出入不大,结算工程价款收入等于施工产值时,则:

$$\text{工程结算利润} = \text{施工产值} - \text{施工产值} \times \text{税费率} - \text{施工产值} \times \text{变动费用在工程造价中的比重} - \text{固定费用总额}$$

$$= \text{施工产值} \times \left(1 - \text{税费率} - \text{变动费用在工程造价中的比重}\right) - \text{固定费用总额}$$

根据上列公式,可推导得出:

$$\text{施工产值} = \frac{\text{工程结算利润} + \text{固定费用总额}}{1 - \text{税费率} - \text{变动费用在工程造价中的比重}}$$

利用上列公式,在企业经营过程中,就可据以测算工程结算利润。

二、投标竞争中预期利润的估算

施工企业在工程投标竞争中的利润,就是希望从这项工程中获得盈利。在对某项工程投标时,如果施工企业对工程估计的成本和实际成本相等,施工企业中标的估计利润是工程标价与估计成本的差额。

$$\text{估计利润} = \text{工程标价} - \text{估计成本}$$

如果企业投以高标(具有较多的估计利润),在投标竞争中,中标的机会必然很少;如果投以低标(只有较少的估计利润),中标的机会将会增加。

如果我们对投标的各种标价能确定其中标的概率,就可对各种标价的预期利润进行估算。工程投标竞争中的预期利润,是估计利润与中标概率的乘积:

$$\text{预期利润} = \text{中标概率} \times \text{估计利润} = \text{中标概率} \times \left(\text{工程标价} - \text{估计成本}\right)$$

假定施工企业对某项工程感兴趣,估计成本为20 000元,他拟定了三个不同的标价进行选择,各标价和中标的概率如图表8-1所示。

图表 8-1

标价名称	标价(元)	中标概率
标1	30 000	0.1
标2	25 000	0.5
标3	22 000	0.8

上列各项概率,是投标企业认为能够中标的可能性。当然,标1有较大的估计利润10 000元(30 000元－20 000元),但中标的概率很小,并不是获得最大利润的好标价。各种标价的预期利润如图表8-2所示。

图表 8-2

标价名称	中标概率×估计利润	预期利润(元)
标1	0.1×10 000元	1 000
标2	0.5× 5 000元	2 500
标3	0.8× 2 000元	1 600

从上可知,标2具有最大的预期利润。假如投标企业对大量类似的工程提出同样的标价,预期利润应视为在竞争中可能获得的平均利润,不能说明企业可从工程上获得的实际利润。因为企业如投以标2,得到的利润或者是零,或者是5 000元,而预期利润根据计算为2 500元,因为估计利润没有考虑投标获胜的概率,预期利润才是比较有根据的利润,它更具有现实的意义。

运用预期利润的概念,结合以往投标竞争的情报,投标企业就可以制定一个具有最恰当的利润的投标策略。在开标时,一般要公开宣布各投标企业的标价,机智的企业家要当场将各投标企业的标价记录下来,用以与自己的标价进行比较。如果可能,还要收集工程的实际成本和各投标企业对获得工程任务的要求是否迫切等情报。掌握了竞争对手的投标情报,施工企业就可以将这些资料汇集起来,作为今后投标决策的参考。

假如企业在对某项工程投标时,知道了在投标竞争中谁是对手,还知道只与这个对手即甲企业进行竞争。如果与甲企业在过去投标时曾经打过多次的交道,并且掌握了甲企业的投标记录等资料,就可将甲企业在历次投标中的标价和自己的估计成本相对照,算出一个比例,并计算它的频率(出现次数)(见图表8-3)。

图表8-3

甲企业标价/投标企业估计成本	频 率
0.9	2
1.0	7
1.1	12
1.2	18
1.3	8
1.4	3
合　　计	50

有了这个比例和频率表,投标企业就可算出各项投标标价比例的概率(见图表8-4),即将各项投标的频率除以频率合计(频率/频率合计)。例如投标标价比例1.0的概率,是0.14(7/50),投标标价比例1.1的概率,是0.24(12/50)等。

图表 8-4

甲企业标价/投标企业估计成本	概 率
0.9	0.04
1.0	0.14
1.1	0.24
1.2	0.36
1.3	0.16
1.4	0.06
合 计	1.00

在算出各种投标标价比例的概率后,投标企业就可计算各种标价比甲企业低时的中标概率。例如甲企业采用 1.10 时,投标企业可采用较低的 1.05,甲企业采用 1.20 时,投标企业可采用较低的 1.15 等,从而算出可行标价与估计成本比例的中标概率(见图表 8-5)。

图表 8-5

可行标价/估计成本	投标企业标价低于甲企业的中标概率
0.85	1.00
0.95	0.96
1.05	0.82
1.15	0.58
1.25	0.22
1.35	0.06

求一个投标标价比例能成为低于对手(即中标)的概率,只需将甲企业的所有高于此比例的概率相加就是。如投标企业将标价与估计成本比例定为 1.25 时,中标的概率就是 0.22(甲企业按

1.4比例投标中标的概率 0.06＋按 1.3 比例投标中标的概率 0.16)。投标企业利用这些资料,就可提出可与甲企业进行竞争的投标策略。

投标企业在制订投标策略时,要计算各种标价的预期利润:

设 C 为工程估计成本,则各种标价的估计利润为:

$$标价 - C$$

各种标价的预期利润为:

$$概率 \times (标价 - C)$$

这样,就可计算与甲企业竞争投标的预期利润(见图表 8-6)。

图表 8-6

投标企业标价	与甲企业竞争投标时的预期利润
$0.85C$	$1.00 \times (-0.15C) = -0.150C$
$0.95C$	$0.96 \times (-0.05C) = -0.048C$
$1.05C$	$0.82 \times (+0.05C) = +0.041C$
$1.15C$	$0.58 \times (+0.15C) = +0.087C$
$1.25C$	$0.22 \times (+0.25C) = +0.055C$
$1.35C$	$0.06 \times (+0.35C) = +0.021C$

从上可知,用 $1.15C$ 标价进行投标,可以获得最大的预期利润 $0.087C$,对投标企业是最有利的。例如工程估计成本为 100 000元,投标标价可报 115 000 元,考虑到不中标的可能性,这项工程的预期利润为 8 700 元。

如果投标企业在投标时,要与几个已知的对手竞争,也可采用类似的方法,拟订投标策略。如投标企业知道了在某项工程中将与两个对手竞争,即甲企业和乙企业。设想甲企业的情报,和上述例子相同;乙企业的有关情报,也已收集,并估计了自己标价低于对手的标价的中标概率(见图表 8-7)。

图表 8-7

投标企业的标价	对甲企业获胜的概率	对乙企业获胜的概率
$0.85C$	1.00	1.00
$0.95C$	0.96	1.00
$1.05C$	0.82	0.88
$1.15C$	0.58	0.62
$1.25C$	0.22	0.24
$1.35C$	0.06	0.06

要算得各种投标标价的预期利润，投标企业必须求出自己的标价低于这两个对手标价的概率。我们知道，低于甲企业标价的概率，与低于乙企业标价的概率，是互不相关的。根据概率论的理论，互无关系的事件同时出现的概率，是它们各自的概率的乘积。如投标企业的标价在 $1.15C$ 时，低于甲企业和乙企业标价的中标概率是 0.58 和 0.62 的乘积，即 0.3596，它的预期利润为 $0.054C(0.3596\times 0.15)$。有了各种标价中标的概率，就可算得企业投以不同标价时与甲、乙两企业竞争投标时的预期利润（见图表8-8）。

图表 8-8

投标企业的标价	与甲、乙两企业竞争投标时的预期利润
$0.85C$	$1.00\times 1.00\times(-0.15C)=-0.150C$
$0.95C$	$0.96\times 1.00\times(-0.05C)=-0.048C$
$1.05C$	$0.82\times 0.88\times(+0.05C)=+0.036C$
$1.15C$	$0.58\times 0.62\times(+0.15C)=+0.054C$
$1.25C$	$0.22\times 0.24\times(+0.25C)=+0.013C$
$1.35C$	$0.06\times 0.06\times(+0.35C)=+0.001C$

从上可知,投标企业用 1.15C 标价投标时,比只对甲企业竞争时的预期利润 0.087C 要低 0.033C(0.087C－0.054C)。这是因为加强了竞争程度的缘故。竞争者越多,得标的可能性越小。关于与两个以上已知对手竞争时的预期利润,也可采用类似的方法加以计算。我们不可能在竞争对手增加的情况下,保持不变的标价。一般说来,随着竞争者的增加,中标的标价趋于下降。

如果投标企业知道竞争者的个数,而不知道对手们都是谁,则最好的办法是假设在这些竞争者中取一个平均值。投标企业从这些对手那里收集情报,并且将这些情报汇集起来,得出想象的"平均对手"的情报。有了这个平均对手的情报,就可算出投以各种标价时低于"平均对手"标价的中标概率(见图表 8-9)。

图表 8-9

平均对手的标价/投标企业估计成本	标价低于"平均对手"标价的中标概率
0.85	1.00
0.95	0.94
1.05	0.80
1.15	0.56
1.25	0.34
1.35	0.08

知道了战胜"平均对手"标价的中标概率,也知道在这项工程中竞争对手的个数,就可选择最优标价(即能获得最大预期利润的标价)进行投标。所投标价低于几个对手标价的中标概率,就是低于"平均对手"标价的中标概率的乘积。要获得低于几个对手标价的中标概率,可用低于"平均对手"标价的中标概率的几次方求得。设例中,假定投标企业要与 5 个未知对手进行竞争,则与 5 个对手竞争投标的预期利润可计算如下(见图表 8-10)。

图表 8-10

投标企业标价	与 5 个未知对手竞争投标的预期利润
$0.85C$	$(1.00)^5 \times (-0.15C) = -0.150C$
$0.95C$	$(0.94)^5 \times (-0.05C) = -0.037C$
$1.05C$	$(0.80)^5 \times (+0.05C) = \underline{+0.016C}$
$1.15C$	$(0.56)^5 \times (+0.15C) = +0.008C$
$1.25C$	$(0.34)^5 \times (+0.25C) = +0.001C$
$1.35C$	$(0.08)^5 \times (+0.35C) = 0$

从上可知,投以 $1.05C$ 标价时,可以获得最大的预期利润 $0.016C$。一般地说,随着竞争者数量的增加,企业的预期利润将会相应地下降。下面列举 1~4 个对手竞争投标时的可能获得的预期利润(见图表 8-11)。

图表 8-11

标 价	与 1~4 个对手竞争投标的预期利润	
	1 个对手	2 个对手
$0.85C$	$1.00 \times (-0.15C) = -0.150C$	$(1.00)^2 \times (-0.15C) = -0.150C$
$0.95C$	$0.94 \times (-0.05C) = -0.047C$	$(0.94)^2 \times (-0.05C) = -0.044C$
$1.05C$	$0.80 \times (+0.05C) = +0.04C$	$(0.80)^2 \times (+0.05C) = +0.032C$
$1.15C$	$0.56 \times (+0.15C) = +0.084C$	$(0.56)^2 \times (+0.15C) = \underline{+0.047C}$
$1.25C$	$0.34 \times (+0.25C) = \underline{+0.085C}$	$(0.34)^2 \times (+0.25C) = +0.029C$
$1.35C$	$0.08 \times (+0.35C) = +0.028C$	$(0.08)^2 \times (+0.35C) = +0.002C$

标 价	与 1~4 个对手竞争投标的预期利润	
	3 个对手	4 个对手
$0.85C$	$(1.00)^3 \times (-0.15C) = -0.150C$	$(1.00)^4 \times (-0.15C) = -0.150C$
$0.95C$	$(0.94)^3 \times (-0.05C) = -0.042C$	$(0.94)^4 \times (-0.05) = -0.039C$
$1.05C$	$(0.80)^3 \times (+0.05C) = +0.0256C$	$(0.80)^4 \times (+0.05) = \underline{+0.020C}$
$1.15C$	$(0.56)^3 \times (+0.15C) = \underline{+0.026C}$	$(0.56)^4 \times (+0.15) = +0.015C$
$1.25C$	$(0.34)^3 \times (+0.25C) = +0.010C$	$(0.34)^4 \times (+0.25) = +0.003C$
$1.35C$	$(0.08)^3 \times (+0.35C) = 0$	$(0.08)^4 \times (+0.35) = 0$

从上可知,随着竞争者数量的增加,预期利润将相应下降,同时最优的标价也会下降。现列示上例 1~5 个对手竞争投标时的最优标价及其预期利润如图表 8-12 所示。

图表 8-12

竞争者的数量	最 优 标 价	预 期 利 润
1	$1.25C$	$0.085C$
2	$1.15C$	$0.047C$
3	$1.15C$	$0.026C$
4	$1.05C$	$0.020C$
5	$1.05C$	$0.016C$

三、带有风险的投标决策及其预期利润的估算

上述投标工程预期利润的估算,都是设想投标企业估计的成本等于其实际的成本,但是这种情况是不常见的。随着施工条件、材料价格的变动,都会使实际成本高于估计成本,从而可能达不到估计的利润。因此,在制订投标策略计算预期利润时,也带有一定的风险性和不稳定性。我们在投标时对于工程利润的估计,也要同时作乐观和悲观两种估计,并借用进行风险决策分析的工具"决策树",来计算持乐观和悲观态度的不同预期利润。

决策树也叫决策图,它是以方框和圆圈为结点,并由直线连接结点而形成的一种像树枝形状的结构。方框结点叫做决策点,由决策点引出若干条树枝(直线),每条树枝代表一个方案,故叫方案枝。在各个方案枝的末端画上一个圆圈,就是圆圈结点。圆圈结点叫做机会点,由机会点引出若干条树枝(直线),每条树枝代表一种状况(如中标、失标)及其可能出现的概率,故叫概率枝,在概率枝的末端列出不同状况下的收益值(利润)或损失值(亏损)。这样便构成了决策树。一般决策问题具有多个方案,每个方案下面又常常会出现多种状况,因此决策图形都是由左向右、由简入繁,组

成如图表8-13所示的一个树形的网状图。

图表8-13

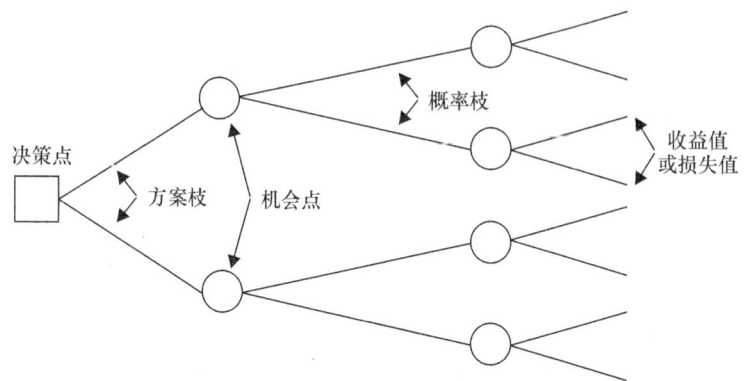

利用决策树进行决策的过程是：由右向左，逐步后退，根据右端的损益值和概率枝上的概率，计算出同一方案不同状况下的期望收益值或损失值，然后根据不同方案的期望收益值或损失值的大小进行选择(决策)，对落选(被舍弃)的方案在图上进行修枝，即在落选的方案枝上画上"//"符号，以表示舍弃不选的意思，最后决策点只留下一条树枝，即为决策中的最优方案。

如某施工企业的近期目标是谋求最大的利润。现有甲、乙两项工程可以进行投标，由于施工力量有限，只能投一项工程，即只投甲工程，或投乙工程，当然也可两项工程都不投。

对这两项工程的投标，企业决定试用两种办法。即投以自以为的"高标"，或投以自以为的"低标"。通过查阅以往资料，知道自以为的"高标"的中标概率是0.3，即在10次投标中有3次能够中标；自以为的"低标"的中标概率是0.6，即在10次投标中有6次能够中标。

如果企业采取的策略，是既不投甲工程，又不投乙工程，则要发生窝工损失1 000元。如企业投了甲工程，不能中标，还要损失500元投标费用。如企业投了乙工程，不能中标，还要损失600元投标费用。

假如这个施工企业过去曾承担过与甲、乙工程相类似的工程,根据以往经验与记录,对甲、乙工程投以高标和低标的估计利润及其出现的概率如下:

工程项目	投 标 情 况	估计利润(元)	概 率
甲工程	高标——乐观的利润	5 000	0.5
	高标——悲观的利润	1 500	0.5
甲工程	低标——乐观的利润	3 000	0.5
	低标——悲观的利润	−500	0.5
乙工程	高标——乐观的利润	8 000	0.5
	高标——悲观的利润	2 000	0.5
乙工程	低标——乐观的利润	5 000	0.5
	低标——悲观的利润	−1 000	0.5

根据上列资料,就可决策如下。

(一)画出决策树(见图表 8-14)

图表 8-14

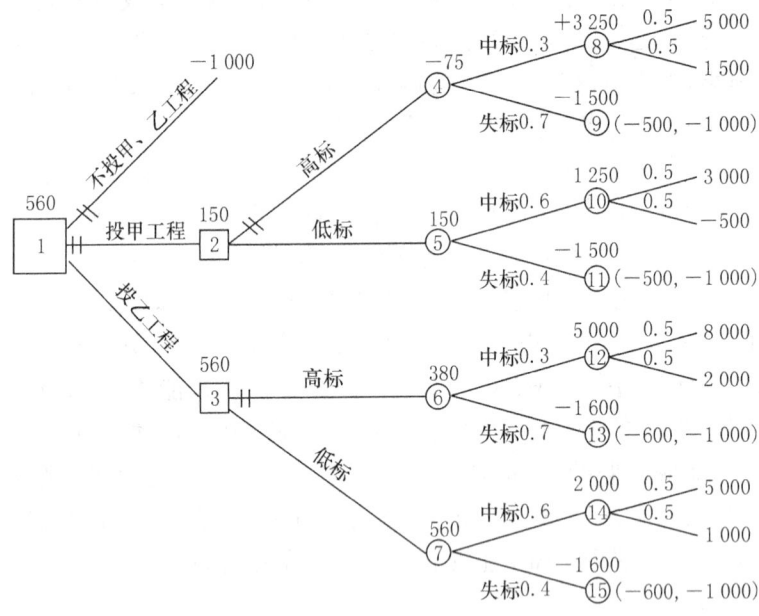

（二）计算各点的预期利润

点 8：$5\,000×0.5+1\,500×0.5=3\,250$

点 9：$-500+(-1\,000)=-1\,500$

点 4：$3\,250×0.3+(-1\,500)×0.7=-75$

点 10：$3\,000×0.5+(-500)×0.5=1\,250$

点 11：$-500+(-1\,000)=-1\,500$

点 5：$1\,250×0.6+(-1\,500)×0.4=150$

点 12：$8\,000×0.5+2\,000×0.5=5\,000$

点 13：$-600+(-1\,000)=-1\,600$

点 6：$5\,000×0.3+(-1\,600)×0.7=380$

点 14：$5\,000×0.5+(-1\,000)×0.5=2\,000$

点 15：$-600+(-1\,000)=-1\,600$

点 7：$2\,000×0.6+(-1\,600)×0.4=560$

（三）进行决策

通过对预期利润的比较，可以断定对乙工程投标，投以低标是合理的。因为它比投以高标能多获得利润 180 元（560 元－380 元），比投以甲工程的低标能多获得利润 410 元（560 元－150 元），所以例中最优决策是对乙工程投以低标，它的预期利润为 560 元，对图上的甲工程投标方案和乙工程高标方案应加以修枝。

第三节 利润的分配

一、施工企业利润分配的沿革

企业利润的分配，与国家财政体制、企业财务体制、国家税收制度等有着密切的关系。从历史上来看，我国国有施工企业利润的分配，曾实行企业奖励基金办法、利润分成办法、利改税办法，以及承包经营的利润分配办法等。

（一）企业奖励基金办法

在 20 世纪五六十年代，我国国有施工企业曾实行企业奖励基金办法。因在那个年代,国家在财政体制上实行统收统支,企业实现的利润,都上交国家财政。但为了奖励企业职工在完成国家计划过程中所作的贡献,促使企业和职工关心施工生产经营管理,厉行节约,增加盈利,当时曾实行企业奖励基金办法,即在完成国家计划后,可从企业利润中按一定比例提取企业奖励基金,然后将其余部分全部上交国家财政。在这种办法下,企业应提企业奖励基金和应上交利润的计算公式为:

企业应提企业奖励基金＝全年实现利润×企业奖励基金提成率
企业应交利润＝全年实现利润－企业应提企业奖励基金

企业提取的企业奖励基金,可用于改善职工物质、文化生活的各种集体福利设施,发给先进工作者、先进集体的奖励和社会主义竞赛奖金,以及对困难职工进行临时救济。"文化大革命"期间,企业奖励基金办法无法继续执行,企业利润全部作为应交收入上交国家财政。

(二)利润分成办法

1978~1982年间,大部分国有施工企业实行了利润分成办法,即从利润总额中减去归还技措和基建投资借款、应提企业基金、应提法定利润后,分成上交和留用。施工企业全面完成国家下达的竣工面积(或主要工程量)、工程质量优良品率、全员劳动生产率和利润总额(包括上交利润)四项年度计划指标的,可按全年职工工资总额的5%提取企业基金;没有全面完成四项计划指标的;在完成利润计划指标的前提下,每完成一项计划指标,可以按职工工资总额的1.25%提留企业基金。企业提取的企业基金,用于举办职工集体福利设施,弥补职工福利基金不足和发放劳动竞赛奖金。企业利润总额减去归还技措和基建投资借款、应提企业基金和应提法定利润以后,多数企业实行基数利润(即上年应分成利润)五五分成(即50%上交,50%企业留用)。增长利润(即超过上年应分成利润的利润)二八分成(即20%上交,80%企业留用)。

在这种办法下,企业分成利润和应上交利润的计算公式为:

$$企业分成利润 = 基数利润 \times 50\% + 增长利润 \times 80\%$$

$$企业上交利润 = 基数利润 \times 50\% + 增长利润 \times 20\%$$

式中: 基数利润 = 上年应分成利润

$$增长利润 = \frac{全年实}{现利润} - \frac{应归还技措和}{基建投资借款} - \frac{应提企}{业基金} - \frac{应提法}{定利润} - \frac{基数}{利润}$$

$$应提企业基金 = \frac{职工全年}{工资总额} \times \left(5\% - \frac{未完成规}{定指标数} \times 1.25\%\right)$$

$$应提法定利润 = 全年点交工程预算成本 \times 法定利润率$$

这种利润分成办法,打破了原来统收统支吃"大锅饭"的局面,调动了企业的积极性,但也存在不少问题。如工程任务饱满与否和工程结构的不同,使各个企业的盈利水平有较大的差别,利润分成比例很难定得合理,容易造成企业之间苦乐不均。如果对利润分成比例经常进行调整变动,国家同企业之间的分配关系就难以稳定下来。企业为了多留利润,往往吵基数,争比例。因此,自1983年开始,国家规定对国有施工企业大都实行"利改税"的分配办法。

(三)利改税的分配办法

所谓"利改税",就是把国有施工企业上交利润改为按国家规定的税率交纳税金,税后利润归企业支配,把国家与企业的分配关系通过税收形式固定下来。所得税额的计算方法,按大中型企业和小型企业分为两种情况:对国有大中型施工企业,是以应税所得额为计税依据,不分企业应税所得额的大小,一律按固定比例税率55%计算征收。税后利润低于合理留利水平的,经过批准,在一定期限内可以适当减税,即按低于55%的税率交纳所得税。由于施工企业一般盈利水平不高,企业在交纳所得税后的利润,全部留给企业使用,企业如向银行借有技措借款和基建投资借款的,在计算应税所得额时,应从全年实现利润总额中减去年度应归还技措和基建投资借款的利润。在这种办法下,企业应交所得税和企业留用利润的计算公式为:

企业应交所得税＝应税所得额×规定上交税率

应税所得额＝全年实现利润－应归还技措和基建投资借款

企业留用利润＝应税所得额－应交所得额

对小型施工企业,按超额累进税率计算征收,即把应税所得额分为若干级别,各个级别适用不同的税率。小型施工企业应交所得税的计算公式为:

企业应交所得税＝Σ(各级别应税所得额×各该级别适用税率)

施工企业对于交纳所得税后留用的利润,应建立生产发展基金、后备基金、新产品试制基金、职工福利基金和职工奖励基金。企业应在税后留用的利润中,先提5％的后备基金,随后再计算确定生产发展基金、新产品试制基金、职工福利基金、职工奖励基金的比例。

实行"利改税"办法,原设想有如下的优越性:(1)"利改税"全部实现之后、税率稳定,企业同国家的分配关系也固定下来,它有利于完善企业的经济责任制,消除吃"大锅饭"的弊端;(2)企业不再上交利润,国家依法征税,避免了吵基数、争比例等许多问题;(3)有利于逐步摆脱对地方、部门的依附,逐步打破部门和地区的界限,使企业可按照客观经济规律的要求进行调整,并合理组织施工生产。但由于我国各个地区之间经济发展不平衡,企业之间客观条件差别很大,加上当时建筑市场体系尚未完全建立起来,所以还不得不保留一户一率的税率。而没有一个统一的税率,就不可能实现完全的规范化的分配办法,必然带有承包的性质。所以从1986年开始,我国各地施工企业在经济体制改革的过程中,都试行了承包经营责任制。

(四) 企业承包经营的利润分配办法

承包经营责任制是在社会主义市场体系尚不完善、外部条件差别很大的条件下,正确处理国家与企业关系、调动企业积极性和潜力的经营责任制。它通过合同形式比较合适地解决国家与企业的关系,通过契约明确双方的责、权、利,把过去那种行政隶属依附关系变成了相互承担义务的平等经济关系;把生产资料的所有权和经营权分离开来,使企业成为相对独立、自主经营的商品生产者。

承包经营的分配原则是:"包死基数,确保上交,超收多留,欠收自补"。具体分配办法可以多种多样,施工企业主要有以下两种:

(1) 上交利润定额包干,超收留用,通常适用于微利施工企业。计算公式为:

$$应上交利润 = 承包上交利润基数$$

$$应留用利润 = 应税所得额 - 承包上交利润基数$$

(2) 上交利润基数包干,超收分成,通常适用于一般盈利企业。计算公式为:

$$应上交利润 = 承包基数 + (应税所得额 - 承包基数 - 留利基数) \times 超收上交比例$$

$$应留用利润 = 留利基数 + (应税所得额 - 承包基数 - 留利基数) \times 超收留用比例$$

实行企业承包经营责任制和承包经营分配办法,对调动企业施工生产经营的积极性,促进生产力的发展,增强企业活力,都起了一定的积极作用。但在推行承包经营过程中,仍存在以下一些问题:(1) 税利没有分流。这种承包办法,把所得税当作利润指标一起承包,使国有施工企业所得税名存实亡,国家财政收入不能随着企业利润的增长而同步增长。因为社会主义国家具有双重身份和双重职能。国家作为社会管理者,要以政权为依托,对全社会进行管理,对各类企业凭借行政权力征收所得税。国家作为资产所有者,要以所有权为依托,对国家的投资进行管理,对国有企业的投资所得收取利润。实践证明,无论是以利代税,还是以税代利,都是不符合政企分开、两权分离的原则的。(2)这种承包办法,实行的是税前利润承包,对应上交利润中,没有考虑各个企业都应按照统一税率征收的所得税。同时在确定税前承包基数时,已扣除了各年应归还的技措和基建投资借款。这种税前还贷办法,使国家少收了相当于借款额按税率计算的所得税,由国家负担了本来应由企业偿还的借款。所有这些,都说明在利润分配体制上仍不规范,国家与企业的分配关系还没有完全理顺。所以在1993年深化经济体制改革时,实行了现行依法交纳所得税、税后分利的办法,规范了企业税后利润的分配顺序。

二、施工企业利润的分配

按照现行施工企业财务制度的规定,施工企业实现的利润总额,先应按照国家规定作相应的调整,然后依照税法交纳所得税。这里所说的调整,主要是指:(1)所得税前弥补亏损;(2)投资收益中已纳税的项目。因为按照规定,企业发生的年度亏损,可以用下一年度的税前利润等弥补;下一年度利润不足弥补的,可以在5年内延续弥补;5年内不足弥补的,才用税后利润等弥补。所以施工企业实现的年度利润,要先用以弥补以前5年内发生的亏损,然后据以计算应税所得额。又投资收益如为税后净利润,应从本年企业利润总额中扣除后计算应交所得税。否则,纳税时如不扣除,就会出现重复纳税。

施工企业交纳所得税后的净利润,应按照下列顺序分配:

1. 被没收的财产损失,支付各项税收的滞纳金和罚款。
2. 弥补企业以前年度亏损。
3. 提取法定盈余公积金。法定盈余公积金按照税后利润扣除前两项后的10%提取,法定盈余公积金已达到注册资本50%时可不再提取。

4. 向投资者分配利润。企业以前年度未分配利润,可以并入本年度向投资者分配。对实行利润上交办法的国有施工企业,按规定应上交国家财政。

股份有限公司提取法定盈余公积金后,应按照下列顺序分配:

1. 支付优先股股利。
2. 提取任意盈余公积金。任意盈余公积金是指企业由于经营管理等方面的需要,在向投资者分配利润前,按照公司章程或者股东会议决议提取和使用的留存收益。它是为了控制向投资者分配利润的水平以及调整各年利润分配的波动幅度,而向投资者分配利润施加限制的手段。
3. 支付普通股股利。

上述利润分配顺序的逻辑关系是:企业以前年度亏损未弥补完,不得提取盈余公积金。在提取法定盈余公积金前,不得向投资者分配利润。企业必须按照当年税后利润(减弥补亏损)的10%提取法定盈余公积金。当法定盈余公积金累计额已达到注册资本50%时,可不再提取。企业以前年度未分配利润,可以并入本年度利润进行分配。企业向投资者分配利润时,经股东会议决定,可以提取任意盈余公积金,但股份有限公司应先分配优先股股利。

施工企业当年无利润时,不得用留存收益向投资者分配利润。股份有限公司当年如无利润,原则上不分股利。但为了维护公司股票的信誉,避免股票价格大幅度波动,在用盈余公积金弥补了亏损,并经股东会议决定后,可以按照不超过股票面值6%的比率用盈余公积金分配股利。但在分配股利后,企业法定盈余公积金不得少于注册资本的25%。

施工企业提取的法定盈余公积金和任意盈余公积金,可用于弥补亏损、扩大企业施工生产经营的投资或用于转增资本金。但用于转增资本金后,企业法定盈余公积金不得少于注册资本的25%。

三、企业所得税的计算和交纳

施工企业交纳的所得税,应根据国家所得税法的规定,按应税所得计算。应税所得与会计利润不同。应税所得又称应税利润或纳税所得,是根据税法规定所确定的收入总额与准予扣除项目金额(即可扣除的费用)的差额。会计利润又称税前利润,是根据会计制度所确认的收入与费用的差额。税法与会计制度规定由于其目的不同,应税所得与会计利润也不一致。税法是依据"公平税负、促进竞争"的原则来确定应税所得,其目的在于保证国家机构正常运转所需的财政收入。会计利润是依据权责发生制、配比原则等来确定利润总额,其目的在于公允、客观地反映企业的财务状况和经营成果。基于税法与会计制度的目的不同,应税所得与会计利润两者之间产生了永久性差异和时间性差异。

(一)应税所得与会计利润的永久性差异

永久性差异是因税法与会计制度规定不同致使应税所得与会计利润不同而产生的差异。因为基于税收政策的考虑,有些会计中的收入或费用,在税法中不属于应税收入或费用,而有些会计上不属于收入的项目,在税法中却作为应税收入。如:

1. 会计中计作会计利润的已税利润和其他投资收益,免税的债券利息收入,可减免所得税企业实行定期减免税期间的利润,在税法中均规定不计作应税所得,从而使应税所得小于会计利润。

2. 会计中计作费用或损失的违法经营罚款、被没收财产损失,各项税收的滞纳金、罚金和罚款,非公益性捐赠,各种赞助支出,与取得收入无关的其他各项支出,超过金融机构同类同期贷款利率计算部分的利息支出,超过地区规定计税工资标准部分的工资支出,超过国家规定按计税工资总额的2%、14%、1.5%计算部分的工会经费、职工福利费和职工教育经费,超过国家规定按应税所得额3％计算部分的公益性、救济性捐赠,超过限额规定的业务招待费部分等,在税法中规定不得扣除应税收入,从而使应税所得大于会计利润。

3. 与关联企业以不合理定价手段减少的工程结算收入和其他业务收入,在税法中规定税务机关有权对其作合理调整,增加应税收入,从而使应税所得大于会计利润。

4. 对企业前5年内未弥补的亏损,税法规定可用当年利润弥补,从而使当年应税所得小于会计利润。

上述种种因税法规定与会计制度不一致而产生的应税所得与会计利润的差异,一旦发生,即永久存在,故称"永久性差异"。这种差异,只影响当期的应税所得,不会影响以后各期的所得税额。

(二)应税所得与会计利润的时间性差异

时间性差异是因收入或费用在会计中确认时间与税法规定申报时间不一致而产生的差异。这些收入或费用主要指以后各期发生的应税所得和以后各期发生的可扣除费用。如:

1. 对股票投资、其他股权投资采用权益法核算时,会计中按持股比例确认投资收益作为当期利润,而税法规定要在下期实际收到股利或投资利润时才确认为应税所得,从而使应税所得小于会计利润。

2. 会计中对工程质量担保费用在工程点交时可预提作为费用,而税法规定要在以后各期实际发生时才作为费用扣除,从而使当期应税所得大于会计利润。

由于存在时间性差异,各期应税所得与会计利润可能不相一致。如果以各期会计利润计算的应交所得税作为当期所得税费用,因会计中的利润可能在后期课税,其费用也可能在后期扣减应税所得,就应将本期会计利润与应税所得之间的时间性差异造成的影响纳税的金额,递延和分配到以后各期。

对于来源于我国境外的所得,已在境外交纳的所得税款,可在汇总纳税时,从其应纳税额中扣除,但是扣除额不得超过其境外所得按照企业所得税条例规定计算的应纳税额。

(三) 所得税的交纳

施工企业的所得税,按应税所得和规定税率计算交纳。我国目前的企业所得税税率为25%。企业所得税由企业向其所在地主管税务机关申报纳税,并将税款交入当地国库。交纳的企业所得税,按年计算,分月或分季预交。月份或者季度终了后15日内预交,年度终了后4个月内汇算清缴,多退少补。为了便于税务机关审核,企业应在月份或者季度终了后15日内,向其所在地主管税务机关报送会计报表和预交所得税申报表;年度终了后45日内,向其所在地主管税务机关报送会计决算报表和所得税申报表。

第四节 股份制企业利润的分配

一、股利政策的意义

股利政策是指股份制企业管理当局对股利分配有关事项所制定的方针和决策。它在企业理财决策中占有重要的位置。因为股份制企业的税后利润,在弥补以前年度亏损、提取法定盈余公积金和分派优先股股利后,可以留存企业,也可以用来对股东分红。在企业利润有限的情况下,如何解决好留存与分红的比例,是正确处理短期利益与长远利益、企业与股东利益的关键。它对企业财务管理顺利开展具有重要的意义。

第一,股利政策在一定程度上决定企业对外再筹资能力。例如,企业多分配或少分配股利,能直接影响企业留存收益,影响企业积累资金。在利润一定的条件下,增加留利比例,实质上就是增加企业的筹资量。从这一角度看,股利政策可以说就是再筹资政策。又如股利分配得当,能够吸引投资者和潜在投资者并对企业增强投资信心,从而为企业再筹资创造条件。

第二,股利政策在一定程度上决定企业市场价值的大小。股利政策的连续性,反映了企业施工经营的持续稳定发展。因此,如何确定较佳的股利分配模式,并保持一定程度的连续性,有利于提高企业的财务形象,从而提高企业股票的价格和企业的市场价值。

二、制约股利政策的因素

股份制企业的股利,可以多发,也可少发、不发;可以用现金形式发放,也可以用非现金形式发放。股利政策和股利形式,虽可由企业管理当局作出决定,可是实际上其决定范围是有一定限制的,在客观上存在许多制约因素,企业管理当局只能遵循当时的法律环境、经济环境等作出有限的选择。制约企业股利政策的因素,主要有以下几个方面。

（一）法律约束因素

任何企业总是在一定法律环境下从事经营活动的。因此,法律、法规会直接制约企业的股利政策。

1. 资本金保全约束

资本金保全是企业财务管理必须遵循的一项重要原则。它要求企业发放的股利,不得来源于股本和资本公积金,而只能来源于当年利润和以前年度留存收益。企业以前年度亏损,必须由当年利润弥补后,才能分配股利。

2. 资本充实原则约束

资本充实原则要求企业对当年获得的净利润,必须按一定的比例和基数提取法定盈余公积金,并要求在具体的分配政策上,贯彻无利不分的原则。在企业出现年度亏损时,一般不得分配股利。

3. 超额积累利润限制

股东交纳股利的所得税,一般高于股票交易的印花税和所得税。因此,股份制企业可以通过积累利润使股价上涨方法来帮助股东避税。西方各国税法都注意到这一点,在法律上明确规定企业不得超额积累利润,一旦企业积累利润超过法律认可水平,将被加征额外税款。我国目前对此尚未作出规定,对于股票交易也只征收印花税。

(二)债务合同约束因素

企业在发行债券和向金融机构举借长期借款时,通常都要签订债务合同,有的还在合同中载有限制企业发放股利的条款,以保障债权人的利益。常见的限制性条款有:

(1)未来股利只能以签订债务合同之后的利润来发放,不能用过去的留存收益(包括盈余公积金和未分配利润)来发放。因为债权人购买企业债券和发放贷款是以签订合同当时包括留存收益的财务状况为前提的。

(2)必须建立偿债基金,或付清当年债券和长期借款利息、偿还当年应付债券、借款本身以后,才能发放股利。

(三)股东意见

股份制企业的股利政策,最终要由董事会决定并经股东大会通过,制订股利政策,不能忽视股东意见。股东对股利的意见,可能有以下几方面:

(1)为保证控股权而不希望派发股利。股东权益由股东、资本公积金和留存收益组成,如果分红较多,留存收益会相应减少,企业将来依靠增加投资、发行新股等方式筹资的可能性加大,而增加投资或增发新股(主要指普通股),意味着企业控制权有旁落他人或其他企业的可能。因此,如果原有股东拿不出更多的资金增加投资,他们往往宁愿企业不分配股利,而保留利润。

(2)为取得稳定收入和回避风险而要求支付股利。一些依靠股利维持生活的股东,往往要求企业支付稳定的股利;同时他们认为目前所得股利是确定的,通过保留利润引起股价上涨而获得的资本利得是不确定、有风险的。如果企业要留存较多的利润,将会受到这部分股东的反对。

(3)为避税目的而要求限制分派股利。股利所得的税率比资本利得的税率要高(目前资本利得还不交所得税),一些股利收入较多的股东,出于避税的考虑,往往要求限制股利的分派,而较多地保留利润,以便使股票价格上涨而获得更多收益。

(四)企业自身因素

企业出于持续发展和短期经营的需要,要求综合考虑以下因素,来制订切实可行的股利政策。这些因素主要有以下几个。

1. 筹资能力和现金流量的约束

企业股利政策直接影响企业的筹资能力和现金净流量。企业采用留存利润、少发股利的方法进行筹资,比采用发行债券和向银行借款方法筹资,具有方便、稳定的优点,并能在不增加企业债务的情况下,增加企业现金净流量。所以从财务角度看,充分利用留存利润筹资是理想的筹资方法。此外,它还能使企业保持较好的外部筹资能力。因为投资者和债权人是根据企业的资本实力和投资收益水平来进行投资决策的。采用留存利润筹资,不但有利于提高企业盈利水平,而且能增加企业资本实力,降低资本负债率。当然,过多地留存利润、少发股利,也会使众多短线投资者不能获得应得收益,可能导致股价下跌,影响企业增发新股,不利于企业外部筹资。

又企业资本负债率过高、筹资能力较弱、现金净流量不足时,也不宜采用多分配股利的方法。若企业不顾债务风险而过多分派股利,必会使企业丧失偿债能力,造成资金周转困难,导致财务风险。

2. 企业发展规划和投资机会的约束

企业向股东分派股利后的留存收益部分是用来进行未来发展的主要资金来源。如股利分配的比率过大,则留存收益就小,可供企业用来扩大施工经营的资金就少,这对于具有施工经营发展前景的企业是不利的。所以,当建筑市场景气、企业施工经营处于发展阶段,并有良好的投资项目时,企业应考虑减少股利的分派,将大部分净利润留存企业用于再生产,以加快企业的发展,为股东获取更多的收益。这是股利分配合理化的标志,也是能被大多数股东所接受的。相反,在建筑市场不景气、企业没有良好投资机会时,则可向股东多分配股利。

3. 资产流动性的约束

企业资产的流动性,也是影响股利政策的一个重要因素。企业资产流动性好,变现能力强,现金充足,支付股利的能力也较强。如果企业资产的流动性差,不易变现,现金持有量少,对按期偿还债务都有困难时,就不宜多分派现金股利,否则,必然危及企业的偿债能力,使企业陷入财务困境。当然,施工企业资产的流动性,与建筑市场工程任务息息相关。在建筑市场景气、工程任务不断增加时,企业资产的流动性就会变好,这说明市场环境也能影响企业的股利政策。

此外,股票市场价格也是企业制订股利政策时考虑的因素。如在企业股票市场价格持续下跌时,为了防止有人乘机购入股票达到控制企业的目的,可采用多发股利来刺激股票市场价格的上涨。在已发行的可转换债券即将到期时,企业也可通过多发股利来促使股价的上涨,以期达到使债券早日转换成企业股票的目的。有时为了缓解企业管理当局与众多短线投资股东之间的矛盾,也可通过多发股利的方法,争取这些股东对企业管理方针的支持。

三、股利政策的选择和评价

企业在实际财务管理过程中,综合考虑了上述制约因素后,就可制订适合企业自己的股利政策。在实务中采用的股利政策,主要有以下几种。

（一）提留积累以后分配的股利政策

提留积累以后分配的股利政策是指企业较多地考虑将净利润用于增加积累，只有当增加留存收益达到企业预定的目标资金结构，才将剩余的利润用于股东的分红。这种股利政策主要考虑未来的投资机会及其资金筹集的影响。

采用提留积累以后分配的股利政策，其基本步骤为：首先，确定企业目标资金结构，即资本（自有资金）与全部资金的比率；其次，进一步确定达到目标资金结构需要增加的自有资金；再次，最大限度地用留存利润来满足施工经营所需自有资金的数额；最后，将满足自有资金后剩余的利润，用于股利的分派。

从上可知，这种股利政策，是将股利作为新的投资机会的变量，只要存在有利的投资机会，就应首先考虑其资金需要，然后才考虑剩余利润的分红。这种政策能促使企业盈利水平不断提高。但是采用这种政策，企业首先要有一个基本合理的资金结构，并有较高的盈利水平。如果企业盈利水平低，净利润很少，是不宜采用该政策的。因为任何一个企业，都不可能不考虑股东股利的分派，不能只顾企业长远发展而忽视股东近期收益。否则，是得不到众多短线股东的支持的。

（二）稳定或稳定增长的股利政策

稳定或稳定增长的股利政策，是指企业将每年分配的股利，固定在一定水平上，并基本保持不变。如果未来企业收益肯定可以维持较高的水平，也可增加每股分配的股利。采用这种股利政策，是基于以下理由：

首先，稳定的股利向市场传递着企业正常发展的信息，有利于树立企业的良好形象，增强投资者对企业投资的信心，稳定股票的价格。

其次，稳定的股利有利于投资者安排股利收入和支出，特别对股利有着很高依赖性的投资者,更受欢迎。它也比较符合那些追求稳健型投资者的投资要求。一个有稳定的分配记录,而且股利呈逐步增长的企业,必然也会受到保险公司、投资基金等投资者的青睐。

第三,企业在稳定股利的基础上,逐步有所增长,可以使投资者认为该股票是成长股,从而有利于提高企业价值。

稳定或稳定增长的股利政策的主要缺点是:当企业盈利水平下降时,仍要保持原有股利分配水平,便会成为企业的一项财务负担。因为股利分配没有与当年盈利水平挂钩,当企业经营处于微利或亏损时,仍要按既定的股利分配,就会造成现金短缺,财务状况恶化,不利于企业的发展。因此,这种股利政策一般只能在建筑市场繁荣、企业趋于成长期时采用。

(三) 固定分配比率的股利政策

固定分配比率的股利政策是指企业每年按固定的股利支付率,从企业净利润中支付股利。由于企业的盈利水平,在各个年度间经常波动,因此每年的股利分配也随着盈利多少而变化。固定分配比率的股利政策能使股利与净利润保持一定比例关系,体现风险投资与风险收益的对等关系,使企业在微利或亏损年度,不致因股利的分配而陷入财务困境。

固定分配比率股利政策的缺点是:它可能使企业股票不受投资者的欢迎,引起股票市场价格的下跌,导致投资者对企业成长缺乏信心。因为不论长线投资者还是短线投资者,他们都关心股利的分配,尽管从长期来看,按这种股利政策所获得的股利总和,不一定低于按稳定股利政策所得股利的总和,但因每年股利波动不定,无法保证投资保值增值的投资目标,也会直接影响长线投资者对企业股利寄予的期望。对企业短线投资者来说,在这一政策下,他们很难获得其股利的保证,也会敬而远之。因此,采用这种股利政策,往往要以丧失其投资者的信心为代价。

(四)正常股利加额外股利的股利政策

正常股利加额外股利的股利政策,是指企业将每年分配的股利,固定在一个较低的水平,这个较低水平的股利,叫做正常股利。然而,企业可根据当年盈利状况向投资者额外增发一定金额的股利。这种股利政策,赋予企业在分配股利方面有充分的弹性,当企业盈利状况不好时,可以不发额外股利,以减轻企业的财务负担;而当企业盈利水平较高时,可向投资者分配额外股利,因此灵活性较大。即使企业当年盈利状况不好时分配正常股利,也因正常股利在预先确定时就已考虑到企业财务安排上的各种不利因素,已将股利水平定得较低,不会使企业无法负担。这种审慎原则为基础的股利政策,受到不少企业的欢迎,也使得投资者能获得一定最低数额的股利的保证,从而受到投资者的认同,同时会使企业股票价格保持在一定的水平。

当然,这种股利政策也有不足之处,就是当企业面临微利或亏损时,按照这种股利政策仍要分配正常股利,尽管所分配的正常股利数额不大,不致使企业陷入财务困境,但毕竟股利的支付会导致企业现金的减少,这对资金本已较短缺的企业来说,也是雪上加霜。

以上是股份制企业在实务中常用的几种股利政策,企业在实际制订本企业的股利政策时,可结合企业实际,择优选用。

四、股利的形式

股利的形式,广义地讲,也属于股利政策的内容。股利发放的形式,主要有以下几种。

(一)现金股利

现金股利是指企业以现金分派股利。它是企业最常见的、也是最易被投资者接受的形式。这种股利形式能满足大多数投资者希望得到一定数额的现金这种实在投资收益的要求。但企业采用这种股利形式,要增加现金流出量,增加企业的支付压力,一般只能在有大量现金净流量时才能采用。又在企业有较好投资项目需要大量资金时,也有悖于留存利润用于企业投资与发展的初衷。

(二)股权股利

股权股利是指以企业的股权份额作为股东投资的收益,使原股东增加其在企业总权益中的份额。其基本形式是"股票股利",即企业以本企业的普通股股票发给普通股股东,作为股利。这种股利形式采用较多,是仅次于现金股利的常用股利形式。股票股利的好处是能使企业用股票的形式代替企业现金的流出,但其实质与现金股利不同。企业宣布发放股票股利,既不影响企业的资产和负债,也不影响股东权益总额,仅仅是将股东权益中留存收益的一部分转作股本,从而避免了企业现金的流出。获得股票股利的股东,虽然其股份数有所增加,但在企业没有优先股的情况下,其在企业中所占权益的比重仍未变动。因为股票股利是按股份比例来分配的,发放股票股利后,股东仍保持其原有股份的比例。

发放股票股利虽不能增加股东权益,但对股东和企业往往都有好处。对股东来说,如在发放股票股利后,股价并不呈同比例下降,便会增加股东的收益。比如,在一些成长型企业采用股票股利,今后企业仍会大幅度增加企业盈利,抵消增加股份所带来的消极影响,使股价不变或略有上升。股票股利在大多数国家并不认为是一种所得,因此可以免交个人所得税。对企业来说,除了有助于节约现金流出,将它用于投资项目还可促使企业发展。

股权股利除了上述送股的股票股利形式外,有时企业也会给股东配股,即给股东发放一定的认股权证。从理论上讲,配股不能算作股利。因为这是一种增资行为,原股东需要花钱才能购到这些股票。但如企业股票信誉好、市场价值高,则股东可转让这些股权证,并从中获得收益,这样认股权证也便成为变相的股利。

(三)债权股利

债权股利对企业来说,也叫负债股利。它是指企业以一定的债权授予股东,作为股东的投资收益,在未来期间股东可将持有债权向企业索取债权和相关的利息收入。一般来说,它是在企业已宣布并需立即发放现金股利而现金暂时不足时采用的一种权宜之策。

此外,股票回购有时也能为股东带来一定的收益。

股票回购是指企业在证券市场上重新购回自己的股票,一般是把已发行在外的普通股重新购回,形成企业的库存股或加以注销。股票回购能直接减少企业股份总数,从而引起每股收益的相应增加,导致股票市场价格的上涨,使股东可从股票价格上涨中得到收益。但回购股票需要支出大量现金,并收缩资本,往往会影响企业的发展。因此各国公司法对股票回购大都予以限制。目前我国股份制公司对国家股的回购,主要是为了降低国家股的过高比例,促使股权结构的合理化。当然,这也能减少企业股份总数,相应提高每股收益,并引起股票价格的上涨,使股东受益,但股票回购一般只有在企业持有大量现金时才能采用。

五、股利的发放及其所需现金的筹集

(一)股利发放的日期、界限

股份制企业一般应每年或每半年向股东发放一次股利。由于股票可以自由买卖,企业的股东也经常更换,究竟应由哪些人或单位领取股利,必须明确一些必要的日期界限。这些日期界限主要包括:

1. 股利宣告日。即董事会将股利发放情况予以公告的日期。公告中应宣布每股发放的股利、股权登记期限、除去股息的日期和股利发放日期。

2. 股权登记日。即有权领取股利的股东登记截止日期,也叫

除权日。只有在股权登记日前(包括登记日)在企业股东名册上登记的股东,才有权分享股利。

3. 股权除息日。即指领取股利的权利与股票相互分离的日期。在除息日前,股利权从属于股票,持有股票者享有领取股利的权利;除息日开始,股利权与股票相分离,新购入股票的人和单位不能分享股利。这是因为股票买卖的交接、过户需要一定时间,如果股票交易日期离股权登记日太近,企业将无法在股权登记日得知更换股东的信息,只能以原股东为股利发放对象。为了避免可能发生的冲突,一般都规定在股权登记日的前几天为除息日,自此日起,企业股票的交易称为无息交易,其股票称为无息股。

4. 股利发放日。即向股东发放股利的日期。一般情况下,股利宣告日与股权登记日相隔2周至1个月,股权登记日与股利发放日相隔2~3周,股权登记日与股权除息日相隔3~4天。随着上市公司股票交易、过户通过证券交易所电脑统一办理,股权登记日与股权除息日也可缩短为1天。

(二)发放股利所需现金的筹集

股份制企业如采用现金股利,必须为股利的发放做好充分的准备,不能掉以轻心。因为现金股利不但现金流出量大,而且发放时间集中。为了确保现金股利发放的顺利进行,一般可采用以下一些做法:

1. 企业在发放现金股利以前,如果有大量现金的流入,可先将它投资于有价证券,在发放日前将它兑现。

2. 企业在现金股利发放之前流入现金不多,但在股利发放日以后会有较多的现金流入时,可先利用短期借款来发放,然后在现金流入时归还短期借款。

3. 企业在现金股利发放日前现金不足,短期内又没有充足的现金流入时,不宜采用短期融资来发放股利。因在这种情况下,短期债务到期后没有固定的还款来源,会使今后财务陷入困境,只能采用长期借款等方式筹集长期资金来发放股利。

4. 企业由于种种原因,外部筹资受到限制,如由于负债率高,不能再继续向金融机构借款,向社会发行企业债券;而股东为防止控股权旁落,又不想增发新股。在这种情况下,筹集不到足够的现金发放股利时,只能改用股票股利方式。

复 习 题

1. 施工企业的利润总额由哪几部分构成?它们是怎样确定的?

2. 施工企业工程结算利润,通常可采用哪几种方法进行预测?

3. 施工企业在工程投标竞争中,如何选择最优标价,使企业获得最大预期利润?

4. 应税所得与会计利润为什么不同?怎样根据会计利润计算应税所得?

5. 股份制施工企业在分配股利时,为什么要制订股利政策?股利政策要受哪些因素的制约?在实务中采用的有哪些股利政策?这些股利政策各有哪些优缺点?

6. 股利分配一般可采用哪几种形式?它们各宜在哪些情况下采用?

习 题

习 题 一

一、目的 练习工程结算利润的预测。

二、资料 某施工企业在测算预算年度工程结算利润时,有如下各项资料：

1. 预算年度施工产值为 12 000 000 元。
2. 预算年初在建工程为 1 025 000 元。
3. 预算年末在建工程为 2 025 000 元。
4. 工程结算收入的税费率为 3.3%。
5. 预算年度变动费用在工程造价中的比重为 70%。
6. 预算年度固定费用总额为 2 000 000 元。

三、要求 根据上列资料，为该施工企业测算预算年度工程结算利润。

习 题 二

一、目的 练习投标竞争中预期利润的计算。

二、资料 某施工企业在投标竞争中，收集了有关"平均对手"过去的投标情报。情报内容如下：

平均对手的标价/投标企业估计成本	频 率
0.95	2
1.05	7
1.15	12
1.25	21
1.35	25
1.45	18
1.55	14
1.65	1

施工企业确定的各种标价为 0.90C, 1.00C, 1.10C, …。

三、要求 根据上列资料：

1. 选择在今后投标工程中有两个"平均对手"竞争时的最优标价和能获得的预期利润；
2. 选择在今后投标工程中有 4 个"平均对手"竞争时的最优

标价和能获得的预期利润。

习 题 三

一、目的　练习用直接计算法测算产品销售利润。

二、资料

1. 某建筑股份有限公司 2008 年 1 月 31 日的股东权益总额共 1 680 万元,其中股本 1 000 万元(共 1 000 万股普通股,每股 1 元),资本公积 400 万元,法定盈余公积金 200 万元,未分配利润 80 万元。货币资金和近期可变现资产共 360 万元。

2. 公司 2008 年税后净利润为 300 万元,股东大会决议每股发放现金股利 0.28 元。

3. 近期施工项目共需支出货币资金 350 万元。

三、要求　根据上列资料,为该公司计算:

1. 应计提多少法定盈余公积金(法定盈余公积金按税后利润的 10% 提取)?

2. 应发放多少现金股利?

3. 要筹集多少资金用于近期施工项目?

4. 分配利润后的股东权益总额。

第九章 财务预算的管理

第一节 财务预算的作用和组成

一、财务预算的作用

财务预算是指企业在预测和决算的基础上,对预算年度内各类经济资源和经营行为合理预计、测算,并进行控制和监督的活动。因为企业在日益激烈的市场环境下,要取得不断发展和经济效益,既要受到施工生产规模和宏观经济环境的影响,又要受企业内部供应、施工生产等经营环节的协调和各职能部门配合程度的制约。通过财务预算的管理,能够做到全面地综合协调企业各单位各部门的经济活动,能统一服从于企业的总体财务目标。所以在企业财务通则中,规定企业应当建立财务预算管理制度,以现金流为核心,按照实现企业价值最大化等财务目标的要求,对资金筹集、资产营运、成本控制、收益分配、重组清算等财务活动实行全面预算管理。

企业财务预算的作用,可概括为如下几个方面:

一是协调企业各单位各部门的财务活动,提高企业财务管理水平。企业通过编制财务预算,可以将财务管理的总体目标加以量化,并分解为各单位各部门的具体目标。这样,通过各单位各部门的努力执行,就能保证财务管理总体目标的实现,提高企业财务管理水平。

二是预测和防范企业财务风险,保证再生产的顺利进行。要保证企业再生产的顺利进行,企业资金的收支必须在数量上和时间上保持平衡,如果收不抵支或在各月、各季间收支不平衡,就会导致财务风险。通过对预算年度各月、各季现金流量的预测,就会及早发现各月、各季资金余缺,对资金不足的月份,提前搞好资金调度,化解财务风险,保证企业再生产的顺利进行。

三是对企业财务活动实施控制,使财务活动实现预算的目标。企业在财务预算执行过程中,往往由于种种原因,导致预算的执行情况与预算的规定产生一定的差异。为此,必须及时分析,查明差异的原因,并采取有效的措施,尽量优化企业的经济活动,使之符合预算的要求,确保预算目标的实现。

四是据以考核财务绩效,发挥评价与激励的作用。预算是绩效考核的依据,科学的预算目标,是企业各单位各部门绩效考核指标的比较标准。财务预算在为绩效考核提供参照值的同时,管理人员也可根据预算执行结果不断修正、优化绩效考核体系,确保考核结果更加符合实际,真正发挥评价与激励的作用。

二、施工企业财务预算测算的主要特点

施工企业财务预算的测算,很大程度上取决于建筑安装工程及其施工经营的特点。

第一,建筑安装工程具有多样性的特点,每一建筑安装工程几乎都有独特的形式和结构,需要单独的设计图纸,采用不同的施工方法和施工组织。即使采用相同的标准设计,由于建设地点的地形、地质、水文等自然条件和运输等社会条件不同,也往往需要对设计图纸以及施工方法、施工组织作适当的改变。建筑安装工程多样性的特点,使得施工企业在预测预算年度工程结算收入、工程成本费用和税金、利润时,必须按各个承包工程项目进行。由于承包工程必须等到工程投标中标后才能确定,施工企业在财务预算中测算的工程项目,只限于已中标并已签订工程合同的项目,在企业没有大型施工项目的情况下,一般只能编制一个预算年度的财

务预算。在预算年度中标工程不多的情况下,有时只能先编制半个年度的财务预算。不像一般工业一样可以根据企业生产能力和市场需求,测算一个或几个预算年度的产品销售收入、产品成本、税金和利润,编制一个或几个预算年度的财务预算。

第二,建筑安装工程具有固定性和施工周期较长的特点。由于每一工程的位置都是固定不变的,工程施工必须在建设单位指定的地点进行,加上施工期较长,在承包工程开工以前,若在工地没有可供生产生活的临时设施,如临时办公室、宿舍、食堂、材料仓库等,就必须先行搭建,以供职工生活生产管理的需要。如果工地远离建筑材料销售单位,还要在开工前在工地储备建筑材料。不论搭建临时设施还是购买建筑材料,都需要一笔为数不少的流动资金。所以在工程中标以后订立工程合同时,要协商好开工前预收的工程款和工程价款结算办法,作为编制企业财务预算时预计预收工程款和搭建临时设施、采购建筑材料支出的依据。

三、施工企业财务预算的组成

施工企业的财务预算,应根据企业财务管理的要求加以设置。

首先,应根据企业理财目标的要求,设置企业财务预算,对预算年度的工程结算收入、工程成本费用、税金、净利润和资本利润率等加以测算。测算时,应采用应收应付制的方法。所谓应收应付制,是指在测算工程结算收入、工程成本费用等时,均以应收应付为计算标准来确定当期的收益和费用,不论当期款项是否收到或付出,均作为当期的收益和费用处理;反之,凡不是本期实际发生不应属于本期的收益和费用,即使其款项已经收到或支付,也不应作为本期的收益或费用处理。如某施工企业在工程开工以前预收的工程款,不属于当期完工工程结算收入,在采用应收应付制测算工程结算收入时,就不能将它作为该期的工程结算收入。又在工程开工以前搭建的临时设施支出,由于不属于工程施工期间应分摊的间接费用,也不得将它列作当期的间接费用开支,只能在工程开工以后,才能将应属于施工期间应摊销的临时设施开支摊作工程间接费用。上述应收应付制就是现行施工企业会计中用以核算工程结算收入、工程成本费用、净利润等财务指标的方法,由于施工企业财务预算采用以考核财务预算的完成情况,所以在测算财务预算相关指标时,也必须采用交收应付制。

其次,应根据企业资金的收支必须在数量上和时间上保持平衡的规律要求,设置企业现金预算,对预算期内经济活动的现金收入和现金支出加以测算。因为资金的收支是企业资金周转的纽带,要保证资金周转的顺利进行,就要求资金收支在数量上和时间上协调平衡,企业收不抵支,固然会导致资金周转的中断或停滞,但如全年收支总额可以平衡而支出大都在年初或年末,收入大都在年中,也必然会妨碍资金的顺利周转。所以必须对现金预算按年分季、或分月测算现金收入和支出。又在测算现金收支时,应采用现收现付制的方法,所谓现收现付制,是指在测算预算期内工程结算收入、工程成本费用等施工经营活动的现金收入、现金支出时,以款项实际收付为计算标准来确定本期的收入和支出的方法。凡在本期实际收到款项的收入和付出款项的费用,不论其是否属于本期应收应付的,均将它作为本期的收入和成本费用处理。如某施工企业在某项工程开工以前预收的工程款,在编制企业现金预算时,必须按现收现付制方法将它计作预收月度的现金收入,在工程后期从应收工程款中扣还的预收工程款,不得将它计作当月工程款的收入。

施工企业除了编制上述企业财务预算和企业现金预算外,如果还有固定资产投资等项目,还要从财务管理的需要出发,编制投资项目财务预算,并测算项目投资财务效益。按照现行投资项目管理制度的规定,对大中型投资项目,在建设以前,都要进行可行性研究,在可行性研究报告中,已对编制财务预算所需的基础性资料有所列示。只要根据投资项目财务预算编制的要求加以整理即可。但投资项目财务预算与上述企业财务预算、企业现金预算不同,投资项目财务预算一般要对项目经济寿命期(即建设期和投产期)内发生的建设、生产经营活动加以测算,而企业财务预算和企业现金预算一般只对预算年度的施工经营活动加以测算。如果投资项目财务预算只对项目的建设期或投产期的经营活动加以测算,就算不出投资项目的投资财务效益和偿债能力等指标。由于本书在第五章第二、第三节中,已对施工企业固定资产投资项目的可行性研究报告、投资项目财务预算、投资项目财务效益的编制和计算等,已举例加以说明,所以在本章不再加以重述。

第二节 企业财务预算

企业财务预算是企业采用应收应付制测算预算期内经营活动的净利润和资本利润率,用以评估企业财务活动是否有效合理、能否完成财务管理目标。

施工企业要测算预算年度的净利润,必须先测算工程结算利润、其他业务利润和利润总额。

一、工程结算利润的预测

施工企业预测的工程结算利润,由预测的工程结算收入减去工程结算成本、工程结算税金和附加算得。

1. 工程结算收入的预测

施工企业预测的工程结算收入,是指企业在预算期内与发包单位结算的应收工程款,对采用按月结算工程款的工程,应按月终已完工程结算;对采用分段结算工程款的工程,应按工程形象进度已完部位结算;对采用竣工后一次结算的工程,应按全部工程完工后结算,各项已完工程应收的工程款,一般根据各该工程合同价格计算。但在结算的应收工程款中,不得计入预收工程款,也不得在应收工程款中扣除预收的工程款。

2. 工程结算成本的预测

施工企业预测的工程结算成本,是指企业在预算期内各项已完工程为取得当期工程结算收入而可能发生的工程成本,包括工程材料费、人工费、机械使用费、其他直接费和分摊的间接费用。

企业各项工程结算成本的测算,在企业根据地区预算定额编制工程预算成本的,可在工程预算成本的基础上,分析预算年度各项工程任务和施工技术、施工管理情况,测算预算年度各项工程成本的降低额,算得各项工程的成本(即工程预算成本减去工程成本降低额后的工程成本,详见第三章第五节)。由于各预算期的工程结算成本往往是项目工程总成本的一部分,所以在测算各项工程结算成本时还要通过下列公式加以计算:

$$\text{预算期某项工程结算成本} = \text{该期该项工程结算收入} \times \frac{\text{该项工程预算成本} - \text{该项工程成本降低额}}{\text{该项工程合同价格}}$$

如某施工企业承包的某项工程的合同价格为 1 000 万元,工程预算成本为 750 万元,经测算该项工程成本降低额为 50 万元,2008 年 5 月份的已完工程结算收入为 100 万元,则该月已完工程的结算成本为:

$$100 \text{ 万元} \times \frac{750 \text{ 万元} - 50 \text{ 万元}}{1\ 000 \text{ 万元}} = 70 \text{ 万元}$$

企业如不采用编制工程预算成本方法,也可根据企业施工定额和相同结构类似工程成本资料,对预算期各项已完工程结算成本加以测算。

在算得预算期已完工程结算收入和结算成本后,就可据以计算工程结算税金及附加和工程结算利润。

工程结算税金及附加是指按工程结算收入和税率计算应交的

营业税和按营业税及税费率计算应交的城市维护建设税和教育费附加。按照现行税费率,营业税应按工程结算收入的3%交纳,城市维护建设税应按营业税的7%交纳,教育费附加应按营业税的3%交纳。这样,如上述税费不变,工程结算税金及附加为工程结算收入的3.3%:

工程结算税金及附加＝工程结算收入×3%×(1+7%+3%)＝3.3%

工程结算利润是企业在预算期内工程结算收入减去工程结算成本和工程结算税金及附加后的余额。

$$\text{工程结算利润} = \text{工程结算收入} - \text{工程结算成本} - \text{工程结算税金及附加}$$

为了便于对工程结算收入、成本、利润的考核,在编制企业财务预算时,对各项工程的结算收入、结算成本、结算利润应分别测算和反映。

二、其他业务利润的预测

施工企业预测的其他业务利润,由预测的其他业务收入减去其他业务成本和经营税金及附加算得。

1. 其他业务收入的预测

施工企业预测的其他业务收入,是指企业在预算期内除了工程结算收入以外的其他业务收入,包括产品销售收入、材料销售收入、固定资产出租收入等。其中产品销售收入主要是指企业在预算期内从事与工业生产相似产品的销售而取得的收入。对已在产销的产品销售收入,可根据报告年度售价或按预算年度供求情况和产品成本变动调整后的售价和预算年度预计销售数量计算。对新产品的销售收入,可根据产品生产成本和摊销管理费用、利润、所得税计算的售价与预算年度预计销售数量计算。要指出的是,产品销售价格的形成,和上述工程结算价格的形成是不同的,产品销售时收取的增值税是价外税,工程价款结算时收取的营业税是包括在工程价款内的价内税、价外税是不计入售价作为销售收入的,所以在计算产品售价时不能将增值税包括在内。

材料销售收入是指企业在预算期内将施工生产中多余材料销售的收入,材料销售价格可按市场价格估算。

固定资产出租收入是指企业在预算期内将机械设备等固定资产出租的租金收入,租金收入可按经营租赁合同的规定计算,一般由固定资产的折旧费、修理费、保险费、营业税、利润、所得税形成。

2. 其他业务成本的预测

施工企业预测的其他业务成本,是指企业在预算期内除了工程结算成本以外的其他业务成本,包括产品销售成本、材料销售成本、固定资产出租成本等。其中产品销售成本是指企业在预算期内从事与工业生产相似产品的生产成本,可根据报告年度生产成本和预计销售量计算。材料销售成本是指企业在预算期内将施工生产多余材料销售的成本,可根据材料采购成本和销售数量计算。固定资产出租成本是指企业在预算期内将机械设备等固定资产出租的成本,一般包括固定资产的折旧费、修理费、保险费等。

其他业务税金及附加是指企业按其他业务收入及税率3%应交的营业税,和按营业税及税率7%应交的城市维护建设税及费率3%应交的教育费附加。

其他业务利润是企业在预算期内其他业务收入减去其他业务成本和其他业务税金及附加后的余额。

$$其他业务利润 = 其他业务收入 - 其他业务成本 - 其他业务税金及附加$$

三、营业利润的测算

施工企业预测的营业利润,由预测的工程结算利润加其他业务利润、投资净收益、减去管理费用、财务费用算得。至于应计入营业利润的公允价值变动损益和资产减值损失，由于很难在财务预算中加以估计，一般可不加考虑。

1. 管理费用的预测

施工企业预测的管理费用，是指企业预算期内因管理和组织经营活动所发生的行政管理人员工资、职工福利费、折旧费、修理费、低值易耗品摊销、办公费、差旅交通费、工会经费、职工教育经费、劳动保护费、董事会费、咨询费、审计费、诉讼费、土地使用费、技术转让费、技术开发费、无形资产摊销、开办费、业务招待费，以及近年政府和有关权力部门规定必须交纳的诸如工程排污费、社会保险费（包括为职工交纳的基本养老保险费、失业保险费、基本医疗保险费、生育保险费、意外伤害保险费）、住房公积金、工程定额测定费等。其中：

行政管理人员工资，按预算年度公司总部管理人员编制的工资、工资性津贴、补贴等计算，但不包括公司本部医务福利人员、脱产工会人员的工资。

职工福利费按预算期行政管理人员工资总额的提取比率计算。

工会经费、职工教育经费、住房公积金分别按预算期职工工资总额和规定比率计算。

折旧费、修理费分别按预算期内行政管理部门使用固定资产的原值和折旧率，大修理费用提存率及经常修理费计算。

工程排污费指预算期内各施工现场按规定应交纳的工程排污费。

社会保险费指企业在预算期内按规定标准及费率为职工交纳的基本养老保险费、失业保险费、基本医疗保险费、生育保险，以及按照建筑法规规定企业为从事危险作业的建筑安装施工人员支付的意外伤害保险费。

其他费用参照报告年度支出数计算。

2. 财务费用的预测

施工企业预测的财务费用,是指企业预算期内为筹集施工生产经营所需资金而发生的各项费用,包括施工生产经营期间的利息净支出、汇兑净损失、金融机构手续费,以及企业筹资时发生的其他财务费用。但在预算期内,不得将与购建固定资产有关的借款利息支出和汇兑损失,计入财务费用,因为这些利息支出和汇兑损失,应计入固定资产或专项工程支出。

其中利息净支出按预算期内因施工生产经营而向金融机构借款发生的利息支出减去同期存款利息收入后的差额计算。

汇兑净损失按预算期内因施工生产经营而发生的汇兑损失减去同期汇兑收益后的差额计算。

金融机构手续费按预算期内因施工生产经营发生的金融机构手续费等计算。

3. 投资净收益的预测

施工企业预测的投资净收益,是指企业预算期内对外股权投资、债权投资所获得的投资收益减去投资损失后的净额。

投资收益按被投资单位可分配的利润、股利、债券利息、投资收回或者中途转让取得款项多于账面价值的差额等计算。

投资损失按企业对被投资单位分担的亏损、投资到期收回或者中途转让取得的款项少于账面价值的差额等计算。

营业利润是企业在预算期内工程结算利润加上其他业务利润、投资净收益,减去管理费用、财务费用后的余额。

$$\text{营业利润} = \text{工程结算利润} + \text{其他业务利润} + \text{投资净收益} - \text{管理费用} - \text{财务费用}$$

四、利润总额的预测

施工企业预测的利润总额,由预测的营业利润加营业外收入减营业外支出算得。

1. 营业外收入的预测

施工企业预测的营业外收入,是指企业预算期内发生与企业施工生产经营活动没有直接因果关系,但与企业又有一定联系的收入,包括固定资产盘盈、处置固定资产净收益、处置临时设施净收益、非货币性交易收益、罚款收入等,按确有可能发生并能估算其金额的收入计入。

2. 营业外支出的预测

施工企业预测的营业外支出,是指企业预算期内发生与企业施工生产经营活动没有直接关系的各项支出,包括固定资产盘亏、处置固定资产净损失、处置临时设施净损失、债务重组损失、非常损失、罚款支出、捐赠支出等。按能基本确定并可估算其金额的支出计入。

利润总额是企业在预算期内营业利润加营业外收入减营业外支出后的余额。

利润总额＝营业利润＋营业外收入－营业外支出

五、净利润的预测

施工企业预测的净利润,由预测的利润总额减去所得税后算得。

施工企业预测的所得税,是指企业预算期内根据所得税法规及其税率计算。

净利润＝净利润－所得税

施工企业在编制企业财务预算时,除了测算预算年度净利润外,还应计算资本利润率指标。资本利润率又称净资产收益率。它是指企业净利润与资本总额(即所有者权益或净资产)的比率,说明每元资本所能获得的净利润。其计算公式为：

$$资本利润率=\frac{净利润}{资本总额}\times100\%$$

企业编制企业财务预算时，在测算得预算年度净利润之外，所以还要计算预算年度资本利润率，是因为净利润只是绝对额的指标，没有说明所得净利润与资本额之间的投入产出关系。不能科学地说明企业经营效益水平的高低，不利与不同资本规模企业和同一企业不同资本规模年度之间的比较。至于计算资本利润率时企业预算年度的资本总额，可按报告年度的资本总额，加上预算年度确有可能增加的资本金（包括发行新股、配股、收购等增加的资本金）减去减少的资本金算得。

施工企业除了编制企业财务预算总括反映企业利润及其形成外，为了明细反映各个工程项目的利润和形成，还应编制工程结算利润预算。企业财务预算和工程结算利润预算的格式如图表9-1、图表9-2所示。

图表9-1

企业财务预算

2009 年度　　　　　　　　　　　　　　　　单位：元

项　　目	2008 年预算	2009 年预算
工程结算收入	21 000 000	24 000 000
减：工程结算成本	18 000 000	20 008 000
工程结算税金及附加	700 000	792 000
工程结算利润	2 300 000	3 200 000
加：其他业务利润	600 000	800 000
投资净收益	120 000	140 000
减：管理费用	1 050 000	1 060 000
财务费用	170 000	180 000

(续表)

项　　目	2008 年预算	2009 年预算
营业利润	1 800 000	2 900 000
加：营业外收入		
减：营业外支出		100 000
利润总额	1 800 000	2 800 000
减：所得税	450 000	700 000
净利润	1 350 000	2 100 000
补充资料：		
资本总额	7 914 000	8 400 000
资本利润率	17.1％	25％

图表 9-2

工程结算利润预算

2009 年度　　　　　　　　　　单位：元

工程项目	工程造价	工程结算收入	工程结算成本	工程结算税金及附加	工程结算利润
厂房工程	1 880 000	1 500 000	1 302 500	49 500	148 000
办公楼工程	1 550 000	1 200 000	985 000	39 600	175 400
	（以	下	从	略）	
合　　计		24 000 000	20 008 000	792 000	3 200 000

第三节　企业现金预算

企业现金预算是企业采用现收现付制测算预算期内经营活动的现金收入、现金支出，以便对预算内的现金收支余缺，采取相应对策，借以充分利用现金和化解财务风险。

企业现金预算中的现金,是指企业的库存现金以及可以随时用于支付的存款,它不仅包括现金科目核算的库存现金,还包括企业"银行存款"科目核算的存入金融企业、随时可以用于支付的存款,也包括"其他货币资金"科目核算的外埠存款、银行汇票存款、银行本票存款、信用卡存款和信用证保证金存款等。企业现金预算一般按年分月或分季编制,编制时,应按预算期内的现金来源和现金用途测算各月可能发生的收入和支出,并按收入来源和支出用途分别汇总,算出各月各季和全年现金余缺。

企业现金预算主要包括现金收入、现金支出、现金余缺和现金融通四个部分。

一、现金收入

现金收入部分包括期初现金余额和本期现金收入额。本期现金收入主要由以下来源组成:

1. 预收工程款。这是指企业在预算期内与发包建设单位签订合同时,按工程合同金额一定百分比预收用于施工期间流动资金的预收款。一般按承包工程合同金额的 10%～30% 计算。但在预算期结算工程价款时,应扣除当期应归还的预收工程款。

2. 工程结算收入。这包括预算期内收取上期末点交和期中点交的工程款。因为期末点交的工程款,一般要到下期初才能进行结算,所以应包括报告期末点交、在预算期初结算工程款,而不包括预算期末点交、在下一个预算期初结算工程款,同时在预算期结算的工程款中,必须扣除应归还的预收工程款。

3. 产品销售收入。根据附属工业企业预算期产品销售量和销售价格计算。

4. 其他业务收入。这包括除产品销售收入以外的其他业务收入,如材料销售收入、固定资产租金收入等,根据有关部门提供的预算期收入数计算。

5. 收回应收款。根据报告期应收款的余额,考虑预算期应收款的催收情况和可能收回数计算。

6. 利息、股利收入。这包括存款、债券利息收入和对外投资分得的现金股利或利润。

期初现金余额与本期现金收入额相加,即为预算期内可动用的现金合计。

二、现金支出

现金支出部分包括本期现金支出额和期末现金必要余额。本期现金支出主要由以下各项支出组成。

1. 材料采购支出。由企业供应部门根据预算期施工生产计划、材料消耗定额,结合材料库存,按保证施工生产和合理储备、节约占用资金的原则,提出材料采购计划。财务部门应结合预算期工程施工生产进度和材料储备资金占用情况,提出材料采购预算,防止盲目过多过早采购,形成积压。

2. 职工工资、福利费支出。根据预算期工资总额计划和职工福利费提取数结合实际开支情况确定。对企业管理人员的工资和福利费支出也可在"其中:企业管理人员工资和福利费支出"行另行列出。

3. 其他生产费用支出。这是指企业施工生产单位在预算期内发生的除材料、工资、福利费、固定资产折旧费、临时设施摊销费、工具用具摊销费以外的机械使用费、其他直接费、间接费开支的各项现金支出,包括机械设备租赁费、环境保护费、施工排水降水、排污费、土方运输费、劳动保护费、办公费、差旅交通费等,根据工程生产任务、有关取费标准以及职工人数、费用开支标准等计算确定。

4. 企业管理费支出。这是指企业行政管理部门在预算期发生的除工资、福利费、固定资产折旧费、无形资产摊销费以及税收以外的各项管理费现金支出,包括企业在预算期为职工交纳的基本养老保险费、失业保险费、基本医疗保险费、意外伤害保险费、住房公积金,企业财产保险费,工程定额测定费,办公费、业务招待费等,根据企业施工生产规模、有关费用交纳标准以及开支标准等计算确定。

5. 税金支出。这包括预算期内支付的营业税金及附加、所得税、房产税、车船税、土地使用税、印花税等支出。

6. 利息、股利支出。这包括预算期内借款利息、应付债券利息和对投资者支付现金股利或利润等支出。

7. 购建固定资产、临时设施、无形资产支出。这包括预算期内购买建造固定资产、临时设施、工具用具和取得无形资产的现金支出。

8. 归还应付款。根据预算期内应该偿还并可能偿还的应付数额计算。

期末现金必要余额是指在正常施工生产经营条件下,企业在预算期末必须持有的现金。因为企业的现金收支,随着建筑市场及企业施工生产经营条件的变动,具有不确定性,很难准确估算。为使现金预算具有一定的弹性,应将期末必须持有的现金,纳入现金支出部分,这样,有利于企业对预算期内的现金收支进行统筹规划,防范现金性筹资风险。至于现金预算中期末现金必要余额,可参照第三章第二节中最佳现金持有量的计算方法确定。

本期现金支出加期末现金必要余额,即为预算期动用现金合计。

三、现金余缺

现金余缺部分反映预算期内现金收支轧抵后的多余或短缺

额。如果预算期内可动用现金合计大于动用现金合计(现金支出和期末现金必要余额之和)，说明现金有多余；反之，如预算期内可动用现金合计小于当期动用现金合计，说明现金短缺，现金多余或短缺揭示企业预算期现金的不平衡性，在编制现金预算出现现金短缺时，应积极与有关部门反复协商，采取各项措施，既要做到增收节支，保证现金收支在预算期的总额平衡，又要保持预算期内各季、各月现金收支在时间上的相互协调。这是现金预算管理的主要内容，也是施工企业得以再生产的前提。

四、现金融通

现金融通部分包括现金多余的处置和现金短缺的融资。

当现金多余时，可选择：

1. 归还短期借款；
2. 归还长期借款；
3. 投资有价证券；
4. 收回企业债券等。

当现金短缺时，可选择：

1. 出售有价证券；
2. 向银行短期借款；
3. 向银行长期借款；
4. 发行企业债券等。

一般说来，临时性的现金多余，可以考虑先归还银行短期借款，然后用以购买有价证券。如果现金多余是长时期的，则比较适宜于归还银行长期借款或进行长期有价证券投资。与此相对应，对于临时性现金短缺，可出售短期有价证券或向银行举借短期借款加以弥补；如果现金短缺是长时期的，则可向银行举借长期借款或发行企业债券予以弥补。

施工企业现金预算的格式如图表9-3所示。

图表9-3

企业现金预算

2009年度　　　　　　　　　　　　　　　单位：元

项　　目	2008年预算	2009年 预 算 合计	一季度	二季度	三季度	四季度
期初现金余额	4 200 000	4 500 000	4 500 000	4 500 000	4 500 000	4 500 000
本期现金收入	21 010 000	25 200 000	5 865 000	6 700 000	6 850 000	5 785 000
其中：预收工程款	4 000 000	5 000 000	1 500 000	1 400 000	1 400 000	700 000
工程结算收入	16 000 000	19 000 000	4 000 000	5 000 000	5 200 000	4 800 000
产品销售收入	410 000	500 000	115 000	125 000	130 000	130 000
其他业务收入	240 000	300 000	70 000	75 000	80 000	75 000
收回应收款	160 000	180 000	80 000	60 000		40 000
利息股利收入	200 000	220 000	100 000	40 000	40 000	40 000
⋮						
本期可动用现金	25 210 000	29 700 000	10 365 000	11 200 000	11 350 000	10 285 000
本期现金支出	20 610 000	23 880 000	5 500 000	6 530 000	6 740 000	5 110 000
其中：材料采购支出	12 000 000	14 000 000	3 800 000	3 600 000	3 500 000	3 100 000
职工工资福利费支出	2 000 000	2 200 000	550 000	550 000	550 000	550 000
其他生产费用支出	800 000	1 000 000	250 000	250 000	250 000	250 000
企业管理费支出	1 250 000	1 500 000	380 000	370 000	380 000	370 000
税金支出	1 800 000	2 000 000	460 000	520 000	520 000	500 000
利息股利支出	70 000	80 000	35 000	15 000	15 000	15 000
购建固定资产、临时设施、无形资产支出	2 600 000	3 000 000		1 200 000	1 500 000	300 000
归还应付款	90 000	100 000	25 000	25 000	25 000	25 000
⋮						

(续表)

项目	2008年预算	2009年预算 合计	一季度	二季度	三季度	四季度
期末现金必要余额	4 200 000	4 500 000	4 500 000	4 500 000	4 500 000	4 500 000
本期动用现金合计	24 810 000	28 380 000	10 000 000	11 300 000	11 240 000	9 610 000
现金余缺	400 000	1 320 000	365 000	170 000	110 000	675 000
现金融通						
归还缺期借款						
归还长期借款						
投资有价证券		800 000		400 000		400 000
收回企业债券						
出售有价证券						
向银行短期借款						
向银行长期借款						
发行企业债券						

第四节 财务控制

财务控制是指企业对财务活动进行约束和调节使之按照财务预算设定的目标运行的过程。

一、财务控制及其基本程序

企业为了有效地对财务活动实行内部各单位各部门的协调和控制,应按照统一领导分级管理的原则,在其内部划分责任单位,成立责任中心,明确各责任单位应承担的经济责任、应有的权利和利益,促使各责任单位完成其在预算中确定的目标。因此,建立责任中心制度是落实财务预算目标实现财务控制的保证。

首先,要确定责任单位,要根据企业施工经营管理组织形式划分责任归属层次,组成分层负责的原则,明确各层责任划分、组成一个上下左右纵横连锁的责任体系。实际上就是根据分权原则和授权原理,确定责任目标层次和层次间联系的内容。根据施工企业内部责任中心的权责范围及业务活动的特点不同,可分设成本中心、利润中心、投资中心等。

其次,要确定责任中心所承担的责任内容,在财务预算的目标下,要按照责任中心的权责范围、财务活动的内容,确定可以衡量的责任目标和考核范围,所有各个责任中心都要对自己经济活动中所发生的财务活动负责,并分清各责任中心中自己的责任。责任对责任者来说,应是可控的。所谓可控是指:(1)有办法知道发生什么耗费、收益或投资;(2)有办法计量发生多少耗费、收益或投资;(3)在发生偏差时有办法加以控制。具备以上三条的,则为可控。可控与不可控是相对的,这个单位、部门不可控,那个单位、部门却可控;下级不可控、上级却可控。责任认定的可控、不可控,是按已确定的经济责任分管的范围来确定责任归属的。可控解决归属问题,使其形成一个分管体系,做到责任分工具体化、数量化,并可加以考核。

第三,在确定责任中心和责任内容的同时,还要按责任归属原则形成一套完整的计算、记录和报告程序,提供及时可靠的财务信息,借以反映和衡量责任单位的行动,是否与预算目标一致,以便考核有关责任层次在财务管理中的成绩和问题、确定责任功过的原因。

此外,还应建立内部价格结算体系,健全企业内部经济合同制度和建立奖罚制度等配套改革措施。

二、工程成本的控制

工程成本控制是指企业在施工经营过程中,按照预定的工程结算成本目标,对构成工程成本的一切耗费进行严格的计算、考核和监督,及时揭示偏差,并采取有效措施,纠正不利差异,发展有利差异,使工程成本被限在预算的目标范围之内。科学地组织工程成本控制,可以用较少的物化劳动和活劳动耗费,取得较大的经济效益,不断降低工程成本。

要有效地控制工程成本,必须建立健全的责任成本制度,就施工企业来说,特别要确定项目经理部一级的权限和责任成本。因为项目经理部一级处于企业与社会的结合部,处于企业内部人、财、物的结合部,对外代理企业履行工程合同,对企业的社会效益负责;对内对工程成本的绝大部分负责,直接影响着企业的综合效益。因此,为了保证其顺利地履行责任,必须赋予其相应的权力,包括有关的人员聘用权、奖金分配权、材料采购选择权、施工队伍选择权、施工方案、施工生产工艺的决定权和指挥权等等。当然,这些权限赋予必须建立在遵守国家有关政策、法令、规定以及企业有关规定的基础上。

至于项目经理部一级的责任成本,可包括以下内容:(1) 按劳动定额、人工结算单价和工程量计算的工程人工费;(2) 按材料消耗定额、材料结算价格和工程量计算的工程材料费;(3) 按机械台班定额、机械台班结算价格和工程量计算的工程机械使用费;(4) 按工程人工费、材料费、机械使用费和其他直接费定额计算的工程其他直接费;(5) 间接费用、管理费用和财务费用中的可控部分。

为了正确评价责任成本单位的工作业绩和成果,消除客观因素的影响,必须建立内部统一的价格体系,使责任成本的预算与实际更具有可比性和可控性。除了责任成本单位直接向市场采购的材料、构件按实际价格核算外,企业内部各单位供应的构件、劳务、机械一律要用内部结算价格计算,并据此签订内部经济合同。

制订内部结算价格是一项比较复杂的工作,它关系到企业内部各单位经营成果的比较和考核。规定不当,容易产生内部矛盾,不利于调动各方面的积极性。如对内部劳务价格的取定,定高了,项目经理部不愿接受;定低了,劳务供应单位又没有积极性,为了尽可能合理地确定内部结算价格,对材料、构件、机械租赁等,可采用不同的定价方法,对供应部门供应的材料,按市场价格加运杂费定价,对构件、机械租赁等,可按预算定额单价加上材料价差、人工费调整因素,再考虑一定比例的内部利润定价,使结算价格略高于预算价格又低于市场价格,这样就容易被双方所接受。

采用责任成本进行成本控制,必须严格划清各责任成本单位的成本责任。成本责任划分不清,责任成本就很难计算,也就会影响到各个责任成本单位的经济利益,久而久之,责任成本就起不到很好地控制成本的作用。因此,必须健全企业内部的经济合同制度,使各责任成本单位之间的经济往来,均按合同形式进行。经济合同条款必须写明双方责任,规定计价标准、质量、工期要求以及违约索赔条款等。一旦发生纠纷,可根据合同条款予以仲裁。为此,还必须明确企业内部的仲裁部门,按仲裁结果执行。当然,为了减少经济纠纷的发生,应先将有关责、权、利关系和可能发生的经济责任的仲裁办法列入规章制度,使各单位在实际工作中有所遵循,不致在发生纠纷时相互扯皮,影响工作。

为了落实经济责任,保证责任成本制度的推行,充分调动各个层次的积极性,必须健全内部责任承包办法,建立并完善奖罚制度。首先要在承包指标中突出成本指标,将责任成本单位管理人员的收益直接与其责任成本完成的业绩挂钩,其奖罚标准与其成本完成情况,以比例形式加以确定。其次,在奖罚办法中,必须达到利益与风险并存,奖罚基本对等的要求,即对该奖什么,该罚什么,奖到何种程度,罚到何种程度,都要在承包合同奖罚条款中明确地予以规定。在具体实施中,也可考虑逐步推广并不断完善风险抵押金制度,使风险抵押金真正起到应有的作用。

必须指出,所谓责任成本中心是对成本负责控制和保证完成的责任单位。如果责任单位只提供一定的服务,不从事工程施工生产,如研究开发部门、一般行政管理部门等,就称为费用中心。考核成本责任中心的主要指标是责任成本,考核费用中心的主要指标是责任费用限额,也就是这些部门的可控费用。

三、利润的控制

利润控制是指企业在施工经营过程中,按照预定的企业利润目标,对形成利润的有关经营活动进行记录和考核并对存在问题及时提出解决的措施,保证利润目标的完成。

要完成企业的利润目标,除了控制好工程成本外,还必须完成一定数量的工程,并在工程价款中保留一定的利润空间。在工程采用投标方式承包以后,既要选择好投标工程项目,又要讲求投标策略,采用最优标价。在选择投标工程项目时,首先要从企业自身的实际情况出发,考虑能否发挥本企业的技术优势、装备优势,保证均衡施工和连续施工,做到扬长避短,充分利用企业的人力、物力。其次,要了解工程项目的建设资金是否落实,业主的资信条件是否较好,以免中标后由于资金不落实而引起工程中途停工,或者拖欠工程款给投标企业带来经济损失。第三,要根据企业的近期利润目标和远期利润目标,预测该工程项目能否给企业带来近期利润,或虽无近期利润,但能在该地区打开新局面,争取更多的后续工程,给企业带来远期利润。

在工程投标选用标价时,要以谋求获得最大的利润为出发点,采用最优标价策略。一般地讲,标价高,中标的概率小,承包工程少,工程成本高,企业利润少;标价低,中标的概率大,承包工程多,工程成本低,企业利润多,所以标价、工程量和成本利润之间存在着函数关系,从这关系中就可找出企业获得利润最大的最优标价。当然,当企业处于工程任务比较饱满、竞争对手较少时,应采用高一标价策略;当企业处于生产能力过剩、竞争对手较多时,应采用低标价策略。

施工企业要提高企业的盈利水平,可以成立利润中心。所谓利润中心,是指既对企业利润承担责任,又对收入和成本承担责任的企业所属单位,这些单位能通过工程投标和施工生产经营决策,对本单位的盈利施加影响,为企业增加利润。利润中心是在建筑市场竞争加剧、施工企业规模不断扩大以后,给分布在各个地区的分公司以较大工程投标和施工经营权的产物,为了促使分公司从经济利益来关心投标标价和工程施工成本,企业应用工程结算收入利润率等指标来考核与公司经营管理的业绩。这种分权管理形式既减轻了企业当局的日常经营管理决策,又对利润中心主管人员更多的激励,并有利于培养经理人才。

四、投资的控制

施工企业投资的控制,主要是指企业对固定资产等项目投资时,按投资项目财务预算和项目可行性研究报告,对项目筹资成本、投资利润率等进行计算、考核,及时揭示偏差,并采取有效措施,使之回避筹资风险,提高项目投资经济效益。

施工企业建设的固定资产等投资项目,如果投资额较大、建设周期较长,投产以后生产的产品除供给企业所属施工单位使用外,还在市场上销售给其他企业,则这个生产单位往往实行独立核算,并采用投资中心这种分权管理形式。所谓投资中心,是指既对投资收益负责,又对利润、收入、成本负责的单位。它既是一个投资中心,又是利润中心和成本中心,投资中心不仅能根据企业生产能力和市场需求进行生产经营决策,而且能对投资进行决策。因此,它比利润中心和成本中心权力更大,责任更重。特别是在一些施工企业走向多元化经营以后,给一些不属于施工的生产经营单位以较大的经营、投资权,为了促使企业快速发展,便在这些单位采用了投资中心这种分权管理形式,但采用这种分权管理形式的一个前提是,企业要将该中心的产、供、销生产经营决策和投资决策权下放给投资中心主管人员,不再干预其日常生产经营,同时要从以下两个方面对投资中心严加考核;一方面要通过资本利润率等指标,考核投资中心的经营成果;另一方面要用净现值和内部收益率等指标,考核投资中心新增的投资经济效益,以免陷入投资风险(见第五章第三节)。

施工企业建设的固定资产投资项目,如在建成投产后的生产单位,只生产专供企业所属施工单位使用的产品,则与其他施工单位一样,只有生产经营权,没有投资权,一般都实行内部独立核算,并采用利润中心这种分权管理形式。

复 习 题

1. 什么叫做财务预算?它在施工企业财务管理中具有哪些作用?

2. 根据施工企业财务管理的要求,应设置哪些财务预算?这些预算的编制各有哪些特点?

3. 什么叫做应收应付制?为什么在测算企业财务预算时,必须采用应收应付制?

4. 施工企业编制财务预算时,对预算期内净利润的测算,应采用怎样的程序和方法?

5. 什么叫做现收现付制?为什么在测算企业现金预算时,必须采用现收现付制?

6. 什么叫做财务控制?它在施工企业财务管理中有哪些作用?

7. 工程成本控制一般包括哪几个基本程序?为什么要有效地控制工程成本,必须建立健全责任成本制度?责任成本制度的内容主要包括哪些?

第十章 财务分析

第一节 财务分析的内容和方法

财务分析是以企业会计报表和有关资料为依据,采用专门的方法,系统分析评价企业过去和现在的施工经营成果、财务、成本状况及其变动趋势,用以了解过去、评价现在、预测未来,为报表使用人提供决策信息。

一、财务分析的内容

企业会计报表是根据报表使用人的一般要求设计的,并不适合特定报表使用人的要求。报表使用人要从中选择各自需要的信息,对企业的经营理财状况进行分析、评价,因而报表不同的使用人对财务分析的内容各有其侧重点。

(一)所有者或股东

企业所有者或股东作为投资者,在财务分析时必然高度关心企业的盈利能力及其资本的保值增值,对投资的回报有强烈的要求。但对拥有控股权的投资者和一般投资者,他们的分析内容,也不完全相同。对拥有控股权的投资者来说,他们侧重于分析企业在建筑市场的竞争实力,追求企业的持续发展。对一般投资者来说,则侧重于分析企业短期的盈利能力,能否提高企业分配的利润或股利,追求当年利润及股利的分配和企业股票的市场价值。

（二）债权人

债权人投入的资金具有利息固定、支付优先、但不分享企业剩余利润的特点。这决定了债权人在财务分析时，必然首先关注其贷款的安全性。但对短期债权人和长期债权人来说，他们对财务分析的要求也不相同。对短期债权人来说，特别关注企业资产的流动性，在短期内能否将流动资产变现用以偿还流动负债。对长期债权人来说，特别重视企业资金结构和盈利能力，关注企业资本的实力，和长期负债所形成的长期资产能否有效地发生作用，增强企业的盈利能力，来保障长期债务本息的偿还。

（三）政府经济管理机构

作为政府经济管理机构，必然关注企业对社会贡献的能力，即是否依法纳税，履行法定的社会责任，在谋求资本保值增值的前提下，同时带来财政收入的增加。政府经济管理机构分析、评价企业财务状况的目的，不仅要了解企业占用资金的使用效率，预测财政收入的增长情况，有效地组织和优化社会资金、资源配置；还要借助财务分析，检查企业是否有违法乱纪行为，促使社会主义经济基础的巩固。

（四）企业经营者

企业作为自主经营、自负盈亏的独立法人，其施工经营理财的基本动机，是追求企业价值最大化，因而必然对企业经营财务成本的各个方面，包括营运能力、盈利能力、偿债能力、对社会贡献能力以及成本降低能力等全部情况予以详尽的分析和评价，以便及时发现问题，采取对策，规划和调整市场定位目标，消除影响企业经营效益增长的不利因素，进一步挖掘潜力，降低工程、产品成本，为经济效益的增长奠定基础。

从上可知，不同利益主体对企业财务、成本分析虽各有不同的侧重点，但就企业总体来说，财务分析的内容，可归纳为以下四个方面，即营运能力的分析、盈利能力的分析、偿债能力的分析和对社会贡献能力分析。其中营运能力是实现财务目标的物质基础,偿债能力是实现财务目标的条件,盈利能力既是营运能力和偿债能力共同作用的结果,又是营运能力和偿债能力不断增强的保证。三者相辅相成,构成企业财务分析的基本内容。对社会贡献能力是连接企业目标与社会责任,评价企业经济效益与社会经济是否协调增长的重要经济指标,也是促使社会主义市场经济持续发展的保证。

二、财务分析的方法

财务分析的方法,主要有比较分析法和因素分析法。

(一) 比较分析法

比较分析法又称对比分析法。它是通过两个或两个以上可比财务数据进行对比,揭示差异和矛盾,是财务分析中最基本的分析方法。比较分析法按其比较对象和比较内容,可进一步加以分类。

1. 按比较对象的不同分类

(1) 与本企业历史不同时期可比财务数据对比,也叫趋势分析。

(2) 与同行业的平均数或竞争对手可比财务数据对比,也叫横向比较。

(3) 与报表中对应或相关项目数据对比。会计报表各项目之间,有的存在对应关系,如资产负债表中的流动资产与流动负债,现金流量表中的经营活动产生的现金流量净额与资产负债表中的负债总额的对比,都可用来分析企业的短期偿债能力和用现金流量偿付债务的能力,等等。

2. 按比较内容的不同分类

(1) 比较会计要素总量。总量是指会计报表中各项目的总额,如资产总额、负债总额、利润总额等。总量比较主要用于时间序列分析,如从企业各年利润总额的变动趋势,分析企业盈利能力的增长潜力。有时也可用于与行业的比较,如通过与行业工程结算收入总额的对比,分析企业在建筑市场所占建筑安装工程份额和竞争实力,等等。

(2)比较财务比率。财务比率与总量不同,它是相对数,能消除企业规模等因素的影响,使不同比较对象具有可比性。因此,它是比较分析中最重要的分析方法。如将企业历年资本利润率对比,分析所有者(股东)投入资金的收益的增长情况;通过与同行业工程结算收入利润率的对比,分析企业在建筑市场工程投标标价竞争中,是否还有较大的空间,等等。

在采用比较分析法时,必须选择合适的比较基础,作为分析评价企业当期实际财务数据的对比标准。在采用趋势分析将历史财务数据作为对比标准时,必须注意各个年度财务数据的可比性。因为随着企业经营的多元化,企业经营规模的扩大,以及企业施工经营环境特别是建筑市场景气度的变化等,都会使当年与历史的财务数据不可比。同样,在采用横向比较将同行业财务数据作为对比标准时,也要注意与对比企业财务数据的可比性。又同行业财务数据的平均数,只能代表行业的一般情况,不一定有代表性或可比性。因而不如选择与本企业施工经营规模相似的企业,或行业中竞争对手作为对比标准。

(二)因素分析法

因素分析法是依据分析指标和影响因素的关系,从数量上确定各因素对指标影响程度的分析方法,主要有连环代替法、差额分析法、指标分解法。

1. 连环代替法

连环代替法是分析某一指标的完成情况受哪些因素的影响及其影响程度的方法。企业各项指标的完成情况,通常是受许多因素综合影响的结果。在这些因素中,有的因素起着积极的促进作用,有的因素起着消极的阻碍作用,而各个因素所起的促进和阻碍作用,也有主次之分。通过因素分析,就可了解各个因素对指标完成情况的影响及其影响的程度,从而进一步查明具体原因,以便采取改进措施。

进行因素分析时,首先要将影响某一预算指标(或计划指标,以下同)完成情况的有关因素加以适当的分类,即根据各项指标的经济内容确定其受哪些因素的影响,再根据有关数字来分析各个因素对计划指标的完成情况所产生的影响,以及影响的程度。要想测定各个因素对计划完成结果的影响程度,只有在假定其中一个因素可变、其他因素不变的情况下才有可能。马克思在分析劳动日长度、劳动生产力和劳动强度对劳动力价格和剩余价值相对量的影响时曾写道:"很明显。在这里可能有许多种组合。可能两个因素变化,一个因素不变,或者三个因素同时发生变化。它们可能在同一程度上或在不同程度上变化,可能向同一方向或向相反的方向变化,以致它们的变化可以部分地或全部地互相抵消……只要顺次地把其中一个因素视为可变,把其他因素视为不变,就会得到任何一种可能的组合的结果。"①

如将影响材料费总额的因素按其性质进行归类,可分为工程量、单位工程量材料耗用量和材料单价三个因素,这三个因素对材料费总额的影响,可用下列公式表示:

材料费总额＝工程量×单位工程量材料耗用量×材料单价

假如某施工队在某月份内有关统一砖材料费的预算数、实际数及其形成如图表10-1所示。

---

① 《资本论》第1卷。《马克思恩格斯全集》第23卷,人民出版社1972年版,第576页。

图表 10-1

项　　目	单位	预算	实际	差异
砌砖工程量	立方米	1 000	1 100	+100
每立方米砌砖工程砖耗用量	块	520	500	−20
每块砖单价	元	1.1	1.2	+0.1
材料费总额	元	572 000	660 000	+88 000

从图表 10-1 看出，砖的材料费总额实际数超过预算数 88 000 元，是由于三个因素有了变动的缘故。我们如果再分析各项因素变化的影响程度，可以预算指标为基础。把各个因素的预算数顺次地、连环地以其实际数来替换，每次替换一个因素，即得出一个"替换指标"。因此，"替换指标"的数目，必然和因素的数目相等。同时，最后一次的替换指标，就是实际指标。将每一次因素替换后的指标（替换指标或最后一次的实际指标）与该因素未替换前的指标（预算指标或前一次的替换指标）相比较，即可确定由于该因素的变动对预算的影响。就本例来说，各项因素的替换计算及其结果如图表 10-2 所示。

图表 10-2

指　标	连环代替的计算	差　异	差异原因
预算指标	1 000×520×1.1=572 000		
替换指标①	1 100×520×1.1=629 200	+57 200	工程量变动的影响
替换指标②	1 100×500×1.1=605 000	−24 200	耗用量变动的影响
替换指标③（即实际指标）	1 100×500×1.2=660 000	+55 000	材料单价变动的影响
合　计		+88 000	材料费总额增加数

图表 10-2 说明,在第一替换指标和预算指标之间,除砌砖工程量因素发生变动外,其余因素相同。因此,这两个指标之间的差异,就反映出由于砌砖工程量变动而影响砖材料费总额变动的数额。以此类推,其他各个因素变动的影响,均可逐一分析出来,而这些因素影响的总和,应该等于砖材料费总额的增加数。

在实际分析工作中,可把连环代替法简化为下列形式,即根据连环代替相同顺序,把各因素的差异额分别乘其余各个指标,来确定各个因素对差异总数的影响。如仍以上述砖材料费差异总额的分析为例,则各个因素的差异数如下:砌砖工程量超额完成100立方米,每立方米砌砖工程量耗用砖减少20块,每块砖价格提高0.1元。根据上述相同顺序,把各个因素差异数分别乘其余各个指标,即可确定各个因素对砖材料费差异总额的影响:

(1)工程量变动的影响:

(+100 立方米)×520 块/立方米×1.1元/块＝+57 200 元

(2)耗用量变动的影响:

1 100 立方米×(-20 块/立方米)×1.1元/块＝-24 200 元

(3)材料单价变动的影响:

1 100 立方米×500 块/立方米×(+0.1元/块)＝<u>+55 000 元</u>
砖材料费总额增加数 　　　　　　　　　　+88 000 元

2. 差额分析法

凡指标金额变动是由各个因素增、减额形成的,可计算各个因素的增加、减少额来确定各个因素对指标的影响程度。如固定资产净值的增减,是由固定资产原值和累计折旧额增减的结果。在分析固定资产净值增减原因时,只要计算固定资产原值和累计折旧的增减额,就可分析出固定资产原值和累计折旧额因素对固定资产净值增减的影响程度。

3. 指标分解法

指标分解法是通过财务、成本指标间的内在联系,对指标逐一分解,从彼此间的依存关系,揭示指标形成的前因后果的一种分析方法,详见本章第六节。

不论采用何种财务分析方法,在分析时,都必须相互联系地研究各项经济指标,由此及彼、由表及里地指出影响指标完成的主要矛盾,并提出解决矛盾的措施。施工企业的财务指标,要受多方面因素的影响,并且是施工、经营、管理等方面因素相互联系、相互制约的。如利润总额的增加,和已完工程数量、工程预算造价、工程成本、其他业务经营、管理费用、财务费用开支、对外投资经济效益等因素,都是彼此相关、相互依存的,并且是在这些因素影响下形成的。企业经营者在进行分析时,必须将相互关联的各项因素加以分类、排列,指出哪些是主要的因素,哪些是从属的因素,它们之间因果关系怎样,从而找出矛盾的所在,提出切实的措施。

第二节 营运能力的分析

施工企业的营运能力是指在外部建筑市场环境下通过企业内部人力资源和生产资料资源的合理配置,对财务目标产生作用的能力。营运能力的大小,对企业盈利能力的持续增长和偿债能力的不断提高有着极大的影响。

一、人力资源营运能力的分析

人力资源是企业最积极能动的生产要素,其素质水平的高低,对企业营运能力起着决定性的作用。分析评价企业人力资源,在于如何充分调动职工的积极性和创造性,提高企业施工经营效益。人力资源营运能力的分析,通常可采用劳动生产率指标。

劳动生产率是指职工在施工经营中的劳动效率,一般用一定时期内每一职工完成的产值或营业收入来表示。在市场经济下,只有将承包工程完工点交和产品销售出去,才能为企业提供经济效益,因此常用工程结算收入和其他业务收入与职工平均人数的比值来计算。其计算公式为:

$$劳动生产率 = \frac{工程结算收入 + 其他业务收入}{职工平均人数}$$

式中职工平均人数是指年度或季度内各日职工人数的平均数。

对施工企业劳动生产率的分析和评价,可采用比较分析法,即将实际劳动生产率与本企业预算水平、历史水平或同行业先进企业水平的指标加以对比,进而确定其差异程度,分析产生差异的原因,采取相应的措施,进一步挖掘提高企业人力资源的效率。但在对比分析时,必须注意可比性。因为目前有的施工企业,它所承包的工程,不一定全由企业自行施工,可能将部分工程分包给其他企业施工,在这种情况下,将承包工程部分分包出去的施工企业的劳动生产率,就比全部自行施工的企业的劳动生产率要高,这是在分析、评价时必须加以注意的。

二、生产资料营运能力的分析

如何合理地利用生产资料,考核它的营运能力,是施工企业财务管理中另一个极为重要的方面。施工企业拥有的生产资料,表现为各项资产的占用。因此,生产资料的营运能力,实际上就是企业总资产及其各个构成要素的营运能力。

(一)总资产营运能力的分析

施工企业的总资产营运能力集中反映在利用企业资产完成营业收入的水平,即其周转率方面。总资产周转率是指工程结算收入和其他业务收入与资产平均总额的比值,通常以周转次数来表示。其计算公式为:

$$总资产周转率 = \frac{工程结算收入 + 其他业务收入}{资产平均总额}$$

式中资产平均总额是年度或季度内各月资产平均总额的平均数。各月资产平均总额是月初、月末资产总额的平均数。

$$年(季)资产平均总额 = \frac{\sum\left(\frac{月初资产总额 + 月末资产总额}{2}\right)}{12(或3)}$$

如某施工企业 2007、2008 年度有关营业收入和资产平均总额如图表 10-3 所示。

图表 10-3

单位：万元

项目	2007 年	2008 年	差异
工程结算收入	3 978	4 876	+898
其他业务收入	480	540	+60
资产平均总额	4 136	4 340	+204

就可根据图表 10-3 计算 2007、2008 年度的总资产周转率：

$$2007 年总资产周转率 = \frac{3\,978\,万元 + 480\,万元}{4\,136\,万元} = 1.08(次)$$

$$2008 年总资产周转率 = \frac{4\,876\,万元 + 540\,万元}{4\,340\,万元} = 1.25(次)$$

从上可知，该企业 2008 年度总资产周转率较 2007 年度加速了 0.17 次（1.25 次 − 1.08 次），说明企业资产总体营运能力有所提高。

为了深入分析影响总资产周转加速的原因，还需进一步分析流动资产和固定资产的周转状况。需要指出的是：流动资产和固定资产对完成营业收入的作用是不同的。营业收入直接来源于流动资产的周转额，而固定资产只对流动资产周转和周转速度起推动和保证作用。没有固定资产的有效利用，流动资产是完不成营业收入的。所以，对企业流动资产的考核应着眼于营业收入的完成额,而对固定资产的考核应侧重其利用率。

(二)流动资产营运能力的分析

施工企业流动资产营运能力的大小,主要体现在完成的营业收入,即其周转率。流动资产周转率是指工程结算收入和其他业务收入与流动资产平均占用额的比值,通常以周转次数表示。其计算公式为:

$$流动资产周转率(次数)=\frac{工程结算收入+其他业务收入}{流动资产平均占用额}$$

式中流动资产平均占用额是年度或季度内各月流动资产平均占用额的平均数。各月流动资产平均占用额是月初、月末流动资产余额的平均数。

流动资产周转率(次数)指标说明流动资产周转的速度。企业在一定时期内占用流动资产越少,而完成的营业收入越多,表明流动资产的周转越快,周转次数越多,也就意味着以较少的流动资产完成了较多的营业收入,对财务目标的贡献程度越大。

流动资产周转率除了用周转次数表示外,也往往用周转一次需要的天数来表示。因为在预算工作中,通常总是以年度或季度为预算期或报告期的,而年、季的时间长度总是固定的。在时间长度固定的条件下,流动资产周转率指标就可改用周转一次所需的天数即周转天数来表示。其计算公式为:

$$流动资产周转率(天数)=360(或90)\div\frac{年度(季度)工程结算收入+年度(季度)其他业务收入}{年度(季度)流动资产平均占用额}$$

或

$$=\frac{年度(季度)流动资产平均占用额}{年度(季度)工程结算收入+年度(季度)其他业务收入}\times360(或90)$$

流动资产周转天数缩短,表明周转速度加快;反之,表明周转速度减缓。

如上述某施工企业2007、2008年度的流动资产平均占用额为

1 896万元、1 900万元,则2007、2008年度的流动资金周转次数和周转天数为:

$$2007年流动资产周转率(次数)=\frac{3\ 978万元+480万元}{1\ 896万元}=2.35(次)$$

$$2008年流动资产周转率(次数)=\frac{4\ 876万元+540万元}{1\ 900万元}=2.85(次)$$

$$2007年流动资产周转率(天数)=\frac{1\ 896万元}{3\ 978万元+480万元}\times360=153(天)$$

$$2008年流动资产周转率(天数)=\frac{1\ 900万元}{4\ 876万元+540万元}\times360=126(天)$$

从上可知,该企业2008年度流动资金周转次数较2007年度加速0.5次(2.85次-2.35次),周转天数缩短27天(153天-126天),说明流动资产的营运能力有所提高。

为了对流动资产周转状况作更详尽的分析,进一步揭示影响流动资产周转速度的原因。企业还可在流动资产周转率分析的基础上,对其构成各个要素,如应收账款、存货等的周转率进行分析,以说明流动资产周转率升降的原因。

1. 应收账款周转率的分析

应收账款周转率又称收账比率,是指企业工程结算收入和其他业务收入与应收账款平均余额的比值,通常以周转次数表示。其计算公式为:

$$应收账款周转率(次数)=\frac{工程结算收入+其他业务收入}{应收账款平均余额}$$

式中应收账款应为扣除坏账准备后的净额。如有应收票据的,也应包括在内。应收账款平均余额为各月应收账款平均余额的平均数,各月应收账款平均余额是月初、月末应收账款余额的平均数。

应收账款周转次数多,说明企业结算资金占用少,收账速度快,账龄期限短,资产流动性大,短期偿债能力强,可以减少收账费用和坏账损失,从而减少企业占用流动资产投资。

如上述某施工企业2007、2008年度应收账款平均余额为560万元、570万元,则2007、2008年度的应收账款周转率为:

$$2007年应收账款周转率(次数)=\frac{3\,978万元+480万元}{560万元}=7.96(次)$$

$$2008年应收账款周转率(次数)=\frac{4\,876万元+540万元}{570万元}=9.50(次)$$

从上可知,该企业2008年度应收账款周转次数较2007年度快1.54次(9.50次－7.96次),说明应收账款账龄期限短,变现能力增强。

对坏账损失较多的施工企业,还可计算应收账款损失率。应收账款损失率是说明企业本期坏账损失与期初应收账款余额的比率,即每元应收账款要发生多少坏账损失,它的计算公式为:

$$应收账款损失率=\frac{本期坏账损失}{期初应收账款余额}\times100\%$$

应收账款损失率如高于行业规定提取坏账准备的比例,应分析其发生坏账损失的原因。

2. 存货周转率的分析

存货周转率是工程结算成本和其他业务成本与存货平均余额的比值,通常以周转次数表示。其计算公式为:

$$存货周转率(次数)=\frac{工程结算成本+其他业务成本}{存货平均余额}$$

式中存货包括在库、在用、在途、在加工和在建的库存材料、低值易耗品、周转材料、委托加工材料、在建工程、在产品、产成品。存货平均余额为各月存货平均余额的平均数。各月存货平均余额是月初、月末存货余额的平均数,如提有存货跌价准备的,应减去存货跌价准备,式中分子所以用工程结算成本和其他业务成本,而不用工程结算收入和其他业务收入,是因为存货是按成本计价的,只有按工程结算成本和其他业务成本计算,才能使分子、分母的口径一致,较真实反映存货的周转速度。

存货周转速度的快慢,不仅反映施工企业采购、施工、工程结算、产品营销各个环节营运水平,而且对企业偿债能力产生决定性的影响。一般地讲,存货周转次数多,表示存货流动性大,存货管理水平高,有利于节约存货占用资金,提高企业资本利润率。

如上述某施工企业2007、2008年度有关营业成本和存货平均余额如图表10-4所示。

图表10-4

单位:万元

项　目	2007年	2008年	差　异
工程结算成本	3 160	4 010	+850
其他业务成本	400	430	+30
存货平均余额	2 240	2 440	+200

就可据以计算2007、2008年度的存货周转率:

$$2007年存货周转率(次数)=\frac{3\,160\,万元+400\,万元}{2\,240\,万元}=1.59(次)$$

$$2008年存货周转率(次数)=\frac{4\,010\,万元+430\,万元}{2\,440\,万元}=1.82(次)$$

从上可知,该企业2008年度存货周转率较2007年度加速了0.23次(1.82次-1.59次),说明企业存货周转速度有所提高。

(三)固定资产营运能力的分析

施工企业的营业收入是流动资产周转额的体现。但是只有流动资产,而没有固定资产的作用,流动资产是完不成其周转额的。流动资产周转的速度及其周转额的大小,很大程度上取决于固定资产的营运能力及其利用效率,只有与流动资产周转额规模相适应的固定资产充分加以利用,才能保证流动资产的快速周转。所以,在分析企业流动资产营运能力的同时,还要分析企业固定资产的营运能力。

固定资产营运能力的分析,通常采用固定资产利用率指标。固定资产利用率,也有将它叫做固定资产周转率的。它是企业工程结算收入和其他业务收入与固定资产平均占用额的比值。其计算公式为:

$$固定资产利用率 = \frac{工程结算收入 + 其他业务收入}{固定资产平均占用额}$$

式中固定资产平均占用额为各月固定资产平均余额的平均数。各月固定资产平均余额为月初、月末固定资产余额的平均数。

固定资产利用率高,说明固定资产利用效率高,其营运能力强,企业能以较少的固定资产推动流动资产完成其周转额。因为流动资产要完成一定的周转额,虽要有一定数量的固定资产来保证,但这个量不是绝对不变的。企业如果配置合适高效的机械设备,有计划地进行维修保养,不断地进行技术改造,并加以充分利用,就可能适度地减少固定资产的占用量。固定资产利用率低,说明固定资产利用效率低,其营运能力弱,企业要用较多的固定资产才能推动流动资产完成其周转额。

利用固定资产利用率指标,可以将不同年度的指标加以比较,以了解企业固定资产的利用状况,也可以拿一个企业的水平,同先进施工企业的水平相比较,以便找出差距,分析原因,寻求不断提高固定资产营运能力的途径。

不过固定资产利用率指标,要受企业专业化程度和企业承包工程是否全部自行施工等的影响。一般说来,建筑生产专业化程度高、建筑构件向建筑制品企业购买的施工企业和承包工程大部分包出去的施工企业,其所需的固定资产,要比建筑生产专业化程度低、建筑构件大都自行制造的施工企业和承包工程大都自行施工的施工企业要少,反映在固定资产利用率上,也就较高。这是在用固定资产利用率指标评价企业固定资产营运能力时,必须加以注意的。

固定资产利用率指标能综合反映施工企业所有固定资产的利用水平和营运能力,但不能反映各种施工机械的利用情况,因此,对于各种主要施工机械,还要用单位能力年(季)产量指标来反映它们的利用情况。单位能力年(季)产量指标的计算公式为:

$$单位能力年(季)产量 = \frac{年(季)度实际产量}{年(季)度机械平均能力}$$

式中机械平均能力是指企业在年度(或季度)内平均拥有的机械能力,它是根据年度(季度)内每天的机械能力数相加,用日历日数去除而计算出来的。

如某施工企业在 2008 年初有 11 台混凝土搅拌机,其中有 8 台是 0.4 立方米的,3 台是 0.8 立方米的。在 7 月 1 日又增加了 1 台 0.8 立方米的混凝土搅拌机,则该企业 2008 年度的混凝土搅拌机的平均能力为:

(0.4 立方米×8 台×360 天＋0.8 立方米×3 台×360 天＋

0.8 立方米×1 台×180 天)÷360 天＝6 立方米

如该施工企业在 2008 年度共搅拌混凝土 27 000 立方米,则该施工企业 2008 年度混凝土搅拌机的单位能力年产量为:

$$\frac{27\ 000\ 立方米}{6\ 立方米} = 4\ 500\ 立方米/立方米$$

施工机械的单位能力年产量指标,不但能反映机械的完好率和时间利用情况,而且能反映机械的利用率和能力利用情况。同时,国家对几种主要施工机械的单位能力年产量,曾在五年规划中有具体的要求。如国家建设委员会在第 5 个五年计划期间,要求:1 立方米斗容量以下单斗挖土机的每 1 立方米斗容量年产量为 38 500 立方米;履带式起重机的每 1 吨年产量为 440 吨;轮胎式起重机的每 1 吨年产量为 750 吨;汽车式起重机的每 1 吨年产量为 1 200 吨;塔式起重机的每 1 吨年产量为 1 000 吨;

卷扬机的每 1 吨年产量为 1 300 吨;载重汽车的每 1 吨年产量为 13 000 吨公里;自卸汽车的每 1 吨年产量为 10 000 吨公里;混凝土搅拌机每 1 立方米斗容量的年产量为 4 000 立方米等。这些施工机械单位能力年产量指标,虽是过去的规定,但对企业仍有参考价值,可在根据实际情况加以修订后,作为考核施工机械利用效率的依据。

第三节 盈利能力的分析

施工企业的盈利能力是指企业的资金增值能力。它通常表现为企业利润数额的大小和盈利水平的高低。利润是会计各要素共同作用的结果,是企业经营理财的核心。施工企业盈利能力的分析,一般可按会计要素设置收入利润率、资本利润率、资产利润率和资本保值增值率等指标来进行。

一、收入盈利能力的分析

从利润表来看,施工企业的利润可以分为四个层次,即工程结算利润、营业利润、利润总额和净利润。其中利润总额和净利润包含着非营业利润因素,所以能够直接反映收入盈利能力的指标是工程结算收入利润率和营业收入利润率。

(一)工程结算收入盈利能力的分析

对施工企业来说,工程施工经营是企业的主营业务活动,工程结算利润水平的高低,对施工企业盈利能力有着举足轻重的影响。只有保持较高的工程结算利润水平,才能使企业保持持续发展和良好的财务状况。因此,工程结算收入利润率是反映企业盈利能力的主要指标。

工程结算收入利润率是指工程结算利润与工程结算收入的比率。其计算公式为:

$$\text{工程结算收入利润率} = \frac{\text{工程结算利润}}{\text{工程结算收入}} \times 100\%$$

工程结算收入利润率高,表示企业在建筑市场中的竞争能力较强,工程施工成本较低。如企业的工程结算收入利润率高于同行业其他企业,在建筑市场中参加工程投标中,必要时可用较低的标价参加市场竞争,获得市场较大份额。

如某施工企业 2008 年度的工程结算利润为 705 万元,工程结算收入为 4 876 万元,而该行业平均工程结算收入利润率为 10%,则该施工企业 2008 年度:

$$\text{工程结算收入利润率} = \frac{705 \text{ 万元}}{4\,876 \text{ 万元}} \times 100\% = 14.46\%$$

较行业平均工程结算收入利润率高出 4.46%,说明该企业在工程投标中降价 4% 中标,仍能获得该行业的平均工程结算利润,在建筑市场工程标价竞争上有较大的空间。

(二) 营业收入盈利水平的分析

施工企业如从事多元化经营,除了工程施工经营外,还有其他生产经营业务,需要分析计算营业收入利润率。因为在这种情况下,只有计算营业收入利润率,才能综合评价企业总体经营的盈利能力。

营业收入利润率是指企业营业利润(包括工程结算利润和其他业务利润)与工程结算收入和其他业务收入的比率。其计算公式为:

$$\text{营业收入利润率} = \frac{\text{营业利润}}{\text{工程结算收入} + \text{其他业务收入}} \times 100\%$$

在一般情况下,营业收入利润率越高,反映企业总体的经营盈利能力越强,越有能力抵御建筑市场风险,在市场竞争中越占据优越地位。

二、资本盈利能力的分析

施工企业筹资、投资的最终目的,是实现所有者利润最大化,促使企业净利润的不断增长。因此,反映资本盈利能力的资本利润率不仅是企业盈利能力指标的核心,也是整个企业财务指标的核心。

资本利润率又称净资产收益率、主权资本净利率。它是企业净利润与资本总额的比率,即每元资本所能获得的净利润。其计算公式为:

$$资本利润率 = \frac{净利润}{资本总额} \times 100\%$$

式中资本总额作为所有者权益的总体,包括实收资本(或股本)、资本公积金、盈余公积金和未分配利润,即资产总额减去负债总额后的净资产。

对企业投资者或股东来说,资本利润率越高,说明投资收益越多,投资风险越小,值得投资。对企业经营者来说,如果资本利润率高于债务资金成本率,由于财务杠杆的作用,适度负债经营对企业利润的增长是有利的;反之,如果资本利润率低于债务资金成本率,则过度负债经营就不利于企业利润的增长,并可能使利润滑坡处于财务困境。从这个角度来说,债务资金成本率也是资本利润的低限。

又企业增加资本金或股份制企业通过增发新股或配股增加股本和资本公积金以后,会使企业资本总额增加,在这些新增资金还没有在投入项目发生经济效益时,资本利润率会随着资本总额的增加而相应下降,这是正常的现象。但当这些投入项目完成发生经济效益以后还没有达到原有资本利润率时,就要进一步对投入项目的投资经济效益进行分析,反思增加资本和项目投资决策是否正确。

在股份制施工企业,还要计算每股收益。每股收益也叫每股净利润。它也是反映资本盈利能力的指标。其计算公式为：

$$每股收益 = \frac{净利润}{股份总数}$$

如果施工企业发行有优先股股票的,则要计算普通股每股收益。因为优先股的股利是按事前约定的股利支付的,普通股分享的利润是扣除优先股股利后的净利润。其计算公式为：

$$普通股每股收益 = \frac{净利润 - 优先股股利}{普通股股份总数}$$

每股收益或普通股每股收益与上市公司股票股价的比率。即为投资者在二级市场购买股票的投资收益率。每股收益除以股票股价,即市盈率。这两个指标,都能直接或间接地说明股票投资的盈利水平。

三、资产盈利能力的分析

施工企业资产盈利能力的大小,主要反映为总资产利润率的高低。通过总资产利润率的分析,有助于评价企业资产营运的业绩。

总资产利润率又称总资产息税前利润率、总资产收益率。它是指企业息税前利润总额与资产平均总额的比率。其计算公式为：

$$总资产利润率 = \frac{息税前利润总额}{资产平均总额} \times 100\%$$

式中息税前利润总额,是包括利息支出的利润总额。利息支出包括银行借款利息、企业应付债券利息等。

在计算总资产利润率的分子中,除了利润总额外,还要加上利息支出,是由于企业的资产,有的是用投资者的资金购建的,有的是向债权人借入的资金购建的,而后者是要支付利息的。按照现行财务制度的规定,利息支出列作当期财务费用从实现利润中扣除,但这笔利息支出,也是企业利用资产产生的经济效益,只有将它与本期利润一起计算,才能使不同资金构成的企业的总资产利润率具有可比性,能够全面反映企业全部资产的盈利能力。

又总资产利润率的分子所以用利润总额,而不用净利润,是因为净利润要受企业所得税税率高低的影响,而不同施工企业或同一施工企业不同时期的所得税税率不一定是相同的,对资产盈利能力来说,不应受所得税税率高低的影响,只有按利润总额计算,才能使不同所得税税率企业和企业不同所得税税率时期的总资产利润率具有可比性。

式中资产平均总额为各月资产平均余额的平均数。各月资产平均余额为月初、月末资产总额的平均数。

总资产利润率越高,表明企业资产的营运业绩越好,盈利能力越强。

如某施工企业2007、2008年度利润总额、利息支出、资产平均总额如图表10-5所示。

图表10-5

单位:万元

项 目	2007年	2008年	差 异
利 润 总 额	580	665	+85
利 息 支 出	54	56	+2
资产平均总额	4 136	4 340	+204

就可根据图表10-5计算2007、2008年度的总资产利润率:

$$2007年总资产利润率 = \frac{580万元 + 54万元}{4\ 136万元} \times 100\% = 15.33\%$$

$$2008年总资产利润率 = \frac{665万元 + 56万元}{4\ 340万元} \times 100\% = 16.61\%$$

从上可知,该企业2008年度总资产利润率较2007年度提高了1.28%(16.61%－15.33%),说明企业资产的盈利能力较上年有所提高。

总资产利润率不仅投资者非常关心,债权人在评价企业资产盈利能力时也非常关心。因在债权人看来,只要企业的总资产利润率大于债务利息率,其债务本息的偿还是能够得到保证的。但对投资者来说,企业仅仅提高总资产利润率是远远不够的。因为较高的总资产利润率,只能保证降低或回避不能偿付债务本息的风险,但能否使资本得以保值增值以及程度如何,却无法从总资产利润率得到回答。从投资者角度,在分析资产盈利能力时,除了计算总资产利润率,还要对总资产净利率加以分析。

总资产净利率是指企业净利润与资产平均总额的比率。其计算公式为:

$$总资产净利率 = \frac{净利润}{资产平均总额} \times 100\%$$

总资产净利率越高,表明企业资产的总体盈利能力越强,能为投资者带来较多的利润。

如上述某施工企业2007年度的净利润为388.6万元,2008年度的净利润为455.55万元,则该施工企业的:

$$2007年总资产净利率 = \frac{388.6 万元}{4\,136 万元} \times 100\% = 9.40\%$$

$$2008年总资产净利率 = \frac{455.55 万元}{4\,340 万元} \times 100\% = 10.50\%$$

2008年度总资产净利率较2007年度提高了1.1%(10.5%－9.40%),说明企业资产的总体盈利能力能为投资者提供较多的回报。

必须指出,总资产利润率和总资产净利率的高低,与施工企业的专业化程度和企业承包工程是否全部自行施工有着很大的关系。在建筑生产专业化程度较高、建筑构件向建筑制品购买和承包工程大都分包出去的施工企业,其所需的固定资产、建筑材料储备资金和在建工程较少,计算的总资产利润率和总资产净利率由于分母资产平均总额较小必然相应提高;反之,在建筑构件和承包工程大都自行制造和施工的施工企业,其所需的固定资产、建筑材料储备资金和在建工程较多,计算的总资产利润率和总资产净利率由于分母资产平均总额较大必然相应降低。这是在分析对比、评价施工企业资产盈利能力时必须加以注意的。

四、资本保值增值能力的分析

不论从投资者还是从债权人来说,企业的经营者都必须尽可能使投资者的资本得以保值并使其不断增值。只有这样,才使所有者的权益得以维护,债权人的债权有所保障,企业的市场价值得以提高。

资本的保值增值能力,一般用资本保值增值率指标来评价。资本保值增值率是指企业期末所有者(股东)权益总额与期初所有者(股东)权益总额的比率。其计算公式为:

$$资本保值增值率 = \frac{期末所有者(股东)权益总额}{期初所有者(股东)权益总额} \times 100\%$$

式中期末所有者(股东)权益总额包括本期已分配现金利润和股利。因为已分配现金利润和股利,是所有者(股东)已获得的收益,在与期初所有者(股东)权益总额比较时,自应包括在内。

由于所有者(股东)权益总额为投资者所有,期末所有者(股东)权益总额大于期初所有者(股东)权益总额,资本保值增值率大于100%,表示资本增值。期末所有者(股东)权益总额等于期初所有者(股东)权益总额,资本保值增值率等于100%,表示资本保值。将资本保值增值率和资本利润率指标结合使用,就能反映投资者(股东)权益的保障程度。

影响资本保值增值率指标变动的因素是多方面的,主要有:

一是企业经营的盈亏;二是留存收益的分配;三是通过增减资本调整资金结构。在前两种情况下,通过期末、期初所有者(股东)权益总额的比较,可以评价企业资本的保值增值能力。但在第三种情况下,用期末、期初所有者(股东)权益总额的增减来评价资本的保值增值能力就会产生一定程度的不可比性。因为在企业增减资本金调整资金结构以后,期末、期初所有者(股东)权益总额随着资本金的增加或减少就已发生较大的变化。所以在股份制施工企业,还要通过计算每股净资产和调整后的每股净资产的增减加以弥补。

每股净资产是指以企业期末股东权益总额除以期末普通股股份总数而得的商,调整后的每股净资产是指以企业期末股东权益总额减去3年以上的应收账款、待摊费用、待处理财产净损失、长期待摊费用的净权益,除以期末普通股股份总数而得的商,它们的计算公式为:

$$每股净资产 = \frac{期末股东权益总额}{期末普通股股份总数}$$

$$调整后的每股净资产 = \frac{期末股东权益总额 - 3年以上的应收账款 - 待摊费用 - 待处理财产净损失 - 长期待摊费用}{期末普通股股份总数}$$

除了计算每股净资产外,所以还要计算调整后的每股净资产,是因为企业的资产很多,但从流动性和变现价值来看,是各不相同的,其中有一部分是不良资产,实际是费用或损失。它们是没有变现价值或者是市场价值极低的。例如待摊费用,虽然也在资产行列中,但只能在今后陆续分期摊入成本、费用,而不能流动和变现的。3年以上账龄的应收账款,只能作为坏账损失注销,是不大可能收回来的。待处理财产净损失,是因盘亏、毁损、报废等已经损失了的财产,只是未查明损失的原因而在等待处理中,其结果,绝大多数是将其损失计入营业外支出或管理费用中,是无法挽回的损失,对投资者来说,已是毫无意义的了。把它们从股东权益中减掉,可使计算的每股净资产更实在可靠、质量更高。将期末每股净资产、调整后的每股净资产与期初每股净资产、调整后的每股净资产的比较,就可了解资本的保值增值情况。如每股净资产逐年增加,说明企业的盈利能力较强,股东权益能够得到保障,有利于投资者长期投资。必须指出,如果企业在资本扩张、发行新股和配股时的股价高出每股净资产很多,在发行新股和配股后的每股净资产,不论企业有无盈利,都会较年初数有所增加。如某建筑股份有限公司 2008 年初股东权益总数为 2 020 万元,共有普通股 1 000 万股,每股净资产为 2.02 元 $\left(\frac{2\ 020\ \text{万元}}{1\ 000\ \text{万股}}\right)$,当年发行了 500 万新股,每股发行价格 5 元,发行费用为 20 万元;在当年没有盈利的情况下,该公司在发行新股后的:

$$\frac{\text{每 股}}{\text{净资产}} = \frac{2\ 020\ \text{万元} + (5\ \text{元} \times 500\ \text{万股} - 20\ \text{万元})}{1\ 000\ \text{万股} + 500\ \text{万股}} = \frac{4\ 500\ \text{万元}}{1\ 500\ \text{万股}} = 3\ \text{元}$$

每股净资产由于高过每股净资产增发新股较年初增加了 0.98 元(3 元 - 2.02 元)。这是在分析、评价企业资本保值增值能力时必须加以注意的。

第四节 偿债能力的分析

施工企业是施工生产周期较长、占用资金较多的企业,除了所有者投入的资金外,还必须经常向银行等债权人举债。企业保持良好的偿债能力,及时清偿到期债务,是使企业获得债权人资金支持、保证企业持续发展的前提之一。

企业的偿债能力是指企业对债务清偿的承受能力和保证程度。按照债务偿付期限的不同,企业的偿债能力分为短期偿债能力和长期偿债能力。

一、短期偿债能力的分析

短期偿债能力是指企业流动资产对流动负债及时足额偿还的保证程度,是企业当前的财务能力,特别是流动资产变现能力的反映。较之长期偿债能力,短期偿债能力分析是以流动资产与流动负债的关系为基础的,它往往不涉及企业盈利能力对企业的影响。因为流动资产在短期内可以变现为现金和银行存款用于偿还流动负债,与企业盈利能力的大小没有直接的联系。因此,短期偿债能力分析不大注重企业盈利能力的分析,而是强调一定时期流动资产变现能力的分析。又短期偿债压力是企业日常理财中所面临的财务风险,消除或回避这种风险必须依靠短期偿债能力的分析和现款筹措的能力,这与企业一定时期的盈利能力关系不大,而与企业资产的变现能力及企业的筹资能力密切有关。

企业短期偿债能力的衡量指标,主要有流动比率、速动比率和现金比率。

(一) 流动比率

流动比率是指流动资产与流动负债的比率。其计算公式为:

$$流动比率 = \frac{流动资产}{流动负债} \times 100\%$$

流动比率指标的含义,在于通过流动资产与流动负债的对应程度,揭示短期债务偿还的安全性,谨防不能及时偿还短期债务,危及企业财务信誉。流动比率越大,企业的短期偿债能力越强。从理论上讲,只要流动比率等于 100%,企业便具有偿还短期债务的能力。因为流动资产的变现能力与短期负债的偿还速度是大致相互对称的,只要流动资产都能及时足额地实现其周转价值,流动负债的清偿就可得到保证。当然,有时流动比率如小于 100%,企业也可通过借新债、还旧债,变卖部分长期资产来偿还短期债务。但如果流动比率长期小于 100%,债权人会因对企业偿债能力信心不足而拒绝提供短期贷款。同时,若企业依靠变卖长期资产或增加长期负债来偿还短期债务,不仅会影响企业盈利能力的提高,增大资金成本,长此以往必然导致企业持续发展乏力,经营状况和财务状况恶化。事实上,流动资产变现的不确定性以及呆滞材料、呆账风险的客观存在,决定了企业欲保持良好的短期偿债能力,同时又不影响企业的营运能力和盈利能力,就必然要求流动比率大于100%,一般都要求达到200%。这样,即使未来半数流动资产变现受阻,企业也有一定的缓冲余地来保证流动负债的如期足额偿付。

用流动比率来衡量资产流动性和短期偿债能力的大小,当然要求企业的流动资产在清偿流动负债以后还有财力应付日常施工经营活动中其他资金的需要。所以对债权人来说,此项比率越大越好。比率越大,债权的回收越有保障。但对企业经营来说,在施工生产经营正常的条件下,过大的流动比率,通常意味着企业闲置货币资金的持有量过多,必然会造成企业机会成本的提高和盈利能力的降低。因此,应尽可能将流动比率维持在不使货币资金闲置、又不影响流动负债及时偿还的水平。至于究竟将流动比率保持多大水平,要根据各个企业、各个时期的实际情况而定。对施工企业来说,流动资产的变现,与建筑市场的景气度密切有关。在建筑市场景气时期,不但对发包单位信用有选择的余地,工程款回收快,而且对生产建筑制品容易销售并收回资金,流动比率可以小些;反之,在建筑市场不景气时期,流动比率就要大些,不能采用划一的标准来评价企业流动比率的合理与否。

(二)速动比率

速动比率是指速动资产与流动负债的比率。所谓速动资产,是指从全部流动资产中剔除变现能力较差或无法变现的存货、待摊费用、待处理流动资产损失后的流动资产,包括货币资金、短期投资、应收票据、应收账款、其他应收款等。由于从流动资产中剔除了存货等变现能力较差或根本无法变现的资产,速动资产较之

流动资产更能真实地反映、评价企业流动资产的流动性及其偿还短期负债的能力。速动比率的计算公式为:

$$速动比率 = \frac{速动资产}{流动负债} \times 100\%$$

式中:

速动资产＝流动资产总额－存货－待摊费用－待处理流动资产损失

同流动比率一样,速动比率究竟应保持多大水平才算合理,并没有绝对的标准。西方企业传统经验认为,速动比率为100%时是安全边际。因为此时的速动比率表示即使不变现存货,仅出售有价证券、收回应收账款加上货币资金,也能偿付到期短期债务。如果速动比率小于100%,可能使企业面临较大的偿债风险,如果速动比率大于100%,尽管短期债务偿还的安全性很保险,但会因货币资金等占用过多,而大大增加企业的机会成本。在实际工作中,要结合债务人特别是工程发包单位的信用状况、建筑市场景气度等来确定企业自身的速动比率水平。因为如果债务人信用好,应收账款收现率高,即使速动比率小于100%,也能通过及时收回应收账款按期清偿短期债务。否则,如果债务人信用差,应收账款收现率低,即使速动比率大于100%,也仍然可能不能及时偿还短期债务。

(三)现金比率

现金比率是指现金与流动负债的比率。这里的现金,是指现金流量表中所说的现金,包括现金、银行存款、其他货币资金等货币资金和3个月内可变现的短期投资。现金比率的计算公式为:

$$现金比率 = \frac{货币资金 + 3个月内可变现的短期投资}{流动负债} \times 100\%$$

在企业的流动资产中,货币资金和3个月内可变现的短期投资,是变现能力最强的,如无意外,可以如数保证等额短期债务的偿还。因此,较之流动比率和速动比率,用现金比率来评价企业流动负债的偿还能力更加保险,特别是在已有迹象表明应收账款、存货的变现能力存在较大问题的情况下,计算现金比率就更有现实的意义。因在这种情况下,流动比率和速动比率均带有不确定性,容易导致报表使用者的盲目乐观。所以,以现金比率评价企业短期偿债能力是最可信的指标。

现金比率的水平,要受偿债风险和机会成本的约束,即既要保证短期债务偿还的现金需要,又要尽可能降低过多持有现金的机会成本。从沪深两市上市股份有限公司1998年年报来看,现金比率的平均数为56.47%。至于各个施工企业究竟应保持多大水平,也要根据各自债务人的信用状况和建筑市场景气度等来考虑。因为企业除了货币资金和3个月内可变现短期投资外,应收账款、应收票据等也会给企业带来一定数额的现金,可用于偿还短期债务。所以现金比率理应小于速动比率。就一般施工企业来说,将现金比率、速动比率、流动比率分别定为50%、100%、200%,也不失为可供选择的水平。

二、长期偿债能力的分析

长期债务是偿付期限在一年以上的债务。企业对于长期债务,负有两种责任,即偿还本金和支付利息的责任。分析一个企业的长期偿债能力,主要是为了评价该企业偿还本息的能力。较之短期偿债能力、长期偿债能力分析不仅仅取决于届时的现金流入量,而最终与企业的盈利能力息息相关。一般来说,长期偿债能力受以下三个方面的制约:一是必须以合理的资金结构为基础,只有雄厚的资本实力,才能确保长期债务偿还的安全性。二是必须以长期资产为物质保证。在正常情况下,作为长期债务物质保证的资产,除了一部分流动资产外,余者便为长期资产。长期债务能否偿还,最终取决于资产的变现收入。三是与企业的盈利能力密切有关。企业能否有足够的现金流入量偿还长期债务本息,制约于营业收支配比的结果。一个长期亏损的企业,要保全资本都非常困难,而企图保持长期债务的偿还能力就更加不易;相反,对于长期盈利的企业,随着营业利润和现金净流量的不断增加,必然为及时足额地偿还各项债务本息提供物质基础。

企业长期偿债能力的衡量指标,主要有资产负债率、资本负债率、有形资产负债率和已获利息倍数。

(一) 资产负债率

资产负债率是指企业负债总额与资产总额的比率,即每元资产中有多少属于债权人提供的资金。其计算公式为:

$$资产负债率 = \frac{负债总额}{资产总额} \times 100\%$$

对债权人来说,他们最关心的是贷款的安全性,也就是能否按期收回贷款本息。如果所有者(股东)投入的资本与企业资产总额相比,只占较小的比例,则企业的风险将主要由债权人来承担,这对债权人来说是不利的。因此,他们希望资产负债比率越低越好。资产负债率越低,企业偿债越有保证,贷款的风险越小。

对所有者和股东来说,由于债务资金与所有者(股东)投入的资本在施工生产经营中发挥同样的作用,因此所有者(股东)所关心的是总资产利润率是否超过债务资金成本率。在总资产利润率大于债务资金成本率时,对所有者(股东)所得利润会加大;相反,如总资产利润率低于债务资金成本率,则对所有者(股东)是不利的。因为此时借入资金多付的利息,要用所有者(股东)应得的利润加以弥补。因此,对所有者(股东)来说,在总资产利润率高于债务资金成本率时,资产负债率越大越好;否则,越小越好。

对企业经营者来说,如果举债过多,资产负债率很高,超出债权人心理承受程度,则认为是不安全的。这时,企业就可能借不到钱。如果企业举债过少,资产负债率很低,说明企业对负债经营没有信心,资本经营能力很差。一般说来,企业在资本利润率较高的情况下,由于财务杠杆利益的作用,负债经营能提高企业的资本利润率,但财务风险也会相应增加。如果工程项目经济效益不好或经营不善,利润就会滑坡,过度负债经营,就会遭到财务杠杆的惩罚,导致资本利润率和总资产利润率下降,甚至使企业资不抵债而破产。因此,企业经营者应审时度势,全面考虑负债经营的财务杠杆利益和财务风险,权衡利弊得失,作出正确的决策。

(二) 资本负债率

资本负债率又称产权比率。它是指负债总额与资本总额的比率。其计算公式为:

$$资本负债率=\frac{负债总额}{资本总额}\times100\%$$

资本负债率揭示了企业负债与资本的对应关系,即在企业清算时债权人权益的保障程度。按照各国惯例,无论是正常经营情况下还是在解散、破产清算时,企业债权较之所有者(股东)均拥有利息的优先分配权和剩余财产的优先索偿权。因此,资本负债率越低,偿还债务的资本保障越大,债权人遭受风险损失的可能性就越小;反之,资本负债率越高,偿还债务的资本保障越小,债权人遭受风险损失的可能性越大。当然,资本负债率过低,尽管有利于企业长期偿债能力的提高,但企业不能充分地获得负债经营的财务杠杆效益。所以在评价资本负债率是否适度时,应以提高企业盈利能力和增强债务偿还能力两个方面综合考虑,即在保障债务偿还安全的前提下,尽可能提高资本负债率。

从上可知,资本负债率与资产负债率对评价企业偿债能力的作用基本相同。主要区别是:资产负债率侧重于分析债务偿还安全性的物质保障程度,资本负债率则侧重于揭示资本对偿债风险的承受能力。

(三) 有形资产负债率

有形资产负债率又称清算价值比率。它是指企业负债总额与有形资产总额的比率。所谓有形资产,是指资产总额剔除变现能力很差或无法变现的无形资产(不包括土地使用权)、长期待摊费用、待摊费用、待处理资产损失、递延税款借项后的资产。有形资产负债率的计算公式为：

$$有形资产负债率 = \frac{负债总额}{有形资产总额} \times 100\%$$

式中：

$$有形资产总额 = 资产总额 - 无形资产 - 长期待摊费用 - 待摊费用 - 递延税额借项 - 待处理资产损失$$

企业拥有的资产,并非都可作为偿还债务的物质保证,不但在清算状态下,长期待摊费用、待摊费用、递延税款借项和待处理资产损失难以作为清偿债务的保证,就是在企业持续经营期间,上述资产摊销转销的价值,也需要依靠存货等资产的变现才能得以补偿或收回,其本身并无直接的变现能力。至于无形资产中的商誉、商标、专利权和非专利技术等能否用于偿债,也存在很大的不确定性。所以在西方为了谨慎起见,都将无形资产视为不能用于偿债的资产,将它从资产总额中剔除。不过企业无形资产中如有土地使用权,仍应将其价值加以计算,因为它是确实可以用于偿还债务的。由于在资产总额中剔除了变现能力很差和无法变现的待摊费用、递延税款借项、待处理资产损失和不包括土地使用权的无形资产,有形资产负债率较之资产负债率,更能真实地评价企业资产的变现能力和偿还债务的能力。

(四) 已获利息倍数

施工企业如果长期负债较多,还要计算已获利息倍数指标,来评价企业利息支付的能力。已获利息倍数又称利息备付率。它是指息税前利润与债务利息的比值。其计算公式为：

$$已获利息倍数 = \frac{息税前利润}{债务利息}$$

式中息税前利润是指利润表中未扣除利息费用和所得税之前的利润,即利润总额加财务费用中的利息支出和专项工程支出的利息支出。外部报表使用人只好利用利润总额和财务费用来估算。债务利息是指本期发生的应付债务利息,不仅包括财务费用中的利息支出,还包括计入专项工程支出中的债务利息(即资本化利息)。专项工程支出中的债务利息,虽不在利润表的利润中扣除,但在没有专款用于支付时,仍要用生产经营资金偿付,所以也要包括在内。

如某施工企业 2008 年度利润表中的利润总额为 665 万元,财务费用中的利息支出 56 万元,专项工程支出中的债务利息为 40 万元。则该企业的:

$$已获利息倍数 = \frac{665 \text{万元} + 56 \text{万元}}{56 \text{万元} + 40 \text{万元}} = 7.51$$

已获利息倍数指标反映了企业盈利能力对债务利息支付的保证程度,它既是企业负债经营的前提条件,也是衡量企业长期偿债能力的重要标志。

第五节 成长能力和对社会贡献能力的分析

一、企业成长能力的分析

在施工企业,施工生产经营是主导的,财务是从属的。施工生产经营决定财务,财务反过来又能促进施工生产经营事业的发展。只有施工生产规模扩大,工程生产成本降低,经营收入增加,才能增加企业盈利,保证扩大再生产所需的资金,促进企业高速发展。因此,施工企业的成长能力,主要表现为经营收入和净利润的增长,具体的评价指标主要有经营收入增长率和净利润增长率。通过对企业成长能力的分析,有助于投资者、债权人了解企业发展前景,为投资、贷款提供决策依据。

(一)经营收入增长率

经营收入增长率是指企业本期经营收入(包括工程结算收入和其他业务收入)较上期增加额与上期经营收入的比率。施工企业要持续发展,首先必须根据建筑市场需要,优选工程项目,扩大施工规模,为企业增加经营收入。只有经营收入增加了,才能相对降低单位工程的管理费用和财务费用,为企业增加利润。经营收入增长率的计算公式为:

$$经营收入增长率 = \left(\frac{本期经营收入}{上期经营收入} - 1\right) \times 100\%$$

为了观察企业在一定时期内(如3年、5年内)的经营收入增长趋势,还可计算该时期各年经营收入的增长率。经营收入增长率越高(正数),表示企业经营收入增长越快,企业营运能力越强。为了分析经营收入增长是否与资产平均总额增长相协调,还可以通过经营收入增长率与资产平均总额增长率 $\left[即\left(\dfrac{本期资产平均总额}{上期资产平均总额} - 1\right) \times 100\%\right]$ 的对比加以揭示。如经营收入增长率大于资产平均总额增长率,说明资产利用率较好;反之,则较差。

(二)净利润增长率

净利润增长率是指本期净利润较上期增加额与上期净利润的比率。净利润是企业施工生产经营管理的财务成果,也是企业经济效益的综合反映,只有净利润逐年增长,才能为企业持续发展提供所需的资金。净利润增长率的计算公式为:

$$净利润增长率 = \left(\frac{本期净利润}{上期净利润} - 1\right) \times 100\%$$

为了观察企业一定时期(如3年、5年)的净利润的增长趋势,也可计算该时期各年净利润增长率。净利润增长率越高(正数),表示企业经营管理水平越高,能提供扩大施工经营所需的资金,企业有持续发展的能力,成长性较好。

二、对社会贡献能力的分析

我国是社会主义国家,实行的是社会主义市场经济,作为一个企业或企业家,除了使企业保持良好的营运能力、盈利能力、偿债能力和成长能力,对投资者、债权人负责外,还要有社会责任感,对社会有所贡献。

企业对社会的贡献,主要表现在以下两个方面:一是依法纳税,这是获得企业法人资格和合法经营权利的前提,也是对国家应尽的义务。二是履行法定的社会责任,如不断提高职工生活待遇及社会福利保障等。具体的评价指标主要有社会贡献率和社会积累率。通过对社会贡献能力的分析,有助于规范企业的市场行为,克服狭隘的局部利益观念,推动社会的共同富裕。

(一)社会贡献率

社会贡献率是指企业对社会贡献总额与资产平均总额的比率。企业对社会贡献总额,即企业为国家或社会创造或支付的价值总额,包括工资(含奖金、津贴等工资性收入)、劳保退休统筹及其他社会福利支出、利息支出净额、应交营业税金及附加、应交所得税、应交其他税金、净利润等。社会贡献率的计算公式为:

$$社会贡献率 = \frac{企业对社会贡献总额}{资产平均总额} \times 100\%$$

社会贡献率反映了企业占用的社会经济资源所产生的社会经济效益,是社会进行资源有效配置的基本依据。企业使用同量经济资源为社会提供的社会经济效益越多,说明企业对社会的贡献越大;反之,则越差。将社会贡献率与企业总资产利润率的变动趋势进行动态比较,可以评价企业经济效益与社会经济效益是否呈同步增长的势态,评价企业施工经营理财行为是否符合社会规范。

(二)社会积累率

社会积累率是指企业上交国家财政总额与企业对社会贡献总额的比率。企业上交国家财政总额包括应交营业税金及附加、应交所得税、应交其他税金等,也就是通过税收形式上交国家财政,用以满足社会需要的企业积累。社会积累率用以衡量企业对社会贡献总额中多少用于上交国家财政。其计算公式为:

$$社会积累率 = \frac{上交国家财政总额}{企业对社会贡献总额} \times 100\%$$

社会积累率是国家衡量财政收入增长变动的重要指标,也是处理企业社会贡献总额中社会消费与社会积累比例关系的基本依据。企业在施工生产经营过程创造的价值中用于满足全社会需要的积累越多,说明企业的社会效益越好;反之,则越差。为了分析企业经济效益增长是否与社会经济效益增长相协调,可以通过社会积累率与社会贡献净利润率$\left(\frac{净利润}{企业对社会贡献总额} \times 100\%\right)$的比较加以揭示。

第六节 财务综合分析

一、财务状况的综合分析评价

以上各节有关营运能力、盈利能力、偿债能力、成长能力和对社会贡献能力的分析,都是从一个侧面对企业的财务状况提供了信息,只有将各方面的信息纳入一个有机的整体之中,从全方位对企业的施工经营状况、理财状况作综合的分析,才能对企业的财务状况作出正确的评价。

在进行财务分析时,我们遇到的一个主要困难就是在计算出财务比率、比值以后,无法判断它是偏高还是偏低,与本企业的历史比较，也只能看出自身的变动，难以评价其在市场竞争中的优劣地位。为了弥补这些缺陷，亚历山大·沃尔在其出版的《信用晴雨表研究》和《财务报表比率分析》书中提出了信用能力指数的概念，把若干个财务比率用线性关系结合起来，以此评价企业的信用水平。他选择了流动比率、资本与负债比率、资产与固定资产比率、存货周转率、应收账款周转率、固定资产周转率、资本周转率七个指标，分别给定其在总评价中所占的比重，总和为100分。然后确定各自的标准比率，并与实际比率相比较，评出各项指标的得分，最后求出总评分，从而对企业的信用水平作出评价。

根据上述思路，我们也可以从施工企业的现状出发，参考1995年财政部颁发的一套企业经济效益评价指标体系（包括销售利润率、总资产利润率、资本利润率、资本保值增值率、资产负债率、流动比率或速动比率、应收账款周转率、存货周转率、社会贡献率和社会积累率），规定综合评价施工企业财务状况的指标体系，确定各项指标在总评价中所占比重和标准比率，对企业财务状况进行综合分析和评价。

以财政部颁发企业经济效益评价指标为基础，结合施工企业应收账款较多的现状，对资产周转率可仅选用应收账款周转率，再增加反映企业成长能力的净利润增长率，就可形成施工企业财务状况综合评价指标体系。在这个指标体系中，反映盈利能力的有资本利润率、经营收入利润率、总资产利润率和资本保值增值率；反映偿债能力的有资产负债率和流动比率；反映营运能力的有应收账款周转率；反映对社会贡献能力的有社会贡献率和社会积累率。至于各项指标的标准比率，可以施工经营行业平均数为基础，进行适当修正后确定。为了减少个别指标的异常变动对总评分造成的不合理影响，在对每项指标评分时，也可考虑规定上限和下限，上限可定为标准比率的1.5倍，下限可定为标准比率的$\frac{1}{2}$。各项指标在总评分中所占的比重即权数,可结合施工企业实际情况确定。

在财务综合分析时,还要根据各项指标的实际比率和标准比率算得评分比率,即实际比率高出或低于标准比率的比例。除资产负债率外,其计算公式为:

$$评分比率 = \frac{实际比率}{标准比率}$$

再将各项指标的评分比率乘在总评分 100 中所占的比重即权数,算出各项指标的评分。

如施工企业财务综合评价指标体系中资本利润率的权数为 14,标准比率为 25%,某施工企业年度实际比率为 29.49%,则该企业资本利润率指标为:

$$评分比率 = \frac{29.49\%}{25\%} = 1.18$$

$$评分 = 14 分 \times 1.18 = 16.52 分$$

如某施工企业某项指标实际比率为 30.6%,超过标准比率 15% 上限的 1.5 倍,评分比率按标准比率上限的 1.5 倍即 22.5% 计算;如实际比率只有 5%,低于标准比率的 $\frac{1}{2}$,评分比率按标准比率的 $\frac{1}{2}$ 即 7.5% 计算。

在求得各项指标的评分后,将它们加总,就可求得总评分。总评分超过 100 分,表明财务总体状况较好,总评分越高,财务总体状况越好。总评分低于 100 分,表明财务总体状况较差,总评分越低,财务总体状况越差。这样,就能对施工企业的财务状况作出较准确的综合评价。

为了说明用综合评分法对施工企业财务总体状况的评价,现将各项财务指标及其权数、标准比率、实际比率、评分比率、评分,和它们的总评分列表如图表 10-6 所示。

图表10-6

财务指标	权数 1	标准比率 2	实际比率 3	评分比率 $4=\frac{3}{2}$	评分 1×4
资本利润率	14	15%	18%	1.2	16.8
经营收入利润率	14	28%	30.8%	1.1	15.4
总资产利润率	14	5%	6.5%	1.3	18.2
资本保值增值率	10	104%	106%	1.02	10.2
流动比率	8	1.2次	1.3次	1.08	8.6
资产负债率	8	40%	38%	1.05*	8.4
应收账款周转率	8	2.5	2	0.8	6.4
净利润增长率	8	10%	12%	1.2	9.6
社会贡献率	8	30%	33%	1.1	8.8
社会积累率	8	40%	42%	1.05	8.4
合计	100				110.8

＊按标准比率/实际比率计算。

综合评分法是评价施工企业财务整体状况的一种可取的方法。但这一方法的正确性，取决于指标选定、指标权数和标准比率的合理程度，本例提供的仅是一种分析思路。

二、杜邦财务分析体系

杜邦财务分析体系是利用各财务指标间的内在联系，对企业施工生产经营活动及其经济效益进行综合分析评价的方法。因其最初由美国杜邦公司创立并运用而得名。现结合施工企业实际情况，将杜邦财务分析体系的基本结构图示如图表10-7所示。

图表10-7说明，资本利润率是最具有综合性的指标，在整个财务分析指标体系中处于核心地位，其他各项指标都环绕这一核心。根据各指标间的依存制约关系，可以揭示企业盈利能力形成的前因后果。

图表10-7

单位：万元

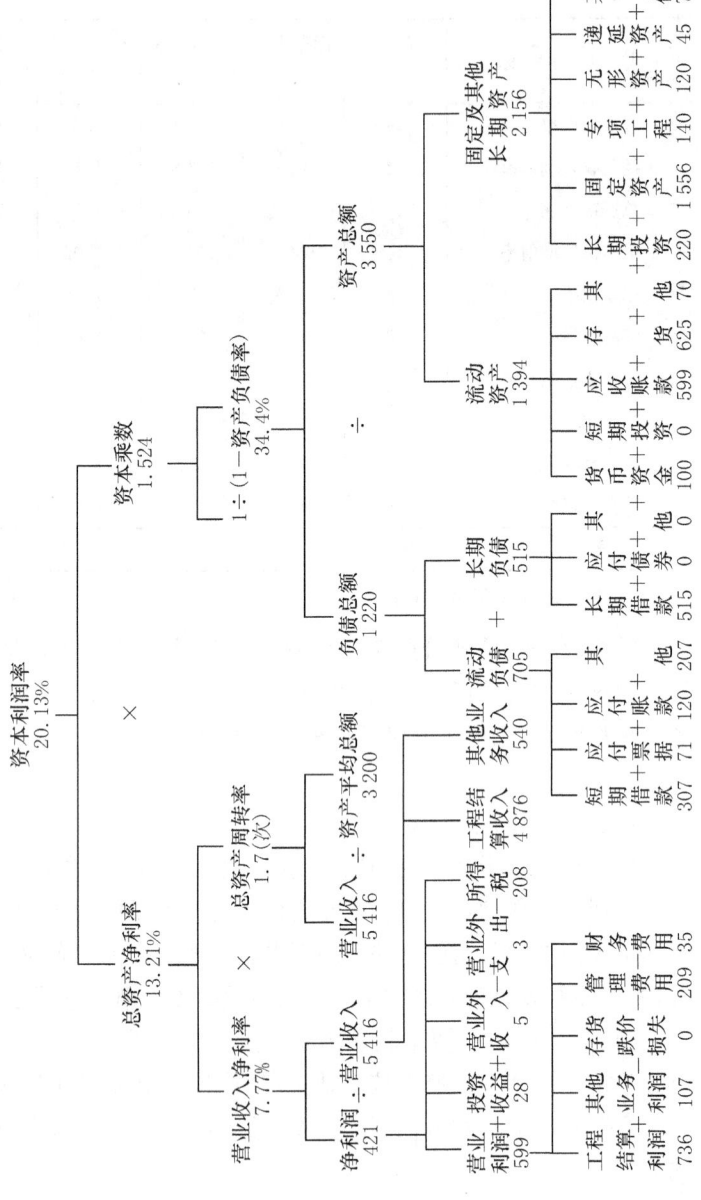

资本利润率的高低受总资产净利率和资本乘数比率的影响。总资产净利率体现企业资产的总体盈利水平，而总资产净利率的高低又是营业收入净利率与总资产周转率共同作用的结果。因此，对资本利润率具有决定性影响的因素包括营业收入净利率、总资产周转率和资本乘数。其关系式为：

资本利润率＝营业收入净利率×总资产周转率×资本乘数

资本乘数又称权益乘数，是资产资本率的倒数，它表示企业负债经营的程度。在企业盈利情况下，负债经营可为企业资本带来财务杠杆效益，企业负债经营程度高，资产负债率大。资产资本率小，它的倒数即乘数大。由于一般不计算资产资本率，只计算资产负债率，所以用"1－资产负债率"来代替资产资本率。资本乘数的计算公式为：

资本乘数＝1÷资产资本率＝1÷(1－资产负债率)

营业收入净利率的高低，决定于企业净利润与营业收入的大小，而增加净利润的关键，在于增加营业收入、降低工程结算成本、其他业务成本和管理、财务等费用。当然，企业经营者还可根据工程、产品等内部核算资料进行更详尽的分析。

总资产周转率是反映企业运用资产完成营业收入能力的指标。对总资产周转率的分析，除了对资产的各构成部分从占用量上是否合理进行考察外，还可通过对流动资产周转率、应收账款周转率、存货周转率等有关各流动资产组成部分使用效率的分析，揭示影响总资产周转率的主要原因。

通过上述对资本利润率指标的分解，不仅可以揭示企业各项财务指标间的相互依存关系，查明各项主要指标变动的影响因素，而且可为决策者优化经营理财状况、提高企业经济效益提供思路。提高资本利润率的途径是：扩大经营收入、降低工程产品成本、优化资金结构、适度负债经营、合理配置和使用资源、加速资金周转。

复 习 题

1. 试就企业所有者、经营者、债权人和政府经济管理机构说明对企业财务信息的要求和财务分析的重点。

2. 对施工企业营运能力的分析,应从哪些方面着手?采用哪些指标?这些指标的含义是什么?它们是怎样计算的?

3. 反映施工企业盈利能力的指标有哪些?这些指标的含义是什么?它们是怎样计算的?

4. 为什么对施工企业长期偿债能力和短期偿债能力的分析,要采用不同的指标?这些指标的含义是什么?它们是怎样计算的?

5. 反映施工企业成长能力和对社会贡献能力方面的指标有哪些?这些指标的含义是什么?它们是怎样计算的?

6. 你认为综合分析评价施工企业财务状况,主要可通过哪些指标?采用什么方法进行?

习 题

一、目的　练习施工企业各项财务指标的计算和对施工企业财务状况的评价。

二、资料　某施工企业采用施工企业会计制度,其各总分类账户及其有关明细账户的 2007 年、2008 年累计数和 2008 年年初、年末余额如下(有关账户已经合并,单位金额为千元):

账 户 名 称	2007 年累计数	2008 年累计数
工程结算收入	21 600	24 380
工程结算成本	18 500	20 900
工程结算税金及附加	710	800
其他业务收入	2 000	2 050

账 户 名 称	2007年累计数	2008年累计数
其他业务成本	1 444	1 440
其他业务税金及附加	66	70
管理费用	1 005	1 050
财务费用	180	180
投资收益	200	150
营业外收入	30	30
营业外支出	25	20

账 户 名 称	2008年年初数	2008年年末数
货币资金	256	402
应收票据	566	877
应收账款	750	800
坏账准备	8	8
其他应收款	8	10
待摊费用	48	44
存货	4 409	4 844
长期投资	200	1 107
固定资产	9 637	10 300
累计折旧	2 916	3 640
专项工程支出	649	1 122
无形资产	600	600
长期待摊费用	294	310
临时设施	291	350
临时设施摊销	90	110
短期借款	320	536

账 户 名 称	2008年年初数	2008年年末数
应付票据	280	356
应付账款	471	583
预收账款	108	160
应付福利费	5	7
其他应付款	6	8
未交税金	20	75
未付利润	500	801
长期借款	720	1 579
实收资本	9 200	9 200
资本公积	1 860	1 860
盈余公积	700	916
未分配利润	504	927

三、要求 根据上列资料,为该企业2007、2008年度:

1. 计算总资产周转率、流动资产周转率、应收账款周转率,评价该企业的营运能力;

2. 计算工程结算利润、营业利润、利润总额和净利润;

3. 计算工程结算收入利润率、营业收入利润率、资本利润率、总资产利润率、总资产净利率、资本保值增值率,评价该企业的盈利能力(该企业所得税税率为25%);

4. 计算流动比率、速动比率、现金比率、资产负债率、资本负债率、有形资产负债率、已获利息倍数,评价该企业的长期偿债能力和短期偿债能力;

5. 计算经营收入增长率和净利润增长率,评价该企业的成长能力。

第十一章 企业合并、分立、债务重组和清算的管理

第一节 企业合并的财务管理

一、企业合并及其类型

企业合并是指将两个或两个以上单独的企业合并成一个报告主体的交易或事项。它是企业扩大和发展的重要手段。从我国目前已出现的企业合并来看,主要有:新设合并、吸收合并和控股合并。

新设合并又称创设合并。它是指两家或多家企业合并设立一家新企业,合并各方解散。新设合并后,原企业所有者将各自企业的全部净资产投入新企业,成为新企业的股东,原有企业不再作为单独的法人而存在,只是作为新企业的分部进行经营活动。新企业取得法人资格后,独立承担经济责任。

吸收合并又称兼并。它是指一个企业通过支付现金、转让非货币性资产、承担债务或发行权益性证券取得其他企业的股权或净资产而实现企业的合并。吸收合并后,被吸收的企业解散,不再是企业法人,即使被吸收合并的企业仍在继续经营,也只是合并企业的分部。

控股合并是指一个企业通过支付现金、转让非货币资产、承担债务或发行权益性证券取得其他企业的全部或足以控制该企业的部分有表决权的股份而实现的企业合并。控股合并后,合并各方仍作为单独的法人而存在,控股公司与被控股公司形成母子公司的关系。在财务上涉及长期股权投资初始投资成本的确定和合并

报表的问题。

企业合并按合并各方是否受同一方或相同的多方最终控制，分为同一方控制下企业合并和非同一控制下企业合并。

同一控制下企业合并是指参与合并的各方在合并前后均受同一方或相同的多方最终控制的合并，如母公司将全资子公司的净资产转到母公司并注销子公司，母公司将其拥有的一个子公司的权益转移到另一个子公司等，由于这种合并同是一方或相同的多方控制，多数的合并往往不是自愿的，其交易大都按账面价值计量，而不是按公允价值计量，在财务处理上采用权益结合法。

非同一控制企业合并是指参与合并的各方在合并前后不受同一方或相同的多方最终控制的合并。这种合并，都出于企业的自愿，为了合并各方各自的经济利益，在交易过程中，要求采用公允价值计量，做到公平合理，在财务处理上采用购买法。

二、企业合并的动机

在市场经济环境下，企业作为独立的经济主体，其一切经济行为都要受到利益动机驱使，企业合并行为也是为实现企业价值最大化这一财务目标。在追求企业价值最大化的过程中，我们又可把企业合并动机细分为以下几个方面。

1. 市场份额动机

市场份额代表企业对市场的控制能力，企业市场份额的不断扩大可以使企业获得某种形式的垄断。不断扩大的企业规模将导致市场份额的扩大。在横向合并中可以提高行业中剩余企业"合谋"创造寡头垄断利润的机会。这种垄断既能带来垄断利润又能保持一定的竞争优势，因而大多数的企业合并行为都是围绕着这一动机而展开的。

2. 协同经营动机

追求协同经营的动机实际上是寻求一种优势互补的动机，也就是通过合并整合,使两个或两个以上的企业能够在一个新的主体下创造更多的财富和利润,简单地说,就是寻求 $1+1>2$ 的动机。有效的合并往往可以达到这个目标。从经济学的角度看,对横向合并而言,这是由于规模经济的作用;对纵向而言,不但可以减少企业的联络费用、定价交易费用,降低成本,而且可以在生产经营管理上寻求各自的优势进行互补,获得协同效应。

3. 经营战略动机

在市场经济环境下,竞争是激烈和残酷的,每一企业除了不断调整产品的市场定位,还可以制定较长期的发展战略,有意识地通过企业合并方式进行产品或行业的转移。这不仅隐含着上述的规模经济的可能性,也包含了对未充分发挥作用的管理能力的利用。近年来,出于这种动机的合并活动越来越多。因为首先,通过企业合并,可以有效地降低进入新行业和新市场的壁垒。企业在进入一个新的行业时,若以新建的方式进行,往往会引起现有企业的激烈反应,行业内部也可能出现过剩的生产能力,从而引起价格战,加大了进入成本。而以企业合并的方式进入,不仅可以降低进入这种壁垒的成本,而且可以减少重复投资所造成的社会资源的浪费。其次,通过企业合并,可以实现生产技术、经营管理经验以及与之相关文化的互补和共享。在合并中,相近的企业文化,往往成为选择目标企业的一个重要的考虑因素。

4. 财务协同效应

所谓财务协同效应,主要是指合并企业在财务方面所得到的种种利益。这种利益主要表现在:通过合并享受优惠的税率或达到避税的目的;在一定的政策条件下,通过合并财务困难的企业可以获得某些资金供应方面的优惠,如较低利率的贷款、免除部分利息以及延迟归还贷款等等。

5. 其他动机

如为"借壳上市"或"买壳上市"而合并。由于我国上市与非上市企业的融资机会差别很大,上市企业的壳资源又比较稀缺,因而许多非上市企业为获"壳"而合并。

为获得土地使用权而合并。土地是企业发展的重要资源,一些有实力的企业往往由于狭小的空间难以扩展,而另一些经营不善的企业却占有较多地理位置优越的土地。这时优势企业就可能兼并劣势企业以获取其优越的土地资源。

三、企业合并的可行性研究

企业合并以前,要对企业的价值即资产净值进行评估,并对合并后的经济效益加以分析,以保证合并决策的正确性。

要对企业的价值进行评估,首先要对企业所处的外部环境、内部环境和财务状况加以分析。

1. 企业外部环境的分析

企业外部环境分析的内容,主要包括企业的行业特征、国家的产业政策和企业的经营环境。对企业的行业特征情况,要分析该行业在整个国民经济中的地位,是朝阳产业还是夕阳产业。处于朝阳产业中的企业往往面临激烈的市场竞争和难以预料的变化因素,这种机遇和挑战对于企业的应变能力和后续的经营能力有很高的要求。而处于夕阳产业中的企业,其生产经营虽较稳定,但缺乏新的利润增长点,企业产品随时面临老化和淘汰的危险。

在评估企业的外部环境时,国家的产业政策也是不可忽视的因素。如政府为了促进某行业的发展,可以对该行业采取低息贷款、降低税率等政策;反之,政府可以采取限制贷款、提高税率等政策。因此在评估时要对国家有关产业政策和政府有关机构的种种扶持举措进行分析,同时也要对政府已宣布的规划以及与企业及其行业相关的政策变动进行分析。

企业经营环境的分析,主要应集中于企业在市场中的地位、竞争对手的状况以及整个市场竞争环境的优劣。其中企业产品的市场占有率是一个重要的分析着眼点,可以根据企业历年的市场表现预测其未来的表现,也可通过观察和分析企业在市场竞争中采取的策略的方法了解企业的盈利能力和内在潜力的状况。

在分析施工企业经营环境时,要特别重视地区固定资产投资规模增长和地区施工力量的分布情况。因为地区固定资产规模如能保持持续增长态势,建筑产品需求就会不断增长,企业的施工力量容易发挥,就能获得较好的经济效益。而在地区建筑产品需求一定的情况下,地区施工力量大,建筑市场竞争激烈,工程标价就会压低,企业利润就会减少。

2. 企业内部环境的分析

企业内部环境分析的主要着眼点是企业素质和企业资产结构。由于企业合并的目的,在于实现资源共享和优势互补,因此一般情况下企业的行政技术经济管理人员和各项资产都要继续留下为新企业服务,目标企业素质和资产质量也就必须加以重视。

企业素质是指决定企业生产经营活动能量或决定企业生存和发展能力大小的各种内在因素的综合。决定企业生产经营活动能量大小的内在因素很多,主要有人员素质、技术素质、管理素质等。各项内在因素本身的质量状况及其组合水平,构成企业生产经营能力的基础,反映企业适应外部经营环境变化的应变能力,企业在产品质量、价格、信誉方面竞争取胜、赢得市场的能力,企业不断进行技术创新的能力,企业自我改造、自我发展的能力。因此,企业素质的好坏,直接影响着企业的盈利能力和经济利益。

一般说来,企业拥有的资产数量与企业的盈利能力成正比。但光有资产数量,而没有合理的结构和配置,也难以使资产发挥作用,使企业盈利。所谓资产的结构,既包括固定资产和流动资产的结构,也包括固定资产内部的结构。企业的生产能力,是指企业资产所形成的综合生产能力,只有资产的结构合理,技术状况与生产任务相适应,才能充分发挥资产的作用。

3. 企业财务状况的分析

企业合并前,还要根据上一章财务分析所说的方法,对目标企业的财务状况加以分析。在世界各国已发生的合并案件中,许多目标企业由于具有良好的财务状况和通畅的现金流量而身价陡增,在考察目标企业的财务状况时:一要计算其现金比率、速动比率和流动比率,分析短期偿债能力;二要计算其资产负债率,分析资产中负债的比重和负债中高利率债务的比重;三要计算其应收账款周转率和存货周转率,估算近期流动资金的需要量。在评价目标企业财务状况时,不仅要对过去几年的财务报告进行仔细分析,还要对企业合并以后,在今后若干年现金流量以及资产、负债进行预测。若目标企业为上市公司,还要考察其在资本市场进行筹资的能力。

4. 合并各方企业价值的评估

企业价值的评估,应在合并各方的企业同时进行,只有对合并各方的企业价值进行评估,才能在合并合同中确定合并各方投资者的权益。

所谓企业价值,即企业的净资产或资本,也就是企业资产评估总值减去负债的净值。所以要评估企业的价值,首先要评估企业的资产。企业资产包括流动资产、固定资产、无形资产和其他长期资产。关于企业资产的评估方法,已在第七章中作了较详细的论述,这里只说明要注意的方面。

对应收账款,应在与客户一一联系并分析其账龄和收回的可能性后,确认其存在和剔除坏账后的应收账款净额。

对存货中的材料,要查清其属于可以使用于生产经营过程和属于变质及不适用、不需用的呆滞材料,对可用于生产经营的材料,应按成本与可变现净值孰低计算其价值,对变质、呆滞材料,应按清算价格计算其价值。对存货中的滞销产品,也要按清算价格计算其价值。

对股票、债券投资,应按成本或可变现净值计算其价值,对其他股权投资,应按被投资单位的所有者或股东权益中所占的股权比例计算其价值。

对固定资产,不但要考虑有形损耗和无形损耗,而且要考虑经济性贬值,即由于市场环境变化无法加以充分利用的价值损失。

对无形资产中的土地使用权,可按市场价格评估其价值。对无形资产中的商誉,可先以行业平均资本利润率作为计算年利润的基础,再计算企业年超额利润并加以资本化后确定其价值。在实际操作中,商誉的价值,往往根据企业素质和单项资产评估价值之和,再按企业市场份额等因素经过讨价还价后确定。

除了确定资产价值外,还要编制债务明细表,核对其有无漏列,特别对其他企业负债提供担保等或有事项损失,必须一并列作负债,以防止合并结束后冒出表外损失。

根据企业资产评估总值减去负债,就是企业价值。

5. 企业合并后经济效益的分析

企业合并决策以前,还要对企业合并后的经济效益进行分析。一般地讲,只有企业合并后的经济效益(通常指资本利润率)超过合并以前的经济效益,合并才是可行的。

在分析企业合并后的经济效益时,除了估算合并过程中所发生的策划、谈判、资产评估、法律鉴定、公证等中介费用和合并以后发生的重新注册登记等更名费用外,还要发生下列支出:

整合改制支出,指并入目标企业后进行重组或整合所发生的支出。因为并入目标企业后,小则调整人事结构、改善经营方式,大则整合经营战略和产业结构,重建营销网络,都要支付派遣人员进驻、建立新的领导班子、安置多余人员、剥离非经营性资产、淘汰陈旧设备、进行人员培训等费用。

固定资产投资支出,指企业整合以后需要注入优质资产时发生的机械设备等购建支出。

对于上述中介费用、更名费用和整合改制支出,可作为开办费,计入管理费用。固定资产投资支出,应列作固定资产,将其损耗价值以折旧费计入生产成本。

企业合并以后经济效益的分析,可以采用不考虑资金时间价值的静态分析法,也可以采用考虑资金时间价值的动态分析法。在采用静态分析法时,要估算企业合并后的年工程结算收入和产品销售收入(当施工企业并入建筑材料等生产企业时)、年工程结算成本和产品销售成本、年工程结算税金及附加、年管理费用、年财务费用、年投资收益,求得年利润总额、年应纳所得税和年净利润。并将年净利润除以企业合并后的资本总额,算得资本利润率(即项目投资经济效益分析中的投资收益率)。一般情况下,如企业合并后的资本利润率大于企业合并前的资本利润率,则企业合并是有经济效益值得进行的。

企业合并以后经济效益的分析:如采用动态分析法,要先估算合并后经济寿命期内各年的工程结算收入和产品销售收入,不包括借款利息、固定资产折旧、无形资产摊销的工程结算成本、产品销售成本、管理费用、工程结算税金及附加、应纳所得税、经济寿命期结束时收回的自有流动资金和资产余值,并将企业合并后的资本总额作为投资支出,列作第1年初的现金流出量。编制有如第五章第三节所示的现金流量计算表,再以行业平均资金利润率作为折现率,计算各年净现金流量,进而计算净现值和内部收益率即资本利润率,作为分析评价企业合并后的经济效益。由于其计算、评价方法与第五章第三节所述方法相同,不再赘述。

四、企业合并的财务处理

施工企业合并的财务处理,按照现行企业会计准则的规定,对同一控制下企业合并应采用权益结合法,对非同一控制下企业合并采用购买法。

1. 同一控制下企业合并的权益结合法

权益结合法的权益结合是指参与企业合并的股东联合控制其经营活动,以便继续对联合实体分享利润和分担风险的合并。权益结合法,就是在处理企业合并时按照股权结合的方法来进行企业合并的财务处理方法。权益结合法的要点如下:

对采用新设合并和吸收合并形式的合并方,在企业合并中取得的资产和负债,应按照合并日被合并方的账面价值计量,合并方取得的净资产账面价值与支付的合并对价账面价值的差额,应当调整资本公积,资本公积不足冲减的,调整留存收益。

对采用控股合并形式的合并方,以发行权益性证券支付对价的,应在合并日按取得被合并方账面净资产份额作为长期股权投资的成本,按发行股份面值总额作为股本或实收资本,按确认的长期股权投资成本与所发行股份面值的差额,调整资本公积和留存收益。

在同一方控制下的企业合并中,如被合并方采用的会计政策与合并方不一致时,合并方在合并日应当按照本企业会计政策对被合并方的财务报表相关项目进行调整,然后按被调整后的账面价值进行确认。

合并方为进行企业合并发生的各项直接相关费用,包括为进行企业合并而支付的审计费、评估费、法律服务费等,应在发生时计入当期损益,为企业合并而发生的债券或承担其他债券支付的手续费、佣金等,应当计入所发行债券及其他债券的初始计量金额。企业合并中发行权益性证券发生的手续费、佣金等费用,应抵减权益性证券溢价收入,溢价收入不足冲减的,冲减留存收益。

2. 非同一控制下企业合并的购买法

非同一控制下的企业合并是指合并的各方在合并前后不受同

一方或相同的各方最终控制的企业合并。这种合并,合并各方都能从企业自身利益出发,将它看成是一个企业购买另一企业的交易行为,在财务处理上,采用购买法,为了使交易公平合理,在交易中采用公允价值计量。

在非同一控制下的企业合并中,被合并企业总是希望多收回投资。合并企业总是希望通过合并,不但能做大企业,还能做强企业,获得更好的投资经济效益。因此,在合并之前,要通过财产清查和评估,确认被合并企业的资产、负债和净资产的公允价值。同时合并企业还要对合并前后的投资经济效益(即资本利润率)进行分析和预测。因为企业所以要合并其他企业,主要是为了获得生产经营的协同效应,提高企业收入和盈利水平,如建筑公司合并装饰公司后,能提高企业资质,承包高级住宅、宾馆、饭店等工程,增加公司工程价款收入和利润。建筑公司合并混凝土构件公司后,可将混凝土构件公司作为一个车间,减少混凝土构件交易费用和流转税支出,降低工程成本,提高盈利水平。由于企业合并后能为合并企业带来生产经营协同等效应,在合并过程中,被合并企业往往要求合并企业支付高于其净资产公允价值的对价(即买价),合并企业也愿支付高于取得净资产公允价值的对价。当然,这个对价不能超过合并以后能给企业带来的投资经济效益,否则,是不可行的。所以在企业合并时,通过讨价还价商定一个能为合并双方都能接受的对价,是企业合并能否成功的关键,也是财会人员在合并过程中发挥财务监督作用的环节。在现行会计准则中,把上述合并对价称为合并成本,但从它内含合并双方通过讨价还价商定买价的含义来讲,本书将它叫做合并对价。

企业合并双方确认合并对价和并入资产、负债、公允价值后,合并企业就可按购买法进行如下财务处理。

对并入企业的资产(包括能可靠地计量的可辨认无形资产),按其公允价值记入相关资产科目,对可辨认无形资产,按其公允价值记入"无形资产——专利权"、"无形资产——土地使用权"等科目的借方。

对并入企业的负债(包括能可靠地计量的预计负债等),按其公允价值记入相关负债科目的贷方。

对合并对价大于并入净资产(并入资产减并入负债)公允价值的差额,即能为合并企业带来生产经营协同效应的经济效益,应视同商誉记入"商誉"科目的借方。

如预测企业合并后不能为企业带来生产经营协同效应,反而会带来负效应,一般不应进行这种合并。如由于某种原因必须进行合并时,可将合并对价小于并入净资产公允价值的差额,计入当期损益或记入"商誉"科目的贷方,当然,必须经过股东大会的通过。

第二节 企业分立的财务管理

一、企业分立及其类型

企业分立是指企业将现有部分所属单位或产品生产线从企业中划分出来,形成与原有企业相同的新企业,从而在法律上和组织上将所属单位或产品生产线从企业中分立出去。分立一般只涉及权益在两个或两个以上独立实体之间的划分,不存在股权向第三者转移的情况。因为企业股东或所有者对原有企业和分立出来的企业仍然拥有其权益。

企业分立按被分立企业是否存续,分为派生分立和新设分立。

派生分立是指企业以其部分财产按照法律规定的程序设立另外新企业的经济行为。这种分立,新设的企业需要注册登记,原有企业继续存在,但需办理减少注册资本的变更登记。

新设分立是指将企业的全部财产分解为若干份,按照法律规定的程序,重新设立两个或两个以上的新企业,原有企业解散。

二、企业分立的动机

1. 适应经营环境变化,调整经营战略

任何企业都是在动态环境中经营。企业经营环境的变化,特别是经济发展速度、产业结构调整、技术进步、国家有关法规和税收条例等变化,都可能使企业与所属单位之间目前的组合成为低效率的联合。如在地区经济发展较快、固定资产投资规模不断扩大时,施工企业通过合并搞联合经营是最佳选择。但当地区经济发展停滞、固定资产投资规模缩小时,施工企业规模过大,要将施工队伍远距频繁调动,就不是一种最佳选择。在这种环境下,将企业分立经营,可能比联合经营更为恰当。从这个意义上讲,企业分立与企业合并一样,都是为适应经营环境变化所采取的战略的一部分。

2. 谋求管理激励,提高管理效率

任何一个企业管理层的能力总是有限的,不可能在所有业务方面都经营得十分出色。最优秀的企业家在其企业经营范围扩展到一定程度时,也会遇到企业效益开始下滑的尴尬局面。因此,企业分立时通常宣称是将不适应企业主营业务发展的部分加以分立,以使企业的经营重点集中于主营业务。对于多元化经营的企业,由于财务上的统一核算与合并报表,各个单位的业绩往往无法体现,从而难以实现利益与责任的统一。当所属各单位目标与企业总体目标发生冲突时,问题将更为严重。这对发扬奋发向上的企业精神十分不利,而把个别单位分离出来成为独立企业就可使各个单位更加集中各自的优势业务,并将其经营业绩在报表中加以反映。这样,就有利于企业激励机制的建立,有利于管理效率的提高。

3. 弥补合并决策失误

企业出于各种动机进行合并,但不明智的合并决策会导致灾难性的后果。虽然被吸收或合并企业在合并以后具有盈利或较多

盈利机会,但合并企业可能由于管理或实力上等原因,无法实现或有效地利用这些盈利机会。这时,将这些被吸收或合并企业重新分立,就有利于有效发掘这些企业的盈利潜力。

另外,企业分立往往是企业合并一揽子计划的组成部分。因为从合并企业的角度来看,被吸收或合并企业中总会存在不适应企业总体发展战略,甚至可能会带来不必要亏损的单位。只是在当时由于某些原因,不便立即将它分离出去。这样,在企业合并以后,将某些单位从合并企业分立,也是执行合并一揽子计划的组成部分。

三、企业分立的程序

1. 根据企业经营战略调整或提高管理效率等动机,在企业领导班子讨论以后,提出企业分立设想。
2. 寻求董事会或主管单位的支持。
3. 成立企业分立工作组,制定企业分立方案。

企业分立工作在获得董事会或主管单位的支持后,就应成立企业分立工作组,根据企业分立设想,制定企业分立方案。企业分立方案的主要内容,包括:分立企业的名称;企业资产、人员、债权、债务的分割;因分立而引起存续企业章程更改的声明及新设企业的章程等。

4. 企业股东会或主管单位通过企业分立决议。股份有限公司的分立,还须经过国务院授权的部门或者省级人民政府的批准。
5. 公告企业分立。企业作出分立决议并经有关部门批准后,应根据分立决议,确定新分立企业的资产、人员、债权债务,编制资产负债表及财产清单。同时应公告企业分立,并自作出分立决议之日起10日内通知债权人,于30日内在报纸上至少公告三次。债权人自接到通知书之日起至30日内,有权要求企业清偿债务或者提供相应的担保。不清偿债务或者不提供相应的担保的,企业不得分立。企业分立前的债务,按所达成的协议由分立后的企业承担。

6. 新设企业的注册登记。企业分立后,新设企业要办理注册登记,存续企业要办理减少注册资本的登记。企业分立后存续企业减少资本后的注册资本和新设企业的注册资本不得低于法定的最低限额。

第三节 企业债务重组的财务管理

企业债务重组又称企业财务重整,是指对陷入财务困境、但仍有转机的企业,根据一定程序进行重新整顿,使企业得以复兴的做法,这是对已经达到破产界限的企业的抢救措施。通过这种抢救,使濒临破产企业的部分甚至大部分资源重新产生经济效益,摆脱破产厄运,走上继续发展的道路。

一、企业债务重组的意义

对陷入财务困境的企业进行重组,对债权人、濒临破产企业和整个社会都有重要的意义。

首先,债务重组可以减少债权人和投资者的损失。不能清偿债务的企业一般都是资不抵债的,即使资产还能勉强大于债务,但是宣告破产后拍卖资产,资产难免会大为贬值,破产债权往往只有很少的一部分能够得以实现,加之清算过程中还要发生诸多费用,因而债权人收回的数额往往十分有限,企业的投资者损失则更为严重。如果经过重组,企业能够改善内部经营管理并在一定时期内恢复生机,则债权人不仅可能如数收回债权,企业投资者亦会从中获益。

其次,对已面临破产界限的企业来说,债务重组可给企业背水一战,争取生存的最后机会。破产的威胁对于没有达到破产界限的企业来说,只是潜在的;对于已经达到破产界限的企业来说,就完全是现实的。在市场经济体制下,没有什么能比求生存的欲望更能激发企业的内在活力了。债务重组为企业提供了一种较为宽松的外部环境,企业与债权人达成和解协议,获得债务展期、减免部分债务、以资产偿还债务或将债务转为资本,就有了获得新生的可能性。

第三,债务重组能减少社会财富的损失和因破产而失业的职工人数。

二、企业债务重组的方式及其财务处理

企业债务重组的方式,主要有以下几种:

1. 以低于债务账面价值的现金清偿债务。即减免债务人偿还的本息,用现金清偿债务。

2. 以非现金资产清偿债务。即债务人转让其存货、短期投资、固定资产、长期投资、无形资产等非现金资产给债权人以清偿债务。

3. 将债务转为资本。债务转为资本是站在债务人的角度讲的。如从债权人的角度讲,则为债权转为股权。债务转为资本时,对股份制企业来讲,即将债务转为股本;对其他企业来讲,即将债务转为实收资本。债务转为资本或股本的结果是:债务人因此而增加股本或实收资本,债权人因此而增加长期股权投资。

4. 修改其他债务条件,如延长债务偿还期限、延长债务期限并加收利息,延长债务偿还期限并减少债务本息等。

5. 混合重组方式,即以上两种或两种以上方式的重组。

因债务重组而获得的重组收益,应作为债务重组收益。因债务重组而发生的重组损失,应列作当期损失。债务重组及其重组收益和损失,应于债务重组日确认和计量。债务重组日为债务重组完成日,即债务人履行协议或法院裁定将相关资产转让给

债权人,将债务转为资本或修改后的偿债条件开始执行的日期。

以低于债务账面价值的现金清偿某项债务的,债务人应将重组债务的账面价值与支付现金之间的差额,确认为债务重组收益。

以非现金资产清偿某项债务的,债务人应将重组债务的账面价值与转让的非现金资产账面价值和相关税费之和的差额,确认为债务重组收益或当期损失。

以债务转为资本清偿某项债务的,债务人应将重组债务的账面价值与债权人因放弃债权而享有股权的份额之间的差额,确认为债务重组收益。

以修改其他债务条件进行债务重组的,如果重组债务的账面价值大于将来应付金额,债务人应将重组债务的账面价值减记至将来应付金额,减记的金额确认为债务重组收益;如果重组债务的账面价值等于或小于将来应付金额,债务人不作账务处理。

如果修改后的债务条款涉及或有支出(指依未来某种不确定性事项出现而发生的支出)的,债务人应将或有支出包括在将来应付金额中。或有支出实际发生时,应冲减重组后债务的账面价值;结清债务时,或有支出如未发生,应将该或有支出的原估计金额确认为债务重组收益。

以现金、非现金资产方式的组合清偿某项债务的,债务人应先以支付的现金冲减重组债务的账面价值,再将现金冲减重组债务后的账面余额与转让的非现金资产账面价值和相关税费之和的差额,确认为债务重组收益或当期损失。

以现金、非现金资产、债务转为资本方式的组合清偿某项债务的,债务人应先以现金、非现金资产的账面价值冲减重组债务的账面价值,再将以现金、非现金资产账面价值冲减重组债务后的账面余额与债权人因放弃债权而享有股权的份额之间的差额,确认为债务重组收益。

以现金、非现金资产、债务转为资本方式的组合清偿某项债务的一部分,并对该项债务的另一部分以修改其他债务条件方式进行债务重组的,债务人应先以支付的现金、非现金资产的账面价值、债权人享有的股权的份额冲减重组债务的账面价值,如果冲减后的重组债务的账面余额大于将来应付金额,债务人应将重组债务的账面余额减记至将来应付金额,减记的金额确认为债务重组收益;如果冲减后的重组债务的账面余额等于或小于将来应付金额,债务人可以不作账务处理。

资产公允价值是指在公平交易中,熟悉情况的交易双方,自愿进行资产交换或债务清偿的金额。对于非现金资产,其公允价值的确定原则是:如该资产存在活跃市场,该资产的市价即为其公允价值;如该资产不存在活跃市场,但与该资产类似的资产存在活跃市场,该资产的公允价值应比照类似资产的市价确定;如该资产和与该资产类似的资产均不存在活跃市场,该资产的公允价值按其所能产生的未来现金流量以适当的折现率计算的现值确定。债权人因放弃债权而享有的股权,其公允价值的确定原则是:如债务人为上市公司,该股权的公允价值即为对应的股份的市价总额;如债务人为其他企业,该股权的公允价值按评估确认价或双方协议价确定。

三、协商进行债务重组的程序

企业债务重组按其是否通过法律程序,分为协商进行债务重组和法院裁定债务重组。

协商进行债务重组是指企业由于陷入财务困境,通过与其债权人协商达成协议后按照法定程序对企业债务进行的重组。当企业采用协商进行债务重组时,一般应按照下列程序进行:

首先,由企业即债务人向有关管理部门提出申请,召开由企业和其债权人参加的会议。

其次,由债权人任命一个由1~5人组成的小组,负责调查企业的资产、负债情况,并制订一项债务重组计划,就债务的展期、债务的减免、债务的偿还的和解作出具体安排。

第三,召开债务人、债权人会议,对小组提出的债务重组计划和方式,进行商讨并取得一致意见,达成最后协议,以便债务人、债权人共同遵循。

如采用债务转为股本重组方式时,由于账面资产价值已不符合其持续经营价值,有关资产应重新估价,调低的数额应冲减留存收益,将留存收益的红字调整为零,同时要将债务转为股本方案提交债权人和股东批准。

一般来说,债权人同意达成协议进行债务重组,表明债权人对债务人还有信心,相信债务人能够经过债务重组走出财务困境,不仅能够收回债款,还能给企业带来长远效益。但是,在债务人履行债务偿还的一段期间里,由于企业经营的不确定性,随时都会发生新的问题而导致债权人的利益受损失,因此,在实施债务展期的一段期间,债权人也可对债务人采取一些保护自己利益的措施。

四、法院裁定债务重组的程序

法院裁定债务重组是指在法院受理债权人申请破产案件的一定时期内,经债务人及其委托人申请,与债权人会议达成协议,对企业债务进行的重组。法院裁定债务重组一般应按下列程序进行。

1. 向法院提出债务重组申请。债务人在向法院申请债务重组时,必须阐明对企业实施重组的必要性,同时要满足一定的条件:企业发生财务危机或者在债务到期时企业无法偿还,企业有三个或者三个以上债权人的债权合计达到一定的数额。

2. 法院任命债权人委员会。债权人委员会的权限与职责是:挑选并委托若干律师、注册会计师或者其他中介机构作为其代表履行职责;就企业财产的管理情况向受托人和债务人提出质询;对企业的经营活动、企业的财产及债务状况等进行调查了解;参与债务重组计划的制定,并就制定的债务重组计划提出建议提交给法院。

3. 制定企业债务重组计划。债务重组计划既可改变企业债权人的法定的或者契约限定的权利,也可能改变企业股东的利益,无财产担保的债权人则选择以牺牲其部分债权为代价而收回部分现金。经法院批准的债务重组计划,对企业本身、全体债权人及全体股东均有约束力。

4. 执行企业债务重组计划。即按债务重组计划所列示的措施逐项予以落实。

5. 经法院认定宣告终止债务重组。终止债务重组通常发生于:(1)企业经过债务重组后,能按协议及时偿还债务,法院宣告终止债务重组。(2)重组期满,不能按协议清偿债务,法院宣告破产清算而终止债务重组。(3)重组期间,不履行债务重组计划,欺骗债权人利益,致使财务状况继续恶化,无法清偿债务,法院终止企业债务重组,宣告其破产清算。

第四节　企业解散、破产清算的财务管理

企业清算是指在企业终止经营以后,结束其未了业务,收取债权、清理债务、分配企业剩余财产,并注销其法人资格的行为。由于企业清算所涉及的财务问题比较复杂,关系到债权人和投资者的合法权益,因此必须按照法定程序进行处理。

一、企业清算的类型

企业清算按其原因,分为解散清算和破产清算。

导致企业解散清算的原因主要有:(1)企业章程规定的营业期限届满或者企业章程规定的其他解散事由出现时,如经营目的已经达到不需继续经营,或目的无法达到、无发展前途等;(2)企业股东大会决议解散;(3)因企业合并或者分立需要解散;(4)企业违反法律、行政法规被依法责令关闭;(5)投资一方不履

行协议、合同、章程规定的义务,或因外部经营环境变化而无法继续经营等。

破产清算是因经营管理不善等造成企业严重亏损,不能清偿到期债务而进行的清算,包括以下两种情况:一是企业的负债总额大于其资产总额,事实上已不能支付到期债务;二是企业债务人的资产总额大于其负债总额,但因缺少偿付到期债务的现金,不能清偿到期债务,被迫依法宣告破产。

企业清算按其是否自行组织清算,分为普通清算和特别清算。

普通清算是指企业自行组织的清算,它按法律规定的一般程序进行,法院和债权人不直接干预。

特别清算是指企业依法院的命令开始,并且自始至终都在法院的严格监督之下进行的清算。

对实行普通清算还是实行特别清算,企业无选择的权利。企业解散后,应立即进行普通清算。在普通清算过程中,当有下列情况之一发生时,法院就可命令企业实行特别清算:(1)当企业清算遇到明显障碍时。如企业的利害关系人人数众多,或企业的债权债务关系极为复杂,法院依债权人或投资者或清算人的请求进行特别清算时。(2)当企业负债超过资产有不实的嫌疑时,即账面上企业负债超过资产,但实际上是否真正超过尚有嫌疑。如企业债务数额并非真实,或企业债权数额并非确定,或账面资产价值低于市场价值等等,法院经清算人请求进行特别清算时,法院都可依职权命令企业实行特别清算。

二、企业解散清算的程序

(一)成立清算组

企业终止经营活动进入解散清算时,应成立清算组。自成立清算组之日起,企业除了完成生产任务的收尾工作及结束原有经营业务外,即应对外停止一切新的业务活动,由清算组负责企业有关清算的对内对外一切事宜。清算期间任何人未经清算组的许可,不得处置企业财产。

清算组应在公布企业解散的15日内成立,有限责任公司的清算组由股东组成,股份有限公司的清算组由股东大会确定其人选;逾期不成立清算组进行清算的,债权人可以申请人民法院指定有关人员组成清算组。清算组在清算期间行使下列职权:清理企业财产,分别编制资产负债表和财产清单;通知或公告债权人;处理与清算有关的企业未了结的业务;清缴所欠税款;清理债权债务;处理企业清偿债务后的剩余财产;代表企业参与民事诉讼活动。

(二)清查财产、债权、债务,制定清算方案

1. 编制企业清算以前经营期间的会计报表

企业的会计报表是清算组借以进行财产、债权、债务清查的重要依据。因此,要开展全面清查工作,首先就要编制企业自年初起至清算日为止的会计报表,包括资产负债表、利润表等,凭以进行财产的盘点清查,核对账实是否相符。

2. 登记债权人债权

清算组应自成立之日起10日内通知债权人,并于60日内在报纸上至少公告三次。债权人应自接到通知书之日起30日内,向清算组申报其债权。债权人申报其债权,应说明债权的有关事项,并提供证明材料。清算组应对债权进行登记。

3. 清查全部财产、债权债务,编制财产清单和债权债务明细表

清查企业的财产包括宣布清查时企业的全部财产和清算期间取得的资产。已作为担保物的财产相当于担保债务的部分,不属于清算财产;担保物的价值超过所担保的债务数额的部分,属于清算财产。企业在宣布终止前6个月至终止之日的期间内,对:(1)隐匿私分或者无偿转让财产;(2)非正常压价处理财产;(3)对原来没有财产担保的债务提供财产担保;(4)对未到期的

债务提前清偿；(5)放弃自己的债权等行为,按照规定属于无效,清算组有权追回其财产,作为清算财产入账。

在财产、债权(包括有权追回财产、债权)、债务清查过程中,要按会计账目逐项与实物核对,并将核对结果编制财产目录和债权债务明细表。对短缺财产及呆账等,还应查明原因,提出处理意见。

4. 确定清查财产的价值,编制清算资产负债表并制定清算方案

清查工作结束后,要确定清算财产的价值。由于企业清算前本着持续经营的假设,会计报表是按账面价值编制的。如果账面价值与实际价值基本相等,就可按账面价值作为清算财产的价值。但是,如果财产的账面价值与实际价值相差较大,则应按市场价格或清算价格(即变现收入)重新评估其价值,然后根据确认的财产价值重新编制清算资产负债表,并制定清算方案。

清算方案包括清算的程序和步骤、财产定价方法和估价结果、债权收回和财产变卖的具体方案、债务的清偿顺序、剩余财产的分配以及企业遗留问题的处理等等。清算组制定的清算方案应报股东会或者有关主管机关确认。

(三)执行清算方案

1. 确定清算损益

企业清算中发生的财产盘盈、财产变价净收入,因债务人原因确实无法归还的债务,以及清算期间的经营收益等,应计入清算收益。企业清算中发生的财产盘亏、确实无法收回的债权,以及清算期间的经营损失等,应计入清算损失。企业清算期间发生的清算组成员的工资、差旅费、办公费、公告费、诉讼费以及清算过程中所必需的其他支出,计入清算费用。清算费用由企业现有财产优先支付。企业清算终了,清算收益大于清算损失、清算费用的部分,要依法交纳所得税。

2. 清偿债务

清算企业债务的清偿能力,以其注册资本为限。如企业实收

资本少于注册资本的,应补足各自认交资本。企业以财产支付清算费用后,按照下列顺序清偿债务:(1)应付未付的职工工资和劳动保险费用;(2)应交未交税款;(3)尚未清偿债务。不足清偿同一顺序债务的,按照比例清偿。也就是说,未支付完职工工资和劳动保险费用以前,不得交纳所欠税款;未交清应交未交税款以前,不得清偿企业债务。

3. 分配剩余财产

清算企业清偿债务以后,要对剩余财产进行分配。剩余财产的分配,一般应按企业合同、章程的有关条款处理,充分体现公平、对等、照顾投资各方的原则。其中,有限责任公司按照股东的出资比例分配,股份有限公司,按照优先股股份面值对优先股股东先行分配;优先股股东分配后的剩余部分,按照普通股的股份比例进行分配;国有企业,其剩余财产要上交国家财政。

4. 结束清算工作

企业清算结束后,清算组应制作清算报告,报股东会或者有关主管机关确认,并报送企业登记机关,申请注销企业登记,公告企业终止。不申请注销企业登记的,由企业登记机关吊销企业营业执照,并予以公告。

因企业解散而清算,清算组在清理企业财产、编制清算资产负债表和财产清单后,发现企业财产不足清偿债务的,应立即向人民法院申请宣告破产,企业经人民法院裁定宣告破产后,清算组应将清算事务移交给人民法院。

三、企业破产和破产清算的程序

(一)破产申请和法院裁定

1. 提出破产申请

提出企业破产申请的既可以是债权人,也可以是债务人。当债务人不能清偿到期债务时,债权人可以向债务人所在地人民法院申请宣告债务人破产;债务人不能清偿到期债务的,经过上级主管部门同意,可以向当地人民法院自动申请破产。目前,我国多数企业的破产申请都由企业(即债务人)提出。

企业在提出破产申请前,应对其资产全面地清查,对债权债务进行清理,然后由会计师事务所对企业进行全面的审计,并出具资不抵债的审计报告。企业向法院提出破产申请时,要提出如下资料:请求破产的申请书,会计师事务所对企业进行审计后出具的审计报告,上级主管部门同意破产的批准文件,企业会计报表,企业对外投资情况,各项财产明细表,债权人的名单、地址、金额及其他法院认为需要的资料。

2. 法院接受申请

人民法院接到破产申请后即进行受理与否的审查、鉴定,受理债权人破产申请案件10日内应通知债务人,并发布破产案件受理公告。受理债务人破产申请案件后,应在案件受理后10日内通知债权人申报债权,直接发布债权申报公告。

3. 债权人申报债权

债权人应在收到通知后30日内,未收到通知的债权人应自公告之日起90日内,向人民法院申报债权,说明债权的金额和有无财产担保,并且提交有关证据资料。

4. 法院裁定,宣布企业破产

人民法院对于企业的破产申请进行审理,符合企业破产法规定情况的,即由人民法院裁定并宣告该企业破产。

(二)破产清算的程序

1. 组建清算组

人民法院应自宣告企业破产之日起15日内成立清算组,接管破产企业。清算组的组成人员一般包括财政部门、企业主管部门、国有资产管理部门、审计部门、劳动部门、国土管理部门、社会保障部门、人民银行、工商管理部门等部门的人员。清算组可以依法进行必要的民事活动。

清算组成立后,一般都在法院的指导下,设立若干个小组,分别负责财产保管、债权债务清理、财产处置、职工安置等工作。

2. 接管破产企业,进行财产处置等工作

清算组应接管破产企业的一切财产、账册、文书、资料和印章等,并负责破产企业财产的保管、清理、估价、处理和分配。

3. 编报、实施破产企业财产分配方案

清算组在清理、估价破产企业财产并验证破产债权后,应拟定破产企业破产分配方案,经债权人会议通过,并报请人民法院裁定后,按规定的债务清偿顺序进行分配。

4. 报告清算工作,注销破产企业

清算组在破产企业财产分配完毕之后,应制作清算报告,向法院报告清算工作,并提请人民法院终结破产程序。

清算组在接到法院终结破产程序的裁定后,应及时办理破产企业的注销登记手续。

四、国有破产企业职工安置费的处理

按照现行政策规定,各级主管财政机关应协助政府其他部门做好国有破产企业职工的生活救济和就业安置工作。破产企业被整体接收的,安置期间的职工生活费用由接收方企业发放,从企业管理费用中开支,其标准应不低于城市规定的最低生活救济标准。破产企业职工的社会保险费由接收方企业从接收破产企业之日起交纳。接收方企业收到的安置费在资本公积金中单独反映。鼓励破产企业职工自谋职业。对自谋职业的职工,清算组可从破产企业土地使用权等破产财产出售所得中,按规定拨付。一次性安置破产企业离退休职工的离退休费和医疗费从企业土地使用权出售所得中支付,处置土地使用权所得不足以支付的,不足部分从处置其他破产财产所得中优先支付。

复 习 题

1. 什么叫做吸收合并？什么叫做新设合并？什么叫做控股合并？企业合并的动机主要有哪些？

2. 企业合并以前，为什么要对企业所处的外部环境、内部环境和财务状况进行分析？分析时，要特别注意哪些方面？又怎样对合并后的经济效益进行分析？并估算合并过程和合并以后有哪些支出？

3. 在企业合并的财务处理上，为什么对同一控制下的企业合并要采用权益结合法？对非同一控制下的企业合并要采用购买法？

4. 什么叫做分立？企业分立的动机主要有哪些？派生分立和新设分立有什么不同？

5. 什么叫做债务重组？为什么要进行债务重组？债务重组一般可采用哪些方式？协商债务重组和法院债务重组在程序上有哪些不同？

6. 什么叫做解散清算？什么叫做破产清算？两者在清算原因和清算程序上有哪些不同之处？

7. 清算企业的哪些财产属于清算财产？哪些财产不属于清算财产？应按怎样的顺序清偿债务和分配剩余财产？

习 题

习 题 一

一、目的 练习企业吸收合并经济效益的评价。

二、资料

1. 甲施工企业为扩大建筑市场份额,提高经济效益,拟于2009年初采用吸收合并方式,兼并当地乙施工企业,甲、乙施工企业经评估后的资本总额(即所有者权益)及2008年利润表各项目数如下:

单位:万元

项 目	甲施工企业	乙施工企业
资本总额	3 000	1 000
工程结算收入	4 000	1 000
工程结算成本	3 068	817
工程结算税金及附加	132	33
其他业务利润	100	20
管理费用	250	100
财务费用	150	90
利润总额	500	−20
所得税	165	0
净利润	335	−20

2. 2009年合并以后,与2008年比较,估计:

(1) 工程结算收入增加20%;

(2) 工程结算成本增加10%;

(3) 工程结算税费率为工程结算收入的3.3%;

(4) 其他业务利润相同;

(5) 各项管理费用可节约5%,但在合并整合过程中,要发生各项整合支出250万元,按规定作为开办费,计入管理费用;

(6) 原利息支出不变,但要向银行再贷款400万元,为乙施工单位购置机械设备使其配套成龙,该项贷款年利率为6%;

(7) 该企业所得税税率为25%。

三、要求 根据上述资料,按静态分析法为甲施工企业计算:

1. 2008年合并前资本利润率;
2. 2009年合并后净利润;
3. 2009年资本利润率;
4. 对该兼并行为进行经济评价。

习 题 二

一、目的 练习企业破产清算及其债务清偿和剩余财产的分配。

二、资料

1. 某施工企业由于施工经营不善,造成严重亏损,不能清偿到期债务,经当地法院接受破产申请后,进行破产清算。

2. 该施工企业财产、债务经过清查、核实,在清算日编制的资产负债表如下:

单位:万元

资　　产	金　额	负债及所有者权益	金　额
货币资金	800	短期借款	2 000
应收账款	11 000	应付账款	6 000
减:坏账准备	1 000	应付工资	1 000
应收账款净额	10 000	未交税金	1 800
存货	11 500	长期借款	16 000
待摊费用	500	负债合计	26 800
固定资产	30 000	实收资本	12 000
减:累计折旧	12 000	盈余公积	2 000
固定资产净值	18 000	所有者权益合计	14 000
资产总计	40 800	负债及所有者权益总计	40 800

3. 在清算过程中,发生了下列业务:

(1) 收回应收账款8 000万元,存入银行,其余经追索已无法收回作为坏账损失。

(2) 存货中材料、在建工程作价8 000万元转让给其他施工企业,价款等已存入银行。

4. 待摊费用予以核销。

5. 固定资产作价13 000万元转让给其他施工企业、价款已存入银行。

6. 支付各项清算费用1 050万元。

7. 余额用以偿还企业债务。

三、要求 根据上列资料,计算清算企业:

1. 清偿债务后的剩余财产;

2. 每元实收资本能分得多少剩余财产;

3. 如果清算企业的存货只能作价5 000万元、固定资产只能作价8 000万元转让给其他施工企业,企业变现价款不能用以偿还全部债务,则按债务清偿顺序应用于偿还哪些债务及其偿还金额?

附表一

复本利系数表

n \ i	1%	3%	4%	5%	6%	8%
1	1.0100	1.0300	1.0400	1.0500	1.0600	1.0800
2	1.0201	1.0609	1.0816	1.1025	1.1236	1.1664
3	1.0303	1.0927	1.1249	1.1576	1.1910	1.2597
4	1.0406	1.1255	1.1699	1.2155	1.2625	1.3605
5	1.0510	1.1593	1.2167	1.2763	1.3382	1.4693
6	1.0615	1.1941	1.2653	1.3401	1.4185	1.5869
7	1.0721	1.2299	1.3159	1.4071	1.5036	1.7138
8	1.0829	1.2668	1.3686	1.4775	1.5938	1.8509
9	1.0937	1.3048	1.4233	1.5513	1.6895	1.9990
10	1.1046	1.3439	1.4802	1.6289	1.7908	2.1589
11	1.1157	1.3842	1.5395	1.7103	1.8983	2.3316
12	1.1268	1.4258	1.6010	1.7959	2.0122	2.5182
13	1.1381	1.4685	1.6651	1.8856	2.1329	2.7196
14	1.1495	1.5126	1.7317	1.9799	2.2609	2.9372
15	1.1610	1.5580	1.8009	2.0789	2.3966	3.1722
16	1.1726	1.6047	1.8730	2.1829	2.5404	3.4259
17	1.1843	1.6528	1.9479	2.2920	2.6928	3.7000
18	1.1961	1.7024	2.0258	2.4066	2.8543	3.9960
19	1.2081	1.7535	2.1068	2.5270	3.0256	4.3157
20	1.2202	1.8061	2.1911	2.6533	3.2071	4.6610
21	1.2324	1.8603	2.2788	2.7860	3.3996	5.0338
22	1.2447	1.9161	2.3699	2.9253	3.6035	5.4365
23	1.2572	1.9736	2.4647	3.0715	3.8197	5.8715
24	1.2697	2.0328	2.5633	3.2251	4.0489	6.3412
25	1.2824	2.0938	2.6658	3.3864	4.2919	6.8485
26	1.2953	2.1566	2.7725	3.5557	4.5494	7.3964
27	1.3082	2.2213	2.8834	3.7335	4.8223	7.9881
28	1.3213	2.2879	2.9987	3.9201	5.1117	8.6271
29	1.3345	2.3566	3.1187	4.1161	5.4184	9.3173
30	1.3478	2.4273	3.2434	4.3219	5.7435	10.0627
35	1.4166	2.8139	3.9461	5.5160	7.6861	14.7853
40	1.4889	3.2620	4.8010	7.0400	10.2857	21.7245
45	1.5648	3.7816	5.8412	8.9850	13.7646	31.9204
50	1.6446	4.3839	7.1067	11.4674	18.4202	46.9016
60	1.8167	5.8916	10.5196	18.6792	32.9877	101.2571
70	2.0068	7.9178	15.5716	30.4264	59.0759	218.6064
80	2.2167	10.6409	23.0498	49.5614	105.7960	471.9548

(F/P,i%,n)

10%	12%	15%	20%	25%	30%	n
1.1000	1.1200	1.1500	1.2000	1.2500	1.3000	1
1.2100	1.2544	1.3225	1.4400	1.5625	1.6900	2
1.3310	1.4049	1.5209	1.7280	1.9531	2.1970	3
1.4641	1.5735	1.7490	2.0736	2.4414	2.8561	4
1.6105	1.7623	2.0114	2.4883	3.0518	3.7129	5
1.7716	1.9738	2.3131	2.9860	3.8147	4.8268	6
1.9487	2.2107	2.6600	3.5832	4.7684	6.2749	7
2.1436	2.4760	3.0590	4.2998	5.9605	8.1573	8
2.3579	2.7731	3.5179	5.1598	7.4506	10.6045	9
2.5937	3.1058	4.0456	6.1917	9.3132	13.7858	10
2.8531	3.4785	4.6524	7.4301	11.6415	17.9216	11
3.1384	3.8960	5.3503	8.9161	14.5519	23.2981	12
3.4523	4.3635	6.1528	10.6993	18.1899	30.2875	13
3.7975	4.8871	7.0757	12.8392	22.7374	39.3738	14
4.1772	5.4736	8.1371	15.4070	28.4217	51.1859	15
4.5950	6.1304	9.3576	18.4884	35.5271	66.5417	16
5.0545	6.8660	10.7613	22.1861	44.4089	86.5042	17
5.5599	7.6900	12.3755	26.6233	55.5112	112.4554	18
6.1159	8.6128	14.2318	31.9480	69.3889	146.1920	19
6.7275	9.6463	16.3665	38.3376	86.7362	190.0496	20
7.4002	10.8038	18.8215	46.0051	108.4202	247.0645	21
8.1403	12.1003	21.6447	55.2061	135.5253	321.1839	22
8.9543	13.5523	24.8915	66.2474	169.4066	417.5391	23
9.8497	15.1786	28.6252	79.4968	211.7582	542.8008	24
10.8347	17.0001	32.9190	95.3962	264.6978	705.6410	25
11.9182	19.0401	37.8568	114.4755	330.8722	917.3333	26
13.1100	21.3249	43.5353	137.3706	413.5903	1 192.5333	27
14.4210	23.8839	50.0656	164.8447	516.9879	1 550.2933	28
15.8631	26.7499	57.5755	197.8136	646.2349	2 015.3813	29
17.4494	29.9599	66.2118	237.3763	807.7936	2 619.9956	30
28.1024	52.7996	133.1755	590.6682	2 465.1903	9 727.8604	35
45.2593	93.0510	267.8635	1 469.7716			40
72.8905	163.9876	538.7693	3 657.2620			45
117.3909	289.0022	1 083.6574	9 100.4382			50
304.4816						60
789.7470						70
2 048.4002						80

附表二

折现系数表

n \ i	1%	3%	4%	5%	6%	8%
1	0.9901	0.9709	0.9615	0.9524	0.9434	0.9259
2	0.9803	0.9426	0.9246	0.9070	0.8900	0.8573
3	0.9706	0.9151	0.8890	0.8638	0.8396	0.7938
4	0.9610	0.8885	0.8548	0.8227	0.7921	0.7350
5	0.9515	0.8626	0.8219	0.7835	0.7473	0.6806
6	0.9420	0.8375	0.7903	0.7462	0.7050	0.6302
7	0.9327	0.8131	0.7599	0.7107	0.6651	0.5835
8	0.9235	0.7894	0.7307	0.6768	0.6274	0.5403
9	0.9143	0.7664	0.7026	0.6446	0.5919	0.5002
10	0.9053	0.7441	0.6756	0.6139	0.5584	0.4632
11	0.8963	0.7224	0.6496	0.5847	0.5268	0.4289
12	0.8874	0.7014	0.6246	0.5568	0.4970	0.3971
13	0.8787	0.6810	0.6006	0.5303	0.4688	0.3677
14	0.8700	0.6611	0.5775	0.5051	0.4423	0.3405
15	0.8613	0.6419	0.5553	0.4810	0.4173	0.3152
16	0.8528	0.6232	0.5339	0.4581	0.3936	0.2919
17	0.8444	0.6050	0.5134	0.4363	0.3714	0.2703
18	0.8360	0.5874	0.4936	0.4155	0.3503	0.2502
19	0.8277	0.5703	0.4746	0.3957	0.3305	0.2317
20	0.8195	0.5537	0.4564	0.3769	0.3118	0.2145
21	0.8114	0.5375	0.4388	0.3589	0.2942	0.1987
22	0.8034	0.5219	0.4220	0.3418	0.2775	0.1839
23	0.7954	0.5067	0.4057	0.3256	0.2618	0.1703
24	0.7876	0.4919	0.3901	0.3101	0.2470	0.1577
25	0.7798	0.4776	0.3751	0.2953	0.2330	0.1460
26	0.7720	0.4637	0.3607	0.2812	0.2198	0.1352
27	0.7644	0.4502	0.3468	0.2678	0.2074	0.1252
28	0.7568	0.4371	0.3335	0.2551	0.1956	0.1159
29	0.7493	0.4243	0.3207	0.2429	0.1846	0.1073
30	0.7419	0.4120	0.3083	0.2314	0.1741	0.0994
35	0.7059	0.3554	0.2534	0.1813	0.1301	0.0676
40	0.6717	0.3066	0.2083	0.1420	0.0972	0.0460
45	0.6391	0.2644	0.1712	0.1113	0.0727	0.0313
50	0.6080	0.2281	0.1407	0.0872	0.0543	0.0213
60	0.5504	0.1697	0.0951	0.0535	0.0303	0.0099
70	0.4983	0.1263	0.0642	0.0329	0.0169	0.0046
80	0.4511	0.0940	0.0434	0.0202	0.0095	0.0021

(P/F, i%, n)

10%	12%	15%	20%	25%	30%	i / n
0.9091	0.8929	0.8696	0.8333	0.8000	0.7692	1
0.8264	0.7972	0.7561	0.6944	0.6400	0.5917	2
0.7513	0.7118	0.6575	0.5787	0.5120	0.4552	3
0.6830	0.6355	0.5718	0.4823	0.4096	0.3501	4
0.6209	0.5674	0.4972	0.4019	0.3277	0.2693	5
0.5645	0.5066	0.4323	0.3349	0.2621	0.2072	6
0.5132	0.4523	0.3759	0.2791	0.2097	0.1594	7
0.4665	0.4039	0.3269	0.2326	0.1678	0.1226	8
0.4241	0.3606	0.2843	0.1938	0.1342	0.0943	9
0.3855	0.3220	0.2472	0.1615	0.1074	0.0725	10
0.3505	0.2875	0.2149	0.1346	0.0859	0.0558	11
0.3186	0.2567	0.1869	0.1122	0.0687	0.0429	12
0.2897	0.2292	0.1625	0.0935	0.0550	0.0330	13
0.2633	0.2046	0.1413	0.0779	0.0440	0.0254	14
0.2394	0.1827	0.1229	0.0649	0.0352	0.0195	15
0.2176	0.1631	0.1069	0.0541	0.0281	0.0150	16
0.1978	0.1456	0.0929	0.0451	0.0225	0.0116	17
0.1799	0.1300	0.0808	0.0376	0.0180	0.0089	18
0.1635	0.1161	0.0703	0.0313	0.0144	0.0068	19
0.1486	0.1037	0.0611	0.0261	0.0115	0.0053	20
0.1351	0.0926	0.0531	0.0217	0.0092	0.0040	21
0.1228	0.0826	0.0462	0.0181	0.0074	0.0031	22
0.1117	0.0738	0.0402	0.0151	0.0059	0.0024	23
0.1015	0.0659	0.0349	0.0126	0.0047	0.0018	24
0.0923	0.0588	0.0304	0.0105	0.0038	0.0014	25
0.0839	0.0525	0.0264	0.0087	0.0030	0.0011	26
0.0763	0.0469	0.0230	0.0073	0.0024	0.0008	27
0.0693	0.0419	0.0200	0.0061	0.0019	0.0006	28
0.0630	0.0374	0.0174	0.0051	0.0015	0.0005	29
0.0573	0.0334	0.0151	0.0042	0.0012	0.0004	30
0.0356	0.0189	0.0075	0.0017	0.0004	0.0001	35
0.0221	0.0107	0.0037	0.0007	0.0001		40
0.0137	0.0061	0.0019	0.0003			45
0.0085	0.0035	0.0009	0.0001			50
0.0033	0.0011	0.0002				60
0.0013	0.0004	0.0001				70
0.0005	0.0001					80

附表三

年金终值系数表

n \ i	1%	3%	4%	5%	6%	8%
1	1.0000	1.0000	1.0000	1.0000	1.0000	1.0000
2	2.0100	2.0300	2.0400	2.0500	2.0600	2.0800
3	3.0301	3.0909	3.1216	3.1525	3.1836	3.2464
4	4.0604	4.1836	4.2465	4.3101	4.3746	4.5061
5	5.1010	5.3091	5.4163	5.5256	5.6371	5.8666
6	6.1520	6.4684	6.6330	6.8019	6.9753	7.3359
7	7.2135	7.6625	7.8983	8.1420	8.3938	8.9228
8	8.2857	8.8923	9.2142	9.5491	9.8975	10.6366
9	9.3685	10.1591	10.5828	11.0266	11.4913	12.4876
10	10.4622	11.4639	12.0061	12.5779	13.1808	14.4866
11	11.5668	12.8078	13.4864	14.2068	14.9716	16.6455
12	12.6825	14.1920	15.0258	15.9171	16.8699	18.9771
13	13.8093	15.6178	16.6268	17.7130	18.8821	21.4953
14	14.9474	17.0863	18.2919	19.5986	21.0151	24.2149
15	16.0969	18.5989	20.0236	21.5786	23.2760	27.1521
16	17.2579	20.1569	21.8245	23.6575	25.6725	30.3243
17	18.4304	21.7616	23.6975	25.8404	28.2129	33.7502
18	19.6147	23.4144	25.6454	28.1324	30.9057	37.4502
19	20.8109	25.1169	27.6712	30.5390	33.7600	41.4463
20	22.0190	26.8704	29.7781	33.0660	36.7856	45.7620
21	23.2392	28.6765	31.9692	35.7193	39.9927	50.4229
22	24.4716	30.5368	34.2480	38.5052	43.3923	55.4568
23	25.7163	32.4529	36.6179	41.4305	46.9958	60.8933
24	26.9735	34.4265	39.0826	44.5020	50.8156	66.7648
25	28.2432	36.4593	41.6459	47.7271	54.8645	73.1059
26	29.5256	38.5530	44.3117	51.1135	59.1564	79.9544
27	30.8209	40.7096	47.0842	54.6691	63.7058	87.3508
28	32.1291	42.9309	49.9676	58.4026	68.5281	95.3388
29	33.4504	45.2189	52.9663	62.3227	73.6398	103.9659
30	34.7849	47.5754	56.0849	66.4388	79.0582	113.2832
35	41.6603	60.4621	73.6522	90.3203	111.4348	172.3168
40	48.8864	75.4013	95.0255	120.7998	154.7620	259.0565
45	56.4811	92.7199	121.0294	159.7002	212.7435	386.5056
50	64.4632	112.7969	152.6671	209.3480	290.3359	573.7702
60	81.6697	163.0534	237.9907	353.5837	533.1282	1 253.2130
70	100.6763	230.5941	364.2905	588.5285	967.9322	2 720.0800
80	121.6715	321.3630	551.2450	971.2288	1 746.6000	5 886.9350

(F/A,i%,n)

10%	12%	15%	20%	25%	30%	n
1.0000	1.0000	1.0000	1.0000	1.0000	1.0000	1
2.1000	2.1200	2.1500	2.2000	2.2500	2.3000	2
3.3100	3.3744	3.4725	3.6400	3.8125	3.9900	3
4.6410	4.7793	4.9934	5.3680	5.7656	6.1870	4
6.1051	6.3528	6.7424	7.4416	8.2070	9.0431	5
7.7156	8.1152	8.7537	9.9299	11.2588	12.7560	6
9.4872	10.0890	11.0668	12.9159	15.0735	17.5828	7
11.4359	12.2997	13.7268	16.4991	19.8419	23.8577	8
13.5795	14.7757	16.7858	20.7989	25.8023	32.0150	9
15.9374	17.5487	20.3037	25.9587	33.2529	42.6195	10
18.5312	20.6546	24.3493	32.1504	42.5661	56.4053	11
21.3843	24.1331	29.0017	39.5805	54.2077	74.3270	12
24.5227	28.0291	34.3519	48.4966	68.7596	97.6250	13
27.9750	32.3926	40.5047	59.1959	86.9495	127.9125	14
31.7725	37.2797	47.5804	72.0351	109.6868	167.2863	15
35.9497	42.7533	55.7175	87.4421	138.1085	218.4722	16
40.5447	48.8837	65.0751	105.9306	173.6357	285.0139	17
45.5992	55.7497	75.8364	128.1167	218.0446	371.5180	18
51.1591	63.4397	88.2118	154.7400	273.5558	483.9734	19
57.2750	72.0524	102.4436	186.6880	342.9447	630.1655	20
64.0025	81.6987	118.8101	225.0256	429.6809	820.2151	21
71.4027	92.5026	137.6316	271.0307	538.1011	1 067.2790	22
79.5430	104.6029	159.2764	326.2369	673.6264	1 388.4630	23
88.4973	118.1552	184.1678	392.4842	843.0329	1 086.0020	24
98.3471	133.3339	212.7930	471.9811	1 054.7910	2 348.8030	25
109.1818	150.3339	245.7120	567.3773	1 319.4890	3 054.4440	26
121.0999	169.3740	283.5688	681.8528	1 650.3610	3 971.7780	27
134.2099	190.6989	327.1041	819.2233	2 063.9520	5 164.3110	28
148.6309	214.5828	377.1697	984.0680	2 580.9390	6 714.6040	29
164.4940	241.3327	434.7451	1 181.8820	3 227.1740	8 729.9860	30
271.0244	431.6635	881.1702	2 948.3410	9 856.7610	32 422.8700	35
442.5926	767.0914	1 779.0900	7 343.8580			40
718.9048	1 358.2300	3 585.1290	18 281.3100			45
1 163.9090	2 400.0180	7 217.7160	45 497.1900			50
3 034.8160						60
7 887.4700						70
20 474.0000						80

附表四

资金年存系数表

n \ i	1%	3%	4%	5%	6%	8%
1	1.0000	1.0000	1.0000	1.0000	1.0000	1.0000
2	0.4975	0.4926	0.4902	0.4878	0.4854	0.4808
3	0.3300	0.3235	0.3203	0.3172	0.3141	0.3080
4	0.2463	0.2390	0.2355	0.2320	0.2286	0.2219
5	0.1960	0.1884	0.1846	0.1810	0.1774	0.1705
6	0.1625	0.1546	0.1508	0.1470	0.1434	0.1363
7	0.1386	0.1305	0.1266	0.1228	0.1191	0.1121
8	0.1207	0.1125	0.1085	0.1047	0.1010	0.0940
9	0.1067	0.0984	0.0945	0.0907	0.0870	0.0801
10	0.0956	0.0872	0.0833	0.0795	0.0759	0.0690
11	0.0865	0.0781	0.0741	0.0704	0.0668	0.0601
12	0.0788	0.0705	0.0666	0.0628	0.0593	0.0527
13	0.0724	0.0640	0.0601	0.0565	0.0530	0.0465
14	0.0669	0.0585	0.0547	0.0510	0.0476	0.0413
15	0.0621	0.0538	0.0499	0.0463	0.0430	0.0368
16	0.0579	0.0496	0.0458	0.0423	0.0390	0.0330
17	0.0543	0.0460	0.0422	0.0387	0.0354	0.0296
18	0.0510	0.0427	0.0390	0.0355	0.0324	0.0267
19	0.0481	0.0398	0.0361	0.0327	0.0296	0.0241
20	0.0454	0.0372	0.0336	0.0302	0.0272	0.0219
21	0.0430	0.0349	0.0313	0.0280	0.0250	0.0198
22	0.0409	0.0327	0.0292	0.0260	0.0230	0.0180
23	0.0389	0.0308	0.0273	0.0241	0.0213	0.0164
24	0.0371	0.0290	0.0256	0.0225	0.0197	0.0150
25	0.0354	0.0274	0.0240	0.0210	0.0182	0.0137
26	0.0339	0.0259	0.0226	0.0196	0.0169	0.0125
27	0.0324	0.0246	0.0212	0.0183	0.0157	0.0114
28	0.0311	0.0233	0.0200	0.0171	0.0146	0.0105
29	0.0299	0.0221	0.0189	0.0160	0.0136	0.0096
30	0.0287	0.0210	0.0178	0.0151	0.0126	0.0088
35	0.0240	0.0165	0.0136	0.0111	0.0090	0.0058
40	0.0205	0.0133	0.0105	0.0083	0.0065	0.0039
45	0.0177	0.0108	0.0083	0.0063	0.0047	0.0026
50	0.0155	0.0089	0.0066	0.0048	0.0034	0.0017
60	0.0122	0.0061	0.0042	0.0028	0.0019	0.0008
70	0.0099	0.0043	0.0027	0.0017	0.0010	0.0004
80	0.0082	0.0031	0.0018	0.0010	0.0006	0.0002

(A/F,i%,n)

10%	12%	15%	20%	25%	30%	n
1.0000	1.0000	1.0000	1.0000	1.0000	1.0000	1
0.4762	0.4717	0.4651	0.4545	0.4444	0.4348	2
0.3021	0.2963	0.2880	0.2747	0.2623	0.2506	3
0.2155	0.2092	0.2003	0.1863	0.1734	0.1616	4
0.1638	0.1574	0.1483	0.1344	0.1218	0.1106	5
0.1296	0.1232	0.1142	0.1007	0.0888	0.0784	6
0.1054	0.0991	0.0904	0.0774	0.0663	0.0569	7
0.0874	0.0813	0.0729	0.0606	0.0504	0.0419	8
0.0736	0.0677	0.0596	0.0481	0.0388	0.0312	9
0.0627	0.0570	0.0493	0.0385	0.0301	0.0235	10
0.0540	0.0484	0.0411	0.0311	0.0235	0.0177	11
0.0468	0.0414	0.0345	0.0253	0.0184	0.0135	12
0.0408	0.0357	0.0291	0.0206	0.0145	0.0102	13
0.0357	0.0309	0.0247	0.0169	0.0115	0.0078	14
0.0315	0.0268	0.0210	0.0139	0.0091	0.0060	15
0.0278	0.0234	0.0179	0.0114	0.0072	0.0046	16
0.0247	0.0205	0.0154	0.0094	0.0058	0.0035	17
0.0219	0.0179	0.0132	0.0078	0.0046	0.0027	18
0.0195	0.0158	0.0113	0.0065	0.0037	0.0021	19
0.0175	0.0139	0.0098	0.0054	0.0029	0.0016	20
0.0156	0.0122	0.0084	0.0044	0.0023	0.0012	21
0.0140	0.0108	0.0073	0.0037	0.0019	0.0009	22
0.0126	0.0096	0.0063	0.0031	0.0015	0.0007	23
0.0113	0.0085	0.0054	0.0025	0.0012	0.0006	24
0.0102	0.0075	0.0047	0.0021	0.0009	0.0004	25
0.0092	0.0067	0.0041	0.0018	0.0008	0.0003	26
0.0083	0.0059	0.0035	0.0015	0.0006	0.0003	27
0.0075	0.0052	0.0031	0.0012	0.0005	0.0002	28
0.0067	0.0047	0.0027	0.0010	0.0004	0.0001	29
0.0061	0.0041	0.0023	0.0008	0.0003	0.0001	30
0.0037	0.0023	0.0011	0.0003	0.0001	0.0000	35
0.0023	0.0013	0.0006	0.0001			40
0.0014	0.0007	0.0003	0.0001			45
0.0009	0.0004	0.0001	0.0000			50
0.0003	0.0001					60
0.0001						70
0.0000						80

附表五

资金回收系数表

i \ n	1%	3%	4%	5%	6%	8%
1	1.0100	1.0300	1.0400	1.0500	1.0600	1.0800
2	0.5075	0.5226	0.5302	0.5378	0.5454	0.5608
3	0.3400	0.3535	0.3603	0.3672	0.3741	0.3880
4	0.2563	0.2690	0.2755	0.2820	0.2886	0.3019
5	0.2060	0.2184	0.2246	0.2310	0.2374	0.2505
6	0.1725	0.1846	0.1908	0.1970	0.2034	0.2163
7	0.1486	0.1605	0.1666	0.1728	0.1791	0.1921
8	0.1307	0.1425	0.1485	0.1547	0.1610	0.1740
9	0.1167	0.1284	0.1345	0.1407	0.1470	0.1601
10	0.1056	0.1172	0.1233	0.1295	0.1359	0.1490
11	0.0965	0.1081	0.1141	0.1204	0.1268	0.1401
12	0.0888	0.1005	0.1066	0.1128	0.1193	0.1327
13	0.0824	0.0940	0.1001	0.1065	0.1130	0.1265
14	0.0769	0.0885	0.0947	0.1010	0.1076	0.1213
15	0.0721	0.0838	0.0899	0.0963	0.1030	0.1168
16	0.0679	0.0796	0.0858	0.0923	0.0990	0.1130
17	0.0643	0.0760	0.0822	0.0887	0.0954	0.1096
18	0.0610	0.0727	0.0790	0.0855	0.0924	0.1067
19	0.0581	0.0698	0.0761	0.0827	0.0896	0.1041
20	0.0554	0.0672	0.0736	0.0802	0.0872	0.1019
21	0.0530	0.0649	0.0713	0.0780	0.0850	0.0998
22	0.0509	0.0627	0.0692	0.0760	0.0830	0.0980
23	0.0489	0.0608	0.0673	0.0741	0.0813	0.0964
24	0.0471	0.0590	0.0656	0.0725	0.0797	0.0950
25	0.0454	0.0574	0.0640	0.0710	0.0782	0.0937
26	0.0439	0.0559	0.0626	0.0696	0.0769	0.0925
27	0.0424	0.0546	0.0612	0.0683	0.0757	0.0914
28	0.0411	0.0533	0.0600	0.0671	0.0746	0.0905
29	0.0399	0.0521	0.0589	0.0660	0.0736	0.0896
30	0.0387	0.0510	0.0578	0.0651	0.0726	0.0888
35	0.0340	0.0465	0.0536	0.0611	0.0690	0.0858
40	0.0305	0.0433	0.0505	0.0583	0.0665	0.0839
45	0.0277	0.0408	0.0483	0.0563	0.0647	0.0826
50	0.0255	0.0389	0.0466	0.0548	0.0634	0.0817
60	0.0222	0.0361	0.0442	0.0528	0.0619	0.0808
70	0.0199	0.0343	0.0427	0.0517	0.0610	0.0804
80	0.0182	0.0331	0.0418	0.0510	0.0606	0.0802

(A/P, i%, n)

10%	12%	15%	20%	25%	30%	i \ n
1.1000	1.1200	1.1500	1.2000	1.2500	1.3000	1
0.5762	0.5917	0.6151	0.6545	0.6944	0.7348	2
0.4021	0.4163	0.4380	0.4747	0.5123	0.5506	3
0.3155	0.3292	0.3503	0.3863	0.4234	0.4616	4
0.2638	0.2774	0.2983	0.3344	0.3718	0.4106	5
0.2296	0.2432	0.2642	0.3007	0.3388	0.3784	6
0.2054	0.2191	0.2404	0.2774	0.3163	0.3569	7
0.1874	0.2013	0.2229	0.2606	0.3004	0.3419	8
0.1736	0.1877	0.2096	0.2481	0.2888	0.3312	9
0.1627	0.1770	0.1993	0.2385	0.2801	0.3235	10
0.1540	0.1684	0.1911	0.2311	0.2735	0.3177	11
0.1468	0.1614	0.1845	0.2253	0.2684	0.3135	12
0.1408	0.1557	0.1791	0.2206	0.2645	0.3102	13
0.1357	0.1509	0.1747	0.2169	0.2615	0.3078	14
0.1315	0.1468	0.1710	0.2139	0.2591	0.3060	15
0.1278	0.1434	0.1679	0.2114	0.2572	0.3046	16
0.1247	0.1405	0.1654	0.2094	0.2558	0.3035	17
0.1219	0.1379	0.1632	0.2078	0.2546	0.3027	18
0.1195	0.1358	0.1613	0.2065	0.2537	0.3021	19
0.1175	0.1339	0.1598	0.2054	0.2529	0.3016	20
0.1156	0.1322	0.1584	0.2044	0.2523	0.3012	21
0.1140	0.1308	0.1573	0.2037	0.2519	0.3009	22
0.1126	0.1296	0.1563	0.2031	0.2515	0.3007	23
0.1113	0.1285	0.1554	0.2025	0.2512	0.3006	24
0.1102	0.1275	0.1547	0.2021	0.2509	0.3004	25
0.1092	0.1267	0.1541	0.2018	0.2508	0.3003	26
0.1083	0.1259	0.1535	0.2015	0.2506	0.3003	27
0.1075	0.1252	0.1531	0.2012	0.2505	0.3002	28
0.1067	0.1247	0.1527	0.2010	0.2504	0.3001	29
0.1061	0.1241	0.1523	0.2008	0.2503	0.3001	30
0.1037	0.1223	0.1511	0.2003	0.2501	0.3000	35
0.1023	0.1213	0.1506	0.2001	0.2500	0.3000	40
0.1014	0.1207	0.1503	0.2001	0.2500		45
0.1009	0.1204	0.1501	0.2000			50
0.1003	0.1201	0.1500	0.2000			60
0.1001	0.1200	0.1500				70
0.1000	0.1200					80

附表六

年金现值系数表

n \ i	1%	3%	4%	5%	6%	8%
1	0.9901	0.9709	0.9615	0.9524	0.9434	0.9259
2	1.9704	1.9135	1.8861	1.8594	1.8334	1.7833
3	2.9410	2.8286	2.7751	2.7232	2.6730	2.5771
4	3.9020	3.7171	3.6299	3.5460	3.4651	3.3121
5	4.8534	4.5797	4.4518	4.3295	4.2124	3.9927
6	5.7955	5.4172	5.2421	5.0757	4.9173	4.6229
7	6.7282	6.2303	6.0021	5.7864	5.5824	5.2064
8	7.6517	7.0197	6.7327	6.4632	6.2098	5.7466
9	8.5660	7.7861	7.4353	7.1078	6.8017	6.2469
10	9.4713	8.5302	8.1109	7.7217	7.3601	6.7101
11	10.3676	9.2526	8.7605	8.3064	7.8869	7.1390
12	11.2551	9.9540	9.3851	8.8633	8.3838	7.5361
13	12.1337	10.6350	9.9856	9.3936	8.8527	7.9038
14	13.0037	11.2961	10.5631	9.8986	9.2950	8.2442
15	13.8651	11.9379	11.1184	10.3797	9.7122	8.5595
16	14.7179	12.5611	11.6523	10.8378	10.1059	8.8514
17	15.5623	13.1661	12.1657	11.2741	10.4773	9.1216
18	16.3983	13.7535	12.6593	11.6896	10.8276	9.3719
19	17.2260	14.3238	13.1339	12.0853	11.1581	9.6036
20	18.0456	14.8775	13.5903	12.4622	11.4699	9.8181
21	18.8570	15.4150	14.0292	12.8212	11.7641	10.0168
22	19.6604	15.9369	14.4511	13.1630	12.0416	10.2007
23	20.4558	16.4436	14.8568	13.4886	12.3034	10.3711
24	21.2434	16.9355	15.2470	13.7986	12.5504	10.5288
25	22.0232	17.4131	15.9828	14.0939	12.7834	10.6748
26	22.7952	17.8768	15.6221	14.3752	13.0032	10.8100
27	23.5596	18.3270	16.3296	14.6430	13.2105	10.9352
28	24.3164	18.7641	16.6631	14.8981	13.4062	11.0511
29	25.0658	19.1885	16.9837	15.1411	13.5907	11.1584
30	25.8077	19.6004	17.2920	15.3725	13.7648	11.2578
35	29.4086	21.4872	18.6646	16.3742	14.4982	11.6546
40	32.8347	23.1148	19.7928	17.1591	15.0463	11.9246
45	36.0945	24.5187	20.7200	17.7741	15.4558	12.1084
50	39.1961	25.7298	21.4822	18.2559	15.7619	12.2335
60	44.9550	27.6756	22.6235	18.9293	16.1614	12.3766
70	50.1685	29.1234	23.3945	19.3427	16.3845	12.4428
80	54.8882	30.2008	23.9154	19.5965	16.5091	12.4735

(P/A, i%, n)

10%	12%	15%	20%	25%	30%	i / n
0.9091	0.8929	0.8696	0.8333	0.8000	0.7692	1
1.7355	1.6901	1.6257	1.5278	1.4400	1.3609	2
2.4869	2.4018	2.2832	2.1065	1.9520	1.8161	3
3.1699	3.0373	2.8550	2.5887	2.3616	2.1662	4
3.7908	3.6048	3.3522	2.9906	2.6893	2.4356	5
4.3553	4.1114	3.7845	3.3255	2.9514	2.6427	6
4.8684	4.5638	4.1604	3.6046	3.1611	2.8021	7
5.3349	4.9676	4.4873	3.8372	3.3289	2.9247	8
5.7590	5.3282	4.7716	4.0310	3.4631	3.0190	9
6.1446	5.5602	5.0188	4.1925	3.5705	3.0915	10
6.4951	5.9377	5.2337	4.3271	3.6564	3.1473	11
6.8137	6.1944	5.4206	4.4392	3.7251	3.1903	12
7.1034	6.4235	5.5831	4.5327	3.7801	3.2233	13
7.3667	6.6282	5.7245	4.6106	3.8241	3.2487	14
7.6061	6.8109	5.8474	4.6755	3.8593	3.2682	15
7.8237	6.9740	5.9542	4.7296	3.8874	3.2832	16
8.0216	7.1196	6.0472	4.7746	3.9099	3.2948	17
8.2014	7.2497	6.1280	4.8122	3.9279	3.3037	18
8.3649	7.3658	6.1982	4.8435	3.9424	3.3105	19
8.5136	7.4694	6.2593	4.8696	3.9539	3.3158	20
8.6487	7.5620	6.3125	4.8913	3.9631	3.3198	21
8.7715	7.6446	6.3587	4.9094	3.9705	3.3230	22
8.8832	7.7184	6.3988	4.9245	3.9764	3.3254	23
8.9847	7.7843	6.4338	4.9371	3.9811	3.3272	24
9.0770	7.8431	6.4641	4.9476	3.9849	3.3286	25
9.1609	7.8957	6.4906	4.9563	3.9879	3.3297	26
9.2372	7.9426	6.5135	4.9636	3.9903	3.3305	27
9.3066	7.9844	6.5335	4.9697	3.9923	3.3312	28
9.3696	8.0218	6.5509	4.9747	3.9938	3.3317	29
9.4269	8.0552	6.5660	4.9789	3.9950	3.3321	30
9.6442	8.1755	6.6166	4.9915	3.9984	3.3330	35
9.7791	8.2438	6.6418	4.9966	3.9995	3.3332	40
9.8628	8.2825	6.6543	4.9986	3.9998		45
9.9148	8.3045	6.6605	4.9995	3.9999		50
9.9672	8.3240	6.6651	4.9999			60
9.9873	8.3303	6.6663				70
9.9951	8.3304	6.6666				80

俞文青教授最新系列图书

书 名	定 价
施工企业会计(第五版)	34.00元
施工企业财务管理(第三版)	29.80元
房地产开发企业会计(第三版)	28.00元
房地产开发企业财务管理(第二版)	26.00元
会计辞典(精装)(第二版)	65.00元
投资项目评价	17.40元

俞文青,男,1928年2月出生,浙江黄岩人,毕业于南开大学。上海财经大学教授,曾兼任中国投资学会、中国基本建设经济研究会、中国建设会计学会理事。长期从事建设会计财务和投资经济管理的教学、研究工作。其作品注重实际操作,内容新颖,深受读者喜爱。

该系列图书全国各地新华书店、经济书店、本社发行科均有销售。

发行科电话:021-64411389
传　　真:021-64411325
地　　址:上海市中山西路2230号
邮　　编:200235